L'animal

L'animal

Sous la direction de
Marlène Jouan et Jean-Yves Goffi

Bernard Baertschi
Éric Baratay
Étienne Bimbenet
Florence Burgat
Florian Couturier
Nicolas Delon
Jean-Yves Goffi
Marlène Jouan
Catherine Larrère
Michel Malherbe
Jean-Pierre Marguenaud
Charles Martin-Fréville
Jocelyne Porcher
Pierre-Yves Quiviger
Philippe Saltel
Marinette Ummel
Enrique Utria
Anna C. Zielinska

RECHERCHES SUR LA PHILOSOPHIE ET LE LANGAGE
N° 32 – 2016

Université Pierre-Mendès-France, Département de Philosophie
1251 Avenue Centrale, BP 47, 38040 Grenoble cedex 9

Imprimé en France

ISSN 0754-331X
ISBN 978-2-7116-8418-2

Les Auteurs

Bernard BAERTSCHI	Université de Genève
Éric BARATAY	Université Lyon 3
Étienne BIMBENET	Université Jean Moulin – Lyon 3
Florence BURGAT	INRA
Florian COUTURIER	Université de Grenoble
Nicolas DELON	New York University
Jean-Yves GOFFI	Université de Grenoble
Marlène JOUAN	Université de Grenoble
Catherine LARRERE	Université de Paris I
Michel MALHERBE	Université de Nantes
Jean-Pierre MARGUENAUD	Université de Limoges
Charles MARTIN-FREVILLE	Université d'Amiens
Jocelyne PORCHER	INRA SAD Montpellier
Pierre-Yves QUIVIGER	Université de Nice
Philippe SALTEL	Université de Grenoble
Marinette UMMEL	Université de Genève
Enrique UTRIA	Université de Rouen
Anna C. ZIELINSKA	CERSES

Recherches sur la philosophie et le langage 32 (2016)
384 p., ISBN : 978-2-7116-8418-2, p. 7-12, Vrin.

Présentation

Soumis en 2012 à la sagacité des candidats à l'agrégation externe de philosophie, « l'animal » s'est enfin vu officiellement reconnaître l'accès au Panthéon du répertoire philosophique français. C'est à cette occasion qu'au mois de janvier de cette même année, s'est tenu à l'Université Pierre Mendès France de Grenoble un colloque national, organisé par Marlène Jouan et Jean-Yves Goffi, réunissant sur trois journées une vingtaine de spécialistes reconnus. Le présent volume restitue les actes de cette rencontre, dont l'objectif était à la fois de témoigner, en unifiant des champs disciplinaires traditionnellement séparés, de l'état actuel des recherches consacrées à l'animal, et d'envisager ce que Vinciane Despret a appellé les nouvelles « propositions d'existence », théoriques et pratiques, que la situation contemporaine rend possibles et/ou nécessaires.

Toutes sortes de pratiques inédites ont en effet modifié en profondeur le compagnonnage immémorial entre l'homme et la bête, compagnonnage qui ne semblait pas, naguère encore, poser de difficultés particulières : clonage reproductif, exo-greffes, chimères, animaux transgéniques, etc. Ces pratiques, dont le caractère radical évoque parfois la science-fiction, peuvent masquer des transformations plus anciennes qui, pour être moins spectaculaires, n'en sont pas moins très importantes : développement exponentiel de l'élevage industriel, mise en culture invasive d'espaces sauvages, extinction massive des espèces, émergence progressive d'un nouveau militantisme de la cause animale.

D'un autre côté, le développement des sciences cognitives, les avancées de l'éthologie et la réception croissante de thèses en provenance de la psychologie évolutionniste ont rendu de moins en moins plausible l'idée selon laquelle il existerait un propre de l'homme, au sens d'une différence ontologique, qui mettrait l'humanité à part de l'animalité et, au propre comme au figuré, de ses contaminations. Le rapport d'inquiétante familiarité que nous entretenons avec l'animal s'est d'ailleurs largement diffusé au-delà des cercles scientifiques et académiques, comme en attestent la multiplication ces dernières années d'expositions à destination du grand public (« Animal » aux Arts Décoratifs en 2010-2011, « Beauté animale » au Grand Palais en 2012), ainsi que la publication d'ouvrages à forts retentissement médiatique et reconnaissance critique (*Bidoche* par Fabrice Nicolino, paru en 2010 chez Actes Sud, *Faut-il manger les animaux ?* de Jonathan Safran Foer, traduit en 2011 aux éditions de l'Olivier), jusque dans la littérature (Olivia Rosenthal, *Que font les rennes après Noël ?*, éditions Verticales, 2010). L'animal est ainsi devenu une véritable question de société, mettant en pleine lumière le malaise que son pouvoir d'interpellation a toujours suscité, de manière plus ou moins avouée ou déniée, chez le philosophe.

Contrairement à ce que suggère une visibilité éditoriale aujourd'hui surabondante, l'animal n'est évidemment pas un objet nouveau de la réflexion philosophique, laquelle s'est toujours demandé, au regard des capacités qui apparentent l'humain au divin, ce qu'il en est de celles qu'il pourrait avoir en partage avec l'animal : celui-ci a-t-il accès à la sensibilité ? À la conscience de soi ? Au raisonnement, voire à la pensée ? A-t-il, comme l'éprouve ici Philippe Saltel à partir de l'anthropologie humienne, ne serait-ce qu'une partie des compétences de l'agent moral ? Autant de questions qui nomment l'animal au moins en creux ou négativement, dans sa différence constitutive dirait Derrida, mais qui en font aussi une figure de la philosophie, voire sa figure par excellence, dans le geste même qui la fonde. On fait de l'animal le symbole du sacrifice sans arrière-pensée ou, dans une entreprise d'explication et de modélisation de la violence humaine confondue par Catherine Larrère, de la cruauté de l'état de nature ; on le convoque dans une perspective sceptique d'humiliation de la raison, à des fins de surenchère rhétorique ou de preuve empirique.

À ce traitement relativement classique de l'animal dans l'histoire de la philosophie, y compris contemporaine, se sont cependant ajoutées des enquêtes et des découvertes qui mettent en cause l'autonomie du discours philosophique sur l'animal et l'obligent à se confronter à d'autres disciplines. La définition paradigmatique de l'être humain comme le vivant parlant, doué de *logos* et de toutes les éminentes propriétés qui l'accompagnent, s'est en effet vue, au cours du XXe siècle, de plus en plus discréditée. Elle a, parmi d'autres défauts dont celui d'amputer l'humain de sa part d'animalité, le tort de rejeter unilatéralement les animaux du côté de la vie brute, dépourvue de signification et d'expressivité. Les travaux croisés de la phénoménologie et de l'éthologie, relayés dans ce volume par Florence Burgat et Étienne Bimbenet, rendent *a contrario* justice à la multiplicité des formes de vie animales. Ils déploient ce faisant la question suivante : comment, dans une comparaison entre l'homme et l'animal qui constitue le nerf méthodologique de toute anthropologie philosophique au sens large comme strict, éviter que le second ne se retrouve systématiquement perdant, tant du point de vue du savoir de l'animal qu'elle nous livre que des usages de l'animal qu'elle autorise ?

À cette première condition peut-être : retourner, en-deçà de l'institution d'une limite absolue entre « eux » les animaux et « nous » les humains, à l'étage « inférieur », celui de l'existence animée. C'est ce que propose Michel Malherbe en ouverture de ce volume, en substituant à l'éculée comparaison celle de l'animal et du végétal ; c'est aussi, plus largement, la perspective qui gouverne l'ensemble de la première partie du volume, intitulée « Anthropo-zoologie ». Ses différents contributeurs, issus de la philosophie mais aussi de l'ingénierie et de l'histoire, ont ainsi à cœur de s'enquérir de ce qu'ont à dire ceux dont l'objet de recherche est d'une part le vivant, dans ses dotations et ses accomplissements comme dans ses appropriations et ses dénaturations, et d'autre part le vécu de ce même vivant, dans ses manières de faire monde, de raconter des histoires et de produire de la culture – en somme de révéler et de générer, comme le montrent Éric Baratay et Jocelyne Porcher, de la subjectivité. S'il y a là un changement de point de vue par rapport à l'anthropocentrisme du discours philosophique et des épistémologies classiques des sciences humaines, qu'interroge frontalement l'article de Charles Martin-Fréville, celui-ci n'est pourtant pas purement et simplement débouté. Ce qui est plutôt au cœur des analyses, aux conclusions parfois opposées, ce sont les concepts et les techniques, les représentations et les fantasmes au moyen desquels nous décrivons, imaginons et mobilisons les animaux, comme des compagnons ou des étrangers, des proches ou des lointains.

La question de l'anthropocentrisme constitue également, au second ou au premier plan comme chez Marlène Jouan à l'appui de Cora Diamond, un fil directeur important de la seconde partie du volume, qui l'articule au titre de ce qu'on peut appeler une philosophie pratique de l'animal, informée à la fois par l'éthique, fondamentale et appliquée, et par le droit. On aurait tort de ne voir là qu'un élargissement de l'intérêt de la philosophie pratique à des êtres qui jusque là ne retenaient pas ou très peu son attention, et qui la laisserait par conséquent inchangée dans ses méthodes, ses catégories et ses critères. L'ensemble des contributions réunies dans cette seconde partie, qu'elles soient le fait de philosophes ou de juristes, sanctionne au contraire une rétrocession des difficultés que posent la considération et le traitement des animaux sur les théories morales dominantes et les systèmes juridiques en vigueur, rétrocession qui permet de révéler leurs présupposés ou tensions internes. Autrement dit : ce ne sont pas seulement les animaux qui sont interrogés par l'éthique et le droit, mais l'éthique et le droit qui sont mis en question par les animaux.

À première vue, la situation est pourtant simple : les animaux ne sont pas des membres pléniers de la communauté morale en ce sens élémentaire qu'ils ne peuvent ni délibérer, ni se représenter la force contraignante de la loi morale, ni faire la distinction du bien et du mal. Seuls les êtres humains en sont capables, et s'ils doivent sans doute, à ce titre, faire preuve d'humanité dans leurs rapports avec les bêtes, il reste que celles-ci n'ont pas de droits moraux à faire valoir et à leur opposer. Cependant, on a pu soutenir que les dispositions des créatures sensibles au plaisir et à la souffrance sont suffisamment attestées pour que ce qui leur arrive leur importe : dans ces conditions, l'attitude courante envers les bêtes serait radicalement inappropriée. Si l'on peut, pour contester et modifier cette attitude, se réclamer de la tradition utilitariste ou déontologiste, donc raisonner en termes d'intérêts ou de droits ou encore, comme le montre ici Jean-Yves Goffi avec Gary Francione, se trouver contraint de mobiliser les uns et les autres, il semble, en tout état de cause, que les animaux puissent légitimement ne pas se contenter du statut moral, et *a fortiori* juridique, qui est aujourd'hui le leur.

Pour autant, la question de savoir quel devrait être ce statut est loin d'avoir une réponse évidente, aussi bien quand on s'interroge sur sa meilleure justification possible que sur les obligations concrètes qui en découleraient. Examiné par Marinette Ummel en fin de volume, le double langage – intégrité *versus* dignité – de la législation suisse, l'une des plus avancées en matière de protection animale, offre à cet égard une traduction juridique éclatante des questions méta-éthiques soulevées ou renouvelées par les animaux : on pourra s'en convaincre en la confrontant à la cartographie des théories axiologiques dressée par Enrique Utria. D'un autre côté, comme le montre Bernard Baertschi en mobilisant les opportunités nouvelles offertes par le génie génétique, une théorie de la valeur, aussi rigoureusement fondée soit-elle, est une chose, et les conclusions pratiques que l'on peut en tirer, concernant notamment la consommation des animaux, en sont une autre.

Les failles ou les impensés qui sont ainsi mis au jour dans les stratégies argumentatives à l'œuvre dans les théories dominantes en éthique animale, ajoutées à d'autres comme le recours aux cas dits « marginaux », invite certainement à complexifier et amender le paradigme impartialiste, en particulier à l'égard des accusations de spécisme qu'il permet de formuler : c'est ce que propose Florian Couturier en croisant les critiques de James Rachels et de Martha Nussbaum. En mettant ce paradigme à l'épreuve de la philosophie morale expérimentale, comme le fait Nicolas Delon, on peut toutefois aller plus loin et lui opposer l'importance fondamentale, quand il s'agit de savoir comment nous devons nous comporter à l'égard des animaux, de l'attention au contexte : pourquoi seules les capacités des êtres concernés, qu'elles soient logo- ou pathocentrées, distinctives ou non, devraient-elles être prises en compte ? Ce problème rejoint celui soulevé par la place qui est faite et à faire aux animaux dans les dispositifs juridiques civils et pénaux : faut-il, pour la déterminer, avoir réglé en amont la question, pour partie affaire ontologique et pour partie affaire méta-éthique, des capacités pertinentes ? Comme on le voit à travers la discussion qui circule entre les contributions respectives de Jean-Pierre Marguénaud d'une part et d'Anna Zielinska et Pierre-Yves Quiviger d'autre part, la position que l'on adopte sur ce point a des effets majeurs sur l'évaluation des techniques juridiques à même de mieux protéger les animaux, entre autonomisation du droit animalier et exploitation des possibilités permises par l'autonomie du droit tout court.

La même alternative pourrait être élaborée à propos de l'environnement. De fait, le contraste entre un mythe des origines se plaisant à décrire un monde sans violence où les humains et les autres animaux cohabitent pacifiquement, sans perspective d'appropriation voire dans l'assistance mutuelle, et une réalité contemporaine qui est celle d'un habitat commun menacé par l'expansion de la société industrielle, ne concerne pas seulement l'éthique animale mais tout aussi bien l'éthique environnementale, dont on peut se demander si l'émergence récente est l'indice d'un sucroît de lucidité, ou bien d'une réaction de panique devant une catastrophe inéluctable. Sans faire l'objet *princeps* d'aucune des contributions de ce volume, la question de savoir jusqu'où la cause animale déborde vers celle d'une éthique de la nature ou du bon usage de la nature affleure à travers nombre d'entre elles : les discussions de l'anthropocentrisme qui y sont développées invitent en effet inévitablement à une réflexion sur ses contreparties, le biocentrisme et l'écocentrisme.

Nous remercions chaleureusement l'ensemble des chercheurs et jeunes chercheurs qui ont contribué à ce volume et à la richesse des discussions qu'il ouvre, ainsi que le groupe de recherches *Philosophie, Pratiques & Langages* pour le soutien qu'il lui a apporté comme à la tenue du colloque dont il est issu.

Marlène JOUAN et Jean-Yves GOFFI

PREMIÈRE PARTIE

ANTHROPO-ZOOLOGIE

Recherches sur la philosophie et le langage 32 (2016)
384 p., ISBN : 978-2-7116-8418-2, p. 15-28, Vrin.

L'animal qui veille

Michel MALHERBE *

RÉSUMÉ

Déplaçons le curseur : l'homme étant d'abord un animal, posons la question : quelle est la différence entre l'animal et le végétal ? Aristote, Buffon et d'autres ont répondu que l'animal veille et dort, ce que ne fait pas le végétal. On examine cette réponse : le végétal, étant un être vivant, est relativement à son milieu dans une certaine disposition ; en revanche l'animal, étant un être vivant animé, est capable de prendre des habitudes, et par là-même de faire preuve de spontanéité. À la différence du végétal, il n'est donc pas seulement un individu numériquement un, il peut aussi avoir une histoire.

* Michel MALHERBE, professeur émérite de l'Université de Nantes, a récemment fait paraître une traduction de l'*Inquiry into the Human Mind* de Thomas Reid (Paris, Vrin, 2012), une monographie consacrée à Francis Bacon (*La philosophie de Francis Bacon*, Paris, Vrin, 2011), une méditation philosophique sur la montagne (*D'un pas de philosophe*, Paris, Vrin, 2013) et, dans le prolongement de sa contribution à ce volume, *Alzeihmer : La vie, la mort, la reconnaissance* (Paris, Vrin, 2015).

1

C'est une curieuse entreprise que vouloir connaître la différence entre l'homme et l'animal. On en oublierait que l'homme est d'abord un animal. Un animal supérieur, sans doute ; mais quel que soit son pouvoir sur les espèces inférieures, on ne saurait ignorer qu'il partage avec elles une grande partie de son capital génétique ou qu'il se nourrit, se meut, se reproduit à l'instar des cochons et des rats. *Primus inter pares*. Le *inter pares* gêne assurément : ne ferait-il pas de nous des bêtes ? C'est pourquoi l'on préfère s'arrêter sur une comparaison plus flatteuse et vanter l'exception de l'homme, que se rappeler qu'il appartient à la même classe que les mammifères et que, tout compte fait, il a même quelque chose de commun avec les serpents ou les huîtres. Et l'on dit en manière de protestation : « l'animal est l'origine de l'homme », en laissant entendre que l'homme n'est plus aujourd'hui l'animal qu'il fut avant que d'être homme. Ou l'on dit encore : « l'animalité est la condition naturelle de l'homme, mais de cette condition l'homme est capable de s'affranchir par sa conscience, par sa raison et par sa liberté ». Peut-être, mais la nature est têtue. Et pour ne point nous dérober, posons deux choses : d'abord, qu'il y a une nature humaine ; ensuite, que l'animalité fait partie de cette nature.

Les philosophes préfèrent parler du langage et de la raison, et les moralistes de la conscience et de la liberté. Mais redonnons ici la parole aux naturalistes. Et, pour éviter tout glissement subreptice, déplaçons le curseur : plutôt que de nous demander quelle est la différence entre l'homme et l'animal, posons cette autre question tout aussi légitime : quelle est la différence entre l'animal (l'homme inclus) et le végétal ? À qui s'offusquerait d'un tel déplacement, nous rappellerons qu'Aristote fut un grand métaphysicien parce qu'il fut un grand physicien, et qu'il fut un grand physicien parce qu'il fut un grand naturaliste.

Quel que soit leur développement savant, les sciences naturelles comportent toujours une part d'histoire naturelle, c'est-à-dire de description, description qui mène à des classements par ressemblance et différence. Et si dogmatique que soit un réductionniste dans ses déductions, il est à la fin contraint de concéder, s'il est de bonne foi, que l'expérience phénoménale que l'être humain a de sa propre vie a assez de force et de nouveauté pour qu'un discours phénoméniste ou phénoménologique soit possible, quand bien même on ôterait à cette sorte de discours le mérite d'être fondateur.

Or, entre autres différences phénoménales, nous nous arrêterons ici sur un attribut qui appartient aux animaux, mais n'appartient pas aux végétaux, celui de mener une existence qui est marquée par l'alternance du sommeil et de la veille. Cette différence n'est peut-être pas la plus immédiatement retenue, ni la plus absolue, mais elle avait déjà été relevée par Aristote[1], et un Buffon[2] la tient encore pour pertinente.

2

Tout être, quel qu'il soit, est en relation avec tous les êtres qui l'environnent, les plus proches et les plus lointains. Un objet matériel occupe une portion d'espace, il est animé ou non d'un mouvement, il est donc solidaire d'un ensemble de rapports susceptibles de susciter en lui des transformations qui modifient son état ; si le changement cesse, il permane dans l'état où il se trouve : il est ainsi livré au principe d'inertie si son mouvement n'est pas influencé ou contrarié. On dira qu'un tel objet se définit par la somme des relations qu'il entretient et qui sont les facteurs non seulement de ses modifications mais aussi de sa permanence relative. Or il en va différemment des êtres vivants qui, en tant que tels, sont autant d'individus jouissant d'une organisation propre, laquelle les rend capables d'un plus grand nombre de rapports externes que les objets matériels, et surtout de rapports plus spécialisés. Par la composition originale de leurs parties et de leurs fonctions, lesquelles sont hétérogènes, ils ne sont pas seulement pris dans un système de relations externes, ils renferment encore tout un jeu de relations internes, ces dernières diversifiant et spécialisant les premières tout en en restant dépendantes. Ce qui est une grande

1. Aristote, « Traité du sommeil et de la veille », dans *Petits traités d'histoire naturelle* (*Parva naturalia*), trad. fr. P.-M. Morel, Paris, GF-Flammarion, 2000.

2. Buffon, *Discours sur la nature des animaux*, dans *Histoire naturelle*, tome IV (1753).

force : ils sont par là des individus. Ce qui est une grande fragilité : ils sont dans la nécessité de se nourrir et de réparer incessamment leur vie, et l'on sait bien que cela finira par la mort. D'où l'on tire aisément qu'ils doivent aussi se reproduire, pour assurer la permanence de l'espèce à défaut de la leur. Bergson, s'inscrivant dans la lignée de Buffon, de Ravaisson et de quelques autres, le disait en un mot : la matière est espace, la vie est durée; ce qui se passe dans le temps n'a pas le même sens pour les choses et pour les vivants : ici, le changement ; là, le mouvement.

Considérons un être donné à un instant *t*. S'il est un objet matériel et s'il est sous l'influence d'un agent externe, il se déplace ou se transforme. L'effet suit de la cause, éventuellement réagit sur elle. S'il est un être vivant, l'effet est plus complexe. Du fait de son organisation propre, le vivant se trouve être, à l'instant *t* où se produit l'événement, dans une certaine *disposition.* Or, cette disposition particulière introduit une temporalité qui est propre à l'individu considéré : en quelque sorte, l'individu se dispose à l'action extérieure qu'il va subir, il anticipe sa passion, il est en puissance de l'événement. Inversement, l'influence subie agit sur la disposition elle-même et la modifie ou la détruit selon son degré plus ou moins grand de plasticité : comme l'on dit, l'individu s'adapte (ou non) à son milieu. De sorte que l'on ne saurait enfermer l'individu dans l'instant *t :* l'influence subie, la passion une fois éprouvée, peut être traitée au passé, parce que la disposition est tournée vers l'avenir. De sorte aussi que l'individu vivant est plus fort, comme nous le disions : s'étant adapté, par une sorte de mémoire il peut anticiper l'effet et donc avoir une relation plus fine avec son milieu, quoique, devant se rendre incessamment adaptable (et toute possibilité d'adaptation connaît des limites), on peut le dire beaucoup plus délicat et fragile que l'objet matériel qui est indifférent à sa propre subsistance. Par exemple, dans la réaction immunitaire, le corps vivant possède une disposition naturelle à circonscrire l'objet pathogène et, il faut le souhaiter, à le détruire. Quand survient l'infection, il est capable (dans le cas favorable) de la surmonter, n'étant pas sans ressources pour la combattre. Mais il fait plus : à la faveur de cette infection, il est à même de prévenir désormais et de lui-même une infection future. Par une sorte de mémoire dispositionnelle, les antigènes, marqueurs de l'agent étranger, seront reconnus par les cellules immunocompétentes, lesquelles détecteront et neutraliseront de manière spécifique l'agent pathogène.

Dans ses *Recherches physiologiques sur la vie et la mort*, Bichat appelait cela la « résistance intérieure » du vivant[3]. En même temps qu'il reçoit le changement de son milieu, le corps vivant tire de lui-même le changement, ce qui fait que l'ensemble du processus n'est pas purement mécanique. Et plus le changement que le corps subit se répète et plus le changement vient de lui-même, plus il lui devient propre, moins il est altéré par lui. Relativement à lui-même il conforte son indépendance. Ce qui n'est que répéter sur un mode progressif le propos qu'Aristote tenait dans le *Traité de l'âme* concernant la sensibilité (αἴσθησις)[4] : toute modification du vivant sensible est causée par un agent externe, relativement auquel il est passif ; mais dans cette modification, le vivant est lui-même actif, de sorte qu'en un sens on peut bien le dire acteur de sa passion ; et sa passion et son action ne faisant qu'un en lui, l'action de l'agent par rapport à laquelle il est passif est en même temps son action propre : le vivant n'est pas la simple somme de facultés nues, sa puissance est active car elle sourd de lui-même. Toute puissance est un acte en puissance. Il est vrai que rapportant tous les accidents à une substance, le Stagirite n'inscrivait pas ce type de rapport dans le temps, ce que permet le concept de disposition.

Que le philosophe grec ait exposé cet argument à propos de la sensibilité, et analogiquement l'emploie encore pour l'âme noétique, suggère que ce schème d'activité vaut de l'organisation vitale à l'activité noétique, à tous les niveaux de la vie ; schème que, par un raisonnement leibnizien, il est tentant de livrer à une variation intensive en déclarant qu'il se répète partout et toujours au degré de perfection près, et que du végétal à l'animal et de l'animal à l'être pensant il se conserve mais aussi franchit à chaque fois un seuil qui

3. Bichat, *Recherches physiologiques sur la vie et la mort* (1800), 1 ère partie, article 2.

4. Aristote, *De l'âme*, 425 b 25-426 a 15. *Cf.* Ravaisson, *De l'habitude*, Paris, P.U.F., 1999, II, p. 112 : « Or l'effet général de la continuité et de la répétition du changement que l'être vivant ne reçoit d'ailleurs que de lui-même, c'est que, si ce changement ne va pas jusqu'à le détruire, il en est toujours de moins en moins altéré. Au contraire, plus l'être vivant a répété ou prolongé un changement qui a son origine en lui, plus encore il le produit et semble tendre à le reproduire ».

le rend qualitativement distinct et caractéristique du niveau d'existence considéré.

3

Assurément, si l'on introduit une pareille ressemblance dans la différence, la différence réelle entre les végétaux et les animaux ne constitue plus un saut et l'on doit accorder qu'on va des premiers aux seconds par des degrés insensibles. Ce qui a un double avantage.

D'une part, les cas intermédiaires ne sont plus une objection. Ainsi dit-on volontiers que la différence entre les végétaux et les animaux est la faculté de se mouvoir ; mais il est des animaux qui sont incapables de mouvement. Cette faculté de se mouvoir suppose-t-elle la faculté de sentir ? Mais là encore il n'est pas exclu qu'on puisse accorder une sorte de sensation à certaines plantes. Le *mimosa pudica*, d'un mouvement rapide, replie son feuillage pour se défendre des prédateurs animaux. Une autre différence est celle entre d'une part la plupart des végétaux qui, autotrophes, ont le pouvoir de produire de la matière organique en puisant dans la matière inorganique, par réduction du carbone et de l'azote, et en prélevant dans le sol des sels minéraux utiles – cela grâce à la photosynthèse qui est opérée dans les cellules chlorophylliennes – ; et d'autre part, la plupart des animaux qui, hétérotrophes, doivent prélever sur leur milieu de la matière organique pour survivre. Toutefois, il existe un nombre non négligeable de plantes carnivores qui ont des réactions non seulement défensives, mais proprement offensives : elles attirent, capturent et dégradent ou assimilent leur proie, se procurant ainsi un complément en azote, ce qui leur donne un mode mixte de nutrition. « On peut donc assurer avec plus de fondement encore que les animaux et les végétaux sont des êtres du même ordre et que la nature semble avoir passé des uns aux autres par des nuances insensibles, puisqu'ils ont entre eux des ressemblances essentielles et générales et qu'il n'ont aucune différence qu'on puisse regarder comme telle »[5].

5. Buffon, *Histoire des animaux*, tome II (1749), chap. I : « Comparaison des végétaux et des animaux ».

D'autre part, la variation intensive produisant la différence dans la ressemblance, l'on n'a pas à traiter en couches superposées, dans les êtres supérieurs, les différentes opérations de la vie, ce que l'on fait quand on dit qu'à la vie végétative *s'ajoute* la vie sensible et à la vie sensible la pensée. La conscience pensante *est* la conscience sensible, mais portée à un degré supérieur de perfection qui la rend sans commune mesure ; de même la conscience sensible de l'animal *est* la présence vive du végétal à son milieu, mais portée à un degré supérieur de perfection auquel sont attachées des facultés ou des fonctions originales.

Cela posé, revenons à la disposition dont nous avons dit qu'elle caractérise la relation du vivant à son milieu et jouons de la variation comme le fait Ravaisson dans *De l'habitude*. L'animal jouit d'une réceptivité à son milieu plus développée que celle du végétal, grâce à la diversification de ses sens et à leur spécialisation : il collecte davantage d'informations. De même, éprouvant plaisir et douleur, sa proprioception est plus fine : il a une présence plus complète à lui-même. Corrélativement, le pouvoir qu'il a, du fait de sa sensibilité, de se disposer à son milieu, est à considérer comme une véritable *spontanéité*, laquelle est susceptible de s'exprimer dans une motricité qui le fait se déplacer (approche ou fuite de l'objet). Il est donc plus engagé dans son milieu mais aussi plus libre relativement à son milieu. L'espace qu'il occupe n'est plus seulement un lieu, mais proprement un territoire. Éloignement et rapprochement, esquive ou appréhension, telles sont ses aptitudes, des aptitudes qui manquent, toute exception gardée, aux végétaux.

Mais, nous l'avons dit, toute disposition comporte une dimension temporelle. Cette dimension est renforcée dans l'animal. Elle s'exprime évidemment dans le mouvement progressif, quoique le temps ne soit là, pour parler comme Aristote, que le nombre du mouvement. Mais surtout, l'animal vit dans un temps différencié. Car il y a une différence majeure entre la vie animale et la vie simplement organique : la première se développe dans un temps qualitativement discontinu : tantôt elle est en veille, tantôt elle est en sommeil, et ce n'est pas du tout le même état que de veiller et de dormir ; tandis que la vie organique se conserve dans un temps qui est continué sur le mode de la simple répétition. Si l'on objecte que les végétaux savent s'adapter au changement des saisons et à l'alternance du jour et de la nuit, tout aussi bien que les animaux, et ne vivent pas de même façon en hiver et en été, dans la lumière et dans l'obscurité, il est aisé de marquer la différence : la temporalité des saisons est externe, c'est une affaire de disposition ; la temporalité de la veille et du sommeil est interne, il y va de la spontanéité de l'individu. C'est pourquoi l'activité animale ne peut avoir le même sens que l'activité végétale. « L'animal a deux manières d'être, l'état de mouvement et l'état de repos, la veille et le sommeil, qui se succèdent alternativement pendant toute la vie »[6].

En termes d'espace, on dira que la veille est le temps du mouvement, et le sommeil celui du repos, de l'immobilité. Ce qui n'est pas totalement vrai. Outre que nous nous retournons dans notre lit, il faut évoquer le cas des dauphins et des cétacés : étant des mammifères en milieu marin, pourvus de poumons et donc susceptibles de se noyer s'ils ne respirent pas, ils doivent contrôler en permanence leur centre respiratoire, de sorte qu'ils ne dorment que d'un hémisphère et en changent toutes les vingt minutes ; ils continuent de nager. Considérons donc l'alternance de la veille et du sommeil dans les seuls termes du temps.

On objectera encore que le temps n'est pas absent des fonctions organiques les plus élémentaires. La respiration, mode des échanges gazeux propre aux animaux pourvus de poumons qui permet la respiration cellulaire et ainsi la libération de l'énergie indispensable à la survie de l'individu, repose bien sur l'alternance de l'inspiration et de l'expiration. Que cette alternance cesse – elle cessera un jour pour chaque individu vivant – et c'est la mort. De sorte qu'on peut bien dire que cette alternance incessamment reproduite est un des facteurs essentiels de continuité qui assurent la permanence du vivant. Or, l'alternance de la veille et du sommeil, prise *stricto sensu*, en tant qu'elle est attachée à la seule vie animale, n'est pas de même nature. Dans le cas de la respiration, la répétition conforte certainement la disposition du corps à une meilleure adaptation, par exemple, à la quantité d'oxygène disponible dans l'atmosphère. Et il n'est pas inutile d'apprendre à mieux respirer. Mais l'on n'apprend pas à respirer, ce qui est fort regrettable au moment du dernier souffle. Si le propre de l'habitude est de se substituer à toute

6. Buffon, *Discours sur la nature des animaux*, *op. cit.* *Cf.* Ravaisson, *De l'habitude*, *op. cit.*, III, p. 114-115.

opération par simple action et réaction, et non seulement de retarder – éventuellement de suspendre – la réaction pour l'assurer ensuite dans de meilleures conditions, mais surtout de susciter l'acte à partir d'une empreinte subjective qui est devenue une tendance propre, alors la respiration est certainement une disposition qui peut être améliorée, mais elle ne devient jamais une habitude. Elle ne fait pas « sujet », comme il en va dans l'habitude. En quelque sorte, la répétition dans le temps, si elle favorise l'enchaînement de l'inspiration et de l'expiration, et de l'expiration et de l'inspiration, reste un mode de la succession : elle n'induit pas de véritable durée. Chez la marmotte le nombre de respirations diminue tandis qu'elle hiberne, mais la marmotte ne passe pas d'un contraire à l'autre, de la respiration à l'absence de respiration ; en revanche, elle passe de la veille au sommeil et inversement. « C'est dans l'intermittence des fonctions que semble se manifester le plus clairement la spontanéité. Le caractère de la spontanéité est l'initiative du mouvement. L'initiative paraît évidente quand le mouvement recommence après avoir cessé, et en l'absence de toute cause externe »[7].

Aristote disait déjà que la veille et le sommeil sont des contraires. Or cela peut paraître paradoxal que puisse ainsi s'affirmer un être propre qui dure dans l'alternance des contraires. Aristote disait aussi que la veille et le sommeil sont attachés à l'âme sensible, à ce sens qui est commun à tous les sens (à ce qu'on nommerait aujourd'hui la conscience sensible, distinguée de la conscience pensante) et que la veille est cette présence immédiate à nous-mêmes dans et par notre présence aux choses[8]. Je vois, j'entends un objet, je le désire ou je le fuis ; cela ne se peut sans que j'éprouve plaisir ou déplaisir ou que je veille à moi-même de quelque autre façon. Je ne puis percevoir (αἰσθάνεσθαι) les choses sans me percevoir moi-même. Mais, sauf conscience délibérée ou état de souffrance induisant la réflexion, je respire l'atmosphère ambiante sans me percevoir respirant. La veille est le temps où l'animal entre dans une relation constituée avec son milieu et où le schème action/réaction ne suffit plus. Sa relation au monde est spécialisée (les formes et les couleurs n'affectent que la vue, les sons l'oreille) et sélective (la locomotion se fait vers tel

7. Ravaisson, *De l'habitude*, *op. cit.*, III, p. 115.
8. Aristote, *Parva naturalia*, *op. cit.*, 453 b 25-454 a 15.

objet). Percevant le milieu par le menu et plus sensible que le végétal à sa dépendance, il est capable de désirer tel ou tel objet, de se mouvoir vers lui pour obtenir satisfaction et donc de mieux s'affranchir de son environnement. Sa sensibilité et son pouvoir de locomotion font de lui un sujet. En revanche, dans le sommeil il ne répond plus qu'à une impression d'aise ou de mésaise, causée par des sensations principalement cénesthésiques, pouvant susciter des mouvements et des variations dans l'intensité du sommeil.

On peut s'étonner que la « subjectivité » animale s'affirme mieux dans la veille que dans le sommeil, dans sa sensibilité et son attention aux choses que dans ses dispositions proprioceptives. Comparons la marche, une activité de la veille, à la respiration, une opération de tout instant. Je puis cesser de marcher, je ne puis cesser de respirer. Dès le premier cri le nouveau-né respire ; le petit enfant apprend à marcher. La respiration est une disposition qu'on peut perfectionner, la marche est une habitude. L'inspiration appelle l'expiration et l'expiration l'inspiration ; et l'on peut être tenté de dire que, analogiquement, le pas appelle le pas ; mais au pas s'ajoute quelque chose qui n'est pas dans le pas : l'élan, la détermination d'aller ; et pour cela il faut au minimum une habitude, au maximum une volonté. Sans compter la direction où l'on va et le fait qu'en montagne on ne marche pas de la même façon sur une moraine ou dans un bois de mélèzes. Bref, dans la marche une spontanéité s'affirme. C'est pourquoi, on ne saurait rendre compte de l'habitude en des termes simplement mécaniques. « L'habitude se révèle comme spontanéité dans la régularité des périodes » [9].

Assurément, s'il n'est pas somnambule, celui qui dort ne marche pas, mais il respire. Dans le sommeil, les sens, s'ils opèrent encore, sont privés de sensibilité, de *sens commun*. En revanche, les fonctions organiques continuent de s'exercer conformément à une règle intérieure. De sorte que dans le sommeil le dormeur a beaucoup plus une vie intérieure qu'une vie extérieure, une vie intérieure qui suppose que certaines conditions de sécurité soient acquises (la porte est fermée à clef). Le rapport se renverse dans la veille ; et pourtant c'est bien dans la vie extérieure que la subjectivité s'affirme, dans cette sorte d'immanence à soi-même qui va de pair avec le fait

9. Ravaisson, *De l'habitude*, *op. cit.*, III, p. 116.

de se tourner vers le monde, par perception ou appétition : dans cette poussée de l'habitude qui porte un sentiment de soi mais qui n'est pas encore proprement une conscience de soi, poussée qui, pour reprendre un mot cher à Buffon, est à chaque fois un ébranlement du temps, comme un coup de boutoir.

Comment sort-on du sommeil ? Grâce à son réveille-matin, qui est une cause externe. Comment sort-on du sommeil, le dimanche ? Si l'on répond que la vie suit un rythme circadien et biologique, on ramène l'alternance à la répétition nécessaire d'un cycle caractéristique des fonctions qui sont actives dans le sommeil et dont la source est interne. On ne saurait non plus dire qu'on veut s'éveiller. Et pourtant, le dimanche matin, jour où il n'y a pas d'école, l'enfant saute du lit en chantant ; il est pris d'une spontanéité joyeuse et se précipite sur sa tartine beurrée.

Mais la réponse est peut-être à chercher dans la question inverse, plus singulière encore : comment entre-t-on dans le sommeil ? Si l'on dit, entre autres arguments possibles du même genre, que toute activité de l'individu vivant supposant une dépense et causant une fatigue, le sommeil est requis comme étant le temps où cet individu peut réparer ses forces, on fait du sommeil le simple effet du rapport de l'animal à son milieu, un effet réel mais contingent. Si l'on dit : le sommeil est une nécessité, ce n'est pas un état accidentel, on ne peut l'expliquer par la seule fatigue car il est indispensable à la vie intérieure et il est d'abord commandé par cette vie intérieure – si l'on dit cela alors le sommeil est l'effet d'un processus interne. L'exemple de la marmotte est à cet égard éclairant. La marmotte doit dormir l'hiver eu égard à la rudesse du climat ambiant ; mais comme le sommeil permet une dépense moindre d'énergie, cet état se présente comme la meilleure solution pour que l'animal subsiste dans les circonstances données. On remplace alors les causes efficientes par les causes finales ; mais on continue d'expliquer le comportement de la marmotte par les contraintes du milieu extérieur. Ce qui ne permet pas d'expliquer pourquoi, si la température descend trop dans le terrier, la marmotte s'agite pour se réchauffer et donc se réveille. Il faut donc supposer qu'il y a une sorte de veille dans le sommeil, une veille organique qui se distingue de la veille animale et qui, à défaut d'expliquer comment on s'endort, explique comment on se réveille. Disons qu'il y a deux sortes de veille, l'une propre à la vie intérieure et l'autre à la vie extérieure, entièrement différente, ce qui rend inexplicable le passage au sommeil ; l'une qui, sous la variation des contraintes du milieu, module circonstanciellement le renfermement de l'individu dans son intériorité, l'autre qui le rend attentif à l'extériorité et qui, ce faisant, le libère des limites de son intériorité en laissant place à une subjectivité émergente. Le leibnizien dira que cette dernière sorte de veille, qui est d'une qualité autre, est plus parfaite que la première ; ce qui revient à dire que l'animal est plus parfait dans la veille que dans le sommeil et qu'on est meilleur sujet à soi-même en étant tourné vers le monde qu'en s'enterrant dans sa vie intérieure ou qu'en étant, comme l'on dit aujourd'hui, à l'écoute de son corps.

4

Il y a plus dans l'existence du vivant que dans l'existence de la matière, à savoir la disposition ; il y a plus dans la vie animale que dans la vie végétale, à savoir la spontanéité. La disposition est la réponse de la vie intérieure, la spontanéité est, par l'habitude, le ressort de la vie extérieure. Effet de l'extériorité, la vie intérieure se conserve par répétition : elle est puissance en acte. Ayant sa source dans le principe original de l'animation, la vie extérieure se renouvelle toujours en acte dans l'alternance.

Le mécaniste dira qu'on peut ramener l'alternance à la répétition et la répétition à la réaction, et qu'il n'est pas nécessaire d'ériger en principe la spontanéité que libère l'habitude. Mais son argument souffre d'un déficit d'explication : l'effet est alors plus grand que la cause. Le spiritualiste s'empare du principe et va le fonder dans la conscience et la liberté. Mais son argument souffre d'un surcroît d'explication : la cause est plus grande que l'effet.

Le choix entre le mécanisme et le spiritualisme relève de la métaphysique. Restons-en ici à ce qui est apparent.

Il serait inexact de dire que l'animal, quand il dort, revient à la vie végétale. Disons plutôt que par l'alternance du sommeil et de la veille l'animal intègre la vie intérieure dans la vie extérieure, la vie organique dans une vie de relation par sensibilité et mouvement. Tout comme, à l'étage supérieur, la conscience intègre à son tour la vie animale – mais ce point n'aura pas été notre objet. Toutefois, on ne dirait pas grand-chose, par ce mot d'*intégration*, si l'on ne pouvait invoquer quelque phénomène comme preuve – il est vrai, une preuve *a contrario* : ce qui se passe quand l'individualité se désintègre.

La maladie d'Alzheimer offre le triste spectacle de la dégénérescence d'un individu. Ce n'est pas seulement la conscience du patient qui est atteinte et sa capacité à se comporter comme un être autonome, c'est *sa vie* même qui se dégrade. Laissons ici de côté le détail de ce qui concerne la vie de la pensée, mais observons que, si elle se désorganise, elle ne disparaît pas entièrement ; même à un état avancé, l'individu ne régresse pas à une existence simplement animale : la démence reste un attribut de l'esprit. Considérons son existence animée. La vie extérieure du patient est fortement affectée. Supposons qu'il ne soit pas encore devenu grabataire. Il fugue : son mouvement n'a plus d'objet ; enfermé, il déambule : son mouvement n'a pas davantage d'objet. Il semble qu'il n'ait plus de désir particulier. Pire : il ne parvient plus à organiser l'espace proche comme le fait n'importe quel être animé : il ne sait plus se situer, le chemin cesse pour lui là où il fait un coude, l'obstacle n'est pas anticipé, etc. En outre, il perd sa capacité à initier un mouvement, comme si la perte de la mémoire affectait l'émergence même de la spontanéité dans l'habitude. Pour le faire monter dans un train ou dans une voiture, il faut lui soulever le pied ; c'est la condition pour que s'opère ensuite l'enchaînement mécanique des mouvements. L'habitude a perdu sa puissance d'invention, elle n'est plus que répétition. Certains gestes se répètent compulsivement. Le patient ne portera pas la cuiller à sa bouche pour se nourrir, si celui qui l'assiste ne le fait pas d'abord à sa place. La sensibilité n'est pas moins diminuée, non seulement la sensibilité émotionnelle mais aussi la perception des choses : celle-ci n'est plus sélective (il faut insister pour capter le regard) et il semble qu'il n'y ait plus de sensation de réaction douloureuse (par exemple dans les soins). On pourrait dire alors que le patient se retire dans sa vie intérieure, dans sa vie organique, qui serait le dernier refuge contre son impuissance à vivre. Mais le pouvoir de percevoir son propre être est déficient : le patient reste dans la position où on l'a placé comme s'il ne sentait rien de lui-même ; la fonction de nutrition n'est plus régulière et les fausses routes ne sont pas rares dans cette maladie, etc. Bref, c'est la désorganisation d'un même principe qui touche en cascade la vie consciente, la vie animale et la vie organique. Le discours mental est lacunaire, le discours verbal est déstructuré et c'est se moquer que de parler encore d'autonomie : le rapport intentionnel du sujet au monde se désagrège. De ce fait, la conscience de soi perd son pouvoir de porter, de faire valoir les pouvoirs de l'animalité : la sensibilité aux choses, le désir d'objet, le mouvement qui permet la satisfaction. D'où résulte un affaiblissement majeur de la vie animale : l'habitude n'est plus la source de la spontanéité, ne restent d'elle que des compulsions obsessionnelles. Affaiblissement tel que la vie organique elle-même devient un problème : l'individu ne peut survivre sans des soins dont, il faut l'avouer, la nature est palliative. Avec la décomposition de la vie extérieure va la destruction de la vie intérieure. La mort est au bout.

On dit que la cause générale de cette maladie est la perte de la mémoire, elle-même causée par la nécrose de cellules cérébrales. Et c'est sans doute avec raison. Mais le principe général dont la désorganisation cause les divers symptômes de la maladie est le principe de la *veille*, que la veille s'exprime dans la pensée, dans la spontanéité animale ou dans la disposition organique. Vivre, c'est veiller sur soi-même en veillant au monde. De cela, le patient n'est plus capable.

Recherches sur la philosophie et le langage 32 (2016)
384 p., ISBN : 978-2-7116-8418-2, p. 29-53, Vrin.

Hume et l'agentivité des animaux [1]

Philippe SALTEL *

RÉSUMÉ

La démarche empirico-sceptique de David Hume a pour résultat une proposition philosophique originale, liant l'observation de mécanismes et de transformations à l'indication des origines probables, ces principes de la nature humaine au-delà desquels une raison philosophique modérée (parce que limitée) ne peut remonter.

* Philippe SALTEL, professeur de philosophie moderne à l'Université de Grenoble 2, a traduit et annoté *A Treatise of Human Nature*, I et III, et *An Inquiry concerning the Principles of Morals* (Paris, Flammarion, 1991, 1993, 1995). Il a publié un *Vocabulaire de Hume* (Paris, Ellipses, 1999, réédition 2009) et consacre ses travaux d'une part au rôle des sentiments dans la vie morale (*Une odieuse passion*, Paris, L'Harmattan, 2007), d'autre part aux naturalismes moraux (*La puissance de la vie*, Paris, Les Belles Lettres, 2008). Il a enfin dirigé plusieurs publications collectives consacrées à la philosophie de Hume, dont, récemment, le n° 2013/1 de la *Revue Internationale de Philosophie*, « La Morale de Hume / Hume's Ethics ».

1. Merci à Marlène Jouan pour son invitation, à Jean-Yves Goffi et Michel Malherbe pour leurs remarques et questions. Je renvoie aux œuvres de Hume en utilisant les abréviations courantes, TNH pour le *Traité de la nature humaine*, Livre, Partie, Section (Livre I et Appendice, *L'Entendement*, trad. fr. Ph. Baranger et Ph. Saltel, Paris, Flammarion, 1995 ; Livre II et *Dissertation sur les passions, Les Passions*, trad. fr. J.-P. Cléro, Paris, Flammarion, 1991 ; Livre III, *La Morale*, trad. fr. Ph. Saltel, Paris, Flammarion, 1993) ; EEH pour l'*Enquête sur l'entendement humain*, Section (trad. fr. M. Malherbe, Paris, Vrin, 2008) ; EPM pour l'*Enquête sur les principes de la morale* (trad. fr. Ph. Baranger et Ph. Saltel, Paris, Flammarion, 1991). L'initiale qui suit indique l'édition française de référence.

Organisé en trois volets, le « système sceptique » du *Traité de la nature humaine* compare et rapproche les procédés intellectuels et les modifications affectives des animaux et des hommes. Quelles conséquences morales cette ressemblance entraîne-t-elle ? Elle interdit de rabaisser l'animal à un rang inférieur au sien, celui du vivant sans psychisme ou, *a fortiori*, d'une « chose » ou d'une « machine ». Si le statut de patient moral ne fait donc pas difficulté, en revanche l'agentivité de l'animal fait l'objet de remarques et d'analyses éparpillées et d'orientations différentes. En les limitant les unes par les autres et en confrontant les arguments des spécialistes, nous suggérons ici que Hume définit une agentivité morale réelle, mais précisément circonscrite, des animaux, ce qui nous paraît conforme à la position d'avant-garde, mais d'avant-garde sceptique (plutôt qu'enthousiaste), qui est la sienne.

Hume conçoit, dans le cadre de son analyse sceptique, une nature humaine animée par des principes passifs : associations, accoutumance, transitions faciles entre les perceptions de l'esprit, tendance au plaisir, combinaisons d'idées et d'impressions... Ce faisant, il porte évidemment atteinte aux prétentions d'une anthropologie philosophique concurrente, selon laquelle l'homme serait doté de principes actifs ou de facultés spécifiques le délivrant des mécanismes et des enchaînements propres au reste du monde : raison, volonté, sens moral, goût esthétique, capacité d'agentivité politique manifestée par la contractualisation et la rupture avec un état de nature.

On peut donc dire que l'idée humienne de l'homme n'en fait pas « un empire dans un empire », et sa manifestation la plus évidente se trouve dans le fait que Hume cherche confirmation de son explication de la nature humaine dans les opérations qui caractérisent la vie animale, et ce à deux reprises dans ce qu'il est convenu de considérer comme le triptyque du système : (1) dans l'étude des pouvoirs de l'entendement (TNH 1.3.16 ; EEH 9), il consacre un chapitre à « la raison des animaux » ; (2) dans l'analyse des passions, il conclut chaque étape par des remarques sur la similitude des mécanismes affectifs chez les animaux : TNH 2.1.12, « De l'orgueil et de l'humilité chez les animaux » ; 2.2.12, « De l'amour et de la haine chez les animaux », puis, au sujet des passions directes (2.3.9), cette seule sentence :

> [...] je laisse de côté l'examen de la volonté et des passions directes, telles qu'elles se présentent chez les animaux, puisque rien n'est plus évident qu'elles sont chez eux de même nature et proviennent des mêmes causes que chez les êtres humains[2].

Mais le lecteur ne pourra manquer de remarquer l'absence d'un chapitre équivalent ou de remarques du même genre dans le livre III du *Traité*, consacré à la morale, et dans sa reprise sous la forme de la seconde *Enquête*.

Il s'agit d'expliquer cette dissymétrie, autrement dit de comprendre comment il est philosophiquement possible de soutenir à la fois la thèse d'une continuité entre les deux espèces (deux

2. TNH 2.3.9, C, p. 307.

espèces d'un même genre) et la thèse d'une supériorité de l'espèce humaine, seule capable d'une vie morale complète. C'est d'abord et en son fond une position naturaliste, comparable *mutatis mutandis* à celle de Spinoza : *omnia sunt animata*[3] – en ce sens, évidemment, la théorie humienne se sépare très nettement de toute forme d'anthropocentrisme – ; mais c'est aussi une position sceptique, non pas seulement dans l'examen des prétentions humaines à l'exception, mais aussi dans l'analyse des capacités des uns et des autres – une analyse assez détaillée pour produire une conclusion nuancée, que nous voudrions montrer ici. En effet, la philosophie morale de Hume, préoccupée par la question du jugement moral, implique un « monde moral » à trois termes ou trois statuts, celui du spectateur, celui du patient et celui de l'agent. Sur la question qui nous occupe, nous proposons une lecture établissant les choses comme suit :

1) La différence entre les deux espèces dans les opérations intellectuelles, mais aussi (et par conséquent) dans les mécanismes affectifs a pour effet d'interdire à l'animal le statut de spectateur judicieux, c'est-à-dire de spectateur moral ;

2) en revanche, la continuité entre nature animale et nature humaine entraîne sans conteste la possibilité de sympathiser avec les animaux et, par suite, permet de leur attribuer le statut de patients moraux ;

3) quant à la question cruciale, la plus discutée, nous estimons que les raisons de penser que, selon Hume, les animaux sont *dans certaines limites* des agents moraux sont plus fortes et plus décisives que les raisons contraires.

Cela requiert toutefois que nous fassions d'abord le point sur la place de l'animal dans la « science de la nature humaine ».

3. *Éthique*, II, 13, sc. : On remarquera que Spinoza évoque des différences de degré (qui sont certes des différences de puissance), alors que plus loin (IV, 37, sc. 1) il établit le droit des hommes sur les bêtes à partir de leur disconvenance « en nature » (*quandoquidem nobiscum natura non conveniunt*). C'est au fond cette question de l'articulation entre la différence de degré et la différence de nature qui est reprise par Hume sous le mode « sceptique » d'un naturalisme qui autorise la comparaison avec le mode rationaliste spinozien (voir Annette C. Baier, « David Hume, Spinozist », *Hume Studies*, vol. 2, n° 19, 1993, p. 237-238).

LA CONTINUITÉ ENTRE NATURE ANIMALE ET NATURE HUMAINE

1. Hume considère que les opérations intellectuelles que l'on peut analyser chez les hommes se retrouvent chez les animaux et que cela vaut comme confirmation de la supériorité de son système sur les autres qui sont mis au défi par lui de manifester une telle continuité. Dans le premier texte sur ce sujet (TNH 1.3.16), l'hypothèse est constituée d'après la ressemblance des actions « extérieures » jusqu'aux causes des « actions internes » (entendons les actes mentaux) :

> C'est d'après la ressemblance des actions extérieures des animaux avec celles que nous accomplissons nous-mêmes que nous jugeons que leurs actions internes ressemblent également aux nôtres, et le même principe de raisonnement, poussé un peu plus loin, nous fera conclure que, puisque nos actions internes ressemblent les unes aux autres, les causes dont elles procèdent doivent aussi se ressembler[4].

Précisément, Hume distingue deux types d'actions animales, celles qui sont « ordinaires » et les exemples plus « extraordinaires » de sagacité en faveur de leur conservation et de celle de l'espèce. Deux exemples correspondent : le comportement du chien qui évite le feu et les précipices, fuit les étrangers et recherche les caresses de son maître (type 1) et le comportement des oiseaux qui construisent leur nid et couvent leurs œufs (type 2). Le premier type d'action est ramené au raisonnement expérimental des humains quand ils font des inférences.

> Un chien qui évite le feu et les précipices, qui fuit les étrangers et recherche les caresses de son maître, nous offre un exemple du premier genre[5].

Le comportement animal est alors décomposé en deux parties, qui correspondent aux deux moments de l'inférence causale : une impression présente « à la mémoire et aux sens » (le ton de la voix du maître, l'odeur du gibier) et, en vertu de l'accoutumance, une *idée* (Hume n'écrit pas le mot) associée à cette impression, recevant donc

4. TNH 1.3.16, BS p. 255.
5. *Ibid.*, p. 256.

d'elle sa vivacité et valant comme conclusion. La preuve en est qu'une modification des associations modifie les conclusions tirées par l'animal.

> Faites que vos coups suivent un signe ou un mouvement pendant quelque temps, et ensuite un autre : il en tirera successivement des conclusions différentes, selon son expérience la plus récente[6].

Donc, l'agir ordinaire des animaux est fondé sur des liaisons d'objets constituées dans et par l'expérience, comme il en va chez les hommes.

> Elles [les bêtes] ne peuvent jamais, par aucune sorte d'arguments, former la conclusion générale que les objets dont elles n'ont pas eu l'expérience ressemblent à ceux qu'elles ont expérimentés. C'est donc par le moyen de la seule coutume que l'expérience agit sur elles. Tout cela était suffisamment évident en ce qui concerne l'homme, etc.[7].

Restent les opérations animales les plus étonnantes parce que très précisément constituées et orientées vers un but (conservation de l'individu ou de l'espèce), elles ne dépendent pas de l'expérience mais de l'instinct, comme par exemple la construction du nid, la période de couvaison et leur articulation aux saisons. Loin de considérer que la détermination naturelle justifierait de tracer une ligne de partage entre l'instinct et l'intelligence, le philosophe définit à cette occasion, par une formule fameuse, la raison comme *instinct*, d'après l'enchaînement suivant : si nos raisonnements sont des résultats de l'expérience et de l'observation, d'où vient que l'expérience et l'observation aient cette influence, d'où vient que nous nous habituions ?

Quelle que soit la formule, « instinct merveilleux et inintelligible présent dans notre âme »[8] ou « espèce d'instinct ou de force mécanique »[9], le raisonnement expérimental est « naturalisé » par cette inscription dans l'ensemble de toutes les opérations instinctives, dont il n'est plus qu'une variante. Mais du coup, et pour s'arrêter un

6. *Id.*
7. *Ibid.*, p. 257.
8. TNH, 1.3.16, BS p. 257.
9. EEH, 9, M. p. 277.

instant à cette première vue, ce ne sont pas les animaux qui sont moins dotés que les hommes en capacités cognitives, c'est l'inverse : toutes capacités étant instinctives, les unes, « instincts cognitifs généraux », sont partagées par les deux espèces, tandis que les animaux ont le privilège d'« instincts cognitifs spécifiques »[10]. À vrai dire, les deux chapitres consacrés à « la raison des animaux » dans le *Traité*, d'une part, dans l'*Enquête*, d'autre part, ne permettent pas d'aller beaucoup plus loin[11].

2. Si nous regardons, maintenant, du côté des mécanismes affectifs, c'est-à-dire du jeu de ces impressions secondes que Hume nomme *impressions de réflexion* ou *passions*, nous trouvons la confirmation de cette conception d'après laquelle les enchaînements qui se peuvent observer chez les hommes ont leur parallèle chez les animaux, susceptibles de connaître les mêmes passions indirectes, y compris les plus complexes (amour, haine, orgueil, humilité et leurs épigones), et les mêmes passions directes, déterminées par l'attrait du plaisir et l'aversion pour la douleur. C'est néanmoins à l'occasion de ces comparaisons que Hume introduit l'élément de discontinuité qui nous permet de préciser quelle autre différence – décisive – distingue l'homme des autres animaux.

En effet, la thèse majeure est ici, comme précédemment, que les mêmes effets pouvant être rapportés aux mêmes causes et faute

10. Nous traduisons les dénominations établies par Barbara D. Massey et Gerald D. Massey (« Genetic Inferences : A Reconsideration of David Hume's Empiricism », dans J. Earman (éd.), *Inference, Explanation and Other Frustrations : Essays in the Philosophy of Science*, Berkeley, University of California Press, 1992, p. 75-79) pour la capacité au raisonnement expérimental d'une part, et la capacité à des opérations définies d'autre part.

11. On remarquera toutefois que le même argument est donné en deux ordres contraires : dans le *Traité*, Hume nous propose de conclure de la ressemblance des actions chez l'animal et chez l'homme à la ressemblance des opérations internes, puis des causes de ces opérations, étendant ainsi son analyse des « opérations de l'entendement » à « la raison des animaux ». Dans l'*Enquête*, il va du *fait* des inférences animales à la confirmation de sa théorie sur le raisonnement des hommes. Qu'il aille de l'homme à l'animal ou de l'animal à l'homme, l'argument vise dans les deux cas la consolidation de la « solution sceptique » au problème du raisonnement expérimental : dans la mesure où c'est encore une confirmation de son système que Hume recherche dans l'observation des mécanismes passionnels chez les animaux, nous ne pouvons perdre de vue, dans la présente étude, ce biais de l'intérêt du philosophe pour la vie animale.

d'explication concurrente aussi solide, il faut bien dire que les animaux tirent fierté ou honte, amour ou haine, d'après un mécanisme comparable à celui déjà analysé chez les hommes.

> Le port et l'allure mêmes du cygne, du dindon et du paon manifestent la haute idée que ces oiseaux conçoivent d'eux-mêmes et leur mépris de toutes les autres créatures. Le plus remarquable, c'est que, dans les deux dernières espèces citées, l'orgueil va toujours de pair avec la beauté et n'est que le fait des mâles[12].
> (…) nous pouvons observer, non seulement que l'amour et la haine sont communs à toutes les créatures sensibles, mais encore que leurs causes, telles qu'elles ont été expliquées ci-dessus, sont d'une nature si simple qu'on peut sans peine les supposer agir même sur les animaux. (…) L'amour chez les animaux n'a pas pour seul objet les animaux de la même espèce ; il en dépasse les limites jusqu'à englober presque tous les êtres sensibles et pensants. Le chien aime naturellement l'homme, dont l'espèce est supérieure à la sienne, et il est très fréquemment payé de retour[13].

Le fait est que ces deux citations entament le parallélisme exposé jusqu'ici : d'une part, parce que Hume souligne les limites de l'orgueil animal ; d'autre part, parce qu'il évoque ce que rien dans notre étude du système n'a laissé présager pour l'instant, à savoir la supériorité de l'espèce humaine. En vérité, ce n'est donc pas dans l'analyse de l'entendement, occupée à le naturaliser, que Hume fait valoir ce qui laisse les animaux et les hommes à distance les uns des autres, mais bien dans l'étude des passions, et ce pour signaler qu'il manque à l'animal le moyen *cognitif* d'élever ses passions jusqu'à leur permettre de prendre une dimension morale.

12. TNH, 2.1.12, C. p. 166.
13. TNH, 2.2.12, C. p. 248-249.

QUELLE DIFFÉRENCE ENTRE L'ANIMAL ET L'HOMME ?

Le premier indice en est donné à l'occasion de l'étude de l'orgueil et de l'humilité chez les animaux.

> Ainsi les animaux n'ont-ils guère ou pas le sens de la vertu ou du vice ; ils perdent vite de vue les relations de sang et ignorent les rapports de droit et de propriété. Pour ces raisons, les causes de leur orgueil et de leur humilité doivent se limiter strictement à leur corps et ne saurait résider ni dans leur esprit ni dans les objets extérieurs [14].

On notera, évidemment, l'incertitude humienne quant à la possibilité ou non d'un certain « sens de la vertu » chez l'animal, d'autant plus que, un peu plus haut dans le même passage, le philosophe attribue à l'animal domestique une certaine sensibilité à l'approbation par l'homme, à « ses louanges et à ses caresses ». Mais on retiendra tout autant que l'animal ne semble pas à Hume aussi accessible que l'homme à l'idée de la famille, dont on connaît l'importance comme premier lieu de liens par sympathie puis pour la constitution des règles de justice, règles auxquelles l'animal paraît indifférent. Autant dire que c'est une grande partie de la sphère des vertus, celle des vertus artificielles, et l'un des aspects du ressort sympathique qui seraient méconnus des animaux.

On pourrait croire, à la lecture de ce passage, qu'ils manquent tout simplement d'une certaine « sensibilité » morale que l'on pourrait entendre comme faculté de perception du bien et du mal (« le sens du vice et de la vertu ») mais aussi comme source d'obligation (qui serait chez eux limitée à l'intérêt, étrangère aux relations naturelles ou conventionnelles). Néanmoins, une telle interprétation ne convient pas aux caractères propres du sentimentalisme humien (enracinement du sens moral dans la sympathie, primo-expérience des relations de justice dans la famille, rôle de l'imagination dans l'élaboration des règles). Pourquoi donc les animaux, capables de fierté (et donc d'humilité), d'amour (et donc de haine) sont-ils

14. TNH, 2.1.12, C. p. 167.

déficients quant au bien et au mal ? Une indication nous est donnée dans la partie suivante du livre II, consacrée à l'amour et à la haine.

> Comme les animaux ne sont guère capables de plaisirs et de peines suscités par l'imagination, ils ne peuvent juger des choses que par le bien et le mal sensibles qu'elles produisent et règlent nécessairement *là-dessus* les affections qui les concernent[15].

Il est bien question ici d'une incapacité cognitive : celle d'une imagination qui, chez les hommes, est susceptible d'élargir l'horizon des plaisirs et peines possibles. Ce serait faute d'une imagination suffisamment ample que l'animal, incapable de s'extraire de la situation présente, ne pourrait aimer que selon le bien ou le mal (le plaisir ou la peine) directement ressentis. Amour et haine seraient, dès lors, empêchés d'être étendus à des cas semblables mais plus lointains dans l'espace et le temps, plus dégagés, par conséquent, de l'intérêt de celui qui les éprouve, modification qui caractérise justement le jugement moral. La raison pour laquelle les animaux n'auraient que « guère » ou pas du tout le sens de la vertu ne serait donc pas une déficience affective (qui ne serait guère concevable que pour une doctrine sentimentaliste plus naïve que la théorie de Hume), mais bien une insuffisance d'imagination. Cette différence de *degré* dans la puissance imaginante empêcherait seule l'élargissement des sentiments au-delà du rapport immédiat à soi, c'est-à-dire leur transformation en sentiments d'approbation et de désapprobation, *sortes* de sentiments d'amour et de haine ayant dimension morale.

On le voit à l'examen de l'unique note de bas de page de la section consacrée à « La raison des animaux » dans la première *Enquête* (section IX). Hume y énumère les causes selon lesquelles « les hommes surpassent si fort les animaux dans le raisonnement » et pour lesquelles « un homme en surpasse si fort un autre homme »[16]. Cette énumération confirme que nous avons bien affaire à une différence de degré, puisque ce sont les mêmes incapacités qui font un homme maladroit dans son raisonnement « sur les faits et les causes »[17], sans entraîner pour autant son

15. TNH, 2.2.12, C. p. 249.
16. EEH, 9, M. p. 275.
17. *Id.*

exclusion du genre humain, et qui expliquent pourquoi les animaux remontent mal des effets à leurs causes. Quant à son contenu, la liste de dix causes de différence « entre les entendements humains » qui doit rendre « facile de saisir la raison de la différence entre les hommes et les animaux »[18] comprend les capacités d'attention, de mémoire, d'observation, la largesse ou l'étroitesse d'esprit, l'endurance dans les chaînes de raisons (et, au contraire, la faiblesse ou la hâte), les effets positifs de l'expérience acquise, des livres et de la conversation, ou les effets négatifs des préjugés et des passions, ainsi que « beaucoup d'autres circonstances »[19]. Pour passer de cette liste à des conclusions sur la question qui nous occupe, nous n'avons d'autre moyen que d'élaborer l'hypothèse la plus proche, comme Hume nous y a invités. Si donc le raisonnement expérimental, puisque c'est de lui qu'il s'agit, est de même nature chez les hommes et les animaux, ces derniers (que les hommes « surpassent si fort ») ne possèdent peut-être aucun, sinon très peu des avantages des hommes les plus habiles au raisonnement et pâtissent sinon de tous, du moins d'un grand nombre des handicaps qui caractérisent les hommes les moins habiles.

Il n'est donc pas possible de dire les animaux dénués de raison ; en revanche les caractères propres de leur vie affective s'expliquent, selon Hume, par une certaine limitation dans leur pratique du raisonnement. Et si nous tenons compte de la définition de la raison comme « un instinct merveilleux et inintelligible présent dans notre âme, qui nous conduit à travers un certain enchaînement d'idées qu'il dote [*endows*] de qualités particulières en fonction de leurs situations et relations particulières »[20], nous pouvons faire l'hypothèse que les animaux enchaînent des idées comme nous, mais ne les « dotent » pas aussi précisément ou exactement que nous, « dotation » que l'on peut comprendre, selon le texte de la note, comme liaison(s) de l'idée à d'autres idées, liaison plus ou moins forte, plus ou moins complexe, plus ou moins riche d'autres liaisons.

18. *Id.*
19. *Ibid.*, p. 277.
20. TNH, 1.3.16, BS. p. 257.

Nous appuyons cette interprétation sur la sentence suivante, prononcée dans le livre II, partie II, du *Traité* (il s'agit de l'amour et de la haine) :

> L'amour chez les animaux n'est pas causé, autant que dans notre espèce, par relation ; en effet, leurs pensées ne sont pas assez actives pour former des relations, sauf dans des circonstances où elles s'imposent [21].

La notion de *relation* n'est évidemment pas anodine et renvoie au début du *Traité* (1.1.5), section dans laquelle Hume propose *sa* théorie des relations. Ce chapitre admet un « sens commun » du mot, sens désignant « la qualité par laquelle deux idées sont reliées dans l'imagination et qui fait que l'une introduit naturellement l'autre » [22]. Mais il est évident, à la lecture des sections consacrées à « la raison des animaux » dans le *Traité* ou l'*Enquête* que l'animal établit des relations en ce sens très général de relation « naturelle » produite par les principes d'association des idées (« un chien qui évite le feu et les précipices, fuit les étrangers et recherche les caresses de son maître [...] » [23]). Il faut donc que les relations que les animaux ne forment pas soient des relations *au sens philosophique* ; or ces relations, que Hume nomme « philosophiques » sont au nombre de sept qui désignent « la circonstance particulière par laquelle nous pouvons juger bon de comparer deux idées, même lorsque c'est arbitrairement que la fantaisie les unit » [24]. Mais peut-il s'agir de *toutes* les relations philosophiques ? Il y a lieu de remarquer que trois « relations philosophiques » ont également le statut de « relations naturelles », ces associations d'idées que l'on ne peut refuser aux animaux sauf à négliger leurs manifestations de raisonnement

21. TNH, 2.2.12, C. p. 249.
22. TNH, 1.1.5, BS. p. 57.
23. TNH, 1.3.16, BS. p. 256.
24. TNH, 1.1.5, BS. p. 57. Pour mémoire, les sept relations philosophiques sont la ressemblance, l'identité, les relations de temps et de lieu (contiguïté), la proportion de quantité et de nombre, les degrés de qualité, la contrariété et la causalité. Trois d'entre elles sont à la fois des relations naturelles et des relations philosophiques (ressemblance, contiguïté, causalité). La section 1.3.1 distingue à son tour deux types de relations philosophiques, selon qu'elles dépendent uniquement des idées (ressemblance, contrariété, degrés de qualité, rapports de quantités) ou également des faits.

expérimental (la ressemblance, la contiguïté dans l'espace ou le temps et la causalité). Mais alors qu'ils établissent de tels liens relationnels sous l'influence de la coutume, peut-on dire qu'ils en « forment » par comparaison d'idées (formation qui caractérise la « relation philosophique ») ? Hume l'admet, somme toute, quand il écrit que « leurs pensées ne sont pas assez actives pour former des relations, sauf dans les circonstances où elles s'imposent [*except in very obvious instances*] » : dans certains cas, très manifestes, les animaux *forment* des relations et dans ces cas leurs pensées sont donc *actives*. Il n'a pas écrit que les animaux restaient *passifs* dans ces relations qui « s'imposeraient » à eux, mais bien qu'ils sont, comme nous, *actifs*, dans la limite définie par l'évidence de la relation. Au sein de cette sphère de choses évidentes, les animaux raisonnent donc *activement* comme nous : ils raisonnent, mais « pas autant », pour reprendre les termes de comparaison des amours.

La question est de savoir quelle portée donner à cette limitation. En effet, dans la mesure où Hume distingue deux groupes de « relations philosophiques », les unes qui enveloppent l'expérience, les autres n'ayant pas de rapport à l'expérience, nous pouvons nous demander si le raisonnement animal est limité à *certaines* relations (celles du premier groupe) ou s'il est capable d'établir des relations de n'importe quel genre, mais dans la seule mesure (restrictive) de leur « évidence ». D'un côté, comme le souligne Deborah Boyle, Hume n'attribue jamais les relations du second genre (ou « raisonnement démonstratif » selon la topologie de l'*Enquête*) aux animaux[25]. D'un autre côté, et au-delà du seul argument réciproque que jamais tel ou tel type de raisonnement n'est réservé qu'aux hommes, le philosophe a suggéré, par la fameuse note de la section 9 de l'*Enquête*, que la différence entre l'animal et l'homme, quant au raisonnement, n'était jamais qu'une différence de degré dans les capacités cognitives. C'est pour cela que nous sommes plutôt portés à penser que les animaux accèdent à tous les types de raisonnement, sans jamais pouvoir les pousser aussi loin que nous le pouvons, cette limitation valant pour tous les types de raisonnement, *moral reasoning* (premier groupe) ou *demonstrative reasoning*

25. D. Boyle, « Hume on Animal Reason », *Hume Studies*, vol. 29, n°1, 2003, p. 3-28, 14.

(second groupe)[26]. Sous cette proposition nous plaçons aussi bien l'« évidence » des relations qu'ils peuvent former, l'absence de « dotation » de liaisons nombreuses aux idées enchaînées, la limitation de leur mémoire ou – c'est la formule la plus générale – l'« étroitesse » de leur imagination[27].

Voilà, selon nous, la différence entre les capacités cognitives des uns et des autres, et c'est donc elle qui a pour conséquence de ne pas leur faire occuper les mêmes places dans le jeu de la moralité.

LE STATUT DE L'ANIMAL DANS LA SPHÈRE DE LA MORALITÉ

1. Hume s'intéresse prioritairement, on le sait, à la nature et, peut-on dire, à la valeur de nos jugements moraux. Sa contribution sur ce point est considérable, tant pour l'historien que pour le philosophe. Pour l'historien, d'abord, car en proposant ce qu'il appelle une « anatomie » du sens moral, il fait prendre (avec Adam Smith) un tournant décisif et sans doute terminal à l'histoire de cette conception et en particulier à son versant empiriste et naturaliste. Pour le philosophe, ensuite, pour bien des motifs, dont ne sera retenu ici que celui du partage des rôles, dans la sphère de la moralité, entre trois statuts, celui du spectateur, celui de l'agent et celui du patient. Comme on le sait encore, il estime que le jugement moral

26. La distinction entre le « raisonnement moral » et le « raisonnement démonstratif » vaut, dans l'*Enquête*, comme équivalente de la distinction des deux groupes de relations (EEH, 4, p. 117). Hume distingue encore, dans les relations du second groupe, entre celles qui peuvent être découvertes à première vue (ressemblance, contrariété, degrés de qualité) et celle qui requiert une chaîne de raisons (le rapport de quantité) : *cf.* TNH 1.3.1. Deborah Boyle, dans son étude détaillée de la « raison animale », admet une activité certes limitée de formation de relations (sur la base du passage que nous commentons ici, TNH, 2.2.12). La note de la section 9 lui permet de conclure à la possibilité d'intuition de rapports de quantité, sans possibilité de soutenir un raisonnement démonstratif plus élaboré (*cf.* art. cité, p. 15-16).

27. Il faut dire que le raisonnement, qu'il soit expérimental ou démonstratif, est chez Hume une affaire d'imagination, à tel point qu'il peut être défini comme la capacité *de l'imagination* à relier des idées : c'est la définition proposée par David Owen, *Hume's Reason*, Oxford, Oxford University Press, 1999, p. 197.

est le fait d'un spectateur interprète qui sympathise avec le patient sur la base d'une modification extensive et corrective de la sympathie – mécanisme affectif amoral en son origine – et attribue à l'agent qu'il juge des motifs (louables ou blâmables) au vu de son action. Or c'est sur ce point, celui du jugement moral, et donc sur ce rôle, celui de spectateur, que les hommes et les animaux diffèrent le plus. Ainsi l'animal n'est-il que peu présent dans la morale humienne ; la raison en est que leur sympathie est finalement limitée. Comment l'est-elle ?

> Il est évident que la *sympathie*, c'est-à-dire la communication des passions, n'a pas moins cours chez les animaux que chez les humains. La crainte, la colère, le courage et les autres affections se communiquent fréquemment entre les animaux, sans qu'ils connaissent *la cause qui a produit la passion d'origine*. (…)
> L'envie et la méchanceté sont des passions très remarquables chez les animaux. Elles sont peut-être plus ordinaires que la pitié, car *elles requièrent moins d'effort de pensée et d'imagination*[28].

Nous avons souligné deux passages qui confirment le lien entre les opérations cognitives et les compétences morales. En premier lieu, les animaux n'ont pas la même maîtrise des relations causales, pour les motifs notamment bien décrits dans la fameuse note de la section 9 de l'*Enquête*. Cela expliquerait que pour l'animal spectateur, les émotions du patient soient bien présentes et communiquées à lui *sans* qu'il puisse les lier à une agentivité finalement inaperçue. Mais en second lieu, la fréquence supérieure des sentiments méchants est expliquée par « l'effort de pensée et d'imagination » que suppose la pitié, sentiment opposé qui consiste à faire sienne la situation du patient, même sans relation avec lui qui enracinerait en quelque sorte le lien. Comme nous l'avons vu, l'amour n'est pas, chez l'animal, autant causé par relation qu'il peut l'être chez l'homme, de sorte qu'est empêchée cette « sorte d'amour » qui demande une relation élaborée, susceptible de rapprocher du spectateur les *pitoyables* qui lui restent sinon indifférents.

Cette contrainte naturelle s'ajoute à la limitation de la pensée causale, chez l'animal, pour limiter sa sympathie aux êtres qui lui sont familiers et dans des bornes étroites. Pour ces motifs, bien qu'il

28. TNH, 2.2.12, C. p. 250.

puisse être, dans les espèces les plus proches de l'homme (le cheval, le chien, qui sont des exemples humiens) sensible à l'approbation humaine, et bien qu'il éprouve par sympathie les émotions des êtres qui lui sont familiers ou semblables, l'animal paraît faire un piètre spectateur moral, faute d'un « degré suffisant de raison ».

> Toute la différence est que notre raison, parce qu'elle est supérieure, peut servir à découvrir le vice et la vertu et peut ainsi renforcer le blâme ou l'éloge. (…) Qu'ils manquent d'un degré suffisant de raison peut les empêcher de percevoir les obligations et devoirs de la moralité (…)[29].

2. En réalité, le jugement moral, parce qu'il requiert l'extension et le désintéressement de la sympathie, mais aussi l'interprétation des actions comme signes de motifs attribués à l'agent, est une affaire humaine. Et cette affaire requiert que nous sachions prendre un « point de vue général » (*general point of view*) sur les situations particulières : tel est le produit de l'« effort de pensée et d'imagination » qui permet au spectateur d'être judicieux. Cette approche a toutefois pour conséquence que, si hommes et animaux sont proches en nature bien que différents en capacités, les animaux doivent pouvoir, aux yeux d'un tel spectateur, faire l'objet de sa sympathie étendue et donc relever, au titre de patients moraux, de la sphère propre à la moralité. Hume, on l'a vu, ne refuse aux animaux ni la raison ni les affects : d'où les occurrences nombreuses dans lesquelles il ne parle pas des hommes, mais plus largement d'un seul groupe, au choix les « créatures sensibles » (*Traité*), des créatures « douées de pensée » (*Essais*, « De la dignité... ») ou des « êtres pensants rationnels » (*Enquête sur les principes de la morale*). Cela crée une communauté entre hommes et animaux dans laquelle les hommes, comme spectateurs et agents, ne peuvent faire autrement qu'étendre leur sympathie à ces *patients moraux* et considérer qu'ils ont des devoirs envers eux. Même si nous n'avons pas trouvé de texte replaçant le spectacle de la souffrance animale dans une perspective morale, deux occurrences manifestent que tel est bien le statut incontestable de l'animal chez Hume moraliste. La première est de principe et se trouve dans l'essai sur le suicide, dans lequel

29. TNH 3.1.1, S. p. 63.

Hume reprend une comparaison avec l'animal qu'il considère dans l'*Appendice* au *Traité* comme l'animal le plus inférieur, occupé par une seule pensée :

> Mais la vie de l'homme n'est pas d'une importance plus grande pour l'univers que celle d'une huître...[30].

La seconde est une recommandation, celle de « traiter avec douceur » les animaux, êtres doués de raison mais inférieurs, car si nous n'avons pas d'obligations de justice à leur égard, nous devrions cependant leur témoigner une bienveillance que Hume rapporte au « sentiment d'humanité » : c'est donc que la même vertu naturelle enveloppe les êtres humains et les autres animaux sous la même approbation, laquelle assigne effectivement une place incontestable à l'animal dans l'horizon des jugements moraux.

> S'il existait une espèce de créatures, vivant parmi les hommes, douées de raison, mais dotées d'une force tellement inférieure, tant physique que mentale, qu'elles seraient incapables de toute résistance, et ne pourraient jamais, même devant la plus flagrante provocation, nous faire sentir les effets de leur ressentiment, je pense que nous serions nécessairement tenus, par les lois de l'humanité, de traiter ces créatures avec douceur. (…) Telle est manifestement la situation des hommes à l'égard des animaux, et je laisse à d'autres le soin de déterminer dans quelle mesure on les peut dire doués de raison[31].

3. Comme je l'ai dit en introduction, il n'y a pas de consensus, entre les spécialistes, sur le point de savoir si les animaux peuvent être considérés, dans le système humien, comme des agents moraux. Sachant qu'aucun texte n'est explicite sur ce point, l'interprétation suppose toujours de rapprocher certains textes, certaines thèses de Hume en faveur ou en défaveur de cette hypothèse. Je me propose d'examiner les différents arguments qui plaident : a) en défaveur d'une telle hypothèse ; b) en faveur de l'hypothèse inverse, à savoir que les animaux pourraient être tenus pour des agents moraux et à quelles conditions ; c) qui concernent la nature de la différence entre

30. D. Hume, « Du suicide », dans *Histoire naturelle de la religion* (HNR), p. 119.
31. EPM, 3,1, S. p. 94.

les hommes et les animaux sur le point de l'agentivité morale (ce sera ma conclusion).

Raisons pour lesquelles les animaux ne peuvent être tenus pour des agents moraux

Pour quels motifs pourrions-nous dire que les animaux ne sont pas, ne peuvent pas être reconnus comme doués d'agentivité morale ? Deux arguments reposent sur des textes mettant en scène des animaux, un autre relève d'une thèse distincte[32]. Quant aux textes, nous avons effectivement deux passages célèbres qui évoquent (plutôt qu'ils ne traitent) cette question.

Dans un passage de la Section II de l'*Enquête sur l'entendement humain*, Hume donne deux exemples de combinaisons d'idées compatibles, celui d'une montagne d'or et celui d'un cheval vertueux. Il est alors tentant de faire un parallèle entre ces deux exemples et de souligner que le philosophe a ainsi choisi deux combinaisons qui ne correspondaient à rien de réel dans l'expérience. Cependant, outre le fait que ces deux exemples ne sont pas du même ordre – une montagne d'or n'étant pas offerte à nos impressions sensibles tandis que l'idée de cheval vertueux combine une idée issue des sensations et une idée relevant de l'approbation morale, donc d'une impression de réflexion –, cet argument est fortement affaibli par l'orientation d'ensemble du passage, qui est de montrer que la liberté de combinaison dans l'imagination est somme toute limitée, et qu'elle l'est aux idées compatibles, ce qui est le cas dans les deux exemples. Le passage ne présente dès lors que des combinaisons *possibles* parce que non contradictoires et, comme tel, il n'est pas concluant sur notre question.

Dans un autre texte, plus long, appartenant au début du livre III du *Traité*, Hume traite de la question de l'inceste pour montrer que si la distinction entre le bien et le mal relevait de relations abstraites, alors les animaux, qui pratiquent l'inceste, devraient être réprouvés comme le sont les humains. Le texte a, là encore, un autre but que la détermination de l'agentivité animale : il s'agit pour Hume de montrer un « cercle vicieux » dans le rationalisme moral puisque la

32. Ces arguments sont empruntés à Antony Pitson, « The Nature of Humean Animals », *Hume Studies*, vol. 19, n° 2, 1993, p. 301-316.

seule solution « rationaliste » du dilemme serait de dire que les hommes incestueux sont vicieux parce qu'ils peuvent percevoir le vice de la chose, ce qui revient à attribuer un vice à la chose même et donc un comportement vicieux à l'animal.

> Qu'ils [les animaux] manquent d'un degré suffisant de raison peut les empêcher de percevoir les obligations et devoirs de la moralité, mais ne peut jamais empêcher ces devoirs d'exister, puisque, pour être perçus, ils doivent d'abord exister. La raison doit les découvrir et ne peut jamais les faire naître[33].

La solution humienne, on le sait, sera de placer le vice et la vertu dans l'esprit de celui qui juge, c'est-à-dire dans son approbation ou sa désapprobation. Ce faisant, il exonère l'animal incestueux de tout vice et partant, d'agentivité morale *en ce cas*. Car cela est un cas, appartenant à un type certes important de moralité, mais qui ne fait pas toute la moralité : l'inceste est un vice quant aux mœurs sexuelles, lesquelles représentent une part de la moralité « artificielle » dont la vertu est suspendue à l'utilité pour la société. Or Hume avance en plusieurs endroits que les animaux ne sont nullement concernés par la sphère artificielle de la vertu et du vice, ni comme sujets capables de sympathie, ni comme patients, ni *a fortiori* comme agents. Telle est la raison pour laquelle ni l'impudeur ni l'infidélité ni l'inceste ne sont des vices pour eux, pas plus que ne le seraient le mépris de la propriété privée ou de la magistrature publique. Les vertus artificielles, en effet, ne peuvent être produites sans que ne soit visé par l'agent le bénéfice d'ensemble auquel chaque acte contribue, même si rien de vertueux n'apparaît à première vue en lui, et le confinement des opérations cognitives chez l'animal le rend incapable d'une telle visée.

Reste donc à examiner une dernière analyse en défaveur de l'idée d'agentivité morale, dont on aura compris qu'elle ne peut qu'être limitée à la sphère des vertus naturelles, c'est-à-dire des qualités attribuées à l'agent directement utiles ou agréables pour lui-même ou ceux qui le fréquentent. Or, sur ce point, Hume fait valoir que l'approbation ne se déclenche pas indifféremment, mais que liée à son fameux « point de vue général », elle peut être empêchée, et

33. TNH, 3.1.1, S. p. 63.

remplacée par sa contraire, dans les cas de qualités s'exerçant sans discrimination ni prospective, comme, par exemple, une bienfaisance naïve.

> Faire l'aumône à de simples mendiants est naturellement un objet de louanges, car cela paraît apporter un soulagement aux malheureux et aux indigents. Mais, quand nous constatons que l'on en arrive ainsi à encourager l'oisiveté et la débauche, nous considérons cette sorte de charité plus comme une faiblesse que comme une vertu[34].

Il semble donc que les vertus naturelles, que l'on pourrait penser attribuables aux animaux, ne pourraient l'être en vérité parce que leur exercice demanderait une forme de contrôle rationnel de la passion dont l'animal serait peu capable, sinon dans ses espèces supérieures et par l'effet de l'exercice de sa raison expérimentale, qui permettrait des formes d'attachement discriminant ou, au contraire, de méfiance discriminante dans ses relations sociales. Cela limite très certainement la possibilité d'attribuer des vertus à l'animal ; nous devons néanmoins nuancer cette limitation. En effet, Hume, dans une thèse bien connue, soutient que notre approbation n'est pas liée mécaniquement à la réussite de l'acte (« la vertu en haillons est encore la vertu »), bien qu'elle ne puisse accompagner un agent qui manque toujours son coup, en quelque sorte, ce qui est un autre nom de la « bêtise ». Mais cette bêtise n'est ni propre ni essentielle aux animaux dont nous parlons : ainsi pourrions-nous approuver une gentillesse animale qui réjouirait ses compagnons humains même si, ici ou là, elle s'offrait aussi au méchant. Ces trois arguments ne me paraissent donc pas suffisants pour exclure les animaux de la communauté morale ; ils ne le sont pas, notamment, parce que Hume soutient des thèses favorables à l'opinion contraire.

Raisons pour lesquelles les animaux peuvent être tenus pour des agents moraux

Pour que l'animal puisse occuper la place de l'agent dans un jugement moral, il y a plusieurs conditions : il faut d'abord que le mécanisme de sympathie avec le patient (de l'action animale) existe,

34. EPM, 2.2, S. p. 82-83.

et le cas peut être différent si c'est un homme ou si c'est lui aussi un animal ; il faut ensuite que l'acte puisse être rapporté à ce que Hume appelle « un motif vertueux », c'est-à-dire, dans la sphère des vertus naturelles, à une disposition qui puisse être reconnue comme vertu ; il faut enfin que cette disposition soit suffisamment durable pour participer d'une « personnalité » animale[35].

La première condition est aisément remplie s'agissant de patients humains : le mécanisme de la sympathie implique, par ses caractéristiques mêmes (ressemblance, contiguïté, causalité) et ses possibilités d'extension, que nous éprouvons ou pouvons éprouver plaisir ou chagrin devant ceux d'autrui, pour ce qui lui arrive et non pas seulement pour ce qui lui arrive par l'action d'autres hommes. Lorsque le patient est un animal, en revanche, cela suppose que les animaux puissent éprouver des états affectifs similaires à ceux des humains, condition remplie par les thèses sur les différentes passions chez eux, *et* que nous puissions nous rapprocher d'eux alors que nous en sommes distants par le degré différent de capacités cognitives. Or cette correction de la distance paraît possible, selon le même principe que pour les personnes éloignées, par exemple dans le temps.

> Nous savons que si nous avions approché d'aussi près ce chef renommé, il aurait provoqué un degré plus élevé d'affection et d'admiration. De telles corrections sont courantes pour tous nos sens, et en vérité, il serait impossible que nous puissions jamais employer le langage ou communiquer nos sentiments l'un à l'autre, si nous ne corrigions les apparences momentanées des choses et si nous négligions notre situation actuelle[36].

35. Nous nous inspirons ici, en grande partie, de la méthode suivie par Deborah Boyle (art. cité) sur la question de savoir si la raison des animaux peut être tenue comme une vertu chez eux.

36. TNH, 3.3.1, S., p. 204-205. Voir aussi TNH 3.2.1, S. p. 80 (nous soulignons) : « il est vrai qu'il n'y a pas de créature humaine, ni, en fait, *de créature rationnelle* dont le bonheur ou le malheur ne nous touche dans une certaine mesure ».

C'est la raison pour laquelle, dans la conversation courante, nous pouvons plaindre le cheval de course qui chute (« le pauvre cheval ! ») ou nous réjouir de voir un chien retrouver ses maîtres (« qu'il est heureux ! »).

L'examen de la seconde condition peut se diviser en trois étapes. En effet, il s'agit de voir si la notion de « vertu » n'est pas utilisée métaphoriquement pour les animaux, comme elle l'est pour les plantes médicinales, par exemple ; ensuite, si la conception humienne de l'animal ouvre cette possibilité ; enfin, si la conception humienne de la vertu la confirme. Or nous allons voir que ces trois points reçoivent une réponse favorable à l'attribution de « vertus », au sens moral du terme, aux animaux.

D'abord, parce que dans la note de l'*Enquête sur les principes de la morale* consacrée à la différence d'approbation, sur la base d'utilité (objet du chapitre), Hume oppose à deux reprises non pas l'homme au reste du monde, mais bien « les objets inanimés », puis « les êtres insensibles et inanimés » au reste du monde, c'est-à-dire aux animaux et aux hommes. De ce fait, il exclut l'animal de l'usage métaphorique (« caprice du langage », dit-il[37]) du terme de « vertu ». Ensuite, comme nous l'avons vu, Hume attribue en une sentence lapidaire du *Traité*, livre II, la volonté aux animaux, ce qui se comprend mieux si l'on considère ce qu'il entend par « volonté », qui convient au confinement de l'animal, être rationnel et sensible, dans l'immédiateté :

> (...) par *volonté*, je n'entends rien d'autre que *l'impression interne que nous sentons et dont nous sommes conscients lorsque nous suscitons sciemment un nouveau mouvement de notre corps ou une nouvelle perception de notre esprit*[38].

Si l'on sait que chez Hume les actions, quelles qu'elles soient, sont rapportées à des mécanismes passifs de production, et que la volonté, ou plutôt la « volition », n'est que le fait d'émergence de ce mouvement productif à la conscience sensible, rien n'autorise l'interprète, même si Hume n'en dit pas plus sur la volonté animale, à contester l'application de cette définition aux animaux, puisqu'ils

37. EPM, 5.1, S. p. 120n.
38. TNH 2.3.1, C. p. 253.

en ont toutes les capacités. L'animal est capable de vertu si la vertu est volontaire au sens de Hume, puisqu'il est capable de volonté.

Toutefois, l'une des caractéristiques de la théorie humienne des vertus naturelles est d'y admettre les qualités « involontaires » ou talents (*Enquête*, Appendice IV), c'est-à-dire toutes les perfections ou imperfections dont l'individu ne peut être tenu pour « responsable », ou dont on peut assigner la production à d'autres causes qu'à la vie de ses passions, jusqu'à la propreté ou le charme par exemple (*Enquête*, section VIII). Cet argument, tiré de la définition humienne de la vertu, a très certainement beaucoup de poids, puisque de fait il nous fait reconnaître que chez les hommes, les principes d'approbation sont tels qu'il faut admettre qu'ils animent certains de nos jugements au sujet des animaux, jugements qui ne signalent pas vraiment leur différence.

> Chacun peut employer les *termes* dans le sens qui lui plaît ; mais en même temps, il faut admettre ceci que des *sentiments* de blâme ou de louange sont éprouvés quotidiennement, sentiments dont les objets se trouvent en-dehors du domaine de la volonté ou du choix, sentiments dont il nous appartient de donner, sinon comme moralistes, du moins comme philosophes spéculatifs, quelque explication et quelque théorie satisfaisante[39].

L'ensemble de ces raisons fait que nous pouvons à bon droit prononcer des jugements moraux au sujet des animaux, et que ces jugements pourront rapporter certains actes à des traits « vertueux » ou « vicieux »: mais dans quelles circonstances et dans quelles limites ? C'est en répondant à cette question que nous pourrons délimiter l'agentivité morale des bêtes.

Quelle différence entre les hommes et les animaux ?

Nous avons eu l'occasion de souligner les différences qui distinguaient l'animal de l'homme. La raison animale est identique à la raison humaine, bien qu'il y ait entre elles une différence de degré ; cette différence s'explique par la limitation de l'horizon

39. EPM, App. IV, S. p. 248-249. L'argument est reconnu comme décisif par Tom Beauchamp, « Hume and the Nonhuman Animals », *Journal of Medicine and Philosophy*, vol. 24, n° 4, 1999, p. 322-335.

imaginatif de l'animal et elle entraîne une restriction importante des relations qu'il peut établir entre ses différentes idées. Dès lors les passions animales, elles aussi de même nature que les passions humaines, sont elles aussi bornées, parce que la limitation de cet horizon empêche l'animal de prendre le « point de vue général » impliqué aussi bien dans le *jugement moral* (le sens de la vertu leur manque, ils ne peuvent s'estimer eux-mêmes « pour leur esprit »; leurs amours et leurs haines sont liés à leur « bien sensible immédiat ») que dans les *vertus artificielles* (ils n'ont pas accès aux notions de justice et de propriété telles que définies comme systèmes utiles à la société).

Mais cette différence instruit-elle une distinction plus radicale ? Hume ne l'autorise jamais explicitement. Au contraire, le système de la moralité laisse penser 1) que nous pouvons sympathiser avec les animaux-patients et, plus largement, avec les situations dans lesquelles ils sont partie prenante, soit comme patients, soit comme agents, soit les deux ; 2) que les animaux peuvent produire des actes dont ils ont conscience ; 3) qu'ils peuvent être l'objet d'un jugement de type moral pour d'autres dispositions, dont ils n'ont pas conscience.

Ce dernier point nécessite une précision qui n'est pas sans conséquence. En effet, le caractère « involontaire » d'une disposition n'est pas, en général, du même ordre, qu'il s'agisse d'un être humain ou d'un animal. Hume désigne d'ailleurs à juste titre comme « talents » les dispositions naturelles ou acquises en question, voulant principalement délier la vertu du rapport à la récompense et au châtiment, et le but de cette remarque est de faire entrer dans le système ce qui ne paraît traditionnellement pas digne de sanction et qui est pourtant, et a été dans l'Antiquité, digne d'approbation ou de désapprobation. C'est bien ainsi, me semble-t-il, qu'il faut concevoir les dispositions animales « involontaires » relevant du jugement moral humien : car les dispositions instinctives, bien qu'involontaires, n'appartiennent pas à la sphère de la moralité. Car, dans le système humien, rappelons-le, les actes sont pour le spectateur moral les signes de motifs *vertueux* dans l'agent moral : ces motifs sont à leur tour constitutifs d'une personnalité et ce n'est que comme tels qu'ils valent. Cela signifie donc que les animaux sont traités à juste titre comme agents moraux pour les traits dispositionnels singuliers, personnels (et donc durables) qu'il est possible de leur attribuer, dans la sphère de la moralité naturelle.

Pour cette raison, il me semble qu'il faille conclure à une agentivité morale limitée en quelque sorte de deux côtés : limitée, d'un côté, par l'insuffisance d'amplitude du raisonnement animal qui, pour être de même type, n'est pas de même portée que le raisonnement humain, et bornée, d'un autre côté, par « l'instinct » (ce qu'il faut nommer, si l'on veut respecter la définition de la raison comme une « sorte d'instinct », « instinct cognitif spécialisé »). Toutefois, ces deux limites ne sont pas indépendantes l'une de l'autre : car c'est dans la mesure où il est doté d'instinct que l'animal a besoin de moins de raison ; et c'est dans la mesure où cet instinct règle pour partie sa vie morale que l'agentivité qui lui est attribuable est limitée, bien qu'aussi réelle, en son genre, que celle des hommes, comme les opérations intellectuelles des uns et des autres sont, au bout du compte, aussi réelles, en leur genre, qui est celui de la nature.

> Les pouvoirs de l'être humain, considéré seulement en cette vie, n'excèdent pas plus ses besoins que les pouvoirs des renards ou des lièvres n'excèdent leurs propres besoins et leur durée d'existence[40].

40. « De l'immortalité de l'âme », dans HNR, p. 109.

Recherches sur la philosophie et le langage 32 (2016)
384 p., ISBN : 978-2-7116-8418-2, p. 55-70, Vrin.

La situation de l'animal dans le monde. L'œuvre de Frederik Buytendijk, à la croisée de la phénoménologie animale et de l'anthropologie philosophique

Florence BURGAT *

RÉSUMÉ

Cet article part du constat, peut-être discutable, que les remarquables audaces théoriques qui font la force et l'originalité de l'œuvre de Frederik Buytendijk sont, à certains égards, bridées dans leur épanouissement, ou du moins tiraillées entre deux paradigmes. On voudrait, après avoir esquissé les principales thèses de Buytendijk et éclairé leurs sources philosophiques, indiquer en quoi certaines d'entre elles nous semblent inabouties et pour quelles

* Florence BURGAT est habilitée à diriger les recherches et directrice de recherche à l'Institut national de la recherche agronomique. Elle est membre statutaire de l'Unité mixte de recherche 4587 CNRS-École normale supérieure « Archives Husserl », où elle travaille. Ses thèmes de recherche portent notamment sur les approches phénoménologiques de la vie animale et sur la condition animale dans les sociétés industrielles. Elle est co-rédactrice en chef de la *Revue Semestrielle de Droit Animalier*, publiée par l'université de Limoges. Ses derniers ouvrages parus sont : *Liberté et inquiétude de la vie animale* (Paris, Kimé, 2006), *Une autre existence. La condition animale* (Paris, Albin Michel, 2012), et *La cause des animaux. Pour un destin commun* (Paris, Buchet/Chastel, 2015). Elle a également dirigé *Penser le comportement animal. Contribution à une critique du réductionnisme* (Versaille, Quæ / Paris, MSH, Paris, 2010).

raisons il en est peut-être ainsi. Disons-le d'emblée : les idées directrices de l'anthropologie philosophique, avec laquelle les attaches de Buytendijk sont très fortes, nous paraissent constituer un tel obstacle – c'est du moins notre hypothèse. Certes, pour être véritablement mise à l'épreuve, cette hypothèse devrait être soumise à une exploration des sources de la pensée de Frederik Buytendijk beaucoup plus importante que celle à laquelle nous allons nous livrer. C'est donc une piste de recherche que nous ouvrons.

Le motif de cet exposé tient dans le constat, peut-être discutable, que les remarquables audaces théoriques qui font la force et l'originalité de l'œuvre de Frederik Buytendijk sont, à certains égards, bridées dans leur épanouissement, ou du moins tiraillées entre deux paradigmes. On voudrait, après avoir esquissé les principales thèses de Buytendijk et éclairé leurs sources philosophiques, indiquer en quoi certaines d'entre elles nous semblent inabouties et pour quelles raisons il en est peut-être ainsi. Disons-le d'emblée, les idées directrices de l'anthropologie philosophique, avec laquelle les attaches de Buytendijk sont très fortes, nous paraissent constituer un tel obstacle – c'est du moins notre hypothèse. Certes, pour être véritablement mise à l'épreuve, cette hypothèse devrait être soumise à une exploration des sources de la pensée de Frederik Buytendijk beaucoup plus importante que celle à laquelle nous allons nous livrer. C'est donc une piste de recherche que nous ouvrons.

GENÈSE DE LA PENSÉE DE F. BUYTENDIJK

Néerlandais, Frederik Buytendijk fit toute sa carrière aux Pays-Bas. Il naquit à Breda le 29 avril 1887 et mourut à Nimègue le 21 octobre 1974. Il fut initialement formé à la physiologie, et plus précisément l'électro-physiologie, par Hendrik Zwaardemaker, Professeur de physiologie expérimentale à l'université d'Utrech. Très vite, son intérêt se porte vers la psychologie, dont il enseigne la théorie générale dans cette même université. Dès les années 50, il travaille à l'élaboration d'une psychologie animale de type non réductionniste et d'orientation phénoménologique déclarée, mais ce tournant s'est amorcé dès les années 20[1]. Ce projet est en effet nourri de longue date, comme en atteste le fait que, à l'université de Groningue où il fut Professeur de physiologie de 1925 à 1946, il consacre sa leçon d'ouverture aux « phénomènes de la vie » et

1. Georges Thinès nous apprend que « dès 1923, la psychologie animale avait pris une orientation toute différente sous l'impulsion de Buytendijk et de ses collaborateurs, particulièrement de Werner Fischel. Un grand nombre d'études publiées par eux entre 1923 et 1935 étaient déjà centrées sur l'animal comme "sujet" », dans *Existence et subjectivité. Études de psychologie phénoménologique*, Bruxelles, Éditions de l'Université de Bruxelles, 1991, p. 161.

présente la méthode phénoménologique dont il se réclame. Lecteur de Husserl[2] et plus encore de Merleau-Ponty, c'est dans le sillage explicite de *La Structure du comportement* (1942) que Buytendijk développe sa propre approche du comportement animal. La question de *l'expression* animale mobilise aussi son attention ; il travaille avec Helmuth Plessner sur la mimique animale et publie avec lui *Die Deutung des mimischen Ausdrucks* (1925). L'analyse des expressions faciales des primates y occupe une large place. C'est une phénoménologie du comportement expressif qu'il va, chemin faisant, élaborer, croisant l'approche anti-utilitariste de la forme animale d'Adolf Portmann. Tous deux partagent l'idée que si les mécanismes de sélection ont abouti à des comportements spécifiques, ils ne suffisent pas à rendre compte de la totalité des formes animales dont la richesse excède en effet le répertoire utilitaire[3]. Buytendijk affirme sa capacité à marcher à contre-courant et à assumer de profondes ruptures avec la pensée dominante. Les années 40 voient en effet triompher la psychologie objective, dont l'article de foi, fidèle à l'héritage béhavioriste qui domine la psychologie depuis le début du siècle[4], est explicitement énoncé lors du *Hixon Symposium* de 1948 par le neurophysiologiste Karl Lashley : « Tous les phénomènes du comportement et de l'esprit doivent être décrits en dernière analyse en termes de mathématiques et de physique ».

Au regard de cette tradition, Buytendijk opère une double rupture : selon lui, non seulement les phénomènes psychiques ne peuvent être expliqués de manière causale ni confondus avec leur substrat physique, mais encore ces phénomènes ne doivent pas être

2. Sur l'héritage husserlien de Buytendijk, voir *ibid*, p. 164. Buytendijk a explicitement reconnu sa dette à l'égard de Husserl dans son étude « Die Bedeutung des Phaenomenologie Husserls für die Psychologie der Gegenwart », parue en 1959 dans un ouvrage collectif intitulé *Husserl und das Deuten des Neuzeit* (La Haye, Martinus Nijhoff), mais la proximité de ses propres thèses avec l'approche husserlienne est, au bout du compte, singulièrement peu exploitée.

3. G. Thinès, « La forme animale selon Frederik Buytendijk et Adolf Portmann : une phénoménologie du comportement expressif », dans F. Burgat (dir.), *Penser le comportement animal. Contribution à une critique du réductionnisme*, Paris, MSH/Quæ, 2010, p. 117-126.

4. John Broadus Watson en avait jeté les bases en 1913 dans un texte fondateur : « Psychology as the Behaviorist Views It », publié pour la première fois dans la *Psychological Review*, vol. 20, n° 2, 1913, p. 158-177.

opposés ni peut-être même dissociés des phénomènes physiologiques, de sorte qu'il est faux de penser que les uns agissent sur les autres selon un rapport de cause à effet (comme cela est le cas, par exemple, dans une approche de type psychosomatique)[5]. L'organisme forme une totalité psychophysique ; il n'est *sujet* (selon une acception dont on précisera le sens) qu'à cette condition. Ceci vaut pour l'organisme humain comme pour les organismes animaux.

Frederik Buytendijk s'engage dans ce que l'on pourrait appeler une zoologie philosophique qui fait pendant à l'anthropologie philosophique de Max Scheler dont il fut proche. On ne s'étonne guère de voir des liens se tisser entre Frederik Buytendijk et l'anthropologie philosophique, dont l'originalité consiste à s'appuyer sur les sciences de la nature et les sciences humaines pour tenter, à nouveaux frais, de cerner la spécificité humaine. Max Scheler, Helmuth Plessner et Arnold Gehlen sont les principaux représentants de ce courant qui inscrit sa réflexion au cœur de la comparaison entre « l'homme et l'animal », et voit dans « l'ouverture au monde » ou, pour le dire autrement, dans le rapport à l'étant en tant que tel, le propre de l'homme. On reconnaît ici la thèse centrale de *La situation de l'homme dans le monde* (1928) de Max Scheler[6]. Par

5. Georges Thinès évoque, dans *Existence et subjectivité* (*op. cit.*, p. 163), l'article que publie F. Buytendijk en 1931, lequel constitue « l'une des critiques précoces » des procédures méthodologiques chères aux behaviorisme. Dans cet article (« Eine Methode zur Beobachtung von Ratten in Aufgabefreien Situationen », *Archives Néerlandaises de Physiologie de l'Homme et des Animaux*, vol. XVI, n°4, 1931, p. 574-596), Buytendijk « souligne la nécessité d'évaluer les faits du comportement en référence avec l'espace subjectif, la corporéité propre, les actes expressifs et les attitudes de l'animal ».

6. M. Scheler, *La situation de l'homme dans le monde* [*Die Stellung des Menschen im Kosmos*, 1928], trad. fr. M. Dupuy, Paris, Aubier Montaigne, 1951. Les principales thèses concernant les trois modes de vie végétal, animal et humain sont les suivantes : 1) la plante ne possède que la « *pulsion* générale à la croissance et à la reproduction » (p. 26) ; est absente chez elle cette « marge d'activité que confère à l'animal le mouvement local spontané ; elle n'a ni sensation, ni tendance spécifique, ni association, ni réflexe conditionné, ni système moteur, ni système nerveux » (p. 26-27) ; cette pulsion est donc toute extatique, exclusivement dirigée vers le dehors, elle n'a pas de soi, elle est « beaucoup moins individualisée que l'animal » (p. 28). 2) Le comportement instinctif a toujours une utilité spécifique (il sert les intérêts de l'espèce) (p. 32-33) ; mais, chez les animaux supérieurs, une tendance détachée de l'instinct se fait jour, et avec elle un horizon de démesure (p. 43) ;

ailleurs, le végétal est nettement distingué du mode de vie animal au sein de ce courant de pensée. Ce aspect mérite d'être souligné ; les formes de vie sont appréhendées ici dans leur singularité, par conséquent loin de la thématique du « simplement vivant », qui englobe dans un ensemble homogène et pauvre l'ensemble du monde végétal et du monde animal, et dans laquelle on reconnaît une idée largement répandue en philosophie[7].

La revendication d'une anthropologie empirique, c'est-à-dire débarrassée de la métaphysique, par des auteurs d'abord soucieux des faits et donc attentifs aux apports de la psychologie, de l'éthologie ou de la biologie, prend pour point d'appui le concret de l'homme afin de rendre compte de ses productions culturelles comme de sa vie spirituelle. Ce concret, c'est d'une part sa morphologie, fût-elle inscrite dans le déficit au regard de celle des animaux mieux pourvus que lui pour affronter l'adversité (on reconnaît le thème de la « créature lacunaire » développé par Herder), et d'autre part son action. Mais ce nouveau point de départ n'empêche pas ces auteurs de reconduire à l'occasion, de manière parfois péremptoire, des dualismes qui découlent d'une métaphysique bien connue de l'arrachement à la nature : « Ce qui constitue l'homme comme tel est *un principe opposé à toute vie en général* [...] c'est *l'esprit* », selon Scheler, et le caractère fondamental de cet être spirituel tient dans son « ouverture au monde »[8]. Ne perdons pas de vue que le souci de l'anthropologie philosophique, c'est de penser l'homme (quoique de façon renouvelée au regard de la métaphysique grâce à une analyse

l'intelligence pratique apparaît, qui se reconnaît à la capacité d'anticipation (p. 45) ; ce qui rapproche les animaux et l'homme tient plus à l'affectivité qu'à l'intelligence : « le don, la réconciliation, l'amitié et des phénomènes analogues, se rencontrent déjà chez les animaux » (p. 49). 3) La « différence essentielle entre l'homme et l'animal » (p. 51) tient dans la possibilité tout humaine de s'ouvrir au monde, tandis que l'animal « vit seulement plongé extatiquement dans son milieu que, tel un escargot, sa coquille, il apporte comme structure partout où il va » (p. 56). Plus intéressant que ces thèses elles-mêmes, est de voir que Scheler procède par soustraction pour penser l'animal : il lui manque ceci ou cela, qui est en revanche présent chez l'homme. Une telle démarche permettra-t-elle jamais de penser ce qui est propre aux animaux ?

7. Voir F. Burgat, *Une autre existence. La condition animale*, Paris, Albin Michel, 2012, p. 29-72 (« L'animal, "simple vivant" »).

8. M. Scheler, *La situation de l'homme dans le monde*, *op. cit.*, p. 53 et 54.

arrimée à la sphère empirique) et de réaffirmer un propre de l'homme. Ce propre de l'homme est alors d'une certaine manière encore plus profond que celui forgé par la métaphysique, puisqu'il est décelable jusques et y compris dans la sphère du concret. On lit par exemple sous la plume d'Arnold Gehlen que « la culture compte au nombre des conditions physiques d'existence de l'être humain », énoncé qui « ne s'appliquerait à aucun animal »[9]. Ce qui frappe, c'est le caractère péremptoire de l'affirmation, comme si cette proposition privative était nécessitée pour faire valoir le propre de l'homme. Si l'anthropologie philosophique passe par une sorte d'examen comparé entre « l'homme et l'animal », c'est au bout du compte pour conclure à un saut qualitatif producteur d'une différence d'essence. Le souci de Gehlen est de penser l'homme *par opposition* à l'animal, tandis que le projet de Buytendijk est de penser leur différence ou leur similitude par une comparaison dont la finalité n'est pas d'abaisser l'un pour faire valoir l'autre. Voilà qui modifie totalement le projet d'ensemble.

Un autre point de similitude entre Buytendijk et les auteurs de l'anthropologie philosophique tient dans la comparaison comme méthode apte à révéler les singularités. La manière dont procède Max Scheler pour mettre à l'épreuve, par une analyse comparée, les traits qui paraissent chacun caractériser une forme de vie – la poussée affective pour la plante ; l'instinct pour les animaux les moins complexes ; l'intelligence pratique pour les autres ; la liberté, la faculté d'objectiver, la conscience de soi comme champ de la différence anthropozoologique essentielle – constitue une illustration très claire de cette méthode. Mais des réflexions plus originales encore en émanent lorsqu'elle tient pour fondamentale la couche du vécu. Ainsi, la distinction établie conjointement par Helmuth Plessner et Frederik Buytendijk entre, d'une part, le « corps animé », tel qu'il apparaît du dehors au physiologiste (et que désignent pour eux les termes allemands *belebter Körper*) et, d'autre

9. A. Gehlen, « Pour une systématique de l'anthropologie » (1942), dans *Essais d'anthropologie philosophique*, trad. fr. O. Mannoni, Paris, Éditions de la Maison des Sciences de l'Homme, 2009, p. 18. Si l'idée d'une culture animale émerge comme telle dans les années 60 sous la plume de primatologues japonais, on peut se demander si la condition des animaux domestiques ne permet pas à elle seule de nuancer un tel propos.

part, le « corps vivant », doté d'un sens beaucoup plus individualisé, expression d'un certain vivant, de ce vivant-ci (soit le *lebendiger Leib*), met à mal les simplifications propres au dualisme psycho-physique qui, en optant pour la conscience représentationnelle, manque le vécu de conscience. L'ancrage de cette distinction est clairement tributaire de la phénoménologie husserlienne.

VERS UNE PHÉNOMÉNOLOGIE DE L'EXISTENCE ANIMALE

Buytendijk franchit un pas supplémentaire en attachant l'organisme à l'existence. Pour cela, il s'appuie notamment sur les notions forgées par Helmuth Plessner de « forme ouverte » (insertion *immédiate* de l'organisme dans son milieu) et de « forme close » (insertion *indirecte* de l'organisme dans son milieu, et donc autonomie de cet organisme), qui déterminent le partage entre le monde végétal et le monde animal. Buytendijk voit dans la médiateté propre à l'organisme animal « non seulement un quant-à-soi plus grand que celui de la plante, mais aussi une authentique indépendance, c'est-à-dire une position à l'égard de soi-même qui représente pour lui une *base nouvelle d'existence* » ; il ajoute que le « lacis de la situation, de l'expérience et du comportement »[10] est commun aux organismes animaux et humains. Organisme, corps vivant d'une vie vécue (*Leib*), corps propre visent une subjectivité incarnée, une existence individuelle plus ou moins accentuée. Est jugée infondée par Buytendijk, comme plus tard par Hans Jonas, le cantonnement de la notion d'existence à la sphère humaine : « Nous n'entendons pas existence dans le sens étroit que lui prêtent dans la théorie de l'être l'anthropologie et l'ontologie actuelles qui en font un mode d'être réservé à l'homme. *Ce terme d'existence désigne pour nous une situation manifestée par un comportement* »[11].

10. Helmuth Plessner cité par Frederik Buytendijk, *Traité de psychologie animale* (1952), trad. fr. A. Frank-Duquesne, Paris, P.U.F., 1952, p. 21, puis Frederik Buytendijk p. 13.

11. F. Buytendijk, *L'homme et l'animal. Essai de psychologie comparée* (1958), trad. fr. R. Laureillard, Paris, Gallimard, 1965, p. 46, nous soulignons.

Remarques sur le comportement comme forme ou comme structure

C'est au sens explicitement merleau-pontyen que Buytendijk entend le comportement. Afin de ne pas laisser tout à fait dans l'ombre la perspective merleau-pontyenne[12], précisons tout d'abord qu'il existe entre l'organisme et le comportement un rapport semblable à celui qui unit le signifiant et le signifié ; l'un est le signe de l'autre. On pourrait aller jusqu'à dire que l'organisme et le comportement constituent deux points de vue pour évoquer une seule et même chose.

Précisons ensuite en quoi la forme, héritée de la *Gestalttheorie*, joue un rôle central. Remarquable est, chez Goldstein, puis chez Merleau-Ponty, la prégnance de la notion de forme ou de structure pour aborder et tenter d'élucider l'énigme de la corporéité vivante, d'une part, et le fait que l'organisme est, plus que le siège (car on reconduirait alors un dualisme de l'exprimant et de l'exprimé), la matière même du comportement, d'autre part. La forme ajointe l'organisme et le comportement. Merleau-Ponty montre en quoi le comportement est *en lui-même* une structure ou une forme ainsi entendue. Le fait d'appliquer la notion de forme/structure à un autre champ que celui du perçu modifie la notion en retour[13]. Rappelons que la forme ou la structure se caractérise par trois choses : le tout représente plus que la somme des parties ; prises de manière indépendante, celles-ci n'ont pas de réalité ; c'est l'interdépendance des parties qui donne à la structure sa coloration propre. La valeur d'un élément dépend de sa place et de sa fonction dans un ensemble. Cela implique donc que le changement de place

12. Pour une approche détaillée de la question, voir F. Burgat, *Une autre existence*, *op. cit.*, p. 165-197 (« Le comportement comme forme ou comme structure »), ainsi que, dans F. Burgat (dir.), *Penser le comportement animal, op. cit.*, les contributions de F. Burgat, « Penser le comportement : au fondement des options épistémologiques », p. 17-49 ; J. Dewitte, « Une autre existence. En relisant *La Structure du comportement* de Maurice Merleau-Ponty », p. 127-151 ; et A. Pichot, « Qu'est-ce que le comportement ? », p. 55-67.

13. C'est l'extrapolation, avec ses premiers héritiers psychologues, de cette forme à tout le champ de la perception, puis au comportement, au mode de fonctionnement des sociétés humaines, et, de proche en proche, à l'ensemble du réel, qui confère à l'intuition géniale de la forme ou de la structure une telle fécondité.

d'un élément modifie l'ensemble, mais que, à l'inverse, le remplacement des éléments initiaux par d'autres éléments ne porte pas atteinte à la forme, *pour autant que le système des rapports soit conservé.* La métaphore de la mélodie revient souvent pour éclairer la définition de la structure : en effet, quoique jouée sur d'autres tons que ceux qui sont les siens, la mélodie demeure reconnaissable[14]. La forme ou la structure permet, selon Merleau-Ponty, de sortir de l'impasse dans laquelle le comportement est bloqué par une lecture qui l'atomise et le fige en moments séparés dont l'articulation doit être sans cesse actualisée par des chaînes causales, alors que le comportement doit se comprendre comme un ensemble de « gestes doués d'une unité intérieure »[15].

Précisons enfin qu'une espèce ne se comporte pas n'importe comment, mais en même temps, ce comportement ne répond pas à un schéma mécanique qui se répèterait quel que soit le milieu dans lequel il prend place ; ou encore, les normes du comportement ne relèvent pas de l'ordre fixe de l'en soi. Il faut donc affronter ensemble et sans contradiction le fait qu'il existe une norme comportementale spécifique, que le comportement est de nature fondamentalement dialectique, et que ce dernier caractère croît avec la complexification de l'organisation spécifique. Le double héritage de Jakob von Uexküll et de Konrad Lorenz, tous deux imprégnés de kantisme, est sollicité par Merleau-Ponty pour caractériser cet *a priori*, qui procède d'un plan (*Bauplan*) de la nature, selon Uexküll, et ce plan rend compte de cette sorte d'harmonie préétablie entre l'organisme et son monde propre (« tout organisme est une mélodie qui se chante elle-même », écrit-il) ; il relève d'une activité instinctive, selon Lorenz, au sens d'une activité primordiale sans objet (*objecktlos*) qui se confond presque avec l'usage de l'organisme.

14. La mélodie ne se réduit pas à la suite de notes qui la composent, mais comporte la propriété de demeurer reconnaissable quoique transposée soit vers l'aigu ou le grave, ou quoique jouée dans un ton différent du ton initial. Transposée d'ut en ré bémol, les notes seront différentes, mais une trame demeure qui conserve à la mélodie son identité. Certaines modifications ne portent pas atteinte à la mélodie, tandis que d'autres, même minimes, la transforment en une mélodie différente.

15. M. Merleau-Ponty, *La Structure du comportement* (1942), Paris, P.U.F., 1977, p. 140.

Sans revenir sur la thèse développée par Uexküll sur des mondes animaux[16], arrêtons-nous sur la notion de « liberté structurale » avancée par Merleau-Ponty. Comprenons bien que l'animal n'exécute pas cette mélodie comme il copierait un modèle qui lui serait présenté, mais que cette mélodie *hante toutes les réalisations de l'organisme sans constituer cependant le but de cet organisme.* Un *style comportemental* est reconnaissable par l'homme, mais aussi par les animaux. Merleau-Ponty évoque la présence d'un rapport spéculaire entre les animaux : ils perçoivent la généralité de l'espèce, ils identifient les individus qu'ils rencontrent comme appartenant aussi à une espèce particulière qu'ils reconnaissent par-delà la diversité des manières individuelles. La notion d'espèce en sort, selon Merleau-Ponty, grandie d'un sens ontologique ; il parle d'une « solidarité existentielle des moments de la structure »[17].

Après cet éclairage sur le comportement, revenons aux contours d'une phénoménologie de l'existence animale chez Buytendijk. En des termes qui prennent le contrepied des philosophies de l'existence, Buytendijk écrit que « l'organisme animal et humain ne fait pas que vivre, il existe, c'est-à-dire qu'il crée une relation avec l'entourage (…) l'entourage existe avec l'animal ou l'homme, pour eux et à travers eux en tant que structure significative »[18]. Les végétaux, les êtres cellulaires, mais probablement aussi les animaux peu différenciés, ne sont pas doués d'existence au sens où l'entend Buytendijk, car ces êtres ne répondent pas à une situation par un comportement, au sens merleau-pontyen du terme. Être *quelque part*, dans la perspective dynamique d'une situation, d'une position ou d'une localisation choisies par l'individu, désigne le fait d'être corrélé, de manière variable et contingente, à un milieu lui-même variable. Accomplir sa vie est pour un animal le fait de « *rester soi-même malgré ce perpétuel changement* »[19], grâce à une autonomie qui, ajoute Buytendijk, engendre l'inquiétude. Toute expérience du monde passe par le rapport à soi : il n'y a pas d'expérience sans sujet

16. Voir F. Burgat, *Liberté et inquiétude de la vie animale*, Paris, Kimé, 2006, p. 221-242.

17. M. Merleau-Ponty, *La Structure du comportement*, *op. cit.*, p. 153.

18. F. Buytendijk, *L'homme et l'animal*, *op. cit.*, p. 22.

19. F. Buytendijk, *Traité de psychologie animale*, *op. cit.*, p. 66.

de l'expérience ; un individu qui se comporte est sujet de ses expériences. Cette dimension existentielle doit être soulignée tant elle éloigne le monde animal de la « vie béate », passive et immanente à son milieu. Les critères qui spécifient ontologiquement la vie animale sont l'autonomie, le mouvement spontané et la corrélation médiate (ce qu'indique la notion de « forme close »).

Plus largement, Buytendijk s'engage dans l'élaboration d'une psychologie comparée entre l'homme et l'animal en réinvestissant certaines grandes questions de la psychologie : la perception, l'intelligence, les réflexes, le langage et la vocalisation ; certaines autres questions doivent beaucoup à l'orientation phénoménologique qu'il a adoptée, mais dont l'étude était balbutiante : la communauté, le monde et l'environnement, le comportement et la situation ; ou bien encore des thèmes propres à la philosophie de l'existence et à l'anthropologie philosophique : la disposition affective, le repos et le sommeil, l'expérience. S'ajoute à ces axes une réflexion de biologie théorique qui enrichit la compréhension de ce qu'il nomme la corporéité vivante, dont il explique à quelles conditions elle est un *sujet*. Fort de la théorie de l'*Umwelt* des animaux par Jakob von Uexküll (c'est l'action constitutive des perceptions propres à l'espèce qui forme l'*Umwelt*), d'une part, et de la phénoménologie merleau-pontyenne du comportement, d'autre part, Buytendijk affirme à son tour que l'animal est un sujet, c'est-à-dire « un organisme vivant qui forme un schème cognitif biologiquement utile, dans lequel il se situe comme "soi" par l'exercice même de ses potentialités sensori-motrices », pour le dire dans les termes de la psychologie phénoménologique[20].

SITUATION DE L'ANIMAL DANS LE MONDE

Il est temps d'en venir à ces thèses qui nous semblent empêchées dans leur développement, ces thèses sur lesquelles pèse une bride. La situation dans le monde des êtres vivants est déterminée par le type de rapport qu'ils entretiennent à soi et à ce qui n'est pas soi. Les animaux déclarés supérieurs en raison du caractère plus accentué de

20. G. Thinès, *Existence et subjectivité*, *op. cit.*, p. 165.

leur existence, de leur plus grande autonomie, sont gratifiés par Buytendijk d'une « *pseudo-personnalité* »[21]. Il évoque la singularité comportementale par laquelle chaque individu se distingue de tel autre et par laquelle il devient individuellement connaissable et reconnaissable. Pourquoi parler de *pseudo* personnalité ? Si le terme « personnalité » lui semble gênant, en raison de sa connotation humaine, pourquoi l'employer ? Car s'exprimer ainsi revient à placer l'animal, « supérieur »[22] en l'occurrence, dans une sorte de série darwinienne qui lui donne la place d'une esquisse, d'un brouillon dont le portrait est achevé ailleurs. D'autres thèses tendent à présenter les animaux comme des êtres inaccomplis au regard de l'humain vers lequel ils semblent se hisser, mais en vain : les animaux n'ont que l'« ombre de connaissance »; il est question de la « vocalisation et [du] "langage" des animaux »; ou encore du manque de parole qui empêche l'apparition de « toute trace de civilisation, de *véritable* humanité »[23].

Ces thèses, qui procèdent d'une évaluation des animaux au regard de l'homme comme mesure vers laquelle l'ensemble du vivant se dirigerait plus ou moins (selon une sorte de téléologie anthropocentrique), surprennent dans l'œuvre de Buytendijk, dont la liberté de ton vient précisément d'une émancipation de ces vues si courantes, et peut-être difficiles à réprimer, selon lesquelles l'homme est l'aune à laquelle l'ensemble du vivant doit être référé. Cette façon d'envisager les animaux ne saurait que produire un type de conclusion où ils occupent l'étrange situation qui est celle du « comme si »: l'ébauche, le pas encore, le faux semblant, la mise entre guillemets, puisque, au lieu de chercher un animal, on cherche un homme, tout en s'étonnant de ne le point trouver.

Par ailleurs, dans le droit-fil de *La situation de l'homme dans le monde*, Buytendijk pose que la liberté, qui doit en l'occurrence être comprise comme l'aptitude à se distancier d'une situation, fait défaut à

21. F. Buytendijk, *Traité de psychologie animale*, *op. cit.*, p. 73.

22. La détermination du rapport à soi et à ce qui n'est pas soi est au fondement de la distinction entre les plantes, les animaux « inférieurs » et les animaux « supérieurs » ; Buytendijk établit cette dernière distinction en fonction des manières propres d'exister des uns et des autres. Il reprend une distinction couramment employée mais qui ici est à entendre dans une perspective existentielle.

23. F. Buytendijk, *L'homme et l'animal*, *op. cit.*, p. 129.

l'animal, à tout animal. Être un animal, c'est ne pas pouvoir réifier un objet, c'est-à-dire ne pas pouvoir l'extraire du rapport vécu où il lui apparaît et de la façon dont il est ressenti. Ce « défaut » est selon Buytendijk le signe d'une absence de pensée. C'est à ce point que la différence essentielle entre « l'homme et l'animal » se révèle : « Alors que l'homme *lui-même* connaît et, dans la position excentrique de son esprit, se trouve placé lui-même face à *ce qui est*, une connaissance se réalise, pourrait-on dire, *dans* la vie animale. L'homme *connaît* sa peur, son désir, etc., la bête *est* peureuse, désireuse, etc. », de sorte que l'animal « reste incarcéré dans son propre monde »[24]. Si cette affirmation a le mérite de donner au vécu toute sa force et de voir en chaque animal le centre de ses expériences, elle tient le rapport à l'étant en tant que tel, cet étant purifié de tous les points de vue particuliers à partir desquels il peut être vu, comme l'expression de la liberté et la marque de la connaissance, dont l'animal n'a selon Buytendijk que *l'ombre*. Est-il pertinent de saisir les choses de cette façon ?

Cette thèse, caractéristique de l'anthropologie philosophique, selon laquelle l'animal n'a pas d'objets et vit extatiquement dans son milieu, et que Buytendijk fait sienne, est cependant tempérée chez ce dernier, au point de mettre en question la généralité avec laquelle elle est ici présentée, par ses pages sur les animaux domestiques, qui habitent deux mondes à la fois et voient donc certains objets à partir de plusieurs points de vue (Uexküll parle à propos du chien familier d'« objets ambigus ») – ce qui montre que l'incarcération dans le monde propre est relative. De même cette thèse est-elle, de manière plus indirecte, tempérée par l'attention portée au sommeil et au repos, dont l'analyse fait valoir le souci de soi que les animaux manifestent lorsqu'ils *vont* se reposer : ils se préparent à cela, recherchent le meilleur endroit pour jouir d'un peu de paix ; le repos n'est pas un impératif biologique qui s'impose après une fatigue, encore que cela se produise bien entendu aussi, mais une sorte de décision d'être bien, de jouir de soi-même. Le chat est l'animal à propos duquel cet « aller se reposer » douillettement est le plus visible à l'observation ; il se livre à la « détente active », s'abandonne à la « situation ambiante »; ce repos, choisi et non subi, est précédé de

24. *Traité de psychologie animale*, *op. cit.*, respectivement p. 122 et 261.

« "formalités" préparatoires » ; l'animal exprime ainsi naturellement son « être possédé en propre », son « individualité indépendante »[25].

On peut par ailleurs se demander si la pratique de l'*épochè* est bien ce point de vue absolument pur, et s'il n'est pas en réalité nécessairement prisonnier du style du monde humain ; en tout cas, aucun être humain ne peut entrer dans le monde de tel animal, si ce n'est par reconstruction empathico-analogique. Le point de vue des animaux lui demeure à jamais inaccessible. De sorte qu'en ce sens, au moins, l'homme ne peut pas non plus sortir de son monde, et la possibilité qu'il a de désincarcérer les objets des situations vécues ou de leur utilité est inhérente à son monde propre. Son surplomb reste en réalité attaché à un point de vue.

POUR CONCLURE

Si l'anthropologie philosophique livre à Buytendijk une méthode comparative qui porte sur le rapport au monde concret des êtres vivants (végétaux, animaux, humains), elle lui livre aussi une direction de pensée dont la visée est avant tout anthropologique. Mais tel n'est pas le souci premier de la méthode phénoménologique, dont la matière, si l'on peut dire, est le vécu de conscience en un sens qui déborde l'expérience humaine dans les moments où elle fait explicitement retour sur elle-même de manière représentationnelle. Buytendijk cherche à déterminer la différence anthropologique par une confrontation entre la manière d'être humaine et les manières d'être animales, mais ce qui le distingue dans cette entreprise, qu'il partage avec l'anthropologie philosophique, c'est qu'il ne recourt pas aux animaux *pour* penser la singularité humaine ; les animaux constituent le cœur de sa réflexion, l'homme n'apparaissant qu'en contrepoint de ses analyses. C'est du reste la raison pour laquelle il nous semble pertinent de classer son œuvre du côté d'une étho-phénoménologie animale, incluant des distinctions spécifiques, plutôt que de celui de l'anthropologie philosophique. Si la thématique de « l'incarcération dans le monde propre » apparente le travail de Buytendijk à l'anthropologie philosophique, il pose les bases

25. *Ibid.*, respectivement p. 96, 95 et 109.

d'une éthologie phénoménologique qui s'appuie tout entière sur la définition du comportement tel que repensé par Merleau-Ponty, pour défendre l'idée de l'existence animale – et c'est ce qui distingue son entreprise.

Recherches sur la philosophie et le langage 32 (2016)
384 p., ISBN : 978-2-7116-8418-2, p. 71-97, Vrin.

L'aporie animale, ou pourquoi nous sommes tous des végétariens non pratiquants

Étienne BIMBENET *

RÉSUMÉ

Nous accommodons mal l'animal : ou trop proche, dans la chaleur des identifications anthropomorphes, ou trop lointain, dans la distraction et l'exploitation intensive. Il y a les animaux domestiques et les animaux sauvages ; les animaux de compagnie et les animaux d'élevage ; aux uns la commensalité et le partage de notre humanité, aux autres l'oubli et le déni de la sensibilité. On peut comprendre moralement ce clivage comme l'effet d'une faiblesse de la volonté : nos comportements effectifs ne seraient tout simplement pas à la hauteur de nos principes. Nous voudrions ici aborder phénoménologiquement la question, en supposant qu'avant nos lâchetés et nos renoncements, c'est notre expérience même de l'animal qui s'avère problématique. Avant la « schizophrénie

* Étienne BIMBENET est actuellement maître de conférences (HDR) à l'Université Jean Moulin–Lyon III, où il enseigne la philosophie contemporaine et la phénoménologie. Il est membre des Archives Husserl de Paris et co-dirige avec Bruce Bégout la collection « Matière étrangère », aux éditions Vrin. Il travaille sur Merleau-Ponty, mais aussi la question de notre origine animale, et sur la possibilité d'une anthropologie d'un point de vue phénoménologique. Il est l'auteur de *Nature et Humanité. Le problème anthropologique dans l'œuvre de Merleau-Ponty* (Paris, Vrin, 2004) ; de *Après Merleau-Ponty. Études sur la fécondité d'une pensée* (Paris, Vrin, 2011), de *L'Animal que je ne suis plus* (Paris, Gallimard, 2011), et de *L'invention du réalisme* (Paris, Cerf, 2015).

morale » (G. Francione) il y aurait la schizophrénie dans l'être : c'est parce que l'animal hésite éternellement entre un excès et un défaut, entre un anthropomorphisme spontané et l'impossibilité de tenir jusqu'au bout cet anthropomorphisme, qu'il y aurait toujours les « nôtres » et les « autres ». Qui veut décrire l'animalité doit en passer par ce que nous appellerons, en référence à Heidegger, une phénoménologie privative ; c'est elle que nous présentons ici.

Le dernier siècle aura singulièrement compliqué notre rapport à l'animal. Derrière les mille images qui composaient notre bestiaire éternel, derrière cette animalité sans surprise qu'on croyait en règle avec elle-même, le XXe siècle aura fait éclater une dissension profonde, et pour tout dire une aporie.

D'un côté nous n'avons jamais mieux su, et comme expérimenté, tout ce qui nous rapproche de l'animal. Depuis Darwin nous savons que nous en provenons, par filiation directe. La génétique des populations est venue, à partir des années 30, conforter les intuitions darwiniennes et forger une « théorie synthétique de l'évolution » étonnamment efficiente, qui reste jusqu'à ce jour le cadre de référence obligé des sciences du vivant. Chacun sait aujourd'hui que nombre de nos comportements sont phylogénétiquement hérités de lointains primates qui furent nos ancêtres ; les travaux des primatologues, intensément relayés sur le terrain médiatique, jouent à cet égard un rôle crucial. Car ils composent un tableau implicitement assimilé à celui de nos origines, et qui est un véritable tableau de famille : ces chimpanzés qui font l'amour (bonobos) ou la guerre (chimpanzés communs), qui pratiquent une politique « machiavélienne » faite de domination et d'alliances, d'agressions et de réconciliations, d'égoïsme et d'empathie ; ces chimpanzés baroques gardent la trace de ceux qui furent nos ancêtres communs, et en ceci nous entretiennent analogiquement de nous-mêmes. Les chimpanzés nous tendent un miroir à la fois fascinant (parce qu'il y est question de nos origines) et vaguement inquiétant (parce que « singeant » à distance notre humanité, la recomposant en d'étranges mimiques). Qu'on le veuille ou non, ils sont un peu de nous-mêmes et participent désormais de la réflexion par laquelle nous prétendons nous connaître.

Mais ce n'est pas seulement notre savoir qui évolue, c'est également notre sensibilité. Nous sommes devenus « sensibles » à l'égard de l'animal, sensibles à son sort et à ses souffrances ; en témoigne plus particulièrement l'invention d'une « éthique animale » et d'une théorie du « droit des animaux », à partir des années 70[1]. Ces nouvelles revendications n'ont rien d'anecdotique. Il y a là un

1. Voir Jean-Baptiste Jeangène Vilmer, *Éthique animale*, Paris, P.U.F., 2011, p. 71-104.

fait aussi massivement déterminant, sur le plan moral, que peut l'être l'adoption du paradigme évolutionniste au plan scientifique. C'est le prolongement et peut-être l'aboutissement d'un mouvement de fond[2]. La construction démocratique depuis le XIXe siècle n'a cessé d'étendre le cercle des êtres « de droit », ces êtres à qui est reconnue une valeur intrinsèque, s'exprimant dans certains droits fondamentaux. L'abolition de l'esclavage et les luttes anti-ségrégationnistes, le vote des femmes et les luttes féministes, auront progressivement intégré au cercle de la considération politico-morale et les noirs et les femmes ; après bien des combats en faveur de minorités officiellement discriminées ou mal reconnues, il semble que l'animalité représente une ultime frontière et l'objet d'un dernier combat. Lorsque Richard Ryder invente le mot « spécisme », en 1970, et donc l'idée d'un mouvement anti-spéciste, c'est très officiellement sur le modèle du « racisme » et du « sexisme »[3]. On peut vouloir prendre fait et cause pour un être qui est devenu pour nous un parent, qui partage avec nous une même sensibilité au plaisir et à la souffrance.

Ainsi l'animal s'est-il rapproché de nous ; d'une certaine manière il est de notre côté, familialement familier et charnellement exposé aux mêmes maux que nous. Mais ce n'est là qu'une moitié de la vérité. Car d'un autre côté l'animal n'a jamais été aussi loin, dans le traitement que nous lui infligeons. Nous consommons quotidiennement des tonnes de viande, provenant d'animaux élevés en batterie dans des conditions industrielles. L'industrialisation de l'animal signifie que celui-ci est soumis aux mêmes normes (d'efficacité et de rentabilité) que la matière inerte, si bien qu'en toute rigueur l'abattage industriel ne signe pas la fin d'une vie, mais le terme d'un processus purement mécanique. Déritualisé, désymbolisé, l'abattage n'est pas exactement une mise à mort, mais le passage d'une étape à une autre pour un être qui depuis longtemps n'y est plus, ou dont nous nous sommes depuis longtemps absentés. L'animal, sa vie, sa mort, font l'objet aujourd'hui d'un

2. Sur ces transformations contemporaines de notre sensibilité à l'égard de l'animal, voir Tristan Garcia, *Nous, animaux et humains. Actualité de Jérémy Bentham*, Paris, François Bourin Éditeur, 2011.

3. J.-B. J. Vilmer, *Éthique animale*, *op. cit.*, p. 43-44.

divertissement majeur, au sens de Pascal : nous savons sans savoir, voyons sans vouloir voir, étant trop loin de la chose pour pouvoir soit l'accepter, soit la refuser.

Comment est-ce possible ? Comment celui qui est en train de se rapprocher si intimement de nous est-il en même temps celui qui est traité comme le plus lointain et le plus anonyme ? Qu'est ce qui ne va pas dans notre rapport à l'animal ? Tout ce que nous savons de l'animal et que nous chérissons en lui, finalement s'oublie dans l'assiette, comme dans le peu d'appétence qui nous vient lorsqu'il est question, concrètement, de militer en faveur de la « cause animale ». Nombreux sont, aujourd'hui, les végétariens non pratiquants – convaincus, mais point trop n'en faut. Tel serait le problème de ce que le philosophe américain Gary Francione, grand activiste de la cause animale, diagnostiquait comme une « schizophrénie morale »[4]. Il y a là un problème qu'on peut tout d'abord comprendre comme un *problème pratique* : notre comportement n'est tout simplement pas à la hauteur de nos principes. Malgré ce que nous savons aujourd'hui de l'animal, malgré tout ce qui concrètement nous en rapproche, nous poursuivons apathiquement sur le chemin d'un anthropocentrisme millénaire. En forme de réponse pédagogique à cette faiblesse de la volonté, il faudrait alors rappeler l'animal à notre bon souvenir ; il faudrait combattre le divertissement et faire littéralement « exister » l'animal, en rappelant qu'il y a bien là-bas une « autre existence »[5] – une « conscience », un « esprit », un « sujet », ou encore le « sujet d'une vie ». Et certes, beaucoup reste à faire en la matière[6].

4. Cité dans *ibid.*, p. 47. Tristan Garcia approfondit cette schizophrénie dans *Nous, animaux et humains, op. cit.* : « Les ciseaux s'ouvrent », dit-il, « la ligne de notre pensée, de nos représentations, tend de plus en plus vers l'identification et l'effet de continuité entre *eux* et *nous* ; la ligne de notre vie, de notre façon d'être, tend de plus en plus vers la différenciation et l'effet de séparation entre eux » (p. 39-40).

5. Voir F. Burgat, *Une autre existence. La condition animale*, Paris, Albin Michel, 2011.

6. C'est la voie tracée depuis quelques années en France par ce qu'il est convenu d'appeler la « philosophie de l'animal », représentée notamment par Élisabeth de Fontenay, Dominique Lestel ou Florence Burgat. La parution en 2006 de l'ouvrage posthume de Jacques Derrida, *L'Animal que donc je suis* (Paris, Galilée) aura de toute évidence constitué une étape majeure de ce cheminement français, qui commence tout juste à s'accréditer outre-Atlantique (voir Matthew Calarco, *Zoographies.*

Nous instruirons différemment le problème. Nous l'aborderons *phénoménologiquement*, pour montrer qu'avant la faiblesse morale, avant nos lâchetés et nos renoncements, c'est notre expérience même de l'animal qui pose problème. Avant la schizophrénie morale il y a la schizophrénie dans l'être, c'est-à-dire dans notre rapport même à l'animal. Le XXe siècle aura fait éclater historiquement, sous la forme de savoirs et de pratiques non congruents, une aporie qui est de tout temps parce qu'elle regarde, en son essence même, la relation de l'homme à l'animal. Cette relation est énigmatique, elle l'a toujours été. Le « silence des bêtes », comme dit Élisabeth de Fontenay[7], est le silence d'un secret ou d'une impénétrabilité. Il n'y a rien de simple dans notre expérience de l'animal, comme il n'y a rien de simple dans notre rapport à autrui ; sauf qu'avec l'animal ce mystère éclate en pleine lumière, n'étant pas surmonté, comme c'est le cas avec autrui, par l'efficace du langage et le puissant édifice des communications humaines. Qui veut décrire l'animalité doit en passer par ce que nous appellerons, en référence à Heidegger, une *phénoménologie privative* ; c'est elle que nous allons présenter ici.

1

Nous percevons l'animal ; nous en percevons même beaucoup. Si on définit l'animal avec Aristote comme ce vivant qui non seulement, comme les plantes, assure la constance de son métabolisme et la permanence de son ordre propre ; si l'animal n'est pas seulement ce qui, comme tout vivant, persévère dans son être et se veut soi-même contre le non-être ; si être un animal c'est avoir en outre sensation et mouvement, donc être ouvert sur un milieu de vie ou un ensemble de choses qui comptent pour lui (qu'il perçoit et sur lesquelles il peut exercer son action), alors cette « sensori-motricité » animale touche en nous quelque chose d'immédiatement évident. Nous connaissons par cœur l'animal et, faudrait-il dire, « par

The Question of the Animal from Heidegger to Derrida, New York, Columbia University Press, 2008).

7. É. de Fontenay, *Le Silence des bêtes. La philosophie à l'épreuve de l'animalité*, Paris, Fayard, 1998.

corps »[8] ; nous connaissons sans distance et comme s'ils étaient nôtres ces mouvements qui s'ajustent à la situation parce qu'ils sont éclairés par des perceptions, ou ces perceptions qui débouchent sur des mouvements parce qu'elles aperçoivent ce qu'il faut faire ; bref nous connaissons immédiatement ce qu'on appellera, pour désigner cet ajointement des sensations et des mouvements, les *comportements* animaux. Si on ne réduit pas à une séquence de mouvements purs les comportements mais qu'on les prend comme ils viennent, c'est-à-dire comme un « débat de l'organisme avec son milieu »[9], alors il nous faut bien constater que nous sommes immédiatement d'intelligence avec ce débat.

En ceci il y a bien une évidence de l'animal, de type perceptif. Je vois avec lui la situation, je sais avec lui le sens de sa réaction, bref je le crédite d'une expérience qui est sienne, une expérience de ce qui lui arrive et de ce qui le concerne. En ce sens l'animal *se présente* dans notre expérience, il est non pas un corps possiblement habité par un soi, mais un soi présent à même son corps, et dont j'accompagne les regards et les gestes parce que j'en comprends d'emblée le sens intentionnel. Nous « accompagnons » (*mitgehen*) l'animal, comme le dit Heidegger dans son fameux cours de 1929[10], ce qui signifie que nous sommes d'emblée de son côté et que, pour rendre compte de cette proximité, même une théorie de l'empathie est insuffisante : l'empathie vient en quelque sorte trop tard, supposant une séparation des consciences qu'il y aurait ensuite à surmonter. Merleau-Ponty l'écrit dans les mêmes termes, dans *La Structure du comportement* : « Toute théorie de la "projection", qu'elle soit empiriste ou intellectualiste, suppose ce qu'elle voudrait expliquer, puisque nous ne pourrions projeter nos sentiments dans le comportement visible d'un animal, si quelque chose dans ce comportement même ne nous suggérait l'inférence »[11]. Ainsi le comportement animal n'est-il rien de construit, comme s'il fallait projeter en lui un soi ou remplir

8. P. Bourdieu, *Méditations pascaliennes*, Paris, Seuil, 1997, p. 168.

9. Kurt Goldstein, *La Structure de l'organisme. Introduction à la biologie à partir de la pathologie humaine* (1934), trad. fr. É. Burckhardt et J. Kuntz, Paris, Gallimard, 1983, p. 95.

10. Voir M. Heidegger, *Les Concepts fondamentaux de la métaphysique. Monde-Finitude-Solitude*, trad. fr. D. Panis, Paris, Gallimard, 1992, p. 300.

11. M. Merleau-Ponty, *La Structure du comportement*, Paris, P.U.F., 1942, p. 169.

d'une âme son mécanisme. C'est le contraire qui est vrai. Lorsque le béhaviorisme déclare qu'il est faux et anthropomorphe de dire que « Telle bête attend avant de sauter », et qu'il est juste au contraire et scientifiquement recevable de dire « Telle bête reste 10 secondes immobile avant de sauter », il construit artificiellement un compte-rendu objectif de la situation, mais un compte-rendu qui vient prendre la place d'un événement vécu qui l'a toujours précédé, et qui le précédera toujours [12]. On ne commence jamais par parler *objectivement* de l'animal, comme Buytendijk le souligne dans son *Traité de psychologie animale*, mais toujours depuis le « lacis de la situation, de l'expérience et du comportement » [13], donc depuis notre expérience de sujets vivants.

Nous dirions donc volontiers, avec Merleau-Ponty : « Je sais l'organisme parce que je le suis » [14]. Je suis, corporellement, du côté de l'animal, avant de l'avoir en face de moi dans l'ordre du savoir objectif. « Les réactions d'un organisme ne sont compréhensibles et prévisibles que si on les pense, non pas comme des contractions musculaires qui se déroulent dans un corps, mais comme des actes qui s'adressent à un certain milieu, présent ou virtuel : l'acte de prendre une proie, de marcher vers un but, de courir loin d'un danger » [15]. Ainsi le savoir ne vient-il qu'en second lieu, venant investir de ses régularités causales l'être qui s'est d'abord présenté en chair et en os dans la perception [16]. Il n'est pas sûr pourtant que les choses soient si simples. Cet attelage apparemment œcuménique de l'expérience vécue et du savoir positif est en effet un bien étrange attelage, si l'on y pense. Soient les « intuitions imparfaites de la perception commune », comme dit Merleau-Ponty, celles dont on part toujours et qui nous livrent l'animal « lui-même », en personne. Quelle certitude me donnent-elles ? Est-ce parce que je « vis » l'animal ou que je le « suis », que c'est bien lui, et non autre chose,

12. Voir F. J. J. Buytendijk, *Traité de psychologie animale* (1952), trad. fr. A. Frank-Duquesne, Paris, P.U.F., 1952, p. 17.

13. *Ibid.*, p. 13.

14. M. Merleau-Ponty, *Notes de cours 1959-1961*, Paris, Gallimard, 1996, p. 387.

15. M. Merleau-Ponty, *La Structure du comportement*, *op. cit.*, p. 164.

16. « Justement la biologie descriptive, partant des intuitions imparfaites de la perception commune, les réorganise et les corrige. Il y a échange de services entre la description du corps phénoménal et l'explication causale » (*ibid.*, p. 170).

que je vis et que je suis ? Mon expérience première de l'animal rencontre certes un soi, mais qui me dit que ce soi n'est pas seulement un autre moi-même, et donc la projection anthropomorphique de ma propre vie ? Ainsi la certitude en première personne qui est la nôtre lorsque nous rencontrons l'animal apparaît-elle, à l'examen, bien fragile. Rien ne la garantit objectivement, puisqu'elle n'est rien d'autre, justement, qu'une postulation subjectivement vécue. De son côté le savoir objectif, pris en lui-même, rencontre une difficulté symétrique et inverse. Car s'il y a bien ici objectivité, en revanche il manque à ce savoir de s'ancrer dans l'être – dans le soi vivant de l'animal, que seuls une expérience et un accompagnement en première personne peuvent me donner. Comme le dit Canguilhem, « le vivant ne vit pas parmi des lois, mais parmi des êtres et des événements qui diversifient ces lois. Ce qui porte l'oiseau c'est la branche et non les lois de l'élasticité. Si nous réduisons la branche aux lois de l'élasticité, nous ne devons pas non plus parler de l'oiseau, mais de solutions colloïdales »[17]. Telle serait donc la situation, en forme d'antinomie : je suis l'animal d'un côté, je le suis en l'accompagnant charnellement et en comprenant de l'intérieur ses faits et gestes ; mais si d'un autre côté je tente d'objectiver l'animal et de m'en donner un savoir rigoureux, alors il me faut tout simplement quitter ce plan de l'expérience et me situer en un lieu où l'animal n'est plus là en personne. C'est comme s'il fallait choisir, entre être et savoir l'animal. Celui-ci ne sait nous donner que des intuitions riches mais aveugles d'un côté, et de l'autre des concepts objectifs, mais vides de sens et d'expérience.

Thomas Nagel, dans son fameux article de 1974 « *What is it like to be a bat ?* », a très précisément cerné le problème[18]. Tout dans la nature n'est pas réductible à des processus physiques, s'il est vrai que les organismes vivent chacun leur vie, et que pour chacun d'eux « cela fait un certain effet d'être cet organisme »[19]. Comme tentative de réduire le subjectif à l'objectif, le physicalisme échoue devant le caractère irréductiblement subjectif ou conscient des êtres vivants.

17. Georges Canguilhem, *Le Normal et le pathologique* (1943/1966), Paris, P.U.F., 1993, p. 131.

18. T. Nagel, « Quel effet cela fait, d'être une chauve-souris ? », dans *Questions mortelles*, trad. fr. P. Engel et C. Engel-Tiercelin, Paris, P.U.F., 1983.

19. *Ibid.*, p. 195.

On peut vouloir comprendre un phénomène matériel en le purifiant de ses composantes phénoménales, par exemple l'eau en la réduisant à sa composition chimique (H2O), ou l'éclair en l'expliquant comme une décharge électrique ; mais cette objectivation devient absurde quand la dimension phénoménale (subjective, consciente) appartient à la définition même de ce phénomène. C'est précisément ce qui advient avec l'animal. Celui-ci a des états mentaux, cela ne veut rien dire d'autre que : ça lui fait subjectivement quelque chose d'être ce qu'il est. Ne pas lui reconnaître ce statut subjectif ou conscient, c'est tout simplement le perdre, et ne pas savoir de quoi l'on parle. C'est pourquoi nous sommes tout à la fois forcés de reconnaître la dimension phénoménale de l'animalité, et incapables, par définition, d'attester au plan objectif cette dimension subjective. Autant la certitude est forte dans l'ordre de la vie, autant cette certitude échoue à produire une connaissance rigoureuse des états mentaux des animaux.

Les chauve-souris s'offrent alors comme un exemple pédagogiquement efficace pour dire cette proximité dans la distance, ou distance dans la proximité. Elles sont comme nous des mammifères, assez proches de nous dans l'arbre phylogénétique, et donc « il n'est pas plus douteux qu'elles aient une expérience que dans le cas des souris, des pigeons ou des baleines »[20]. Et pourtant l'appareillage sensoriel des chauve-souris, fonctionnant par écholocalisation, est au plus loin du nôtre, si bien qu'« il n'y a pas de raison de supposer qu'il ressemble subjectivement à quoi que soit dont nous puissions faire l'expérience et que nous puissions imaginer »[21]. On peut donc à la fois dire en toute certitude que les chauve-souris ont une conscience ou vivent subjectivement ce qu'elles vivent, et rester néanmoins sans voix au moment de décrire précisément ce que ça fait d'être une chauve-souris. C'est un peu, ajoute Thomas Nagel, comme si les Martiens essayaient de concevoir ce que ça fait d'être humain : « La structure de leurs esprits pourrait leur rendre impossible une telle chose [*i.e.* connaître ce que nous vivons], mais nous savons qu'[ils] auraient tort de conclure qu'il n'y a rien de précis

20. *Ibid.*, p. 196-197.
21. *Ibid.*, p. 197.

dans l'effet que cela fait d'être nous »[22]. Les animaux nous mettent ainsi au rouet, et définitivement, si l'on en croit la forme aporétique de cette conclusion : « Il est certainement possible pour un être humain de croire qu'il y a des faits pour lesquels les humains ne *posséderont* jamais les concepts nécessaires à leur représentation ou à leur compréhension »[23].

Il y a donc un savoir de l'animal comme être subjectif, mais qui se réduit au fait de cette subjectivité. C'est le savoir immédiat, vital, qu'un sujet vivant a de l'autre sujet vivant, et qui comme tel ne passe pas le mur de l'objectivité. La question de la douleur animale illustre cette aporie. De fait la douleur ne semble pouvoir se présenter autrement que comme une question. C'est comme si se rencontrait ici, à chaque pas, l'antinomie du subjectif et de l'objectif – et du coup une grande fragilité dans les conclusions des chercheurs, concernant par exemple la douleur des oiseaux ou des poissons. De fait, on aurait pu croire qu'une connaissance des mécanismes biologiques de la douleur et une description de ses manifestations comportementales suffiraient à en rendre compte. Comme réaction de défense et d'évitement à l'égard de ce qui menace l'intégrité physique du sujet, la douleur semble remplir une fonction d'alerte parfaitement objectivable, au moins du point de vue des circuits nerveux qui la sous-tendent et des réponses observables qui l'accompagnent. Elle se confond alors avec ce qu'on appelle la *nociception*, soit un « système d'alarme »[24] protégeant l'organisme contre tout ce qui « menace l'intégrité des tissus ou du corps »[25], et déclenchant alors tout un ensemble de réponses réflexes, du « retrait d'un membre » à « l'augmentation de la pression artérielle », en passant par « l'évitement d'un prédateur »[26].

22. *Ibid.*, p. 199.

23. *Ibid.*, p. 200.

24. *Douleurs animales. Les identifier, les comprendre, les limiter chez les animaux d'élevage*, Expertise scientifique collective INRA, décembre 2009, http ://agriculture.gouv.fr/IMG/pdf/120308_INRA_expertise_cle42eb25.pdf,p. 27.

25. *Id.*

26. *Ibid.*, p. 34.

On ne saurait pourtant en rester là. Car le même rapport de l'INRA précise que la douleur ne se réduit pas à ses manifestations physiologiques ou comportementales visibles, mais s'apparente à « la "conscience" que l'animal a de la rupture ou de la menace de rupture de l'intégrité de ses tissus »[27]. C'est invoquer un « vécu » de la douleur qu'on aura pour le coup bien du mal à objectiver. Car si, comme le dit Buytendijk, « le problème de la douleur coïncide avec le problème de la lutte contre la douleur »[28], et si c'est bien l'organisme qui « fait sa douleur » comme on « fait une maladie »[29], alors de ce faire et de cette lutte le sujet vivant est seul dépositaire. Chacun sait combien sont variables les seuils de tolérance à la douleur. Rien n'est ici vérifiable de l'extérieur et en troisième personne : même une illusion de douleur (sans origine corporelle réelle) peut être une « vraie douleur » et aussi invalidante qu'elle, si elle est ressentie comme telle[30]. C'est pourquoi, en toute rigueur, il est impossible de définir la douleur autrement que par l'invocation d'un vécu chaque fois singulier : il faut la vivre pour la connaître. La définition qu'en donne l'International Association for the Study of Pain (IASP) est à cet égard éloquente : « Expérience sensorielle et émotionnelle désagréable, associée à des lésions tissulaires réelle ou potentielles, ou décrite en termes de telles lésions »[31]. De fait on notera la tautologie (la douleur comme « expérience [...] désagréable »), comme s'il était impossible de sortir du moi = moi de cette expérience pour s'en donner une définition objective. Mais on remarquera par ailleurs la subjectivation insistante de la chose : les lésions peuvent être « potentielles », ou simplement « décrites [par le sujet souffrant] en termes de lésion », façon de dire, en forme de réduction phénoménologique, qu'en ce domaine le vécu l'emporte sur la réalité.

27. *Id.*

28. F. J. J. Buytendijk, *De la douleur* (1951), trad. fr. A. A. Reiss, Paris, P.U.F., 1951, p. 9.

29. G. Canguilhem, *Le Normal et le pathologique*, *op. cit.*, p. 56-57.

30. Voir Jean-Claude Fondras, « Qu'est-ce que la douleur ? Enjeux philosophiques d'une définition », *Psycho-Oncologie*, n°2, 2007, p. 76-80, 78 ; ainsi que *Douleurs animales*, *op. cit.*, p. 25.

31. Citée par J.-Cl. Fondras, art. cité, p. 76.

On comprend mieux le problème qu'affronte la biologie de la douleur, lorsqu'elle veut se donner un savoir fiable de son objet. La difficulté est de principe. Nous sommes voués ici à une alternative manifestement indépassable, opposant d'un côté une expérience certaine d'elle-même dans l'ordre charnel du vivre (nous savons empathiquement et avant toute preuve que certains animaux souffrent, comme par exemple les mammifères), mais incapable de s'attester autrement qu'en première personne, et de l'autre un savoir objectif capable de désigner les circuits et les conduites de la nociception, mais impuissant en réalité à attester l'émotion douloureuse elle-même. Et on ne s'étonnera pas dans ces conditions que le rapport de l'INRA de 2009 propose des conclusions aussi indécises concernant la douleur des oiseaux, les poissons et les mollusques céphalopodes marins[32]. Tel est le problème. Ce que nous donnons à l'animal du côté de la vie en première personne, nous le lui retirons donc du côté d'une connaissance en troisième personne.

On remarquera pourtant, à ce stade, que l'aporie qui nous occupe n'est pas réellement homogène. Elle oppose entre eux deux points de vue concurrents pris sur l'animal, d'un côté celui de l'expérience et de l'autre celui du savoir positif ; mais cela signifie du coup qu'elle ne traverse pas l'expérience elle-même. C'est à condition seulement de lever la tête et de prendre à l'égard de mon vécu une certaine distance critique, donc dans des conditions finalement assez particulières, que je peux apercevoir une discordance. Seule par exemple une connaissance comparée des organes perceptifs de l'homme et de la chauve-souris peut rompre le charme de l'empathie et donner lieu à un scepticisme, mais qui reste du coup théorique. Nous pensons au contraire qu'il y a une *aporie vécue* de l'animal, une aporie de part en part éprouvée au plan du vécu, qui pour s'expérimenter n'attend pas nécessairement (même si elle peut s'y confirmer) le plan de l'objectivité théorique. Le lointain dans la proximité, la perplexité dans la familiarité, c'est une expérience immédiate avant d'être un énoncé de philosophe. Nous vivons avec l'animal et au plus loin de lui, sommes capables et avant toute réflexion de tout donner aux uns et rien aux autres ; c'est à la phénoménologie, donc dans les limites de la seule expérience, de donner la

32. *Douleurs animales...*, *op. cit.*, p. 37.

clef de cette contradiction. Or il revient pensons-nous au concept heideggérien de *privation*, annoncé dans *Être et temps* mais véritablement mis en chantier dans le cours du semestre d'hiver de 1929-1930[33], d'avoir su rendre compte, au plan intégralement phénoménal, de l'aporie animale.

2

L'animal, dit Heidegger, est « pauvre en monde » ou « privé de monde »[34]. Or là où tant d'animalistes fervents ont voulu voir un déni et une blessure narcissique infligée à l'animal, il aurait fallu voir en premier lieu un *concept* – une création dans la pensée, qui nous fait voir en pleine lumière ce qu'avant lui nous vivions sans le savoir vraiment. À travers ce concept Heidegger a voulu récapituler l'animal en son essence, mais en son essence à jamais problématique, ce qui lui fit dire un jour que

> l'être vivant est probablement pour nous le plus difficile à penser, car s'il est, d'une certaine manière, notre plus proche parent, il est en même temps séparé par un abîme de notre essence ek-sistante. En revanche, il pourrait sembler que l'essence du divin nous fût plus proche que cette réalité impénétrable des êtres vivants (...)[35].

Pourquoi forcer ainsi le trait, du côté du mystère animal ? Pourquoi soutenir que la « parenté corporelle avec l'animal » est « de nature insondable, à peine imaginable »[36] ? Et pourquoi surtout aller jusqu'à dire, comme le fait Heidegger dans son cours de 1929-1930, que l'animal est « privé de monde »; pourquoi ce déni apparemment absurde et injustifiable de notre expérience la plus immédiate, la plus évidente, de l'animal ?

33. M. Heidegger, *Être et temps*, trad. fr. E. Martineau, Paris, Authentica, 1985, p. 59 ; *Les Concepts fondamentaux de la métaphysique*, *op. cit.*, p. 277-396.

34. *Ibid.*, p. 290.

35. M. Heidegger, *Lettre sur l'humanisme* (1946), trad. fr. R. Munier, Paris, Aubier, 1964, p. 63.

36. *Id.*

Rappelons d'abord que la privation de monde n'a jamais signifié pour Heidegger que l'animal *n'avait pas* de monde ; l'animal est loin de ressembler de près ou de loin à une machine, ou de s'apparenter à un mécanisme aveugle. Il n'est pas une pierre ; la privation de monde n'est pas purement et simplement l'absence de monde[37]. Même l'abeille dont l'abdomen a été sectionné, et qui pompe sans fin son miel sous l'emprise d'une pulsionalité manifestement toute puissante[38], même cette abeille n'est mécanisée qu'en apparence, en ce qu'elle accomplit intentionnellement sa tâche : elle est, comme dit Heidegger, « prise par la nourriture »[39]. Ce n'est donc pas directement la pulsion qui est irrésistible, mais le miel dont l'abeille s'obnubile ; la pulsion ne l'accapare qu'à travers les signaux qu'elle se donne. Il y a bien, en ce sens, une *intentionnalité* animale :

> L'animal se présente comme quelque chose qui se rapporte à autre que soi, et cela d'une manière telle qu'il est en quelque façon concerné par cet autre que soi (...) Ce qui est autre ne se tient pas (...) dans un contexte mécanique avec l'animal. Car celui-ci, en tant qu'il est apte à quelque chose, vient à la rencontre de ce qui lui est autre, en s'y ouvrant[40].

Comment comprendre néanmoins cette ouverture sur le monde ? Que veut dire que « l'animal a accès à de l'étant »[41] ? En réalité Heidegger s'attelle à une tâche qu'il est sans doute le premier à avoir pris au sérieux : rendre compte d'une intentionnalité animale, c'est-à-dire de l'intentionnalité d'un être *qui ne parle pas*. Il se trouve en effet que pour un être qui parle une telle intentionnalité est irréductiblement un mystère et ne se laisse expérimenter que contradictoirement. Tel est le fond de la question, et non une ignorance ou un mépris de l'animal. Heidegger au moment où il forge le concept de « privation de monde » est pleinement phénoménologue, il donne à voir en toute lumière (eidétiquement) la contradiction que nous vivons, nous parlant, et ouverts de cette manière sur le monde, en face de l'animal.

37. M. Heidegger, *Les Concepts fondamentaux de la métaphysique*, *op. cit.*, p. 292.
38. *Ibid.*, p. 353.
39. *Id.*
40. *Ibid.*, p. 368 et 370.
41. *Ibid.*, p. 390.

Une telle intentionnalité en effet ne se laisse approcher qu'à travers deux postulations contradictoires. Il y a chez l'animal tout à la fois avoir et non-avoir du monde ou, comme le dit Heidegger en retravail du concept aristotélicien de *sterêsis*, « non-avoir dans le pouvoir-avoir »[42]. À aucun moment Heidegger ne dit purement et simplement que l'animal n'a pas le monde ; en revanche il ne cesse de dire ceci :

> Par conséquent, apparaît chez l'animal le fait d'*avoir le monde* et, *en même temps*, de *ne pas l'avoir*. C'est contradictoire, et donc logiquement impossible. Mais la métaphysique, et ce qu'il y a d'essentiel, ont une autre logique que celle du bon sens (...). Ici s'entrelacent, pour ainsi dire, les extrêmes que sont l'absence de monde et la configuration de monde[43].

Impossible en effet de dire, en première instance, que le lézard n'est pas ouvert sur ce qui l'entoure[44] ; et que pourrait être ce qui l'entoure sinon le monde, que nous percevons avec lui ? Ainsi nous accompagnons le lézard dans son être-au-monde, nous sommes au monde avec lui, ou avec lui dans le même monde : spontanément je le vois lézarder sur « la » roche que je vois moi aussi, prendre la lumière « du » soleil que je vois moi aussi. Un instant de réflexion pourtant nous fait reculer d'un pas, et retirer au lézard ce que d'emblée nous lui donnions. Car non, « la roche sur laquelle le lézard s'étend n'est certes pas donnée au lézard en tant que roche, roche dont il pourrait interroger la constitution minéralogique »[45]. Ne pas accorder cela, c'est tomber dans un anthropomorphisme absurde : on peut bien dire que le lézard est ouvert sur « son » milieu de vie, sur l'*Umwelt* composé, comme chez Uexküll, de tout ce qui compte et a valeur pour lui ; mais on ne saurait confondre ce milieu avec le monde « comme tel », le monde objectif et commun à tous les vivants. L'animal n'a cure de la roche en soi, il n'est pas si métaphysicien : il a déjà fort à faire avec tout ce qui de la roche le concerne et lui importe ; il a, comme dit Heidegger en lecteur inspiré de Uexküll, « une relation *propre* à la roche, au soleil et à d'autres

42. *Ibid.*, p. 311.
43. *Ibid.*, p. 296.
44. *Ibid.*, p. 293-294.
45. *Ibid.*, p. 294.

choses »[46]. Le milieu de l'animal est composé non de choses visées comme les mêmes pour tous mais de « signaux » (*Merkmale*), c'est-à-dire de tout ce qu'il peut remarquer en vertu de sa constitution biologique et de ses actions possibles[47].

Pour décrire plus précisément cette intentionnalité d'*Umwelt*, Heidegger tente une « élucidation de l'essence de l'organisme »[48] en relation avec les sciences de la vie de son époque – essentiellement la biologie mécanisante de Wilhelm Roux, la biologie vitaliste de Hans Driesch, enfin la biologie théorique de Jakob von Uexküll. Les concepts d'« aptitude », d'« en vue de quoi », de « pulsion », enfin de « propriété », dessinent progressivement la figure d'une vie « accaparée »: l'animal vit « sous l'emprise de l'impulsivité pulsionnelle »[49] ; il est « absorbé dans l'ensemble des pulsions compulsées les unes vers les autres »[50] ; être soi-même, pour lui, « c'est être propre à soi, c'est l'appartenance à soi, sur le mode du tiraillement pulsionnel »[51]. Dans l'accaparement l'animal reste ouvert sur ce qui l'entoure, mais sous la seule commande de la pulsion, et dans les limites de ce que celle-ci peut faire apparaître : comme le dit Heidegger, « il trace lui-même les limites d'un encerclement tout à fait précis qui rend possible une excitabilité, donc d'abord une désinhibition (...). S'entourer d'un cercle est l'aptitude fondamentale de l'animal »[52].

On retrouve donc avec le concept de privation les deux moments d'une contradiction semble-t-il indépassable. L'animal est ouvert sur le monde, *bien sûr*, et qui pourrait le nier ? Je l'accompagne spontanément dans cette ouverture, percevant avec lui ce qui l'entoure, ce qu'il manipule, ce qu'il recherche ou ce qu'il fuit ; je fais

46. *Id. Cf.* J. von Uexküll, *Theoretische Biologie*, Berlin, Springer, 1928, p. 102 : « La pierre qu'escalade un scarabée est seulement un chemin de scarabée et n'appartient pas à la minéralogie ». Sur la lecture heideggérienne de Uexküll, voir C. Romano, « Le monde animal : Heidegger et von Uexküll », dans S. Jolivet et C. Romano (éd.), *Heidegger en dialogue 1912-1930*, Paris, Vrin, 2009, p. 255-298.

47. J. von Uexküll, *Mondes animaux et monde humain. Suivi de Théorie de la signification* (1934), trad. fr. P. Müller, Paris, Denoël, 1965, p. 23.

48. M. Heidegger, *Les Concepts fondamentaux de la métaphysique*, *op. cit.*, p. 313.

49. *Ibid.*, p. 376.

50. *Id.*

51. *Id.*

52. *Ibid.*, p. 374-375.

spontanément miennes ces différentes visées, sujet vivant répondant à un sujet vivant dans un monde qui est notre habitat commun. Et pourtant cette vie est bien différente de la nôtre, elle qui semble intensément prise en elle-même, incapable de se déprendre de soi en direction de la roche comme telle ou du soleil comme tel, peu intéressée au fond, comme l'abeille, par les « racines de la fleur » ou « le nombre d'étamines et de feuilles »[53] ; une telle vie n'est *bien sûr* pas partageable au plan des choses objectivement nommées. Un moment de réflexion me fait donc reculer et juger, comme Nagel, que le monde de l'animal est « son » monde, impénétrable, et que donc il n'est pas ouvert sur « le » monde comme tel. La privation orchestre ainsi un mouvement d'accompagnement déçu, une transposition immédiate obligée après coup d'en rabattre. Nous sommes spontanément anthropomorphes avec l'animal, voilà ce que dit Heidegger ; mais cet anthropomorphisme, pour nécessaire qu'il soit dans nos relations avec l'animal, est obligé de composer avec sa négation : « L'essence de la vie n'est accessible qu'au fil d'un examen où il s'agit de défaire couche par couche ce qui est excès par rapport à elle »[54].

Ainsi chez Heidegger, comme chez Nagel, nous accommodons mal l'animal : ou trop près, dans l'accompagnement vital ; ou trop loin, lorsqu'instruits par la biologie nous enfermons l'animal dans ses incomparables équipements sensoriels (Nagel), ou dans le cercle accaparant de ses pulsions (Heidegger). Mais c'est dire alors que Heidegger, si nous arrêtions là notre lecture, partagerait avec Nagel l'idée d'une aporie *construite*, à mi-chemin de l'expérience vécue et de ce que nous apprend la science. Nous aurions attendu l'anatomie et la biologie modernes pour déniaiser le monde de la vie et, toutes illusions perdues du côté d'une grande communauté des êtres vivants, creuser un fossé insurmontable entre nous et l'animal. L'aporie serait l'effet d'une science adulte venant rompre le charme d'une transposition spontanée, la fin de non-recevoir opposée par le

53. *Ibid.*, p. 288.

54. *Ibid.*, p. 372. On retrouve la définition que Heidegger avait donnée de cette voie privative dans *Être et temps* : « La vie est un mode d'être spécifique, mais il n'est essentiellement accessible que dans le *Dasein*. L'ontologie de la vie s'accomplit sur la voie d'une interprétation privative ; elle détermine ce qui doit être pour que puisse être quelque chose qui ne serait "plus que vie" » (*op. cit.*, § 10, p. 59 [50]).

savoir à la vie et à ses débordements empathiques. À tout prendre, il semble que la plupart du temps les lecteurs pressés du cours de Heidegger (pressés d'en découdre avec l'idée qu'une vraie différence pourrait séparer l'homme de l'animal) en soient restés là. Car c'est chaque fois *scientifiquement* qu'on a voulu répondre à Heidegger, en opposant à la clôture de l'accaparement animal tel ou tel type de comportement objectivement constatable par l'éthologie, manifestement plus inventif ou cognitivement plus lucide. Nous avons pour nous, à la différence de Heidegger, d'avoir connu l'essor d'une éthologie et d'une primatologie spectaculairement prolifiques dans les soixante dernières années ; il nous semble étrange aujourd'hui, pour ne pas dire déplacé, d'entendre dire que « dans son monde ambiant, l'animal est, pour la durée de sa vie, enfermé comme dans un tuyau qui ne s'élargit ni ne se resserre »[55]. Ces critiques sont non seulement bienvenues mais aussi légitimes, s'il est vrai qu'en opposant le savoir au savoir ou une science plus récente à des expériences plus anciennes, elles se situent sur le terrain amphibie officiellement investi par Heidegger à mi-chemin de la métaphysique et de la science[56]. Il est bien normal que, sur ce terrain, une certaine science vienne produire ses objections, et desserrer l'étau de « l'accaparement » animal.

Une autre lecture est néanmoins possible. Non qu'il faille à tout prix sauver Heidegger, mais tout simplement parce que son cours laisse ouverte une autre voie plus conforme à la « chose même », c'est-à-dire à notre expérience même de l'animal. Or sur cette autre voie on se passe très bien de la science, non qu'il faille la désavouer ou lui faire concurrence, mais parce que cette voie est de part en part phénoménologique. Il est question ici, avant tout savoir de l'animal, d'une expérience brute, non encore éclairée par ce qu'un Uexküll par exemple aurait pu nous apprendre du « cercle fonctionnel »[57] de l'animal et de la sélectivité de ses signaux. Et c'est très exactement ce qui nous intéresse. Car nous pensons que

55. *Ibid.*, p. 295.

56. C'est explicitement en effet que Heidegger plaide, dans son cours, pour « l'unité interne de la science et de la métaphysique », une unité au nom de laquelle « la recherche positive et la métaphysique ne sont donc pas à séparer ni à jouer l'une contre l'autre » (p. 283).

57. J. von Uexküll, *Theoretische Biologie*, *op. cit.*, p. 100.

l'animal a toujours été et restera à jamais un mystère insondable ou une véritable aporie, et que ce mystère ou cette aporie, étant de la vie avant d'être du savoir, sont indifférents à ce que la science peut nous apprendre de son côté. Nous en savons chaque jour davantage sur le comportement animal et ses mille « performances »; il n'empêche que la présence de l'animal à mes côtés, et dans les strictes limites de cette phénoménalité, a la valeur d'une énigme. De quoi s'agit-il ?

Comme Heidegger ne cesse de le dire, l'homme à la différence de l'animal « existe » et est « configurateur de monde », et ce parce qu'il a affaire au monde « en tant que tel » – à la roche « en tant que roche », au soleil « comme soleil »[58]. Cet « en tant que » (*als*), auquel Heidegger consacre thématiquement toute la dernière partie de son cours (chapitre VI), est donc tout sauf anecdotique. C'est bien sur lui, en dernier ressort, que repose l'expérience de la privation, étant précisément ce dont est « privé » l'animal :

> Il ne s'agit pas de savoir si l'animal prend autrement le donné ni comment il le fait, mais de savoir si, d'une façon générale, il peut ou non percevoir quelque chose *en tant que* tel, percevoir quelque chose *en tant qu'*étant. S'il ne le peut, c'est qu'il est alors séparé de l'homme par un abîme[59].

La lecture du chapitre VI, de fait, donne la mesure du phénomène. « L'énigmatique "en tant que" »[60] advient, comme on peut l'imaginer, chez l'être parlant ou doué de *logos*, et plus particulièrement dans les propositions énonciatives : c'est pour un être capable d'énoncés prédicatifs du type « Ceci est un tableau », ou « Le tableau est noir », que le tableau peut apparaître « en tant que tableau », ou « en tant que noir ». Or Heidegger nous prévient, à plusieurs reprises : « l'entendement courant »[61] a toutes les chances de rater « l'en tant que ». De celui-ci on peut en effet, facilement, ne se donner qu'une définition ontique ou hâtive – le parler (prédicatif) comme capacité de produire un certain type d'énoncés (a est b), donc comme tâche cognitive d'une certaine complexité. Et il est vrai

58. M. Heidegger, *Les Concepts fondamentaux de la métaphysique*, *op. cit.*, p. 294.
59. *Ibid.*, p. 383.
60. *Ibid.*, p. 397.
61. *Ibid.*, p. 425.

que *de loin*, il n'y a aucune raison d'apercevoir autre chose qu'une différence de degrés (dans la complexité cognitive) entre les « Systèmes de Communication Animale » et le langage prédicatif humain[62]. De près en revanche, donc en se rendant attentif à ce que ça fait de voir un tableau comme tableau ou de le voir comme noir, donc au *type d'expérience* que structure le parler humain, c'est une tout autre affaire.

Encore une fois : on peut passer outre et ne rien voir. Celui à qui importe peu de savoir ce que vit un animal ou ce que vit un vivant parlant, celui pour qui les qualités phénoménales de l'expérience sont autant de brumes philosophiques facilement dissipables, n'a aucune chance de comprendre ce que Heidegger entendait par « privation de monde ». Heidegger, lui, propose comme on sait une interprétation ontologique de « l'en tant que » et du *logos* humain : en eux se joue ni plus ni moins que la « configuration » (*Bildung*) du monde, si l'on entend par là « la manifesteté de l'étant en tant que tel et en entier »[63]. Pourquoi dire tant, pourquoi la grande machinerie ontologique ? Parce que dire c'est manifester ou montrer, « rendre manifeste "ce dont il est parlé" »[64]. C'est déclarer publiquement et à l'adresse de tous les êtres parlants la chose dite, de sorte que celle-ci advient au centre du regard comme la chose de tous, sur laquelle chacun a droit de regard. La chose une fois déclarée publiquement est « vraie », au sens ontologique – « *a lethès* », « dé-couverte », révélée », « libérée de son retrait ». Cette manifestation publique de la chose, ce « laisser être » de la chose pour un commentaire infini, instituent un tout nouveau rapport au monde, ce que Heidegger appelle une « tenue de rapport » (*Verhalten*)[65] : dans le dire énonciatif l'homme se libère pour la chose, qui désormais l'oblige et le lie[66]. Dire c'est implicitement s'engager publiquement à ne pas dire n'importe quoi de la chose, c'est au moins (même chez le menteur, surtout chez lui) faire comme si nous étions liés par la vérité de la chose.

62. Voir Marc D. Hauser, *The Evolution of Communication*, Boston, The MIT Press, 1997.

63. M. Heidegger, *Les Concepts fondamentaux de la métaphysique*, *op. cit.*, p. 412-413.

64. M. Heidegger, *Être et temps*, *op. cit.*, p. 45 [32].

65. M. Heidegger, *Les Concepts fondamentaux de la métaphysique*, *op. cit.*, p. 347.

66. *Ibid.*, p. 498 et 518-519.

De cette « tenue de rapport » humaine, l'animal, comme le dit sobrement Heidegger, n'offre « aucun signe » (*Anzeichen*)[67]. La formule est intéressante, car elle nous situe sur le plan purement phénoménal des « signes » que l'animal, dans son comportement même, pourrait me donner ou me refuser. Je n'aperçois rien chez lui qui ressemble à la « tenue de rapport » d'un être qui parle, rien autrement dit comme une visée de l'étant « en tant que tel », et nous savons maintenant tout ce qu'impliquerait un tel comportement : l'animal ne m'invite pas à un échange de paroles ; il ne me m'invite pas à la conversation, si on entend par là un échange indéfini de points de vue autour d'une chose considérée en commun ; son comportement ne se libère pas pour la chose en tant qu'elle l'obligerait, en même temps que ses interlocuteurs, à varier ses points de vue sur elle pour dire le vrai à son propos. Ce pacte de pertinence ou de validité que le parler humain noue implicitement avec le monde et qui fait de celui-ci notre « tribunal »[68], ce pacte de toute évidence n'intéresse pas l'animal. Tout ce que nous percevons est nommable, et par là manifeste ou « libéré du retrait », si l'on entend par là que, pouvant être commenté à l'infini, cela appartient désormais à tous autant qu'à moi. Cette présomption étonnante (et un peu folle) du monde commun, cette visée universalisante qui est performativement à l'œuvre en tout langage, comme en toute indication préverbale, nous ne l'apercevons pas chez l'animal. Ce n'est pas affaire de capacités cognitives, dont l'éthologie ou la psychologie comparée pourraient un jour constater la présence ou l'absence ; c'est affaire de comportements vécus, d'une « structure de comportement » générale qui manque à l'animal, d'une « tenue de rapport » qui n'y est pas.

Ainsi la privation heideggérienne, comme plus généralement notre rapport *vécu* à l'animal (vécu avant toute science), est-elle tributaire de notre condition langagière. C'est pour le vivant parlant, pour celui qui ne sait percevoir autrement qu'en prétendant au monde « comme tel », que l'animal apparaît irrémédiablement comme un mystère. Pour le vivant parlant qui n'a jamais affaire

67. *Ibid.*, p. 368.

68. John McDowell, *L'Esprit et le monde* (1994), trad. fr. C. Alsaleh, Paris, Vrin, 2007, p. 20.

(présomptivement) qu'au monde commun, un être qui comme l'animal vise d'abord « son » monde ne sait se dire qu'au fil de cette contradiction : avoir et ne pas avoir le monde. Et cela concerne, du reste, chacun des deux moments de la contradiction – l'avoir comme le non-avoir du monde. Pourquoi en effet notre accompagnement de l'animal serait-il, comme dit Heidegger, « possible en principe »[69] ? Pourquoi cette possibilité *a priori*, qu'il n'y a « aucune pertinence à [mettre] en question »[70] ? Quelle instance pourrait ainsi faire droit inconditionnellement, au-delà de son effectuation de fait, sinon le langage ? Pour qui parle, le monde « en tant que tel » fait droit à partir de lui-même et comme le même pour tous, tribunal universel convoquant dogmatiquement ou « par principe » tous les vivants autour de lui. Dès que nous nommons les signaux (*Merkmale*) qui composent le milieu de vie de l'animal, dès que nous disons « la roche » ou « le soleil », alors implicitement ces choses deviennent de force des objets publics, qui sont là pour tous et pour personne. Du reste cette présomption universalisante est tellement forte qu'elle va jusqu'aux plantes : « Dans toute notre existence, nous nous comportons envers l'animal et aussi, d'une certaine manière, envers la plante de telle sorte que nous nous savons *a priori* et en un certain sens dans cet être transposé, de telle sorte qu'un certain pouvoir d'accompagnement de l'étant en question ne fait *a priori* pour nous aucun doute »[71]. Or ce premier mouvement se contredit aussitôt, concernant un être qui, comme l'animal, ne parle pas. Le monde « en tant que tel » auquel nous faisons spontanément participer l'animal, nous l'en excluons tout aussi spontanément. Et ce non pas au vu de ce que l'éthologie ou la zoologie auraient pu nous apprendre, mais parce que l'animal, comme dit Derrida, « ne répond pas »[72].

C'est donc affaire de langage. C'est comme s'il n'existait pas de mots sur mesure pour dire l'intentionalité d'*Umwelt*. Nous viennent nécessairement des mots taillés trop larges, prononcés pour être

69. M. Heidegger, *Les Concepts fondamentaux de la métaphysique*, *op. cit.*, p. 306.
70. *Id.*
71. *Ibid.*, p. 310.
72. J. Derrida, *L'Animal que donc je suis*, *op. cit.*, p. 24.

ensuite déniés. Nous utilisons des mots que nous sommes obligés ensuite de « raturer », comme Heidegger l'avait pointé :

> (…) ce que nous rencontrons là comme roche et comme soleil, ce sont, pour le lézard, précisément des choses de lézard. Quand nous disons que le lézard est allongé sur la roche, nous devrions raturer le mot « roche » pour indiquer que ce sur quoi le lézard est allongé lui est certes donné *d'une façon ou d'une autre* mais n'est pas reconnu *comme* roche. La rature du mot ne signifie pas seulement : prendre quelque chose d'autre et comme quelque chose d'autre. La rature signifie plutôt que la « roche » n'est absolument pas accessible *comme étant*[73].

La rature appartient constitutivement au discours sur l'animal. Qui croit parler positivement de l'animal ne sait pas ce qu'il dit. Il peut multiplier les génitifs et les possessifs, dire que l'animal « a des relations précises à sa nourriture propre et à ses proies, à ses ennemis, à ses partenaires sexuels »[74], son vocabulaire reste inéluctablement indirect et flottant. La proie « de » l'animal, « sa » proie, nous ne pouvons l'approximer que par référence à la proie « en tant que telle », la seule que nous sachions dire ; et juste après nous récusons l'anthropomorphisme en disant que l'animal n'a pas affaire à elle. L'animal s'offre à une « phénoménologie privative » en ce sens qu'il nous donne et nous refuse en même temps le monde comme tel, cette ressource de communication qui nous vient presqu'inéluctablement lorsque nous rencontrons un autre vivant.

Entre l'animal et nous c'est comme un dialogue constamment avorté, ou une adresse chaque fois sans réponse. Parler c'est faire comme si : comme si nous parlions de la même chose, comme si nous comprenions de la même manière ce que chacun dit, comme si nous pouvions à la fin nous mettre d'accord, etc. En vertu de cet « agir communicationnel », un être parlant a spontanément confiance dans l'unité des expériences et la jonction des consciences. Il est dogmatique : s'il parle, c'est pour qu'on lui réponde ; l'autre est intégré de force dans la communauté des êtres de parole, c'est-à-dire des êtres capables de s'entendre autour du monde « en tant que tel ». Nous sommes incurablement bavards,

73. M. Heidegger, *Les Concepts fondamentaux de la métaphysique*, *op. cit.*, p. 294.
74. *Ibid.*, p. 295.

faisant de tout vivant notre interlocuteur possible dans une grande conversation continuée. Sauf que l'animal ne se prête pas au jeu – pas au-delà, du moins, des livres d'enfants. Il n'y aurait pas l'éternel « silence des bêtes » si nous n'attendions pas d'elles, en premier lieu, l'échange et la parole. C'est pour un être parlant, s'entourant d'une communauté de parole infiniment ouverte, que l'animal peut être celui qui a le monde et qui pourtant ne l'a pas. En ce sens la relation de l'homme et de l'animal, qui est une relation dialectique, disant une chose et son contraire, l'est d'une manière toute particulière, ou radicale : une telle relation n'oppose pas deux postulations contraires dans un même dialogue, mais au dialogue l'impossibilité du dialogue, ou à la communication l'incommunication. Elle est une relation *privative* : il y a dialogue, et pourtant non.

CONCLUSION

L'animal n'est pas d'une pièce. Il est voué à la contradiction. Ce n'est pas un hasard s'il y a toujours eu, d'une manière assez instante pour qu'on s'y arrête, *certains animaux par opposition à d'autres*. Il y a toujours eu l'ancestrale opposition des animaux domestiques et des animaux sauvages : ceux de la maisonnée (*domus*) et ceux de la forêt (*silva*), donc déjà les proches et les lointains. Par ailleurs notre sensibilité animalière n'a cessé de creuser un autre fossé pour opposer, dans un divorce plus récent, ceux que nous chérissons et ceux que nous exploitons – les animaux de compagnie et les animaux d'élevage. Toutes sortes d'imprégnations, fictionnelles, morales, publicitaires, jouent en faveur de ce clivage[75] ; mais c'est quoi qu'il arrive comme si ces imprégnations avaient à choisir leur camp : *teddy bear* ou cafard, cochon rose ou porc dans l'assiette, chien fidèle ou serpent venimeux, etc[76]. Aux uns, comme le remarque Jean-Yves Goffi, le plus possible de bien-être et une dépense sans compter ; aux autres au contraire le plus grand profit possible pour un bien-être inexistant[77]. Aux uns la commensalité et comme le partage de

75. Voir J.-B. J. Vilmer, *Éthique animale*, *op. cit.*, p. 46-49.

76. Voir T. Garcia, *Nous, animaux et humains*, *op. cit.*, p. 29-39.

77. J.-Y. Goffi, *Le Philosophe et ses animaux. Du statut éthique de l'animal*, Nîmes, Éditions Jacqueline Chambon, 1994, p. 12.

notre humanité ; aux autres l'exploitation intensive et le déni de la sensibilité. Or cette opposition nous semble la retombée concrète, et certes spectaculaire, d'une aporie ontologique : c'est parce que l'animal hésite éternellement entre un excès et un défaut, entre un anthropomorphisme spontané et l'impossibilité de tenir jusqu'au bout cet anthropomorphisme, qu'il y aura toujours les « nôtres » et les « autres ». Aussi absurde que ce soit, quelque chose insiste dans un tel partage, qui mérite réflexion. Car même si ce ne sont pas les mêmes animaux qui sont d'un côté humanisés, de l'autre ignorés, rien n'indique que les premiers soient davantage sensibles au plaisir et à la peine, ou méritent davantage qu'on les choie, plutôt qu'on les maltraite. Le partage est moins raisonné, et plus archaïque. Il y a ceux à qui nous parlons, et ceux que nous ignorons.

C'est pourquoi il y a, pensons-nous, une *esthétique* de l'animal. Si l'animal d'un même mouvement se donne et se refuse, si l'intimité charnelle qui nous relie à lui est immédiatement récusée par un mystère, alors on peut parler, au sens que Benjamin donnait à ce terme, d'une « aura » de l'animal. Car l'aura, qu'elle soit d'un visage, d'un corps vivant ou d'un paysage, nous entretient d'une distance dans la proximité ou d'une profondeur creusée dans la présence elle-même ; elle est « l'unique apparition d'un lointain, si proche soit-il »[78]. L'aura n'est pas simplement le mystère mais le mystère en pleine lumière – la présence imminente et indéfiniment ajournée. L'animal nous regarde et c'est comme s'il allait parler, lui qui partage notre environnement et manie les mêmes choses ; mais sa présence est en même temps une absence, sa lisibilité est en même temps un secret.

L'animal nous est infiniment proche, le percevoir c'est anticiper un dialogue et habiter empathiquement en lui ; et pourtant l'invite est sans suite, le dialogue avorté ; le mouvement qui nous fait avancer en lui s'enfonce dans l'inconnu d'une tout autre vie. On ne voit pas l'animal, on le touche plutôt, à tâtons et par effractions brèves. Telle est l'étrange scène inaugurale du *Versant animal* de Jean-Christophe Bailly, où l'on voit l'auteur suivre en voiture, de nuit, un chevreuil courant sur la route. Instant bref et quasi hallucinatoire,

78. W. Benjamin, « L'œuvre d'art à l'époque de sa reproductibilité technique » (1939), dans *Œuvres*, trad. fr. M. de Gandillac, P. Rush et R. Rochlitz, Paris, Gallimard, 2000, t. III, p. 278.

« image de rêve »[79], dans la lumière hypnotique des phares. « Ce fut comme si de mes yeux, à cet instant, dans la longueur de cet instant, j'avais touché quelque chose du monde animal. Touché, oui, touché des yeux, alors que c'est l'impossibilité même »[80]. Et c'est bien de ces « touches »[81] fugaces qu'il sera question tout au long de l'ouvrage, comme si c'était là le « mode régulier du lien »[82], entre eux et nous. « Une présence, dit Jean-Christophe Bailly, qui est comme une imminence, qui n'a pas besoin de se montrer pour être, qui se manifeste d'autant mieux qu'elle se cache, se retire – ou survient »[83]. Ou encore, plus loin, et donnant en quelque sorte le dernier mot de cette esthétique privative : « une pensée pensive »[84]…

79. J.-C. Bailly, *Le Versant animal*, Paris, Bayard, 2007, p. 11.
80. *Id.*
81. *Ibid.*, p. 16.
82. *Id.*
83. *Ibid.*, p. 17.
84. *Ibid.*, p. 46.

Recherches sur la philosophie et le langage 32 (2016)
384 p., ISBN : 978-2-7116-8418-2, p. 99-122, Vrin.

De l'anthropocentrisme à l'anthropomorphisme

Charles MARTIN-FRÉVILLE *

RÉSUMÉ

Loin d'être synonymes, l'anthropocentrisme et l'anthropomorphisme sont dans un rapport d'opposition, entre captation à soi de propriétés animales et donation à l'autre de traits humains, entre prééminence accordée à l'intérêt humain et désintéressement vis-à-vis de l'animal. De ce point de vue, la science, et notamment l'éthologie, en proscrivant tout anthropomorphisme dans l'explication du comportement animal, reconduit une forme d'anthropocentrisme, l'animal étant mis à la disposition de l'humain. Cette distinction permet de mettre en contraste l'anthropocentrisme d'un Lorenz et l'anthropomorphisme d'un Uexküll, le premier abordant l'animal comme un objet de connaissance et le second comme un autre sujet dont il s'agirait de comprendre le vécu, par altération de l'expérience humaine. L'obstacle à la connaissance de l'animal relève peut-être moins de l'anthropocentrisme que de l'anthropomorphisme, ce qui amène à prôner une démarche optant sans réserve pour celui-ci.

* Charles MARTIN-FRÉVILLE est docteur et enseignant-chercheur en philosophie à l'Université d'Amiens. Son travail porte sur l'idée d'une communauté métaphysique des animaux humains et non-humains. Il a fait paraître en 2010 chez Payot & Rivages une nouvelle traduction de l'ouvrage de Jakob von Uexküll, *Milieu animal et milieu humain*. En 2012-2013, il a animé, avec Fl. Burgat et D. Lestel, un séminaire de philosophie animale à l'École Normale Supérieure.

Une idée répandue dans l'étude scientifique de l'animal est la suivante : pour qu'une telle connaissance puisse être objective et scientifiquement recevable, il faut se garder de tout anthropocentrisme et de tout anthropomorphisme. Ces deux dommages sont généralement apparentés, ce qui explique que certains auteurs mentionneront l'un ou l'autre des deux termes en entendant par là un même vice : celui d'une extension abusive de représentations humaines à la considération d'un objet qui, lui, n'a rien d'humain. Dans les deux cas, l'idée d'*anthropos*, d'homme, est regardée comme ce qui vient mettre en déroute l'exigence d'une vue impartiale et objective sur l'animal. Anthropocentrisme et anthropomorphisme constitueraient en ce sens la forme que prend le *subjectivisme* lorsqu'il touche à l'étude de l'animal. Cette identification entre ce qui touche à l'humain et ce qui touche au sujet renvoie à une longue tradition qui remonte à Platon. Dans le *Théétète*, celui-ci s'attache à montrer que la position de Théétète, selon laquelle la science repose sur la sensation, est identique à celle de Protagoras, selon laquelle l'homme est la mesure de toutes choses. Dans le sensualisme de Théétète comme dans le relativisme de Protagoras se manifeste un même subjectivisme, celui du sujet corporel comme du sujet humain. À l'encontre d'un tel subjectivisme, Platon va affirmer l'existence d'Idées qui sont la véritable mesure de toutes choses, et qui définissent la science comme une opinion accompagnée d'une règle vraie. Les Idées constituent ainsi une tierce instance s'interposant entre le sujet connaissant et l'objet sensible qu'il s'agit de connaître[1]. Le réalisme transcendant des idées permet donc à Platon d'affranchir la connaissance scientifique non seulement du subjectivisme de ce que perçoit et ressent le corps, mais aussi du subjectivisme de l'être vivant qu'est l'homme connaissant.

En opposant anthropomorphisme et connaissance objective, le béhaviorisme prolonge cette tradition liée à Platon. Les prescriptions à l'encontre de l'anthropomorphisme relèvent cette fois non plus d'un appui sur des idées, mais d'un ancrage dans un appareil conceptuel et une sémantique regardés comme objectifs et à même de neutraliser notre condition d'êtres vivants. C'est ainsi qu'un contempteur de l'anthropomorphisme comme J. S. Kennedy

1. Platon, *Théétète*, en 106.

recommande de congédier toute invocation d'une pensée consciente ou d'une action finalisée, et de retraduire systématiquement les observations spontanément faites en termes de finalité par des substituts jugés plus objectifs, c'est-à-dire qui s'en tiennent à une causalité mécanique efficiente[2].

Cependant, l'éthologie de ces dernières décennies affirme toujours plus fortement la fécondité d'un tel anthropomorphisme pour caractériser le comportement animal. C'est le cas de Mark Bekoff quand il réfléchit sur ses méthodes de travail[3]. C'est également ainsi que le primatologue Franz de Waal insiste sur l'idée d'un « anthropomorphisme méthodologique », c'est-à-dire d'une description de ce que fait l'animal dans des termes semblables à la manière dont nous caractérisons ce que fait un humain, mais avec des précautions méthodologiques visant à en limiter un usage abusif[4]. La réhabilitation de l'anthropomorphisme est donc partielle, en ce qu'elle insiste sur un anthropomorphisme méthodologique, par opposition à un autre qui ne le serait pas ou, sous la plume de l'historien Éric Baratay, sur un anthropomorphisme « d'approche » et critique, par opposition à un autre qui serait « de conclusion » et naïf[5]. Or, cette réhabilitation s'appuie notamment sur un affinement de ce qui distingue l'anthropocentrisme et l'anthropomorphisme, le premier étant tenu responsable des mésusages du second. On se trouve donc face à une incertitude : l'anthropomorphisme occasionne-t-il son mésusage, ou celui-ci est-il le fait d'une autre tendance qui serait l'anthropocentrisme ? Dans le premier cas, l'anthropomorphisme requiert effectivement une méthode pour être *limité* et orienté selon les exigences de la rationalité scientifique, alors que dans le second cas, il doit être moins limité que *préservé* de l'anthropocentrisme comme tendance concurrente.

2. Voir J. S. Kennedy, *The New Anthropomorphism*, Cambridge, Cambridge University Press, 1992, p. 10, 164.

3. Voir M. Bekoff, *L'Émotion des animaux*, Paris, Payot et Rivages, 2009.

4. Voir F. de Waal, *Quand les singes prennent le thé. De la culture animale*, trad. fr. J.-P. Mourlon, Paris, Fayard, 2001, p. 61 *sq*.

5. É. Baratay, *Le Point de vue animal. Une autre version de l'histoire*, Paris, Seuil, 2012, p. 63 : « il est indispensable de garder un anthropomorphisme d'approche ».

C'est cette seconde voie que nous voudrions étayer, en interrogeant le rapport entre connaissance scientifique et connaissance du vivant, entre connaissance objective et connaissance d'un sujet, avec la conviction que la distinction entre anthropocentrisme et anthropomorphisme doit être affirmée et radicalisée. Nous suivons en cela une idée d'Eduardo Viveiros de Castro. Cet ethnologue souligne que plus on est anthropocentrique, moins on est anthropomorphique, et vice-versa[6]. La meilleure façon de lutter contre l'anthropocentrisme consiste à aller au bout de l'anthropomorphisme, et inversement. Nous tâcherons de montrer que la meilleure arme contre un mauvais anthropomorphisme, c'est l'éviction de l'anthropocentrisme. Mais une telle approche n'ira pas sans nuancer l'idée courante de connaissance objective, dans le sillage de cette approche anthropologique[7].

DE LA SYNONYMIE À L'ANTONYMIE

L'anthropocentrisme consiste à rapporter l'étude de la nature, et notamment de l'animal, à l'intérêt humain. Sa manifestation la plus radicale est le finalisme, au sens où elle désigne la tendance à supposer que les choses de la nature ont été faites en vue de l'homme, dans l'intérêt de l'homme. Les fruits pousseraient pour être cueillis et mangés par l'homme, de même que les félins posséderaient une fourrure destinée à être appropriée par l'homme afin de le vêtir et le réchauffer[8].

Si l'on tend à confondre l'anthropocentrisme avec l'anthropomorphisme, c'est d'un point de vue *thématique*, en ce que les deux tendances intègrent l'homme dans la considération de la nature. Mais la fonction attribuée à l'homme n'est pas la même dans les deux tendances. L'anthropocentrisme pose l'homme comme finalité de la recherche ou du modèle explicatif. Ce qui est fait en vue de l'homme institue un rapport dans lequel l'homme désigne un terme,

6. Voir E. Viveiros de Castro, *Métaphysiques cannibales*, trad. fr. O. Bonilla, Paris, P.U.F., 2009, p. 28.

7. *Ibid.*, p. 25 *sq.*

8. Un tel finalisme est par exemple développé par Bossuet dans *De la connaissance de Dieu et de soi-même* (1722), Paris, Fayard, 1990, chap. V.

une fin de la relation. En revanche, l'anthropomorphisme consistant à projeter des propriétés physiques et des qualités morales humaines dans la chose étudiée, il institue l'homme comme principe non plus téléologique mais heuristique et inaugural. L'anthropocentrisme place l'homme en récepteur de la nature, tandis que l'anthropomorphisme place l'homme en position d'instaurateur d'une description de la nature. L'anthropocentrisme regarde souvent la nature dans sa dimension donatrice, dans ce que sa générosité apporte à l'homme. L'homme tire une nourriture abondante des arbres fruitiers et des animaux. L'anthropomorphisme renverse le rapport et fait de la nature un réceptacle.

Cela nous permet de souligner un deuxième aspect de l'anthropocentrisme et qui est absent de l'anthropomorphisme : l'étude de l'animal est rapportée à un *intérêt* humain. L'intérêt renvoie à la satisfaction d'un besoin proprement humain, que ce besoin soit naturel ou institué comme seconde nature par la culture. La compréhension de la satisfaction des besoins de l'animal sera donc filtrée en fonction de besoins proprement humains. La plupart des programmes de recherche liés à l'apprentissage du langage chez les grands singes ne servent pas l'intérêt du singe lui-même, à savoir celui de l'aider à mieux communiquer et à développer la collaboration avec ses interlocuteurs. Ces programmes visent à nous faire comprendre l'origine du langage humain. L'intérêt humain se manifeste dans la finalité de l'étude, mais cette finalité conditionne la manière de construire l'expérimentation et l'interprétation. Si certains sujets sont dits échouer, c'est relativement à une norme d'apprentissage puisée dans le développement de capacités humaines. Il n'en va pas de même dans l'anthropomorphisme, lequel renvoie à une modalité descriptive plutôt qu'à une visée normative. Certes, il arrive que la visée normative se prolonge dans une modalité descriptive, mais celle-ci ne sera pas à proprement parler anthropomorphique. Lorsque je dis que la souris échoue à sortir du labyrinthe, la notion d'échec ne présuppose pas une constitution corporelle humaine ou une histoire culturelle spécifiquement humaine pour être validée par le contexte. Donc, si l'anthropocentrisme place l'homme comme récepteur de la nature, comme destinataire de ses produits, c'est sur la base d'une éminence axiologique : l'homme serait le plus éminent des animaux. Cette éminence est du moins judicative : l'homme est le plus apte à juger des autres animaux. En revanche, l'anthropomorphisme place l'homme comme instigateur de l'enquête sur la nature au sens de point de vue privilégié, car il nous est le plus familier. Le privilège de l'homme est de l'ordre de la présomption dans l'anthropocentrisme et de l'humilité dans l'anthropomorphisme. Le point de vue humain est posé comme étant le plus pertinent dans un contexte anthropocentrique, et comme étant le plus évident dans un contexte anthropomorphe.

Nous disions que l'anthropocentrisme consiste à rapporter l'étude de la nature à un intérêt humain. Une troisième différence permet de préciser ce rapport quant au sens de circulation de l'information. Si l'humain y est récepteur des propriétés et des qualités naturelles, cela signifie que l'anthropocentrisme désigne, à un niveau descriptif, une tendance au retour sur soi, à rapporter à soi ce qu'il en est de la nature. Nous observons donc un mouvement centripète quant au niveau descriptif où opère l'anthropocentrisme. Mais si le corrélat en est la projection de valeurs et d'intérêts, le fond normatif inavoué est centrifuge. Or, la distribution du sens de circulation de l'information est en rapport inverse pour l'anthropomorphisme. Dans la mesure où l'humain est instigateur du discours sur la nature et y projette des propriétés et qualités qui lui sont propres, l'humain contamine la nature selon un mouvement centrifuge et selon une logique généreuse envers les animaux. Le serpent pense à la souris qu'il souhaite ingérer, de la même façon que nous pensons au repas que nous allons savourer. À l'inverse, l'humilité ordonne d'apprendre de la vie des animaux. Cet apprentissage peut toucher aux normes de conduite de l'humain, dans le cas des fables anthropomorphes d'Ésope. Ou il peut toucher aux modes d'évaluation de l'humain, dans le cas de l'apologie des animaux telle qu'elle est déployée par Montaigne.

Or, nous nous intéressons ici avant tout aux effets *descriptifs* de l'anthropocentrisme pour parler des animaux. Ce que nous devons retenir de cette comparaison est donc un mouvement centripète du côté de l'anthropocentrisme, et centrifuge du côté de l'anthropomorphisme. Si nous rapportons ce double mouvement à la tendance de la vie, nous voyons que l'anthropomorphisme est plus conforme à ce déploiement, en ce qu'il épouse le même mouvement d'expansion, tandis que l'anthropocentrisme s'apparente à un effort de sédimentation. Cela explique que le principal relais d'un tel discours soit institutionnel, alors que l'anthropomorphisme transparaît dans des fables et anecdotes, c'est-à-dire dans une culture populaire puisant dans l'imaginaire collectif. L'anthropomorphisme promu par F. de Waal est en cela corrélé à son attachement aux anecdotes en éthologie, ainsi qu'aux observations rapportées par des amateurs (chasseurs, éleveurs, maîtres d'animaux...)[9]. Si nous nous appuyons sur la distinction entre culture savante et culture populaire, l'anthropocentrisme témoigne historiquement d'une collusion avec le christianisme, dont témoigne l'œuvre de Bossuet, là où l'anthropomorphisme se développe dans un contexte sinon païen, du moins plus distant à l'égard du christianisme. Remarquons que le christianisme n'a cessé de promouvoir l'anthropocentrisme en insistant sur le dogme selon lequel l'homme est à l'image et ressemblance de Dieu, tout en combattant le Dieu anthropomorphe, Dieu n'étant pas à l'image et ressemblance de l'homme. Nous pouvons donc aller plus loin et soutenir que l'anthropocentrisme chrétien est un instrument puissant de lutte contre l'anthropomorphisme, que l'homme ressemble d'autant plus à Dieu que Dieu ne lui ressemble pas. Comment rendre compte de cette asymétrie d'autant plus surprenante qu'elle repose sur une symétrie apparente ?

En quoi l'anthropomorphisme d'un Montaigne renverse-t-il l'anthropocentrisme caractérisant l'ontologie scalaire fondée sur une interprétation axiologique de l'échelle aristotélicienne des êtres ? Nous pouvons reconstituer en quatre temps le cheminement argumentatif par lequel Montaigne passe de l'anthropocentrisme à l'anthropomorphisme. La première étape consiste dans l'application du doute sceptique à l'endroit de l'anthropocentrisme : « Ce privilège qu'il s'attribue d'estre seul en ce grand bastiment, qui ayt la suffisance d'en recognoistre la beauté et les pieces, seul qui en puisse rendre graces à l'architecte et tenir conte de la recepte et mise du monde, qui lui a seelé ce privilege ? »[10]. L'anthropocentrisme est apparenté à un solipsisme consistant à poser que l'homme est seul dans ce monde à pouvoir en apprécier la beauté. Montaigne défie l'homme de prouver un tel privilège. La deuxième étape consiste alors dans la relativisation du finalisme au cœur de l'anthropo-

9. F. de Waal, *Quand les singes prennent le thé*, *op. cit.*, p. 272.

10. Montaigne, « Apologie de Raimond Sebond », *Essais II*, 12, éd. Villey, Paris, P.U.F., 2004, p. 450.

centrisme, en imaginant qu'une autre espèce animale s'arroge un tel finalisme :

> Car pourquoy ne dira un oison ainsi : Toutes les pieces de l'univers me regardent ; la terre me sert à marcher, le Soleil à m'esclairer, les estoilles à m'inspirer leurs influances ; j'ay telle commodité des vents, telle des eaux ; il n'est rien que cette voute regarde si favorablement que moy ; (…) est-ce pas l'homme qui me traite, qui me loge, qui me sert [11] ?

La stratégie consiste ici à désolidariser le finalisme de l'anthropocentrisme pour le transposer dans le point de vue d'un oison, et que nous pourrions appeler, par analogie avec l'anthropocentrisme, un « poulicentrisme » [12]. On ôte ainsi à l'anthropocentrisme son ressort causal, et par là-même sa justification heuristique la plus solide.

La troisième étape repose, quant à elle, sur la mise en équivocité de l'unilatéralité de la captation anthropocentrique : « Comment cognoit il, par l'effort de son intelligence, les branles internes et secrets des animaux ? par quelle comparaison d'eux à nous conclud il la bestise qu'il leur attribue ? Quand je me joue à ma chatte, qui sçait si elle passe son temps de moy plus que je ne fay d'elle » [13]. En posant la question de savoir, de l'homme ou du félin, qui joue avec qui, Montaigne pose au niveau pratique un rapport équivoque, orienté dans les deux sens, à l'encontre de la gradation univoque de l'ontologie scalaire. Mais c'est aussi s'en prendre à la tendance centripète de l'anthropocentrisme, qui évalue la moindre relation au vivant comme étant initiée et maîtrisée par le pôle humain de cette relation. La faculté d'intelligence est mise en doute dans sa capacité à penser équitablement l'animal, ce qui explique la quatrième étape : la mise en avant du corps comme instrument de connaissance. « Il faut ordonner à l'ame non de se tirer à quartier, de s'entretenir à part, de mespriser et abandonner le corps (…), mais de se r'allier à luy, de l'embrasser, le cherir, luy assister, le contreroller » [14]. Cette âme qui doit prendre soin du corps auquel elle appartient, signifie que la connaissance ne saurait s'affranchir du point de vue humain.

11. *Ibid.*, p. 532.
12. Du mot *pouli*, terme grec signifiant « oiseau ».
13. *Ibid.*, p. 452.
14. « De la praesumption », dans *ibid.*, p. 639.

C'est en cela que l'anthropocentrisme congédié est relayé par l'anthropomorphisme restauré.

L'ANTHROPOMORPHISME : CORPS ET ÂME

Cette analyse nous permet de préciser l'opposition entre anthropocentrisme et anthropomorphisme relativement à l'intrication de l'âme et du corps dans la connaissance. L'anthropocentrisme s'appuie sur un modèle cognitif qui cherche à s'affranchir des affections accidentelles du corps, alors que celles-ci sont au cœur de l'exploration anthropomorphique. Quand je prête des émotions aux animaux, c'est sur la base d'une égale capacité à se sentir affecté physiquement par un événement extérieur. Cette intrication de l'âme et du corps innerve la projection anthropomorphique. L'anthropomorphisme ne se contente donc pas de reconnaître une âme à l'animal : il va jusqu'à penser une solidarité forte entre âme et corps, ou entre phénomènes psychiques et affections physiques. Sur quoi repose une telle solidarité ? On se réfère à un niveau situé en-deçà de la perception comme sensation structurée, voire en-deçà de la sensation lorsqu'il s'agit de prêter une pensée à des organismes dénués de sensibilité. Mais si de tels organismes sont dépourvus de sensibilité, ils n'en sont pas moins sujets à l'irritabilité. En cela, ce niveau élémentaire où se nouent âme et corps reste situé au-delà de ce qui est simplement inerte, incapable de réaction à son environnement. C'est en cela que, si l'on revient avec l'anthropomorphisme à l'expérience humaine, c'est en ce qu'elle porte un noyau organique commun à tous les vivants [15].

Ce socle commun et élémentaire d'activité organique, qui conditionne une approche anthropomorphique, rend compte de la possibilité d'une transposition dans le vécu d'un individu appartenant à une autre espèce que la nôtre. C'est ce que nous pouvons penser à partir de la critique que John Maxwell Coetzee adresse à la position de Thomas Nagel. Celui-ci établit dans un article célèbre l'impossibilité pour un humain de savoir « ce que cela fait d'être une

15. Nous pouvons rattacher à un tel fondement corporel de l'anthropomorphisme l'attention que Montaigne porte à la médecine, la maladie et la vieillesse.

chauve-souris », notamment en raison de la grande différence entre notre système sensori-moteur et celui d'une chauve-souris (qui repose sur l'écholocalisation)[16]. J. M. Coetzee imagine une conférence imaginaire au cours de laquelle un personnage tout aussi imaginaire, Elisabeth Costello, répond à Th. Nagel[17]. Elle se dit déçue par la réponse du philosophe : si l'on est capable de concevoir sa propre mort, pourquoi ne pas pouvoir penser la vie d'une chauve-souris ? Th. Nagel dit qu'il faudrait pour cela accéder à ses modalités sensorielles, mais E. Costello s'insurge contre cette réponse : « Être une chauve-souris vivante consiste à être empli d'être ; être pleinement une chauve-souris vivante c'est comme être pleinement humain (…) ». Cette assertion semble renvoyer à une expérience quantitative, celle de la plénitude. On serait pleinement humain comme une chauve-souris est pleinement ce qu'elle est. Mais E. Costello ajoute une précision qui amène à une compréhension plus *qualitative* de cette plénitude : « Être empli d'être, cela consiste à vivre comme un corps-âme. Un autre nom pour désigner cette expérience du plein-être est la *joie* »[18]. Ce qui est pleinement vécu est la relation entre le corps et l'âme. L'intrication des deux se réalise et se vit au même degré pour la chauve-souris et pour l'humain. La plénitude s'entend donc en un sens relationnel, et il est possible d'en faire l'expérience à travers le concept de joie. La joie n'est pas donnée par la sensation, donc par une expérience sensorielle, mais dans l'auto-affection dont est capable tout organisme. L'anthropomorphisme surmonte le clivage sensoriel en se portant sur un niveau affectif antérieur à la sensation.

C'est donc plus qu'être une âme incarnée, une âme localisée dans un corps. La relation marque qualitativement le doublet âme-corps. L'expérience d'être pleinement vivant est alors prise dans deux déterminations en apparence incompatibles. D'un côté, cette expérience est propre à chaque espèce, et peut-être même à chaque indi-

16. Th. Nagel, « Quel effet cela fait, d'être une chauve-souris ? » (1974), dans *Questions mortelles*, trad. fr. P. Engel et C. Engel-Tiercelin, Paris, P.U.F., 1983.

17. J. M. Coetzee, « The Philosophers and the Animals », dans *The Lives of Animals*, Princeton (N.J.), Princeton University Press, 1999, p. 32 *sq.* ; trad. fr. C. Lauga du Plessis, « La vie des animaux », dans *Elisabeth Costello*, Paris, Seuil, 2004, chap. 3, p. 105 *sq.*

18. *Ibid.*, p. 108.

vidu. Elle semble donc incommunicable, ou impossible à reproduire. Je ne peux pas savoir comment la chauve-souris vit pleinement le fait d'être la chauve-souris qu'elle est. Mais de l'autre côté, cette expérience repose sur une donnée universelle, l'irréductibilité du rapport entre âme et corps à ses termes. Cette expérience dont Descartes dit que nous l'expérimentons dans la vie de tous les jours, n'importe quel animal la ferait tout autant. Une transposition de soi dans l'expérience vécue d'une autre espèce serait alors possible, mais comment ? Selon Elisabeth Costello, on peut accéder à l'autre par la compassion (*sympathy*) : « Il n'y a pas de bornes à l'imagination sympathique »[19]. Dès lors que l'imagination est classiquement tenue pour la faculté intellectuelle la plus dépendante des affections du corps (par exemple chez Malebranche), nous ne sommes pas surpris de la voir tenir un rôle de premier plan dans cette expérience de transposition. Un tenant du béhaviorisme ne sera pas plus surpris, estimant qu'une telle transposition ne peut être qu'imaginaire et n'avoir aucune confirmation dans les faits. Mais ce qui est en cause dans cette disqualification est le positivisme sur lequel elle s'appuie : on suppose des faits directement observables sans passer par une construction mentale ou une imagination scientifique ; ou si une telle construction est reconnue, elle est posée comme étant le produit d'une démarche rationnelle ancrée dans la seule raison. Les démarches anthropomorphiques, de Montaigne ou de Coetzee, élargissent une telle définition de la rationalité dans la connaissance.

En quoi cette expérience anthropomorphique ne se confond-elle pas avec un anthropocentrisme ? C'est qu'elle ne se préoccupe pas de l'utilité qu'il est possible de tirer d'une telle expérience pour l'humain. Certes, la notion de *sympathy* semble amener le débat sur un terrain moral. D'où la question d'un auditeur au terme de la conférence d'E. Costello. Il lui demande quelle est la visée d'une telle revalorisation du vécu animal. Est-ce de fermer les fermes ? D'arrêter de manger de la viande ? De mettre fin aux expérimentations animales ? La conférencière nie vouloir tirer des principes de cette analyse : si vous voulez des principes, écoutez

19. *Ibid.*, p. 111.

votre cœur. Elle ne s'intéresse pas aux lois et proscriptions, mais à ce qui se tient derrière[20].

L'auditeur et la conférencière s'opposent donc sur un double plan, qui dans tous les cas accentue l'antagonisme entre une vision anthropocentrique, celle de l'auditeur, et un discours anthropomorphique sur l'animal, celui de la conférencière. D'une part, la question des prescriptions est regardée comme relevant d'une morale de l'intérêt, tandis que l'auteur semble faire valoir une morale du désintéressement et de l'empathie. Dans cette optique, écouter son cœur renvoie à une injonction métaphorique au devoir d'empathie : l'anthropomorphisme devient un impératif moral. Et la recherche de l'utilité humaine se trouve écartée derechef par la récusation de toute utilité, qu'elle concerne l'humain ou l'animal. Mais d'autre part, cette dernière idée peut s'entendre en un autre sens, et révèle en cela un deuxième niveau d'opposition. C'est qu'en fondant le devoir d'empathie sur une communauté des vivants, l'auteur autorise une compréhension plus littérale de l'écoute du cœur. Est-ce qu'écouter les battements de son cœur comme organe n'est pas une façon de se sentir vivre ? Selon cette seconde interprétation, il s'agit d'une injonction organique à l'empathie. Le point de vue ne se contente alors pas de faire valoir une morale, mais il ancre cette morale dans une description du fonctionnement organique, dans une connaissance préalable des modalités selon lesquelles les êtres se sentent vivre. L'opposition entre deux voies morales renvoie à une autre opposition plus fondamentale, entre un regard soucieux de morale et un autre soucieux de connaissance, entre un point de vue impatient de tirer une norme humaine de conduite envers les animaux, désireux de dégager des prescriptions et des interdictions, et un second point de vue qui insisterait sur une patiente prise en compte de l'activité viscérale.

À l'anthropocentrisme impatient de s'interroger sur les droits à octroyer aux animaux et les devoirs des humains envers eux, l'anthropomorphisme répond : il faut d'abord se demander de quoi ils sont constitués au niveau organique et de quoi ils sont capables au niveau corporel. Nous retrouvons la même idée que chez Montaigne : l'anthropomorphisme repose sur un socle corporel qui

20. *Ibid.*, p. 113-114.

prend le contrepied de l'abstraction du corps dans une approche anthropocentrique de l'animal.

Sur la base de cette distinction établie entre anthropocentrisme et anthropomorphisme, il est possible de distinguer des démarches en éthologie comme dans la littérature s'intéressant au point de vue animal, et ainsi de dénouer des tensions apparentes. Ces dernières sont généralement imputées à l'impossibilité d'une approche anthropomorphique ; nous voudrions montrer qu'elles tiennent bien plutôt à la persistance de l'anthropocentrisme qui vient contrarier, brimer le mouvement de projection et de contamination de la nature par des qualités humaines.

VAUT-IL MIEUX ÊTRE ANTHROPOCENTRIQUE OU ANTHROPOMORPHIQUE EN ÉTHOLOGIE ?

C'est le cas en éthologie : nous pouvons clairement opposer deux manières de décrire le comportement animal. La première tendance consiste à se défier systématiquement de tout anthropomorphisme, au point d'épurer le langage de toute qualité supposée humaine. La mutation de la langue passe par deux opérations. La première consiste dans le soin pris à produire une terminologie différente de celle employée pour caractériser l'activité humaine. Ainsi, on parlera de culture humaine à propos d'une information transmise par des moyens non génétiques ; mais à propos d'un savoir-faire que des animaux se transmettent par des voies autres que génétiques, on parlera de protoculture ou de pseudo-culture. De même, on réservera le terme d'action pour caractériser un comportement intentionnel manifesté par un humain, et le terme d'acte, d'activité ou d'acte instinctuel pour caractériser un comportement similaire de la part d'un animal. Autre exemple : là où l'on parlerait volontiers d'outil à propos des médiations matérielles humaines, on parlera d'instrument pour ces mêmes médiations utilisées par des grands singes. Ce double vocabulaire est commun au béhaviorisme et à l'éthologie objective de Konrad Lorenz. Mais la construction d'un langage dépris de tout anthropomorphisme passe aussi, selon Eileen

Crist, par une seconde opération[21]. Celle-ci ne concerne plus le lexique mais la syntaxe utilisée dans ces descriptions. Les phrases sont construites de telle façon que le sujet grammatical soit l'acte instinctuel, la tendance, un stimulus déclencheur, mais jamais l'animal concerné, ou tel individu. Il en résulte l'apparence que l'animal n'est jamais le sujet de sa propre action, mais en est comme un objet subissant une influence, celle de son acte instinctuel, et de son espèce à travers celui-ci. Il en résulte par ailleurs l'impression que deux animaux n'interagissent jamais mais sont seulement mis en rapport par cet instinct.

Cette élaboration d'un langage technique repose sur une méfiance envers le langage courant, précisément dans ce qu'il est susceptible de charrier d'anthropomorphique. On constate chez Lorenz le souci de ne pas être accusé de faire de l'anthropomorphisme. Ainsi, après avoir parlé de ritualisation chez les animaux, l'éthologue s'empresse d'ajouter : « Pour que l'on ne puisse en aucun cas me taxer d'anthropomorphisme lorsque, à la suite de Julian Huxley, j'applique indifféremment le terme de ritualisation au domaine phylogénétique et au domaine culturel sans le mettre entre guillemets, je m'emploierai d'abord à montrer en quoi ces mécanismes qui assurent les mêmes fonctions diffèrent fondamentalement ». Mais cette hantise de l'anthropomorphisme ne se retrouve pas au niveau de l'anthropocentrisme. Pire : les moyens employés pour conjurer la première tendance sont l'envers de la persistance de la seconde tendance. L'effort de construction d'une double terminologie reflète la croyance dans le dualisme entre nature et culture, l'homme seul étant par nature un être de culture. Lorenz s'inscrit explicitement, sur ce point, dans le sillage de l'anthropologie philosophique d'Arnold Gehlen[22]. Quant à la dépossession de l'animal de sa propre action sur le plan syntaxique, elle reconduit la réification de l'animal, regardé comme un être « agi » plutôt qu'agissant. L'anthropocentrisme ressortit ici à un assujettissement de l'animal à une rationalité avantageuse pour l'exploitation humaine des animaux, et à un questionnement sur la compréhension de

21. E. Crist, *Images of Animals. Anthropomorphism and Animal Mind*, Philadelphie, Temple University Press, 1999, p. 91 *sq.*

22. *Ibid.*, p. 43.

problèmes intéressant principalement l'espèce humaine. Ainsi, en intitulant son ouvrage sur l'agression *Das sogenannte Böse* (littéralement : « le soi-disant mal »), Lorenz invite à y voir une étude au service d'une valeur morale affirmée dans l'ordre humain[23]. L'étude de l'animal se trouve ainsi subordonnée à un questionnement n'intéressant que l'humain.

À quelle condition une éthologie non-anthropocentrique est-elle possible ? Une telle éthologie doit accorder à l'animal le statut de sujet de son action et de ses représentations. Dans cette optique, Jakob von Uexküll incarne une puissante alternative à Lorenz et à l'anthropocentrisme sans anthropomorphisme. J. S. Kennedy taxe d'anthropomorphique la notion d'image prospective, développée par Uexküll pour caractériser la visée intentionnelle d'un animal comme le chien cherchant un bâton lancé dans le jardin[24]. Nous pouvons affirmer qu'il en va tout autant de son concept de *milieu*, lequel désigne ce qu'un animal perçoit de son environnement en fonction de ses possibilités d'action[25]. Ainsi, le milieu d'une mouche diffère de celui d'un chien dans l'exacte mesure où les deux ne possèdent pas la même configuration corporelle et ne forment pas les mêmes besoins. Selon quelle méthode un tel anthropomorphisme procède-t-il ? Nous pourrions qualifier cette méthode de comparative et *soustractive* : l'analyse part d'un milieu humain pour déduire, par soustraction, le milieu du chien ou de la mouche. Cette soustraction est établie en éliminant les objets qui ne sont pas signifiants pour l'animal, c'est-à-dire qui n'affectent pas le comportement de l'animal[26]. Ce mode d'approche influencera durablement l'éthologie et la psychologie comparée, par exemple celle de Buytendijk. Celui-ci reprochera en revanche à Uexküll d'avoir assimilé la représentation du monde du naturaliste à un milieu parmi d'autres, relatif aux moyens de perception et aux préoccupations du scientifique humain. Or, cette thèse est essentielle à la validité de l'anthropomorphisme d'Uexküll, parce qu'elle permet de neutraliser

23. K. Lorenz, *L'agression. Une histoire naturelle du mal* (1963), trad. fr. V. Fritsch, Paris, Flammarion, 1969.

24. J. S. Kennedy, *The New Anthropomorphism*, *op. cit.*, p. 37.

25. J. von Uexküll, *Milieu animal et milieu humain* (1934), trad. fr. Ch. Martin-Fréville, Paris, Payot et Rivages, 2010.

26. *Ibid.*, p. 113 *sq.*

la déviance anthropocentrique susceptible de la contrecarrer. L'idée selon laquelle le naturaliste décrivant le milieu de l'animal se meut lui-même dans un milieu particulier revient à affirmer la nature foncièrement anthropomorphique de l'activité éthologique[27].

L'éthologie de Lorenz repose sur un anthropocentrisme sans anthropomorphisme ; celle d'Uexküll, sur un anthropomorphisme sans anthropocentrisme. Ce doublet conceptuel permet de faire ressortir l'alternative entre une éthologie déniant le statut de sujet à l'animal, et une autre le lui reconnaissant pleinement.

Cette relativisation du point de vue scientifique dans l'éthologie d'Uexküll entraîne par rapport à l'école objective de Lorenz une autre différence. Celle-ci touche aux ressources dont dispose le naturaliste dans cette démarche anthropomorphique de description des milieux animaux. En effet, dans la mesure où un oursin possède un appareil sensori-moteur fort différent du nôtre, comment pouvons-nous nous représenter son milieu ? Afin de surmonter cette incommensurabilité des milieux, Uexküll se livre à un véritable effort de traduction de ces milieux dans notre propre milieu. Comment nous donner à voir un milieu qui ne repose en rien sur la perception visuelle, comme celui d'une chauve-souris ou d'un ver de terre ? Cette difficulté amène Uexküll à voir dans les arts visuels un moyen de pallier les lacunes de la représentation scientifique. Il voit ainsi dans le cinématographe un instrument capable, par ses effets de ralenti ou d'accélération, de traduire dans la temporalité de notre perception la perception qu'une mouche a du mouvement[28]. Si l'anthropomorphisme en éthologie met à mal les médiations discursives intercalées par la science entre l'animal et son activité, ou entre l'animal et nous, il faut se tourner vers l'art pour trouver d'autres médiations. Celles-ci instaurent une distance non plus entre l'animal et nous, mais entre notre propre milieu et nous, afin de nous faire accéder à d'autres milieux. La médiation n'a plus l'effet d'une réification de l'animal, mais celui d'une altération de notre perception pour nous rapprocher de l'expérience vécue par cet animal.

27. Voir *ibid.*, p. 163 *sq.*
28. *Ibid.*, p. 61.

La technique ainsi comprise, mise au service de l'anthropomorphisme, ne nous écarte pas de la nature, mais au contraire nous en rapproche, si l'on prend le terme de nature au sens que lui donne Uexküll : la nature comme somme de tous les milieux[29]. Par son effort pour traduire le milieu d'un animal selon les conditions perceptives de notre milieu, l'altération perceptive nous fait faire un pas supplémentaire vers cette nature. C'est paradoxalement en opérant une modification de la perception naturelle humaine que l'on se rapproche d'une perception naturelle commune à plusieurs animaux, et que l'on dépasse le domaine restreint des signes que nous interprétons pour retrouver des signaux communs à plusieurs organismes vivants (comme le signal d'obstacle ou de repli)[30]. L'anthropomorphisme nous redonne en dernière instance l'activité organique fondamentale que nous avons en partage – comme le thermotropisme – avec un organisme aussi éloigné, d'un point de vue anatomique et sensitif, qu'une tique.

PEUT-ON FAIRE PARLER UN ANIMAL SANS LE TRAHIR ?

Le problème qui se pose est évidemment celui de savoir en quoi une altération de la perception humaine par des moyens artificiels (techniques et artistiques) n'est pas contraire à l'anthropomorphisme, celui-ci consistant dans une projection spontanée de qualités humaines. Cette altération n'entre-t-elle pas en contradiction avec la projection que nous avions identifiée dans l'anthropomorphisme ? Il faut répondre qu'il n'y a pas contradiction, dans la mesure où l'altération et la projection reposent sur un présupposé commun : celui d'une continuité entre les structures perceptives de différentes espèces. En d'autres termes, l'altération progressive de notre perception, selon l'anthropomorphisme, nous permet de passer d'une perception animale à une autre. La supposition d'une continuité des formes et des structures perceptives rapproche l'anthropomorphisme de l'anamorphose, comme passage d'une

29. *Ibid.*, p. 166.
30. *Ibid.*, p. 78.

forme à une autre par déformation progressive. Au contraire, l'anthropocentrisme repose sur une discontinuité entre les perceptions, entre la perception centrée sur l'humain et celle de l'animal qui en constitue comme une périphérie qu'aucun rayon ne permet de rejoindre. Cette comparaison avec un cercle, appelée par le terme « centre » présent dans la notion d'anthropo*centrisme*, souligne la situation dans laquelle ce dernier plonge l'humain. Nous sommes comme encerclés d'animaux que nous prenons soin de tenir à distance. Le mode d'approche anthropocentrique, par son tropisme humain, n'attire à soi que ce qu'il peut tirer de l'animal, tandis que l'animal réel est soigneusement tenu à la marge de cette représentation du monde. L'anthropocentrisme institue l'homme en centre d'un cercle, et en fait un point isolé au milieu d'une parade dont il s'est exclu[31]. Autant le point isole, autant la *morphé* relie les milieux et les vécus entre les espèces. L'anthropomorphisme se prête intrinsèquement à une métamorphose faisant gagner toutes sortes de morphismes.

Il faut cependant reconnaître que l'anthropomorphisme peine la plupart du temps à nous donner l'impression d'une immersion dans un vécu animal. Les traductions d'un milieu à l'autre passent souvent pour artificielles, restaurant une discontinuité des formes perceptives. Si une tentative de restitution du point de vue animal se révèle artificielle, est-ce que ce n'est pas le signe qu'il faudrait restreindre cet anthropomorphisme ? Il nous semble plutôt que l'artifice est le fait d'une persistance d'éléments d'anthropocentrisme. Ceux-ci expliqueraient ce sentiment d'artificialité. Dans le roman *La Peau*, Malaparte évoque son lévrier Febo : « De lui, bien plus que des hommes, de leur culture, de leur vanité, j'ai appris que la morale est gratuite, qu'elle est une fin en soi »[32]. Pourquoi ne croit-on pas un seul instant que c'est précisément ce que le chien cherche à lui apprendre ? D'une part, il s'agit d'une considération sur la morale et sur l'intérêt qui la régit. Donc, l'objet est un lieu de normativité pensé par l'humain. Mais d'autre part, l'origine de cette

31. C'est ce qui conduit Dominique Lestel à affirmer l'esseulement ontologique de l'humain dans ce dualisme entre l'homme et le règne animal : voir *L'Animal singulier*, Paris, Seuil, 2004.

32. C. Malaparte, *La Peau* (1949), trad. fr. R. Novella, Paris, Denoël, 2008, p. 216.

considération est un questionnement qui concerne le narrateur pris dans un contexte historique particulier : l'Occupation américaine au terme de la Seconde Guerre mondiale. La motivation d'une telle caractérisation reste humaine. Enfin et surtout, ce n'est pas l'animal qui lui apprend quelque chose, mais le narrateur dit qu'il apprend de lui. La tournure grammaticale n'est pas innocente : il s'agit précisément d'un geste de captation à soi, du mouvement centripète que nous pointions dans l'anthropocentrisme. Celui-ci peut donc être tenu pour le facteur déréalisant venant déjouer le projet d'un anthropomorphisme radical.

À l'inverse, que serait un anthropomorphisme intégralement déployé ? Il irait au bout de l'humain. Il y a eu un projet en littérature qui a été formulé dans cette optique, et qui nous ramènera indirectement à l'animal dans la mesure où le roman en question ne traite presque pas des animaux. Il s'agit d'*Ulysse* de Joyce[33]. Dans sa correspondance, celui-ci présente son roman comme décrivant « le cycle du corps humain »[34]. Chaque chapitre est ainsi associé à un organe ou une fonction physiologique : les poumons, la digestion, le cœur… Aller au bout de l'humain signifie pour Joyce : couvrir toutes les fonctions biologiques d'un être humain. Mais le procédé d'écriture consiste majoritairement dans l'immersion en première personne dans la conscience de Leopold Bloom. Ce subjectivisme doublé d'un matérialisme du corps a suscité deux réactions : on a considéré un tel livre comme étant non seulement illisible, mais aussi choquant. Illisible parce que le texte est saturé de références littéraires, liturgiques, historiques, sociopolitiques (les relations entre l'Irlande et le Royaume-Uni). Une érudition étant requise, on voit que le projet anthropomorphique est contrecarré par un centrisme, celui de l'occidentalocentrisme. Par ailleurs, le roman a pu être jugé choquant, parce que le texte porte la présence du corps et du désir, de la masturbation à la prostitution, en passant par la mastication bruyante d'abats et la défécation. Le procédé narratif met ainsi sur le même plan les références culturelles et les besoins naturels, perçu comme un nivellement généralisé de toutes choses, du moins

33. J. Joyce, *Ulysse* (1922), trad. fr. J. Aubert, Paris, Gallimard, 2004.

34. *Lettre de Joyce à Linati*, datée du 6 septembre 1920, dans S. Gilbert (éd.), *Letters of James Joyce I*, Londres, Faber & Faber, 1957, p. 146.

comme une négation de la hiérarchie entre vie du corps et vie de l'esprit, ou entre nature et culture. Si Joyce a pu être qualifié d'anarchiste ou de nihiliste, c'est au sens où son anthropomorphisme, dans son effort de description du corps dans ses activités les plus communes, met à mal la hiérarchie anthropocentrique qui place les valeurs humaines au-dessus des propriétés en partage avec d'autres organismes biologiques.

Ce détour par Joyce nous permet de mieux cerner l'accomplissement d'un anthropomorphisme conséquent, c'est-à-dire soustrait à toute résurgence d'anthropocentrisme. À travers le fonctionnement organique et l'irritabilité, c'est-à-dire ce que nous avons en partage avec les espèces les plus éloignées de nous, l'anthropomorphisme semble plus prompt à convaincre. Nous en trouvons un témoignage dans le roman *Mémoires de la jungle* de Tristan Garcia[35]. Le romancier nous immerge dans le flux de conscience d'un chimpanzé qui a été éduqué à la manière des humains et à qui on a appris à utiliser le langage des signes. L'anthropomorphisme consiste ici à intégrer des états mentaux jugés *a priori* humains et à les adapter aux spécificités du corps de l'animal. Par exemple, la honte deviendra une honte de posséder de si grandes oreilles disgracieuses, par comparaison avec celles d'un être humain. L'anthropocentrisme se trouve quant à lui habilement neutralisé, car il est défini – et donc circonscrit dans ses effets – par le dispositif narratif lui-même. Étant éduqué à la façon des humains, les distorsions et les biais humains sont mis par le lecteur sur le compte de cette éducation.

L'ÉCOLOGIE PROFONDE EST-ELLE ANTHROPOCENTRIQUE ?

Eric Katz accuse l'écologie profonde, par exemple chez un précurseur comme Aldo Leopold et un de ses plus importants représentants comme Arne Naess, de réhabiliter l'anthropocentrisme qu'elle prétend combattre : « Ces trois idées principales sont toutes fondées sur des catégories humaines de pensée et des

35. T. Garcia, *Mémoires de la jungle*, Paris, Gallimard, 2010.

notions humaines de valeur »[36]. Katz concentre la spécificité de l'écologie profonde dans trois idées, pour montrer à chaque fois ce qu'elles contiennent d'anthropocentrique. Nous exposons ces idées et leur critique pour en discuter la supposée teneur anthropocentrique.

Une première idée serait l'identification de soi au monde naturel non-humain. Cette identification désigne une expansion de soi qui est plus forte qu'une simple extension de la conscience morale à l'environnement (comme chez Aldo Leopold). Mais d'après Katz, une telle identification reste anthropocentrique. Nous reconnaissons que les autres êtres vivants partagent nos intérêts humains. « En les blessant, c'est nous que nous blessons »[37]. Ce serait donc afin de préserver l'espèce humaine que les autres espèces devraient être préservées.

Nous ne pouvons suivre une telle interprétation. Certes, l'identification passe par une expansion de soi, mais de quel soi s'agit-il ? Ce n'est pas une extension de la conscience morale, mais de propriétés mentales. L'extension reste moins normative que descriptive. Nous avons affaire à de l'anthropomorphisme, non à de l'anthropocentrisme. C'est ce que confirmera le troisième point relevé par Katz, selon lequel l'éthique, donc la prescription, ne joue pas un rôle central dans l'écologie profonde. Mais nous pouvons déjà étayer cette idée à partir d'Aldo Leopold, qui est pourtant mentionné comme un cas d'extension de la conscience morale à l'environnement. L'essayiste américain ne cesse d'insister sur une prééminence de la perception sur l'action. Le désir d'un individu, ou d'une communauté, de retourner à la nature est encadré par des besoins économiques (tourisme) et éthiques (usages à respecter), mais « ces manifestations économiques et éthiques sont l'effet, et non la cause, de la force motrice qui nous anime »[38]. C'est-à-dire que nous en retirons du plaisir, et ce plaisir constitue ce rapport en

36. E. Katz, « Against the Inevitability of Anthropocentrism », dans E. Katz, A. Light et D. Rothenberg (éd.), *Beneath the Surface. Critical Essays in the Philosophy of Deep Ecology*, Cambridge (Mass.), MIT Press, 2000, p. 33. Toutes les traductions sont de nous.

37. *Id.*

38. A. Leopold, *Almanach d'un comté des sables* (1949), trad. fr. A. Gibson, préface de J. M. G. Le Clézio, Paris, Aubier, 1995, p. 214.

exercice esthétique. Le rapport à la nature est d'abord la préservation d'un rapport esthétique antérieur à toute décision éthique à son égard.

Si les autres êtres vivants partagent nos intérêts humains, il faut bien comprendre de quel intérêt il s'agit. Celui-ci s'entend en termes moins de valeurs que de faits, au sens où la structure de l'intérêt à quelque chose est commune à toutes les espèces. Mais cette homologie est structurelle sans devoir être thématique.

Katz voit un deuxième aspect anthropomorphique dans la valeur prééminente accordée par l'écologie profonde à la réalisation de soi. Il s'agirait là du but vers lequel tend l'identification avec la nature : en développant notre *self*, nous agirions pour préserver l'environnement naturel en raison de traits de nature humaine, c'est-à-dire par une vision étendue de notre intérêt comme étant reliée au Soi plus large du monde naturel. Là encore, nous peinons à donner raison à la critique de Katz. Qu'entend-on par réalisation de soi ? Il ne faut pas croire qu'il s'agit de réaliser un soi préexistant à cette réalisation. Ce serait supposer un sujet non seulement substantiel (et non processuel) mais aussi prédéterminé (et non en attente d'une détermination). Le soi individuel se définit lui-même à partir du Soi plus large du monde naturel. Le soi n'est pas constituant, il est constitué dans ce rapport au monde. Ce soi n'a donc rien de spécifique, au double sens du terme. Il n'est pas déjà spécifié par des déterminations. Mais il n'est pas non plus propre à l'espèce humaine. Si l'on va au bout de l'humain, c'est de la même façon dont la chauve-souris va au bout d'elle-même. Cette réalisation de soi n'a rien d'anthropocentrique ; elle est en revanche effectivement anthropomorphique.

Naess nie que l'éthique soit le point focal de l'écologie profonde. Mais le biais anthropocentrique résiderait, selon Katz, dans le fait qu'une ontologie relationnelle commence par l'expérience immédiate du sujet humain[39]. Que l'expérience immédiate du sujet humain constitue le point de départ ne signifie pourtant pas qu'il en soit le point d'arrivée. L'approche holistique ne doit pas donner l'impression que nous nous mouvons dans un cercle où le sujet ne

39. Voir E. Katz, « Against the Inevitability of Anthropocentrism », art. cité, p. 36.

chercherait qu'à se retrouver partout. Une telle approche correspondrait à une saisie de la relation comme étant analogique. Par exemple, on dirait d'un rat qu'il serait *comme* en train de tomber amoureux, par analogie avec un humain dont on a reconnu la capacité de tomber amoureux. Mais l'analogie repose sur une thèse ontologique, l'équivocité de l'être à laquelle nous pouvons échapper. C'est ce que Deleuze souligne : « Le rat et l'homme ne sont pas du tout la même chose, mais l'Être se dit des deux en un seul et même sens dans une langue qui n'est plus celle des mots, dans une matière qui n'est plus celle des formes, dans une affectibilité qui n'est plus celle des sujets »[40]. On trouve appliquée à la différence entre l'homme et l'animal la thèse ontologique de l'univocité de l'être, exposée dans *Différence et répétition* : « L'Être est le même pour toutes ses modalités, mais ces modalités ne sont pas les mêmes. Il est "égal" pour toutes, mais elles-mêmes ne sont pas égales. Il se dit en un seul sens de toutes, mais elles-mêmes n'ont pas le même sens »[41]. Le fait de tomber amoureux a autant de consistance ontologique pour un rat que pour un humain, mais les modalités et le sens peuvent en différer, non leur degré de réalité. La condition d'une saisie non analogique de cette ontologie relationnelle réside précisément dans la compréhension de son point de départ, c'est-à-dire de ce que désigne l'expérience immédiate du sujet humain. Le sujet n'est pas une instance préexistant à l'accomplissement de cette expérience : il se constitue lui-même à travers l'expérience. Cela signifie que l'expérience immédiate peut préexister au sujet humain, et donc qu'elle peut être impersonnelle. Cette impersonnalité peut être identifiée en amont (le battement du cœur étant commun à nombre d'espèces, et la pulsation vitale l'étant encore plus) ; elle peut l'être également en aval quand, allant au bout d'elle-même, la subjectivité humaine retrouve une communauté d'expérience avec la chauve-souris.

Nous devons conclure que si la référence à l'humain dans l'écologie profonde est bien présente, elle ne saurait être taxée d'anthropocentrisme. En revanche, l'écologie profonde repose assurément sur un anthropomorphisme.

40. G. Deleuze, *Mille plateaux*, Paris, Minuit, 1980, p. 315.
41. G. Deleuze, *Différence et répétition*, Paris, P.U.F., 1968, p. 53.

CONCLUSION

Au terme de cette analyse, que signifie un anthropomorphisme naïf ? Un anthropomorphisme entravé par une tendance à l'anthropocentrisme. En ce sens, ce qui se présente comme la tâche d'une épistémologie de l'éthologie n'est pas tant l'élaboration d'un anthropomorphisme heuristique, qui serait distinct d'une approche naïve, que la définition d'une heuristique exclusivement anthropomorphique. Rien n'indique cependant qu'un anthropomorphisme intégral puisse être compris par l'intellect. L'entreprise de Montaigne ne suscite-t-elle pas une désorientation que nous surmontons en l'appréhendant à partir de l'édifice scalaire contre laquelle elle guerroie ? Et le roman de Tristan Garcia n'est-il pas rendu lisible par l'anthropocentrisme qu'il met en scène dans la narration ? Enfin, le flot de conscience que nous livre Joyce ne nous est-il pas rendu appréhendable à partir des références culturelles et des détails dublinois qui affleurent ? L'anthropocentrisme offre un point focal à l'intellect, mais rien n'indique qu'une compréhension intuitive du vécu en première personne d'un être autre, qu'il soit un autre humain ou un autre animal, nécessite un tel point focal.

Recherches sur la philosophie et le langage 32 (2016)
384 p., ISBN : 978-2-7116-8418-2, p. 123-139, Vrin.

Passer du côté des bêtes : une nouvelle approche des territoires animaux

Éric BARATAY *

RÉSUMÉ

Les sciences humaines en général, l'histoire en particulier, développent depuis trente ans une approche strictement humaine du sujet « animal », n'abordant quasiment que des hommes, oubliant l'autre pôle de la relation que sont les animaux, les transformant en simples objets ou prétextes à étude. Cette contribution entend montrer qu'il faut passer du côté des animaux pour comprendre ces acteurs à part entière et pour bien étudier leurs relations avec les hommes. Trois axes d'étude sont présentés pour bâtir une véritable histoire animale des animaux, complétant l'histoire humaine

* Éric BARATAY, professeur d'histoire contemporaine à l'Université Lyon 3, est spécialiste de l'histoire des animaux. Après avoir étudié des représentations (*L'Église et l'animal. France, XVIIe-XXe siècles*, Paris, Seuil, 1996, rééd. Paris, Cerf, 2015 ; *Portraits d'animaux*, Paris, Fage Éditions, 2007) et des pratiques humaines (*La Corrida*, Paris, P.U.F., 1995 ; *Zoos, histoire des jardins zoologiques en Occident* (*XVIe-XXe siècles*), Paris, La Découverte, 1998), il s'est intéressé à la condition des animaux (*Et l'homme créa l'animal. Histoire d'une condition*, Paris, Odile Jacob, 2003) et à leur présence dans la société (*Bêtes de somme. Des animaux au service des hommes*, Paris, Point Seuil, 2011 ; *Des bêtes et des dieux. Les animaux dans les religions*, Paris, Cerf, 2015). Il travaille désormais sur les vécus, les ressentis, les comportements des animaux de manière à bâtir une véritable histoire animale, présentée dans *Le point de vue animal, une autre version de l'histoire* (Paris, Seuil, 2012). À ce titre, il a également publié *Bêtes des tranchées. Des vécus oubliés* (Paris, CNRS éditions, 2013).

travaillée depuis trente ans : l'histoire vécue par les animaux, pour saisir leur participation à des événements historiques humains ; des biographies animales, pour évaluer les vécus et les rôles des individus ; une histoire éthologique, destinée à travailler l'hypothèse grandissante d'une fluctuation incessante des comportements des espèces.

Depuis l'ouverture du chantier « Animaux », les sciences humaines et sociales en général, l'histoire en particulier, développent un intérêt quasi exclusif pour le versant humain du sujet, en s'occupant des utilisations, des actions et surtout, du fait de l'engouement des chercheurs pour les lectures culturelles depuis les années 1980, des représentations humaines des animaux[1]. Après les avoir beaucoup pratiquées, ces approches m'apparaissent insatisfaisantes, parce qu'elles ont créé puis entretenu un *trou noir* au centre de leur propos : les animaux en tant qu'êtres vivants. Les études en disent long sur les hommes mais très peu sur les bêtes. Celles-ci sont absentes ou transformées en simple prétexte, en objet transparent sur lequel s'exerceraient sans conséquence les représentations, les savoirs, les pratiques des hommes. Ainsi, l'histoire des animaux développée depuis trente ans est en réalité une histoire *humaine* des animaux, où ceux-ci, en tant qu'êtres réels, n'ont guère de place.

REGARDER LES ANIMAUX RÉELS

Il est temps de sortir de cette approche largement redevable des conceptions culturelles occidentales, ayant l'énorme inconvénient d'appauvrir le thème pourtant dialectique des hommes *et* des animaux, de le réduire à un champ à pôle unique (les hommes) et à sens unique (des hommes vers/sur les animaux) en oubliant ou en écartant une bonne part de sa réalité et de sa complexité. Il faut se pencher, au contraire, sur l'influence des animaux dans la relation avec les hommes, sur leurs véritables rôles d'acteurs, alors que l'éthologie de terrain, l'éthologie appliquée[2] et l'éthologie cognitive insistent de plus en plus, au moins pour certaines espèces, sur les comportements d'acteur, d'individu voire de personne de chaque animal, sur les aptitudes cognitives de ces individus, sur les

1. É. Baratay, « Un champ pour l'histoire : l'animal », *Cahiers d'histoire*, vol. 42, n° 3-4, 1997, p. 409-442 ; et « Les socio-anthropo-logues et les animaux. Réflexions d'un historien pour un rapprochement des sciences », *Sociétés*, vol. 108, n° 2, 2010, p. 9-18.

2. A. Boissy, C. Baudoin, M. Pham-Delègue (éd.), *Éthologie appliquée*, Versailles, Éditions Quæ, 2009.

sociabilités et les cultures de leurs groupes[3], et qu'elles rendent donc de plus en plus intenables les approches purement humaines. D'autant que les documents montrent bien, si on ne rejette pas cet aspect dans l'anecdotique, si on veut bien le regarder de près, que les hommes ont vu, deviné, estimé les agissements des animaux, qu'ils ont réagi, agi, pensé en conséquence, qu'il n'est donc plus possible d'ignorer ce sens inverse de la relation hommes-animaux.

Il faut passer de l'autre côté, s'intéresser au versant animal[4] pour mieux comprendre cette relation, mais aussi pour connaître ces êtres-acteurs vivants qui méritent en eux-mêmes d'être étudiés pour eux-mêmes. Cela veut dire qu'il faut élargir la définition de l'histoire, la faire passer de la notion commune de science de l'homme dans le temps à celle de science des vivants dans le temps, et qu'il faut dépasser l'histoire culturelle. Comme les autres sciences humaines et sociales, l'histoire n'a pas vocation naturelle à être cantonnée à la seule analyse des discours, pour, au mieux, décrire les représentations, voire pour prévenir les sciences de la nature des pièges des lectures humaines et leur permettre de mieux accéder à la réalité des bêtes. Ce travail est nécessaire mais le triomphe des lectures culturelles a transformé ce préalable indispensable en finalité indépassable. Il faut dépasser le déconstructivisme culturel, qui voudrait cantonner les sciences humaines et sociales à un travail de mise à plat des discours, considérés comme la seule réalité observable, et repartir à la recherche de réalités en s'aidant du concept de « savoirs situés »[5], qui permet de bâtir une connaissance sans être ignorant ou dupe de son contexte d'élaboration.

Il faut aussi abandonner la conception occidentale, historiquement construite, d'animaux passifs pour celle d'êtres sentant, éprouvant, réagissant, s'adaptant, changeant[6], voire poser comme hypothèse de départ que les animaux ne sont pas seulement des acteurs influençant les hommes, mais aussi des individus, voire des

3. D. Lestel, *L'Animal singulier*, Paris, Seuil, 2004 ; V. Despret, *Bêtes et hommes*, Paris, Gallimard, 2007 ; Y. Christen, *L'Animal est-il une personne ?*, Paris, Flammarion, 2009.

4. J.-C. Bailly, *Le Versant animal*, Paris, Bayard, 2007.

5. D. Haraway, *Des singes, des cyborgs et des femmes. La réinvention de la nature* (1991), trad. fr. O. Bonis, Paris, Éditions Jacqueline Chambon, 2009.

6. J. Derrida, *L'Animal que donc je suis*, Paris, Galilée, 2006.

personnes, même des sujets. Ces idées ne sont plus taboues [7] et doivent être éprouvées sur le terrain mais en laissant une souplesse aux définitions. Il faut se garder de partir de concepts bien (trop) définis pour vérifier ensuite leur réalité parmi les observés, car on les configure alors toujours dans la version qu'on connaît le mieux, c'est-à-dire dans la forme humaine, voire européenne, et même d'une époque donnée, ce qui fait tomber dans les pièges de l'ethnocentrisme et de l'anthropocentrisme. Il faut prendre conscience que nos concepts ne sont que situés : dans le temps comme le montrent les historiens, dans l'espace comme le prouvent les ethnologues [8], et parmi les vivants comme des éthologues commencent à le dire [9].

Ce n'est pas tomber dans le piège inverse de l'anthropomorphisme que d'expérimenter des concepts forts auprès des animaux, ni verser dans l'impressionnisme flou que d'accorder une souplesse et une variabilité à ces concepts d'investigation. C'est manier un utile anthropomorphisme de questionnement [10], permettant de regarder avec curiosité, de poser des questions fortes et d'expérimenter des concepts forts, de voir sans prévention, sans qu'il soit prolongé en anthropomorphisme de conclusion faisant plaquer l'humanité sur les animalités, niant leurs spécificités. C'est laisser aussi le plus de potentialités à des animaux qu'on connaît encore très mal. C'est se permettre de voir et d'accepter la diversité des mises en œuvre et des intensités des facultés pour finalement adopter des définitions élargies, décentrées de celles-ci. Cela est maintenant admis pour les capacités physiques (ainsi, nous savons de nos jours que beaucoup d'espèces ne voient pas le monde comme nous, mais nous n'en déduisons plus qu'elles n'ont pas la vue), alors que nous sommes encore réticents à le faire pour les facultés mentales parce qu'elles servent à nous prévaloir. Il ne s'agit

7. Y. Christen, *L'Animal est-il une personne ?*, *op. cit.*

8. P. Descola, *Par-delà nature et culture*, Paris, Gallimard, 2005.

9. D. Lestel, *Les Origines animales de la culture*, Paris, Flammarion, 2001.

10. I. Veissier et A. Boissy, « Bien-être des animaux : projection anthropomorphique ou réalité biologique ? », *7e Rencontres Recherche Ruminants*, Paris, INRA, 2000, p. 51-53 ; M. Kreutzer et J. Vauclair (éd.), *L'éthologie cognitive*, Paris, Ophrys, 2004, p. 159 ; F. Armengaud, « L'anthropomorphisme : vraie question ou faux débat », dans F. Burgat et R. Dantzer (dir.), *Les Animaux d'élevage ont-ils droit au bien-être ?*, Paris, INRA, 2001, p. 165-187.

pas de confondre les vivants mais d'apprécier les diversités de tous et les richesses de chacun, ce qui suppose d'abandonner le dualisme artificiel opposant l'homme à « l'Animal » puisqu'il existe de multiples espèces animales différentes les unes des autres, et d'abandonner l'anthropocentrisme, faisant définir les concepts à l'aune de l'humanité, conduisant souvent à les récuser pour l'animalité, à refuser de regarder, d'analyser, d'accepter de passer du côté des animaux, donc à clore la recherche avant de l'entamer.

Cela dit, pour aborder les temporalités des animaux, l'histoire a besoin du concours d'autres sciences. L'écologie pour restituer les caractères des milieux concernés, estimer leurs influences sur les comportements. L'éthologie pour interpréter ces comportements, mais avec le problème du choix de la lecture éthologique étant donné l'extrême divergence des interprétations selon les écoles successives ou concurrentes [11] qui livrent des portraits différents des animaux, en particulier des vertébrés : des organismes peu à peu dressés à réagir, des vivants génétiquement conditionnés, des machines traitant des problèmes, des êtres conscients, des sujets porteurs de subjectivité, etc. D'autre part, la plupart des interprétations n'envisage les animaux qu'au niveau des espèces et n'intègrent pas les dimensions sociales et individuelles. Il faut donc faire attention de recourir aux plus audacieuses, notamment la récente éthologie cognitive, qui accorde plus en capacités mentales aux animaux, et celles qui sont prêtes à les penser à plusieurs niveaux : spécifique, social, individuel [12]. Car on voit et on comprend plus de choses, on donne plus de complexité à la réalité, qui est toujours plus complexe qu'on ne le pense, en ne refusant pas à l'avance des capacités aux animaux, en se donnant ainsi la possibilité de les chercher, de les déceler et de voir ce qu'elles entraînent dans la relation entre les hommes et les animaux. Dans sa quête d'une histoire animale complexe, à plusieurs temps et plusieurs niveaux, avec des animaux suffisamment individualisés, acteurs, sujets, dans des groupes aux sociabilités importantes, et pour lesquels les interprétations strictement biologiques ne semblent

11. K. Leland et B. Galef, *The Question of Animal Culture*, Cambridge, Harvard University Press, 2009.

12. M. Kreutzer et J. Vauclair (éd.), *L'éthologie cognitive*, *op. cit.*

plus suffire de l'avis même de certains éthologues [13], l'historien aurait aussi besoin d'une coopération des sciences zoologiques avec les sciences humaines et sociales, notamment l'ethnologie, la sociologie, la psychologie, qui ont l'habitude de travailler sur des groupes, des familles, des individus, de manier les concepts de sociabilité, d'action, de personne, de sujet, qui ont développé des méthodes d'analyse pour cela. Mais cette coopération n'en est encore qu'aux prémices [14].

Ces croisements disciplinaires, qui devraient tendre vers une transdisciplinarité, sont indispensables pour aborder les documents historiques disponibles. Il peut sembler paradoxal d'utiliser des documents humains pour retrouver les faits et gestes de bêtes, d'autant que se pose la question de la fiabilité de ces sources, de leurs aspects partiels, ponctuels et partials, les hommes ne s'intéressant qu'à quelques espèces, races, individus, qu'à quelques aspects pour lesquels ils sont loin d'avoir tout consigné puis gardé, ne retenant que ce qu'ils pouvaient et voulaient regarder et voir, lisant, déformant cela avec leurs imaginaires, leurs intérêts, leurs certitudes propres à une espèce, une société, une époque. Mais tous ces problèmes se posent aussi pour l'histoire humaine où les historiens doivent souvent passer par des intermédiaires : ainsi, la plupart des sources sur les paysans d'autrefois ont été élaborées par des notables mais cela n'empêche pas de les utiliser pour écrire l'histoire rurale. Ici la difficulté est évidemment plus grande mais pas radicalement différente. D'ailleurs, c'est aussi et toujours par l'homme, ses yeux, ses oreilles, son cerveau puis ses écrits, ses photographies, ses films que l'animal d'aujourd'hui témoigne.

13. D. Lestel, F. Brunis et F. Gaunet, « Etho-ethnology and Ethno-ethology », *Social, Science, Information*, vol. 45, n° 2, 2006, p. 155-177.

14. N. Lescureux, « Towards the necessity of a new interactive approach integrating ethnology, ecology and ethology in the study of the relationship between Kyrgyz stockbreeders and wolves », *Social, Science, Information*, vol. 45, n° 3, 2006, p. 463-478 ; J. Porcher et T. Schmitt, « Les vaches collaborent-elles au travail ? Une question de sociologie », *Revue du MAUSS*, n°35, 2010, p. 235-261 ; M. Vicart, « Quand l'anthropologue observe et décrit des journées de chiens », dans F. Burgat (dir.), *Penser le comportement animal. Contribution à une critique du réductionnisme*, Paris, MSH, 2010, p. 253-277 ; V. Servais, « Et pourtant ils coopèrent. Regards des sciences sociales sur la coopération animale », *Terrain*, n° 58, 2012, p. 108-129 ; F. Kohler (dir.), *Sociabilités animales*, *Études rurales*, n° 189, 2012.

Il faut faire avec ce dont on dispose. Ce qui ne veut pas dire qu'il ne faut pas examiner, trier. Il faut que les témoins humains se soient intéressés aux faits et gestes réels, qu'ils les aient regardés puis rapportés sans les faire totalement disparaître sous la subjectivité d'une interprétation. Évidemment, c'est plus ou moins bien vu, plus ou moins bien dit, comme pour toutes les sources, ce qui nécessite de croiser ces dires avec les connaissances ou les hypothèses éthologiques actuelles les plus fécondes. Il ne s'agit pas de faire valider les premiers par les secondes, car la tentation peut être grande pour celles-ci de rejeter ou de déformer ceux-là en fonction des partis pris d'une époque, mais de croiser des regards et des savoirs situés : ceux des contemporains qui peuvent aussi bien n'avoir pas vu tel ou tel aspect qu'avoir vu ce qu'on ne peut plus voir ou ce qu'on ne veut pas voir de nos jours, qui peuvent avoir des connaissances qu'on n'a plus ; ceux des naturalistes actuels qui peuvent savoir plus et mieux qu'autrefois mais avoir aussi négligé tel ou tel aspect. Les observations anciennes ne doivent pas être rejetées comme inutilisables et les faits et gestes ne doivent pas être ravalés au rang de pitoyables anecdotes, ce qu'une éthologie de laboratoire a longtemps fait, mais être traités comme des anecdotes utilisables, des données d'un terrain d'observation situé dans le passé, comme des psychologues, des ethno-sociologues et des éthologues cognitifs commencent à le faire[15].

Enfin, se tenir du côté des animaux, c'est se mettre à côté d'eux[16], faire preuve d'empathie pour ne rien leur contester par avance, pour adopter leur point de vue géographique, comprendre ce qu'ils vivent, subissent, comment ils agissent, réagissent ; c'est aussi essayer de se projeter en eux pour déceler leurs points de vue psychologiques, ce qu'il voient et ressentent. Avec tous ces objectifs, plus ou moins réalisables selon les cas étudiés, quelles histoires peut-on bâtir ?

15. V. Despret et J. Porcher, *Être bête*, Arles, Actes Sud, 2007 ; L. Bates et R. Byrnes, « Creative or Created : Using Anecdotes to Investigate Animal Cognition », *Methods*, n° 42, 2007, p. 12-21.

16. V. Despret, *Penser comme un rat*, Versailles, Quæ, 2010.

L'HISTOIRE VÉCUE PAR LES ANIMAUX

La plus simple est celle de l'enrôlement des animaux dans les grands phénomènes historiques humains, pour lesquels les documents abondent. Il est possible de voir comment ces animaux ont vécu cette histoire humaine dans leur chair et dans leur tête, aux niveaux physique et psychologique. Je renvoie ici le lecteur à ce que j'ai récemment essayé [17] à propos des XIXe-XXIe siècles, l'époque qui a le plus employé d'animaux, dans les villes et les campagnes, qui a le plus écrit à propos de ces animaux pour les utiliser et qui les a assez bien regardés et écoutés pour les rendre plus performants[18]. Ainsi, il est possible d'atteindre les vécus des animaux emportés dans les guerres, notamment dans la Grande Guerre, qui en a le plus employés et qui a donné lieu à quantité de témoignages de la part de vétérinaires et de soldats. Ceux-ci ont plus ou moins bien vu, plus ou moins bien décrit, mais leurs textes permettent de saisir, par exemple, les troubles des chevaux ou des chiens réquisitionnés, aussitôt séparés de leurs congénères, de leurs maîtres et de leurs milieux, puis les frayeurs lors des voyages en train, les tensions avec des congénères et des conducteurs inconnus lors des formations des équipages et lors des apprentissages, les peurs au front face aux bruits et aux odeurs, les violences subies de la part d'hommes mais aussi les connivences partagées avec d'autres, les fatigues et les douleurs causées par les travaux, les souffrances vécues lors des blessures et des soins, les agonies ou les réformes, c'est-à-dire la vente à des paysans ou à des boucheries pour les chevaux, les rares retours chez les propriétaires ou les fréquents abattages dans les chenils de la SPA pour les chiens.

Autre exemple : celui des chevaux des mines, placés au coeur de la « révolution » industrielle entre les années 1820 et les années 1950, pour lesquels les écrits des ingénieurs des compagnies, des vétérinaires, à partir de la fin du XIXe siècle, et des mineurs, à partir des années 1930, permettent aussi de restituer les itinéraires, composés aussi de stress, de souffrances, de connivences, et de mettre en valeur l'importance des adaptations ou des résistances individuelles,

17. É. Baratay, *Le Point de vue animal, une autre version de l'histoire*, Paris, Seuil, 2012.
18. É. Baratay, *Bêtes de somme. Des animaux au service des hommes*, Paris, Seuil, 2011.

qui montrent que, au-delà du discours sur l'animal-machine avec lequel on construit effectivement des races adaptées aux mines et on calcule les quantités de travail exigées, ce sont bel et bien des êtres vivants qui agissent et réagissent, obligeant sans cesse les hommes à en tenir compte.

Il en est de même avec les vaches laitières, au centre, cette fois, de la « révolution » agricole, et spécialisées dans la production de lait à partir de la seconde moitié du XVIIIe siècle. Les textes des vétérinaires et des zootechniciens, les éleveurs ayant peu témoigné avant la seconde moitié du XXe siècle, permettent de déceler les résistances initiales des vaches à cette conversion, qui se traduit pour elles par une séparation brutale et traumatisante avec leurs veaux, puis de voir une lente adaptation, à la fois par sélection et par éducation, tandis que les sociabilités, entre les vaches et avec les éleveurs, sont régulièrement modifiées au gré de l'évolution des modes d'exploitation.

Ainsi, on peut bâtir une histoire bien éloignée de la version « officielle » humaine, n'insistant pas sur les mêmes points, montrant le rôle important des sociabilités et des individualités animales.

BIOGRAPHIES ANIMALES

Cette importance des individualités doit inciter à bâtir une seconde histoire, celle des individus par le biais de biographies animales. C'est une vieille envie d'écrivains de raconter l'histoire d'un animal en se mettant de son côté, telle la comtesse de Ségur avec ses *Mémoires d'un âne*, mais cela aboutit souvent à une impasse anthropomorphique hormis de rares exceptions, notamment celle de Virginia Woolf essayant de reconstituer la vie et le ressenti du chien Flush à l'aide de la correspondance de ses maîtres[19]. Face au danger, les quelques historiens, professionnels ou amateurs, ayant récemment abordé des vies d'animaux célèbres, ont préféré les traiter par le versant humain, évoquant seulement les agitations et les bouleversements intellectuels, politiques, sociaux, artistiques provoqués par

19. V. Woolf, *Flush : une biographie* (1932), trad. fr. Ch. Mauron, Paris, Le Bruit du Temps, 2010.

ces bêtes[20]. Pourtant, il ne faut pas en rester à cela ; il faut prendre à bras le corps la question, qui est aussi un problème, du versant animal pour essayer de rendre compte de ce que vit, subit, ressent une bête à un moment donné, particulier, remarquable, ou durant sa vie. La question du vécu personnel de tel ou tel acteur est devenue légitime en sciences humaines et sociales, notamment en histoire, dans le but de mieux saisir, ressentir donc comprendre son expérience, la manière dont il a vécu un événement, un phénomène de société, une époque, et ses réactions qui ont pu, à leur tour, influé sur le contexte environnant[21]. Elle doit être appliquée aux animaux[22].

En histoire, où la question des archives est primordiale, les animaux célèbres constituent les cas les plus aisément abordables parce qu'ils ont fait produire quantité de témoignages alors qu'il n'y en a pas pour les anonymes qu'on ne peut atteindre que par l'étude de leurs communautés. Avec ces documents, on doit mobiliser la notion de reconstitution, devenue normale en paléontologie, en préhistoire, en archéologie, où quelques restes, quelques indices servent de soubassement à des restitutions d'hommes, de gestes, d'édifices, évidemment hypothétiques mais soupesées, contrôlées et désormais indispensables pour voir, comprendre, faire rebondir le jeu des questions et des recherches. L'usage a été repris par les musées de la Grande Guerre, reconstruisant des tranchées qu'on sait ne pas être d'origine mais permettant une approche concrète de la réalité disparue tout en faisant poser des questions insoupçonnées auparavant, et par des historiens anglo-saxons reconstituant des combats avec leurs étudiants pour mieux réaliser, ressentir, comprendre le vécu des soldats[23]. Il faut reprendre cette méthode même si les reconstitutions seront forcément partielles, en ne portant que sur les aspects que laissent entrevoir les documents, partiales, en n'étant faites qu'avec ce qui est accordé à tel ou tel l'animal pour l'instant, et donc de fait amendables et remplaçables.

Voici un exemple de ce qu'il est possible de faire à partir de documents dont la nature oriente obligatoirement la restitution

20. M. Pastoureau, *Les Animaux célèbres*, Paris, Bonneton, 2001.

21. A. Corbin, *Le Monde retrouvé de Louis-François Pinagot*, Paris, Aubier, 1998 ; S. Audouin-Rouzeau, *Cinq deuils de guerre, 1914-1918*, Paris, Viénot, 2001.

22. D. Lestel, *L'Animal singulier*, *op. cit.*

23. J. Keegan, *Anatomie de la bataille*, Paris, Robert Laffont, 1993.

qu'on peut bâtir, le vécu qu'on peut atteindre. Le 28 août 1947, à Linares en Espagne, Islero devient le taureau le plus célèbre de l'histoire de la corrida en blessant, lors de son estocade, Manolete qui meurt le lendemain. Le retentissement est énorme, ce torero étant considéré comme l'un des plus grands. Depuis, la littérature essaie d'expliquer le drame. Que le promoteur d'une corrida facile (dénoncée plus tard par les aficionados eux-mêmes) ait été tué au combat représente une contradiction qu'on a voulu surmonter en évoquant un suicide inconscient, dû à des déboires en amour ou des tensions avec le public, et en transformant Islero en monstre féroce, vicieux, lâche, truqueur. En fait, du combat et d'Islero lui-même, il n'est pas dit grand-chose sauf pour le coup de corne sur l'homme. Pourtant, ce qui arrive à cet animal est déterminant pour réaliser ce que vit un taureau, pour infirmer l'idée répandue que la corrida moderne aurait réduit la violence ou qu'elle représente un combat égal, voulu par les deux parties, et pour comprendre la blessure de Manolete, car l'attention à l'animal, et au collectif qu'il forme avec l'équipe pendant un quart d'heure, permet d'avancer une explication plus sérieuse et plus simple : celle d'une trop grande facilité du torero avec une bête très diminuée.

Pour reconstituer la corrida d'Islero, il faut utiliser les comptes rendus, rapides, des revues taurines de l'époque et surtout les photographies de Francisco Cano, le seul photographe présent ce jour-là tandis qu'il n'y avait aucune caméra[24]. Ces photographies ont l'inconvénient de n'être que des instantanés ponctuels, occultant les odeurs, les mouvements, les souffles, les cris, les bruits, mais elles ont l'immense intérêt de donner la possibilité de disséquer les moments importants, d'examiner de près un animal que beaucoup de spectateurs avaient à peine regardé, préférant s'attarder sur le torero. Ces clichés redonnent ainsi une réalité et une épaisseur à ce taureau ; ils incitent et aident à passer de son côté en permettant d'estimer l'emplacement des coups, l'importance des blessures, les postures, les réactions, les états successifs, et d'ainsi mieux appréhender le vécu et les ressentis révélés par ces signes physiques.

24. Voir *Toros* (reprend *El Ruedo*), septembre-octobre 1947, p. 1 ; photographies dans les films *Manolete* de É. Maillé, Canal+ Vidéo, 1997, et *Muerte de Manolete pro Islero* de C. Tejares, 2009, http ://www.youtube.com/watch?v=4h0FuuG7Li0.

Avec cela, on est loin du portrait officiel d'une brute féroce étripant un artiste délicat ! À son entrée, Islero se réfugie au centre de l'arène et refuse de charger, sans doute dépassé par un environnement hostile, rendant souvent les herbivores apathiques, encore stressé par le voyage, la perte des repères, le douloureux sciage préalable des cornes, imposé par Manolete à tous ses taureaux pour les rendre moins dangereux. Aussi n'attaque-t-il qu'après de nombreuses et proches sollicitations, montrant un tempérament peu agressif et une hésitation à se servir de cornes endolories. Il ne charge qu'à petite vitesse et freine à l'arrivée dans la cape, surtout du côté droit, certainement en raison d'une presbytie, fréquente chez les taureaux, inégale d'un oeil à l'autre, le faisant se déporter du côté gauche. Il est alors jugé lâche et truqueur par le public, trop indécis, imprévisible donc dangereux par Manolete qui décide de le faire durement châtier pour l'affaiblir et pouvoir officier tranquillement. Alors qu'il a surmonté ses réticences initiales, sa crainte et sa douleur, chargeant le cheval sans hésitation décelée, Islero est longuement et profondément piqué, bas dans le dos pour bien le coincer et non au point réglementaire, à tel point que le picador est mis à l'amende par le président. De fait, Islero arrive très éprouvé aux banderilles, s'économisant, ne chargeant qu'à la toute proche arrivée des hommes, coupant de biais, donnant de secs coups de tête au dernier moment, alors qu'on le voudrait allant droit, à vitesse régulière, sans dévier sa trajectoire, ni bouger la tête. Cela oblige les *peones* à ne planter les banderilles que sur les épaules et non sur le dos pour pouvoir s'esquiver sans danger, puis Manolete à adapter ses passes pour continuer à l'affaiblir en sécurité. Islero effectue d'abord des passes éloignées au maximum du torero par une cape bien tendue en largeur, puis des passes en rond, la tête sans cesse baissée au sol pour tenter, mais en vain, d'encorner l'étoffe filant par terre devant lui, ce qui le fatigue énormément, accroît son hémorragie, sa souffrance et son stress, tout en l'empêchant de viser l'homme placé sur le côté. Enfin, il voit quatre fois la cape passer par-dessus son corps, Manolete voulant vérifier qu'il n'est plus capable de relever la tête, pas même à l'horizontale, encore moins de sauter ou de dévier. Épuisé, ne bougeant plus, tête basse, il peut plus ou moins voir et sentir le torero s'approcher très près et lui toucher une corne, mais sans avoir la force de réagir, ce qui convainc définitivement Manolete qu'il n'est plus dangereux pour l'estocade. Islero la reçoit entre ses épaules, lente, profonde, le torero rassuré ne se pressant pas, mais l'intense douleur fait contracter le corps, relever brusquement la tête, encorner une jambe, soulever l'homme, Manolete, trop sûr de lui, n'ayant pas suffisamment déporté l'étoffe préventive sur le côté pour dévier l'animal en cas de réaction. Emporté par le poids du torero retombant sur sa corne, Islero rabaisse la tête, passe par dessus ce corps, sans essayer de le réencorner, et, dans un sursaut, va jusqu'à la sortie fermée, devant laquelle il agonise par asphyxie.

Ramené en coulisses, aussitôt célèbre, il est photographié couché sur le flanc, la tête appuyée sur une corne, la langue et la mâchoire inférieure pendantes. Depuis, ce portrait, devenu « officiel », sert à montrer que justice a été heureusement faite. Puis, Islero est dépecé et sa tête disparaît pour cacher le sciage des cornes. Cette double négation, de ce qu'il était et de ce qu'il a subi, permet de remplacer sa réalité par une version humaine de brute instinctive. À Madrid, un restaurant exhibe même sa prétendue tête taxidermisée. C'est un faux mais les grandes cornes intactes doivent prouver qu'Islero était un tueur né !

Là aussi, prendre le point de vue d'individus-acteurs animaux permet de sortir de la seule version humaine, d'entrevoir *leur* vécu de *leur* événement, de mieux voir et comprendre les interactions avec les hommes, de prendre du recul par rapport aux constructions culturelles humaines, et ainsi de donner plus de complexité à la relation hommes-animaux et à l'histoire.

L'HISTOIRE ANIMALE

C'est pourquoi il faut intégrer les deux premières histoires que nous venons de voir dans une troisième : une véritable histoire animale, plaçant les animaux au centre du propos, s'intéressant à leurs propres évolutions, travaillant sur trois niveaux de temps en s'appuyant sur des éthologues, des vétérinaires, des zootechniciens[25] soucieux de sortir du carcan de l'éthologie classique, pour qui les

25. R. Dantzer, « Méthodologie et critère en matière de bien-être des animaux », *Revue scientifique et technique de l'OIE*, n°13, 1994, p. 290-297.

comportements sont identiques entre les individus d'une espèce, et disposés à distinguer les comportements spécifiques, sociaux, individuels. Aux comportements spécifiques correspond le temps long des espèces, façonnées par l'évolution. Cet aspect est appréhendé par les biologistes, les éthologues, les paléontologues, voire les archéozoologues. Je ne vois pas encore comment les historiens pourraient participer comme je ne voyais pas, il y a quinze ans, comment ils pouvaient bâtir une histoire animale en dépit de l'appel originel de Robert Delort [26]. Il faut nous laisser mûrir ou bien compter que cela émergera chez de plus jeunes, débarrassés de nos cécités. En revanche, les comportements sociaux paraissent s'inscrire d'emblée dans une échelle historique allant de quelques décennies à plusieurs siècles, où l'historien peut intervenir, de même que pour le temps des individus, allant de quelques années à quelques décennies.

Cette histoire animale devrait avoir pour tâche de travailler l'hypothèse fondamentale d'une incessante adaptation des espèces, des groupes, des individus aux conditions écologiques et humaines, donc d'une évolution des comportements, des sociabilités, des cultures des animaux. Car des travaux historiques et ethnologiques récents ont mis en avant des cas, comme ces loups un temps anthropophages durant l'Ancien Régime ou ceux du Kirghizstan, qui ont récemment modifié leur sociabilité [27]. L'idée est rejetée par les éthologues des écoles béhavioriste et classique, la dernière postulant que les comportements définissent l'espèce, qu'ils sont donc invariables. Pourtant, le changement de comportements de groupes à l'intérieur d'une espèce est de plus en plus évoqué par des éthologues de terrain, depuis l'apprentissage du salage en mer des patates douces par des macaques japonais jusqu'au changement volontaire de chants parmi des baleines à bosses, à tel point que beaucoup n'hésitent plus à parler de cultures animales [28], mais dans une

26. R. Delort, *Les Animaux ont une histoire*, Paris, Seuil, 1984.

27. J.-M. Moriceau, *Histoire du méchant loup. 3 000 attaques sur l'homme en France, XVe-XXe siècles*, Paris, Fayard, 2007 ; N. Lescureux, « Approche ethno-éthologique des relations entre les Kirghiz et les loups », dans J.-M. Moriceau et P. Madeline (éd.), *Repenser le sauvage grâce au retour du loup*, Caen, MSH, 2010, p.111-124.

28. D. Lestel, *Les Origines animales de la culture*, *op. cit.* ; Y. Christen, *L'Animal est-il une personne ?*, *op. cit.*

dimension géographique, en oubliant la dimension temporelle qui va pourtant obligatoirement avec, puisque des groupes localisés changent de comportements sociaux... à un moment donné. Les éthologues prêts à discuter cette dimension historique n'ont pas le recul chronologique suffisant, les descriptions et les expériences éthologiques utilisables remontant au mieux aux années 1960, les précédentes ayant été faites avec des problématiques trop éloignées et surtout la certitude d'une fixité comportementale. De même, les monographies d'espèces, entreprises dans les muséums au XIXe siècle, ne s'intéressent guère aux comportements, encore moins à leur histoire, ni même à celle de l'espèce jusqu'au dernier tiers du siècle, l'histoire naturelle étant alors définie selon le sens ancien de description et non d'évolution[29]. L'historien est donc au premier rang pour travailler l'idée que les sociétés animales ne sont pas des sociétés sans histoire comme on l'affirmait encore, il y a peu, à propos de sociétés humaines dites « traditionnelles », ce qui montre au passage que dénier ou accorder une histoire à des Autres n'est pas un geste innocent, mais politique.

Là réside l'intérêt transdisciplinaire d'une histoire éthologique, qui insisterait sur les évolutions, et d'une éthologie historique qui permettrait d'étudier des animaux à telle ou telle époque, de mesurer les différences avec ceux d'autres époques, en prenant le terme éthologie dans le sens d'une discipline revisitée, croisée avec les sciences humaines et sociales, enrichie de leurs concepts. Il serait ainsi possible de réfléchir à la dimension temporelle des comportements spécifiques, sociaux, individuels des animaux, en essayant même de les différencier selon cette profondeur historique, en parlant, peut-être, de comportement *stricto sensu* pour ceux de l'espèce sur le long terme, de conduites pour les groupes à moyen terme et d'attitudes pour les individus, à court terme.

Les premiers travaux, récents ou en cours, de chercheurs francophones, plus en avance sur ce point que les Anglo-saxons, montrent que cela est tout à fait possible et que les résultats sont significatifs. En croisant l'archéozoologie avec l'ethnozootechnie, la génétique, l'écologie et la parasitologie, Cécile Callou a mis en valeur une partie

29. É. Baratay, *Portraits d'animaux. Les planches du Dictionnaire universel d'histoire naturelle de Charles d'Orbigny (1841-1849)*, Lyon, Fage, 2009.

de l'histoire du lapin d'Europe occidentale, notamment sa diffusion géographique, son évolution morphologique, ses modes de vie successifs[30]. Jean-Marc Moriceau a utilisé les registres paroissiaux pour détecter les modes d'action de loups anthropophages et a ainsi restitué, bien que ce n'était pas le but premier, une partie des modes de vie des loups sous l'Ancien Régime[31]. Corinne Beck a dressé un état de la biodiversité en Bourgogne médiévale en recourant à la zootechnie, l'agronomie et l'écologie[32]. Elle-même, Éric Fabre et Julien Alleau accentuent ce lien entre histoire et écologie pour préciser les zones appréciées des loups, mieux appréhender leurs faits et gestes, s'interroger sur les raisons de leur disparition au XIXe siècle[33].

Tout ce qui a été évoqué dans ces trois types d'histoire doit permettre de rejoindre les travaux de biologistes qui ont entrepris une histoire des espèces, notamment de la domestication, en se tenant du côté des animaux[34], de bâtir une véritable interdisciplinarité pour développer une histoire du comportement animal, de ses modes de construction et de transmission, de ses strates temporelles, donc des cultures animales, pour donner aussi une histoire plus liée, dynamique, complexe du rapport entre les hommes et les animaux. Nous laissons cette question sans réponse.

30. C. Callou, *De la garenne au clapier : étude archéozoologique du lapin en Europe occidentale*, Paris, Éditions du MNHN, 2003.

31. J.-M. Moriceau, *Histoire du méchant loup*, *op. cit.*

32. C. Beck, *Les eaux et les forêts en Bourgogne ducale (vers 1350 - vers 1480). Société et biodiversité*, Paris, L'Harmattan, 2008.

33. C. Beck et É. Fabre, « Interroger le loup historique ? Entre la biologie et l'histoire : un dialogue interdisciplinaire », dans J.-M. Morceau et A. Madeline (éd.), *Repenser le sauvage grâce au retour du loup*, *op. cit.*, p. 13-21 ; É. Fabre et J. Alleau, « La disparition des loups ou essai d'écologie historique », dans S. Foireux et É. Pépy (dir.), *L'Animal sauvage entre nuisance et patrimoine*, Lyon, ENS, 2009, p. 25-34 ; É. Fabre, « Le loup dans son milieu en Provence au XIXe siècle », *Histoire & Mesure*, n° 25, 2010, p. 95-120.

34. S. Budiansky, *The Covenant of the Wild : Why Animals Choose Domestication*, New Haven, Yale University Press, 1999, et *The Truth About Dogs : An Inquiry into the Ancestry, Social Conventions, Mental Habits, and Moral Fiber of Canis Familiaris*, Harlow, Penguin Books, 2001 ; R. et L. Coppinger, *Dogs : A New Understanding of Canine Origin, Behavior and Evolution*, Chicago, University of Chicago Press, 2002.

Recherches sur la philosophie et le langage 32 (2016)
384 p., ISBN : 978-2-7116-8418-2, p. 141-161, Vrin.

Entre domination et anticipation : les animaux domestiques et le travail

Jocelyne PORCHER *

RÉSUMÉ

Notre relation avec les animaux domestiques est le plus souvent renvoyée au registre de la domination et de l'exploitation, la domestication représentant le point conceptuel originel des rapports violents que nous sommes supposés avoir depuis toujours avec les animaux. Ma proposition ici vise à faire la critique de cette vision univoque de la domestication comme matrice originelle d'un rapport d'exploitation aux animaux et de la rupture annoncée entre humains et animaux qui en est le corollaire, en m'attachant à la question du travail, question singulièrement occultée dans les débats portant sur « la condition animale ». Je propose de considérer les processus domesticatoires comme une dynamique co-construite de la relation

* Jocelyne PORCHER est chargée de recherches à l'INRA SAD (UMR Innovation) à Montpellier. Ses recherches portent sur la relation de travail entre humains et animaux dans les productions animales en élevage ainsi que dans les secteurs non agricoles. Elle a publié *Éleveurs et animaux, réinventer le lien* (Paris, P.U.F., 2002) ; aux éditions de l'Aube, *La mort n'est pas notre métier* (2003) et *Être bête* (avec Vinciane Despret, 2007) ; aux éditions Quæ, *Bien-être animal et travail en élevage* (2004), *Torréer sans la mort ?* (sous sa direction, 2010) et *Cochons d'or* (2010) ; enfin, aux éditions La Découverte, *Une vie de cochon* (avec Christine Tribondeau, 2008), et *Vivre avec les animaux : une utopie pour le 21 e siècle* (2011). En 2014, aux éditions Du Palais, est paru son *Livre blanc pour une mort digne des animaux*.

de travail entre humains et animaux. Le travail, loin d'être un propre de l'homme fondateur, est peut-être le marqueur le plus fécond de la « natureculture » de nos relations aux animaux et la racine de notre socialité avec eux.

Notre relation avec les animaux domestiques est le plus souvent renvoyée au registre de la domination et de l'exploitation, la domestication représentant le point conceptuel originel des rapports violents que nous sommes supposés avoir depuis toujours avec les animaux. À la lumière des relations complexes que nous avons actuellement avec les animaux domestiques, nous pourrions tout aussi bien faire l'hypothèse inverse, à savoir que les processus domesticatoires s'inscrivent, pour les animaux comme pour nous-mêmes, dans une dynamique d'émancipation par le travail.

Notre compagnonnage multi-millénaire avec les animaux est aujourd'hui violemment remis en question, notamment dans les pays occidentaux, et cela comme il ne l'a jamais été. Nous sommes face à une expérience aussi radicale qu'inédite. Au nom de la compétitivité et du profit, du « bien-être animal », de la défense de l'environnement, de la « libération animale », nous sommes de plus en plus clairement conduits à imaginer un monde social d'où seraient progressivement exclus les animaux ; la domestication étant supposée constituer la fatale matrice d'où aurait émergé notre rapport dominateur aux animaux et à la nature [1] et dont les systèmes industriels de productions animales seraient l'inéluctable conséquence logique.

Ma proposition ici vise à faire la critique de cette vision univoque de la domestication comme matrice originelle d'un rapport d'exploitation aux animaux et de la rupture annoncée entre humains et animaux qui en est le corollaire, en m'attachant à la question du travail, question singulièrement occultée dans les débats portant sur « la condition animale ». Je propose de considérer les processus domesticatoires comme une dynamique co-construite de la relation de travail entre humains et animaux, laquelle a conduit aux relations symbiotiques que nous entretenons aujourd'hui avec nos espèces compagnes, pour reprendre l'expression de Donna Haraway [2]. Le travail, loin d'être un propre de l'homme fondateur, est peut-être le marqueur le plus fécond de la « natureculture » de nos relations aux

1. Voir P. Sloterdijk, *Règles pour le parc humain*, Paris, Éditions Mille et une nuits, 2000.

2. D. Haraway, *Manifeste des espèces de compagnie. Chiens, humains et autres genres significatifs* (2002), trad. fr. J. Hansen, Combas, Éditions de l'éclat, 2010.

animaux et la racine de notre socialité avec eux. Après avoir décrit le contexte paradoxal dans lequel s'inscrit ma proposition, je développerai les arguments en faveur d'une lecture par le travail, en tant que vecteur d'émancipation ou d'aliénation, de nos relations aux animaux.

ENTRE PRODUCTIONS ANIMALES ET LIBÉRATION ANIMALE, LA RUPTURE ANNONCÉE DE NOS RELATIONS AVEC LES ANIMAUX

Différents types d'acteurs aux discours apparemment très opposés tendent à accréditer la thèse de la nécessité d'une rupture de nos liens avec les animaux domestiques. Ces discours sont notamment ceux qui ont trait à la défense de l'environnement, à la défense des animaux, et à celle de l'industrie des productions animales.

– La défense de l'environnement : le rapport de la FAO « The long livestock shadow »[3] alimente depuis sa parution les discours arguant de la calamité universelle que représenterait l'élevage. Pour les auteurs de ce rapport, l'élevage est l'une des causes principales des problèmes d'environnement les plus pressants, à savoir le réchauffement de la planète, la dégradation des terres, la pollution de l'atmosphère et des eaux et la perte de biodiversité. Pour la FAO, la solution à tous ces problèmes est simple : il faut industrialiser plus et mieux et notamment délocaliser les productions animales vers des zones non saturées[4]. Pour certains parlementaires européens[5],

3. H. Steinfeld *et al.*, *Livestock long shadow. Environmental issues and options*, Rome, Food and Agriculture Organization of the United Nations, 2006, http ://www.fao.org/docrep/010/a0701e/a0701e00.HTM.

4. Voir *ibid.*, p. 113-114 : « Dans les systèmes de production industrielle et mixte, l'écart entre les taux de production actuellement atteints et les taux de production qui sont techniquement atteignables montre que des gains importants au niveau de l'efficacité peuvent être réalisés en adoptant des technologies d'intensification (…). Les problèmes environnementaux occasionnés par ces systèmes ne proviennent pas de leur large échelle ou de leur production intensive, mais de leur situation géographique et de leur concentration ».

le constat présenté par la FAO conduit au contraire à une remise en cause de l'industrie des productions animales sans toutefois que des différences soient établies entre « élevage » et « productions animales », ce qui revient à jeter le bébé avec l'eau du bain, l'élevage avec les productions animales. Entre les paysans africains dont la survie dépend de celle de leurs troupeaux et les producteurs américains de porcs ou de bovins, l'impact de chacun sur l'environnement est pourtant bien différent.

– La position de la FAO rejoint celle de l'industrie des productions animales dont l'objectif affiché est de nourrir à terme les 9 milliards d'êtres humains attendus en 2050, tout en respectant l'environnement. « Objectif affiché » car nous savons que cette industrie ne s'intéresse qu'aux populations solvables ; ce pourquoi 1 milliard d'êtres humains restent encore sous-alimentés, voire sont affamés. L'industrie des productions animales cherche à diminuer l'impact négatif de ses activités en technicisant et en écologisant la production de matières animales. Ainsi les grandes structures sont-elles engagées dans des équipements de retraitement des lisiers, de traitement des cadavres[6], dans des recherches pour une alimentation des animaux générant moins de déchets polluants, et dans des infrastructures répondant aux réglementations « bien-être animal » de l'Union Européenne. La normalisation des structures, qu'il s'agisse de traitement des lisiers ou de conditions de vie des animaux, favorise *de facto* les grosses structures, qui sont plus à même de supporter le coût de la normalisation. C'est pourquoi la protection de l'environnement et le « bien-être animal », s'ils sont considérés toutes choses égales par ailleurs, sont des vecteurs d'intensification de la production et des facteurs de durabilité des systèmes industriels.

5. J. Holm et T. Jokkala, *Filière animale et climat – l'influence négative de l'UE*, une publication de la délégation du parti de gauche suédois au GU NGL, janvier 2008, http://www.meatclimate.org/sites/default/files/reports/meatclimatefrench.pdf.

6. Par incinération et compostage, voir S. Mouret et J. Porcher, « Les systèmes industriels porcins : la mort comme travail ordinaire », *Natures, sciences, sociétés*, vol. 15, n° 3, 2007, p. 245-252.

– La défense des animaux. Le mouvement de défense des animaux s'appuie historiquement, et encore actuellement, sur l'ouvrage fondateur de Peter Singer *La libération animale*[7]. Cela en dépit des clivages qui se sont produits dans ce mouvement, notamment entre protectionnistes et abolitionnistes[8]. Il est étayé par un ensemble d'apports théoriques concernant le statut moral des animaux pour les humains, apports regroupés sous le terme d'éthique animale, hétérogènes au niveau des sources (de Plutarque à Derrida en passant par Montaigne et Gandhi) mais homogènes sur le point de vue choisi : l'« éthique animale » est au service de la « libération animale ». Outre la légitimation et la promotion d'une éthique présentée comme universelle[9] alors qu'elle est essentiellement conceptuelle, occidentale, et détachée du réel vécu des acteurs – aussi bien humains qu'animaux –, l'un des arguments les plus structurants de ces théories est celui d'un enracinement de l'oppression des animaux dans la domestication, perçue comme scission originelle entre les humains et les animaux et construction de rapports d'appropriation, génératrice de la violence qui en résulte et qui aurait servi de modèle à la violence des rapports entre humains.

Partant de ces prémices, la solution qui s'impose alors d'évidence est le végétarisme ou plutôt le véganisme, qui est toutefois une position alimentaire beaucoup moins simple à tenir (carences en vitamines B 12 par exemple[10]) et de fait beaucoup plus rare sur le long terme, en dépit des déclarations d'intentions. Pourtant le végétarisme est effectivement incohérent du point de vue des arguments qui fondent le rejet de l'alimentation carnée. On ne peut pas en effet refuser l'alimentation carnée en prétendant ainsi lutter pour la cause animale tout en consommant des œufs, du fromage… tous produits qui impliquent *in fine* le travail avec les animaux et leur mort. Être

7. P. Singer, *La libération animale* (1975), trad. fr. L. Rousselle, Paris, Grasset, 1993 (Payot & Rivages, 2012).

8. Voir G. Francione et R. Garner, *The Animal Rights Debate : Abolition or Regulation ?*, New York, Columbia University Press, 2010.

9. Voir S. Mouret, *Élever et tuer les animaux*, Paris, P.U.F., 2011.

10. La vitamine B12 n'est pas synthétisée par l'organisme humain, elle doit donc être apportée par l'alimentation (viandes et produits animaux notamment). Les apports en vitamine B12 des végétaliens proviennent de cultures bactériennes consommées directement ou via des aliments supplémentés.

végétarien, c'est tout simplement déléguer aux autres le soin de manger la viande que vous ne voulez pas manger, mais qui pourtant vous permet de consommer des produits laitiers ou des œufs. L'alimentation des végétariens dépend donc aussi de l'élevage. Contrairement à ce que pensent certains, l'omelette au fromage n'est pas plus vertueuse que le sandwich au jambon et, du point de vue des animaux concernés, elle l'est même encore moins !

Pour notre santé, celle des animaux et celle de la planète, nous sommes donc conviés à « végétaliser notre assiette », à préférer le soja au lait et à la viande et très clairement à renoncer à l'alimentation carnée, cette invitation prenant de plus en plus la forme d'une injonction morale. La promotion du végétarisme/véganisme et des « journées sans viande » (qui sont la version française du *Meatout Day* américain), par des figures du show biz et leur soutien à la « cause animale », sert de modèle à des conduites présentées comme éthiques et, pour certains, de l'ordre de la résistance au modèle dominant. Or cette orientation, dans son projet implicite, loin d'être une démarche de résistance, est aujourd'hui une démarche conformiste, au service de l'idéologie libérale, et au sein de laquelle la compassion et la communication publicitaire ont pris la place de la réflexion politique. Ce qui est à mettre en place à mon sens n'est pas « une journée sans viande » mais tous les jours sans viandes issues des systèmes industriels. Ce qui n'est pas du tout la même chose et ne renvoie pas aux mêmes enjeux. Comme l'écrivait Marx, les idées dominantes sont celles de la classe dominante, la « libération animale » et le véganisme portés comme vertu, voire comme devoir moral, en sont de bons exemples.

Pourquoi ces trois types d'acteurs se rejoignent-ils sur l'idée d'une nécessaire rupture avec les animaux ? Avec quelles contradictions dans leur démarche ?

L'industrie des productions animales est une industrie lourde. Produire de la matière animale à partir des animaux de manière à dégager de cette production un profit maximum, comme cela a été conceptualisé à partir du milieu du XIXe siècle par la zootechnie, est une entreprise compliquée. Elle requiert des structures – des bâtiments, des cages, des ventilateurs… –, des animaux, beaucoup d'animaux, et des travailleurs, le moins possible, compte tenu des objectifs d'augmentation constante de productivité du travail. Il faut également de l'aliment pour le bétail, de la pharmacie, et des abattoirs. Ainsi que je l'ai montré par ailleurs [11], le véritable problème de l'industrie des productions animales, c'est la vie. Produire de la matière animale à partir des animaux contraint à se confronter à la vie, à celle des animaux, mais aussi à celle des travailleurs. Les animaux, comme les travailleurs, peuvent résister au travail, tomber malades. Chaque fois que cela est possible, l'industrie des productions animales cherche à remplacer la vie par la machine ou par la pharmacie : des robots verrats et des paillettes d'insémination au lieu de verrats ou de taureaux, des robots de lavage au lieu de travailleurs, des hormones au lieu de tâches pénibles et répétitives, comme la castration par exemple. La vie est de trop dans ces systèmes et il s'agit à toute force de l'évacuer. De l'évacuer par la génétique, par une maîtrise croissante de la fabrication de l'animal ou par les biotechnologies – la production de viandes *in vitro* par exemple.

Après avoir pendant près de deux siècles déconstruit les animaux d'élevage pour en faire des objets industriels, le but ultime des productions animales semble être de produire de la matière animale *sans* les animaux, de façon à faire de cette industrie une industrie enfin propre, moralement pure, rationnelle, efficace et rentable [12]. On imagine en effet la rentabilité d'usines robotisées produisant de la viande *in vitro* au bon vouloir des industriels. La production de viandes *in vitro*, c'est l'exclusion des animaux du processus productif, y compris des autres produits animaux, car la viande n'est pas la raison du rapport de travail avec les animaux, elle en est la conséquence. *Dans la société actuelle*, si l'on supprime radicalement la possibilité *in fine* de consommer la viande des animaux, on supprime également celle de travailler avec eux et donc de vivre avec eux. Et, puisqu'il faut être logique, si l'on supprime la possibilité de vivre avec les animaux d'élevage au nom de leur droit à la vie et à la liberté, il n'y a aucune raison que l'on continue à « exploiter » les autres animaux d'élevage que sont les chats, les chiens ou les chevaux. Quand bien même la mort des animaux ne serait pas le

11. J. Porcher, *Vivre avec les animaux, une utopie pour le 21ᵉ siècle*, Paris, La Découverte, 2011.

12. J. Porcher, « La production de viandes *in vitro*, stade ultime ? », *La Revue Politique et Parlementaire*, « Europe : quelle PAC pour 2013 ? », 2010, n° 1057, p. 97-104.

prix individuel de la relation, nous savons fort bien qu'elle en est le prix collectif.

Cette orientation biotechnologique est malheureusement soutenue par la majorité des mouvements de protection et de défense des animaux. Au nom des animaux – et ce n'est pas le moindre des paradoxes que ce soit au nom des animaux que les mouvements de défense des animaux préparent notre rupture avec eux –, ces mouvements, majoritairement, soutiennent l'industrie des biotechnologies. Défenseurs et/ou protecteurs des animaux soutiennent aussi d'ailleurs plus directement l'actuelle industrie des productions animales en donnant du crédit aux grandes entreprises qui affichent le « bien-être animal » comme un argument de vente de leurs hamburgers. Certains protecteurs vont plus loin, comme Bernard Rollin, philosophe de l'éthique animale, co-fondateur d'Optibrand, une société de reconnaissance rétinienne des animaux. Cette société affirme vouloir éviter la souffrance du tatouage ou de la pose d'une boucle à l'oreille et promouvoir un traitement humain des animaux. Dans les faits, elle sert l'industrie de la viande en permettant un tri et un traitement accéléré des animaux et en ouvrant la voie en conséquence à une intensification accrue du travail.

Les orientations des productions animales dans leurs plus grands axes, notamment biotechnologiques, trouvent donc leurs meilleurs promoteurs chez les supposés protecteurs et défenseurs des animaux. Ainsi d'une innovation industrielle comme l'« immunocastration », c'est-à-dire l'utilisation d'un « vaccin », l'Improvac, qui évite la castration des mâles en intervenant chimiquement dans le processus de production testiculaire. Pour les travailleurs, pour qui la castration est l'une des tâches les plus pénibles, cette solution n'en est pourtant pas une. Le travail avec l'Improvac est interdit aux femmes enceintes – et dans les porcheries les femmes sont très réticentes à l'utiliser car un accident de manipulation peut avoir des conséquences graves. Ainsi que l'explique la notice du produit : « Une auto-injection accidentelle peut provoquer des effets similaires à ceux observés chez le porc, parmi lesquels une diminution temporaire des hormones sexuelles et des fonctions reproductives chez les hommes et les femmes ainsi que des effets indésirables sur la grossesse »[13]. L'acceptation sociale de ce produit, qui devrait également faire fuir les consommateurs – car concrètement il s'agit d'ajouter un produit chimique de plus à la longue liste des produits pharmaceutiques dont sont gavés les animaux –, est portée par les associations de défense des animaux, par exemple Gaia en Belgique, qui servent ainsi de porteurs de valises à l'industrie des productions animales. L'industrie porcine, via la grande distribution, peut ainsi se vanter, toutes choses égales par ailleurs, « de ne plus vendre de porcs castrés chirurgicalement ». Éviter la castration via l'Improvac ne sert pas la cause des cochons, au contraire elle permet de faire durer le système industriel et l'immense maltraitance des animaux dans ces systèmes, laquelle ne se limite pas, et loin s'en faut, à la castration[14].

DOMESTICATION ET TRAVAIL

L'éthique animale, tout comme les recherches sur la place des animaux dans nos sociétés, quels que soient la discipline et le pays, occulte un élément essentiel et fondateur de nos relations aux animaux : le travail. Le traitement de la « question animale » est conduit sans que les rapports de travail que nous avons depuis des millénaires avec les animaux soient explicités. Le travail, comme élément des controverses scientifiques, sociales et éthiques sur la place des animaux dans nos sociétés, est un grand absent. C'est pourquoi il est nécessaire d'interroger la place des animaux dans le travail en faisant l'hypothèse généreuse, complètement contraire au « canon de Morgan »[15] fondant encore la recherche en éthologie, que les

13. Notice d'utilisation de l'Improvac (Pfizer).

14. J. Porcher, *Cochons d'or. L'industrie porcine en questions*, Paris, Éditions Quæ, 2010.

15. Le « canon de Morgan » (1894) énonce qu'il n'est pas nécessaire « d'interpréter une action comme la conséquence d'un exercice ou d'une faculté psychique plus haute, si elle peut être interprétée comme l'aboutissement d'une faculté qui est située plus bas dans l'échelle psychologique ». Voir David McFarland (dir.), *Dictionnaire du comportement animal*, trad. fr. G. Schoeller, Paris, Robert Laffont, 1990, p. 459 : « Certains chercheurs, prenant ce principe un peu trop au sérieux, ne permirent aucune interprétation d'un processus avancé, même s'il était suggéré par l'évidence et, en 1900, Loyd Morgan fut obligé d'ajouter certaines précisions à sa règle : "À ceci on peut ajouter – de peur que l'étendue du principe ne soit mal

animaux ne sont pas seulement des objets du travail ou des individus conditionnés mais qu'ils en sont aussi des acteurs. Autrement dit, nos relations de travail avec les animaux ne sont, par hypothèse, pas seulement, voire pas du tout, explicables par les rapports de domination que nous entretiendrions avec eux depuis le Néolithique et par la théorie du conditionnement, mais ils reposent sur des rapports d'intelligence et de négociation avec les animaux, rapports qui fondent la possibilité même d'un travail durable avec eux.

Dans cette grande confusion où se mêlent des intérêts supposés opposés et où les animaux sont manifestement les plus grands perdants, poser la question du travail permet de revenir à la relation réelle entre humains et animaux en élevage, dans les productions animales mais également dans tous les secteurs où interviennent les animaux. On le constate : qu'il s'agisse des animaux dit d'élevage, des chevaux, des chiens policiers ou des chiens d'aveugle, ce qui nous unit le plus majoritairement est le travail. Et une vision rétrospective permet de penser que cette relation de travail réunit humains et animaux depuis des siècles, et que, par hypothèse, elle fonde également les relations domesticatoires. Car qu'est-ce que la domestication sinon l'insertion des animaux dans le travail humain ?

Cette insertion des animaux dans le travail et par là dans les sociétés humaines, que *de facto* nous avons construite avec eux et qu'ils ont construite avec nous, peut être vue comme une malédiction ou au contraire comme une richesse de l'évolution aussi inattendue qu'unique. Le travail, nous le savons, peut être aliénant. L'aliénation du travail est générée par une organisation sociale qui donne la primauté à l'argent dans le rapport à l'autre et à la vie même et provoque la déconstruction des individus réduits à la valeur marchande de leur force de travail, la captation ou la dépossession de leur intelligence, la dévalorisation de leur grandeur. L'aliénation ultime du travail, souligne Marx, c'est de renoncer à la conscience et

comprise – que la règle, en aucun cas, n'exclut l'interprétation d'un acte particulier comme la conséquence de processus mentaux plus élevés, si nous avons la preuve évidente indépendant de leur manifestation chez l'agent" ». « Malheureusement », précise McFarland, « ces précisions furent ignorées et les erreurs d'une sorte furent remplacées par d'autres types d'erreurs ».

d'accepter l'aliénation comme un remède à la souffrance, c'est se résigner et se soumettre [16].

De ce point de vue, les animaux en systèmes industriels sont indéniablement aliénés. Ils sont dépossédés d'eux-mêmes et, pour l'organisation industrielle du travail, sont réduits à leur plus simple expression biologique : de la matière vivante. De l'ordre du vivant biologique et non de la vie elle-même qui est une vie subjective, une vie affectivement vécue [17]. Contrairement toutefois à un être humain, les animaux en systèmes industriels ne peuvent appréhender leur souffrance dans une temporalité. Leur présence au travail n'a pas de fin, et elle n'a pas de sens. Contrairement également aux êtres humains, cela par hypothèse, les animaux ne mettent pas en place les défenses psychiques contre la souffrance que mobilisent les humains et qui leur permettent de tenir au travail.

Paradoxalement, c'est dans les systèmes industriels que l'engagement des animaux dans le travail est le plus évident, précisément parce qu'ils sont aliénés. C'est dans les systèmes industriels qu'ils apparaissent le plus clairement comme des travailleurs, comme des prolétaires, dans le sens original du terme, celui qui n'est utile que par ce/ceux qu'ils engendrent. Ainsi que le précisait un producteur de porcs en référence à son entreprise : « c'est une PME, on est 5 salariés, quoique si on compte les truies… ». En effet, si on considère les 1000 truies de cette entreprise comme des acteurs du travail, la situation est fort différente, et nous ne sommes plus du tout au niveau d'une PME [18].

L'analyse des systèmes industriels, et leur violence, peut conduire à penser notre rapport social aux animaux dans le champ du travail avec les humains comme un rapport de production et plus précisément comme un rapport de classes. Cette analyse, à l'appui de Marx, est proposée par moi-même comme par des sociologues anglo-saxons au sein d'une analyse critique de la place des animaux dans la construction et les transformations du capitalisme, avec une différence fondamentale toutefois. Pour ces derniers, les rapports de

16. Voir K. Marx, *Manuscrits de 1844*, trad. fr. J.-P. Gougeon, Paris, GF, 1996.

17. Voir M. Henry, *La barbarie*, Paris, P.U.F., 2004 ; C. Dejours, *Travail vivant* (2 tomes), Paris, Payot, 2009.

18. J. Porcher, « Bêtes de somme », *Ravages*, n° 3, 2009, p. 115-135.

classe opposent humains (exploiteurs) et animaux domestiques (exploités). Alors qu'à mon sens, ils opposent des exploiteurs (les patrons et actionnaires des firmes agro-alimentaires) et des exploités (des humains et des animaux).

Ce rapport de classe doit être situé dans le temps et très clairement relié à la naissance et au développement du capitalisme industriel. Depuis le milieu du XIXe siècle, les animaux, comme des prolétaires ordinaires, même s'ils n'ont pas été perçus comme tels par Marx alors qu'ils l'étaient très intuitivement par Dickens par exemple, ont été embarqués dans la production industrielle et dans la société industrielle. Humains et animaux au travail occupent alors une même position au sein des rapports de production. Avec les ouvriers, les animaux forment un corps de prolétaires et constituent *ensemble* une classe, avec la forte limite que cette classe n'est pas pensée et décrite en tant que telle, même si pour un aristocrate ou pour un grand bourgeois, paysans et ouvriers se différencient fort peu de leurs animaux.

Par ailleurs, si certains animaux peuvent résister à l'oppression[19], ils ne sont pas unis pour faire front. Une truie qui écrase ses porcelets peut le faire exprès, comme le soupçonnent des salariés, mais toutes les truies du bâtiment ne se mettent pas à écraser de façon concertée leurs porcelets. La classe existe, comme le soulignait Marx, si la conscience de classe existe. La classe des animaux opprimés à mon sens n'existe pas, par contre celle des travailleurs et des animaux opprimés ensemble, elle, pourrait exister dans un cadre théorique rapprochant condition humaine et condition animale au travail au sein du capitalisme industriel. Elle existe implicitement par exemple dans ce propos d'une salariée des abattoirs expliquant que « le prix du kilo de porc est plus important que le prix du kilo de salarié ».

Cet embrigadement industriel est fort différent du lien qui unissait les paysans et leurs animaux avant l'ère industrielle. Et c'est pourquoi une analyse marxiste qui assimilerait la situation des animaux domestiques à l'esclavage est erronée, bien que Marx puisse

19. J. Hribal, *Fear of the Animal Planet : The Hidden History of Animal Resistance*, Petrolia et Oakland, AK Press/CounterPunch, 2011.

effectivement nous aider à comprendre le rapport au travail des animaux, entre aliénation et émancipation.

L'anthropologue Richard Tapper[20] comme le sociologue Peter Dickens[21] ou plus récemment la sociologue Mary Murray[22], soulignent combien la relation que nous entretenons avec les animaux d'élevage est liée aux rapports de production que nous avons avec eux et combien ceux-ci sont semblables aux rapports de productions des hommes entre eux. Ils proposent ainsi de penser l'évolution des rapports entre hommes et animaux sur le modèle de Marx : dans la société de chasseurs, les animaux font partie du même monde que les êtres humains, la nature n'est pas extérieure à la société humaine, le rapport communautaire entre hommes et animaux prévaut ; les premières domestications, qui voient l'animal introduit dans la domus humaine, s'apparentent à l'esclavage ; le pastoralisme renvoie à une relation de type féodal. Avec les systèmes industriels, nous sommes entrés dans un rapport avec les animaux de type capitaliste.

La proposition que les animaux depuis la domestication sont passés de l'esclavage à l'usine et que donc il faut les libérer de cet asservissement par le travail omet de contextualiser cet engagement des animaux dans le travail par la relation de travail qu'ils ont avec les humains. Penser la question de nos liens par l'entrée du travail oblige à considérer les animaux autrement que comme des victimes, des idiots naturels et culturels, qu'il faudrait libérer malgré eux. Si les animaux collaborent au travail, comme j'en fais l'hypothèse, alors les choses sont beaucoup plus compliquées que ces analyses proposent de le penser.

Elles laissent ainsi de côté, avant l'insertion de l'élevage dans le monde capitaliste des XVIIIe et XIXe siècles en France, la relation de travail des paysans à leurs animaux, qui n'est pas pastorale mais

20. R. Tapper, « Animality, Humanity, Morality, Society », dans T. Ingold (éd.), *What is an animal ?*, Londres, Routledge, 1994, p. 47-62.

21. P. Dickens, *Reconstructing Nature. Alienation, Emancipation and the Division of Labour*, Londres, Routledge, 1996.

22. M. Murray, « The Underdog in History : Serfdom, Slavery and Species in the Creation and Development of Capitalism », dans N. Taylor et T. Signal (éd.), *Theorizing Animals : Re-thinking Humanimal Relations*, Leiden, Brill, 2011, p. 85-106.

marquée par des relations de fortes proximités et par une intégration des animaux dans la famille. Comme le souligne Keith Thomas :

> Il est donc parfaitement vrai, comme le dit avec mépris un observateur du XVII e siècle que « les paysans et les pauvres gens font très peu de différences entre eux-mêmes et leurs bêtes ». Ils vont avec elles aux champs le matin, s'échinent avec elles toute la journée et rentrent avec elles le soir à la maison. Leur langage même exprime un sentiment d'affinité entre eux et leurs animaux, car bien des termes descriptifs s'appliquent également aux uns et aux autres. Les enfants sont des *kids* (chevreaux), *cubs* (chiots) ou *urchins* (hérissons) ; un petit apprenti est un *colt* (poulain) ; et on utilise indifféremment le même terme pour un enfant chétif ou pour le petit dernier d'une portée[23].

Rappelons que si, dans les systèmes industriels et plus largement dans les productions animales, les animaux sont aliénés et engagés dans des rapports de classe, ces systèmes ne résument pas notre relation de travail avec les animaux. Pour ce qui concerne l'élevage, mon hypothèse est au contraire que la relation de travail avec les animaux est un vecteur d'émancipation. Les brebis sont plus libres avec le berger qu'elles ne le sont sans lui, et c'est le cas de nombreuses espèces domestiques. La relation de travail avec les humains permet de créer des liens, de vivre une vie plus paisible et plus intéressante. Les processus domesticatoires ne se font pas contre les animaux, ils se font avec eux.

L'élevage est fondé sur une relation asymétrique, dans laquelle les humains ont un réel pouvoir sur les animaux, dont un pouvoir de vie et de mort, qui a toujours été assumé comme tel. Cette relation renvoie le plus souvent chez les éleveurs à une représentation du monde et de la nature cohérente où la proximité entre les êtres est compatible avec leurs interdépendances et avec la nécessité alimentaire. La relation entre humains et animaux en élevage renvoie effectivement à la famille, à l'affection, à l'autorité et au respect à l'instar de la relation paternaliste entre patrons et ouvriers promue par

23. K. Thomas, *Dans le jardin de la nature. La mutation des sensibilités en Angleterre à l'époque moderne* (1500-1800), trad. fr. C. Malamoud, Paris, Gallimard, 1985, p. 125.

Le Play[24]. Et certaines règles du travail qui ont changé dans l'entreprise ont également changé dans les productions animales. Par exemple, la notion de carrière. Un salarié faisait toute sa carrière dans une entreprise, d'une certaine manière il y était attaché. Ce lien dans la durée est aujourd'hui détruit comme en témoignent les luttes sociales récentes. La carrière d'un animal (qui est le terme exact pour décrire la place d'un animal dans le travail sur la durée) est également aujourd'hui une chose révolue. Les vaches sont réformées en moyenne à 5 ans et les truies à 2,5 ans. La « carrière » de l'animal est résumée à ses courbes de performances et arrêtée dès que celle-ci n'est plus conforme aux objectifs.

Mais qui est le modèle et de quoi ? Rappelons-nous que dans la société industrielle du XIXe siècle, il existe une profonde inégalité de statuts entre les individus. Ainsi que je le remarquais plus haut, pour un noble ou un bourgeois, il y a peu de différences entre un paysan et ses animaux, entre un mineur et l'âne descendu avec lui au fond de la mine. La littérature du XIXe siècle, par exemple de Dickens, Hugo ou Zola, témoigne de la violence de l'exploitation des hommes *et* des animaux. On peut faire l'hypothèse que le rapport paternaliste aux ouvriers est une entreprise humaniste qui vise à distinguer l'ouvrier de la bête de somme, mais la bête de somme exploitée par le capitaliste et non celle avec laquelle travaille le paysan. Car le sentiment de profonde proximité avec les animaux exprimé par les éleveurs aujourd'hui est sans doute proche des sentiments des paysans des XVIIIe et du XIXe siècles pour leurs animaux. Paysans et animaux vivent ensemble. Dans la société paysanne, le modèle de relation aux animaux est le modèle familial.

24. Frédéric Le Play (1806-1882) : « Le Play est, sans doute, le plus méconnu des fondateurs de la sociologie. L'orientation de sa philosophie sociale, qui permet de le ranger d'emblée parmi les penseurs rétrogrades, fournit un prétexte commode pour ne pas examiner l'ensemble de son œuvre. Ses principes d'observation directe de la réalité et de recherche comparative, sa méthode monographique, ses techniques de quantification par le budget qu'il a appliqués à l'étude systématique des familles ouvrières font pourtant de lui le premier théoricien de la sociologie de terrain » (Antoine Savoie, *Encyclopedia Universalis*). Les ouvrages de F. Le Play sont accessibles en ligne sur Gallica.

Alors que la relation de proximité entre paysans et animaux est fondée sur la nécessité de vivre et de travailler ensemble pour survivre, *i.e.* de faire front ensemble contre la nature, la relation de travail paternaliste dans la société capitaliste vise à ajouter à la rationalité économique industrielle des rationalités relationnelles et morales qui, du point de vue du travail réel, n'y sont pas. De ce point de vue la problématique du « bien-être animal » s'inscrit dans une démarche paternaliste. Elle vise à minorer les effets dévastateurs de l'exploitation des animaux sans remettre en cause l'industrialisation des productions animales, considérée comme inévitable.

Ce dont ne tiennent pas compte les analyses uniquement centrées sur l'exploitation et la domination, c'est de la communauté de destins des humains et des animaux et de leur solidarité. Les animaux ne sont pas exploités *comme* les humains, ils sont exploités *avec* eux.

Car, et c'est pourquoi la question du travail est essentielle, on ne peut comprendre ni l'exploitation ni l'émancipation des humains et des animaux par le travail si l'on ne tient pas compte de la symbiose qui existe entre nous et les animaux, si l'on ne tient pas compte du fait que nous formons un seul et même corps social. Si les animaux domestiques sont des esclaves, c'est que *nous* sommes des esclaves, et nous le sommes effectivement. Comme Viviane Forrester le mettait en évidence il y a une quinzaine d'années, dans *L'horreur économique*[25], pour ce qui nous concerne, les animaux ont cessé d'être intéressants pour la production du profit. Je le soulignais plus haut : les biotechnologies pourront prochainement les remplacer très avantageusement.

Le travail, comme le souligne Christophe Dejours[26], contient des promesses. Et la plus grande d'entre elles est l'émancipation. Mais pour que le travail puisse tenir ses promesses, il est nécessaire qu'il soit appréhendé dans l'ensemble de ses rationalités et non réduit à la rationalité technico-économique. Car travailler a d'abord pour objectif de permettre la vie ensemble. Entre élevage et productions animales, ce qui marque d'abord les différences ce sont précisément les rationalités du travail. Alors que les productions animales ne sont

25. V. Forrester, *L'horreur économique*, Paris, Fayard, 1996.
26. C. Dejours, *Travail vivant*, *op. cit.*

fondées que sur une rationalité instrumentale, économique, l'élevage contient de multiples rationalités. J'ai montré que la rationalité relationnelle était prépondérante dans le travail en élevage et qu'elle est première. Les éleveurs ont d'abord pour objectif de vivre avec les animaux (rationalité relationnelle). Au service de cet objectif se place la rationalité économique, c'est-à-dire le fait de tirer un revenu de la vie avec les animaux. Mais ce revenu est la condition de la vie en commun. Comme en témoignent les relations avec les ânes ou les éléphants, lorsque les animaux perdent leur emploi, par exemple le travail de trait, la relation est fragilisée voire détruite. C'est pourquoi, par exemple, les ânes ou les éléphants sont reconvertis dans le tourisme. Le travail est la condition de notre vie en commun.

DES ANIMAUX AU TRAVAIL

À condition de dépasser les prénotions qui réservent au seul humain la question du travail, la sociologie et la psychologie du travail peuvent permettre de comprendre la place des animaux dans le travail et ainsi de comprendre également pourquoi nous vivons avec des animaux plutôt que sans eux. Répondre à cette question alors que se prépare un monde humain sans animaux est à mon sens une urgente nécessité.

Pourquoi la sociologie et la psychologie du travail ? En tout premier lieu, pour ramener les animaux dans le giron des sciences sociales. Les animaux domestiques, ou les animaux au travail, ne relèvent pas seulement de la nature et n'ont pas, du fait de leur implication dans le travail, uniquement des comportements naturels. Ils sont plongés à la fois dans leur propre monde, celui de leur espèce, leur *Umwelt* de vache ou de cochon, et dans celui des humains. Le travail transforme les humains, il transforme également les animaux. Du fait que les animaux sont impliqués dans le travail, on peut également faire l'hypothèse qu'ils n'ont pas que des besoins « naturels », ils ont des besoins générés par leur collaboration au travail. Et en tout premier lieu à mon sens un besoin de reconnaissance.

Il est donc nécessaire de mettre au jour le rapport subjectif des animaux au travail car, comme le souligne Christophe Dejours[27], il n'y a pas de travail sans quelqu'un qui travaille. Je fais l'hypothèse qu'il existe un *travailler* animal, c'est-à-dire un rapport subjectif des animaux au travail qui prend différentes expressions selon l'espèce animale, donc selon le monde propre des animaux, et selon le contexte du travail. Cette hypothèse a des conséquences importantes notamment en termes de conditions de vie au travail des animaux. Quelles sont les formes, les contenus, les conditions… de cette collaboration des animaux au travail, quels sont ses effets ? Comment conceptualiser le travailler des animaux ? Comment le penser dans le cadre de l'organisation du travail ?

Lorsqu'il est question ici de travail ou de travailler, il ne s'agit pas d'ergonomie, de taille de cages, d'adaptation des équipements à la morphologie des animaux… Il s'agit de ce que Marx appelle le travail vivant, c'est-à-dire le travail dans lequel s'engage l'individu et qui déborde la réalisation de tâches. Travailler en effet, ce n'est pas fonctionner. Les machines fonctionnent, mais les humains travaillent et, par hypothèse donc, les animaux travaillent. Le travail vivant engage la vie, la subjectivité et donc l'affectivité. On est bien loin d'un univers machinal et de la raison instrumentale.

D'une manière transversale, les premiers résultats de mes recherches sur la place des animaux dans le travail[28] montrent que cette question est très déroutante mais aussi très mobilisatrice pour les éleveurs et pour les personnes qui travaillent avec des animaux. Elle suscite également un étonnement. Pourquoi la question de la relation aux animaux en termes de travail n'a-t-elle jamais été posée comme telle ? La première réponse possible est que le travail chez les animaux est le plus souvent renvoyé à la production d'énergie motrice (les bœufs, les chevaux de trait) ; il ne semble pas concerner les vaches ou les brebis. La deuxième est que le partenariat avec les animaux, perçu comme tel par les paysans avant l'industrialisation de l'élevage au XIXe siècle, a cédé la place à un rapport utilitariste aux

27. C. Dejours, *Travail, usure mentale*, Paris, Bayard, 1993.

28. J. Porcher et T. Schmitt, « Dairy Cows, Workers in the Shadow », *Society and Animals*, vol. 20, n° 1, 2012, p. 39-60 ; J. Porcher et É. Lécrivain, « Bergers, chiens, brebis : un collectif de travail naturel ? », *Études Rurales*, n° 189, 2012, p. 121-137.

animaux, construit sur une hiérarchie du vivant, qui exclut les animaux du champ du travail et les réduit à un statut d'objet du travail. La troisième, et non la moindre, est que les implications de l'hypothèse d'un travailler animal n'échappent pas aux éleveurs et aux professionnels ; ce qui fait leur enthousiasme intellectuel pour le sujet mais constitue aussi un enjeu majeur du travail avec les animaux. Car s'il s'avère qu'il existe un travailler animal, cela nécessite une remise à plat des conditions de ce travailler animal et notamment une reconsidération de la place de la mort dans le travail.

Si les animaux collaborent au travail, comme l'indiquent nos premiers résultats, cela nous conduit à nous poser de nombreuses autres questions : est-ce que collaborer au travail, c'est travailler ? Les animaux ont-ils un intérêt subjectif dans le travail ? Le travail accroît-il leur sensibilité, leur intelligence, leurs capacités à éprouver la vie ? Travailler peut-il apporter aux vaches ce qu'il nous apporte à nous-mêmes ?

Qu'est-ce que le travail change pour les animaux ? Pour Marx, le travail donne à l'être humain une « seconde nature » car « en agissant sur la nature qui est hors de lui à travers ce mouvement et en la transformant, il transforme aussi sa propre nature »[29]. Ce que Buytendijk reprend en l'élargissant aux animaux domestiques : « Dès longtemps on a appelé l'homme *homo faber* et donc vu en lui non pas un être simplement capable de contracter des habitudes nouvelles et d'acquérir par là une seconde nature, aptitude que nous observons chez nos animaux domestiques (…) »[30]. Mais, pour les humains comme pour les animaux, il y a travail et travail. Il y a le travail qui émancipe et le travail qui aliène. Les effets positifs ou négatifs du travail dépendent du système de production. Le travail peut accroître la sensibilité des animaux, développer leurs capacités ou au contraire les abrutir et les faire souffrir. La « seconde nature » des animaux d'élevage donnée par le travail ne peut être positive que si elle est arrimée au monde propre des animaux, c'est-à-dire si les conditions du travail peuvent s'articuler au sens porté par le monde particulier

29. K. Marx et F. Engels, *L'idéologie allemande*, trad. fr. G. Badia, Paris, Éditions sociales, 1976.

30. J. J. Buitendijk, *L'homme et l'animal. Essai de psychologie comparée* (1958), trad. fr. R. Laureillard, Paris, Gallimard, 1965, p. 60.

de chaque espèce : la prairie pour les vaches, car les vaches sont des ruminants ; la prairie ou le sous-bois pour les cochons qui sont des explorateurs du sol.

CONCLUSION

Depuis des millénaires, nous travaillons et nous vivons avec des animaux. Nous nous sommes construits comme êtres humains avec eux et notre humanité est faite de tout ce que les animaux nous ont apporté et enseigné au quotidien et dans le travail. Être humain, juste humain, à mon sens, cela n'existe pas. Et c'est bien l'enjeu de la rupture inédite qui se profile aujourd'hui : être humain, juste humain ou fait de ce que produit l'humain, le robot, l'OGM, la viande *in vitro*… *i.e.* ne plus rien devoir aux animaux, cela pourrait advenir demain. Cela pourrait advenir sans que nous ayons payé la dette que nous avons envers les animaux domestiques, sans que nous ayons collectivement compris que c'est le don qui nous relie aux animaux, que le donner-recevoir-rendre mis au jour par Mauss est aussi à l'œuvre pour construire le lien social avec les animaux. C'est cet esprit du don qu'il nous faut retrouver. Vivre avec les animaux est la plus belle des choses qui nous soit arrivée, la plus grande et magique innovation de l'évolution. Aujourd'hui, pourtant, vivre avec les animaux devient une utopie, et c'est une utopie révolutionnaire puisque pour changer la vie des animaux, nous devons changer la nôtre. Changer et changer vraiment *notre* société.

Recherches sur la philosophie et le langage 32 (2016)
384 p., ISBN : 978-2-7116-8418-2, p. 163-182, Vrin.

« Homo homini lupus » : *l'animal, modèle de la violence humaine ?*

Catherine LARRÈRE *

RÉSUMÉ

« *Homo homini lupus* » : la formule établit entre nature, animalité et violence une équation qui fait l'objet d'un large consensus et trouve dans l'animal un modèle pour la violence humaine. Douteuse anthropologiquement, cette naturalisation ne résiste cependant pas à un examen éthologique. C'est alors la violence humaine à l'égard des animaux, et tout particulièrement celle qui conduit à les tuer pour les manger, qui est en question : là non plus, l'explication naturaliste n'est pas satisfaisante. Finalement, la formule ferait plus sens à un niveau fantastique que naturel.

* Catherine LARRÈRE est professeur émérite à l'Université de Paris I – Panthéon-Sorbonne. Spécialiste de philosophie morale et politique, elle a travaillé sur les Lumières, puis s'est intéressée aux questions éthiques et politiques liées à la crise environnementale et aux questions d'éthique et de philosophie animales. Elle a notamment publié *L'Invention de l'économie. Du droit naturel à la physiocratie* (Paris, P.U.F., 1992), *Actualité de Montesquieu* (Paris, Presses de Sciences Po, 1999), *Les philosophies de l'environnement* (Paris, P.U.F., 1997) ainsi que, en collaboration avec Raphaël Larrère, *Du bon usage de la nature. Pour une philosophie de l'environnement* (Paris, Aubier, 1997 ; rééd. Champs Flammarion, 2009) et *Penser et agir avec la nature* (Paris, La Découverte, 2015).

« L'homme est un loup pour l'homme » : la formule, que Hobbes emprunte à Plaute et place dans l'épitre dédicatoire du *De Cive*, a eu du succès : on la trouve chez Schopenhauer, et Freud la reprend dans *Malaise dans la civilisation.* L'équation qu'elle pose entre nature, animalité et violence semble une vérité reconnue. L'agressivité qui, selon Freud, « constitue une disposition instinctive primitive et autonome de l'être humain »[1], serait une menace constante contre les frêles barrières que la civilisation lui oppose. Cette idée du fragile vernis civilisationnel posé sur notre sauvagerie primitive, toujours prête à refaire surface, s'est particulièrement répandue après les deux guerres mondiales, et a pu trouver confirmation chez certains éthologues comme Konrad Lorenz : l'agression est dans nos gènes. L'étude de la violence animale constituerait ainsi *Une histoire naturelle du mal*, pour reprendre le titre du livre de Konrad Lorenz.

La formule de Hobbes nous apprend-elle une vérité à la fois sur les hommes et sur les animaux ? On peut en douter. Dans « l'idée du développement à partir d'un état de nature à la Hobbes », Marshall Sahlins voit « le mythe d'origine du capitalisme occidental »[2]. Il en dénonce l'ethnocentrisme : « la notion occidentale de la nature animale et égoïste de l'homme est sans doute la plus grande illusion qu'on ait jamais connue en anthropologie »[3].

Illusoire pour l'homme, cette naturalisation de la violence l'est tout autant pour les animaux. Kropotkine, à la suite d'études inspirées de la théorie darwinienne de l'évolution, a remis en cause l'universalité, dans la nature, de la lutte violente pour l'existence. Il a été suivi par de nombreuses études éthologiques, notamment celles de Frans de Waal sur les primates, qui insistent sur les conduites de coopération, d'entraide, sur l'existence d'empathie entre animaux.

C'est donc du double point de vue de ces enseignements anthropologiques et éthologiques que nous voudrions mener une critique de la naturalisation animale de la violence. Cela nous conduira, après avoir mis en question l'idée d'un modèle animal de la violence

1. S. Freud, *Malaise dans la civilisation* (1929), trad. fr. P. Cotet, R. Lainé et J. Stute-Cadiot, Paris, P.U.F., 1971, p. 77.

2. M. Sahlins, *Culture and Practical Reason*, Chicago, University of Chicago Press, 1976, p. 53.

3. M. Sahlins, *La nature humaine, une illusion occidentale*, trad. fr. O. Renaut, Combas, Éditions de l'Éclat, 2009, p. 55.

humaine, puis réexaminé la façon d'aborder la violence animale, à nous interroger sur la violence humaine à l'égard des animaux. Nous serons ainsi amenés à mettre en question les modèles animaux de la violence humaine, aussi bien du point de vue de l'homme que de l'animal.

« L'HOMME EST UN LOUP POUR L'HOMME »

Homo homini lupus : la formule est généralement employée pour signifier que, en l'absence de contraintes (intérieures ou extérieures), ce sont, entre les hommes comme entre les animaux, les rapports de force qui l'emportent. Ce que l'on appelle parfois aussi la loi de la jungle. Mais comment comprendre la comparaison ? Est-ce à dire que les hommes se comportent avec les hommes comme le font les loups avec les loups, c'est-à-dire s'entretuent ? Ce n'est pas vrai des loups. Certes, il peut arriver qu'un loup en tue un autre, mais ce n'est pas la règle générale. S'il arrive aux loups de se tuer – et alors uniquement pour des raisons de compétition sexuelle – ils tuent surtout, et systématiquement, leurs proies. La formule doit donc s'entendre autrement : les hommes se comportent avec les hommes comme le font les loups avec les hommes (ou avec toute autre proie). Mais ce n'est pas de cette façon que Hobbes explique les causes, dans l'état de nature, de la guerre de tous contre tous : celle-ci naît de la « rivalité » et de la « défiance », c'est-à-dire de la compétition, entre égaux, pour s'approprier le même bien, et non du fait que certains prennent les autres pour des proies.

Adhérer à la formule revient donc à confondre, dans une même référence à l'agressivité, deux relations que les éthologues (qui étudient le comportement animal) et les écologues (qui étudient les relations des organismes avec leur milieu) ont soin de distinguer. La compétition oppose ceux qui sont à la recherche d'un même bien, elle peut être sexuelle ou alimentaire : elle suppose une certaine égalité (que ce soit à l'intérieur d'une même espèce, ou entre plusieurs espèces). La prédation est une relation profondément inégalitaire : dans la nature, ou l'on mange ou l'on est mangé. Encore n'est-ce pas la seule forme de cette relation universelle : à la prédation, les écologues rajoutent le parasitisme qui, à la différence de la première (surtout si on la réduit aux carnivores), n'est pas une relation violente (elle n'implique pas une dépense de force physique ou une destruction brutale de celui dont on se nourrit).

Lorsque le poète Tennyson présentait (en 1850) la nature comme « *red in tooth and claw* », il énonçait peut-être une vérité, mais c'était une vérité subjective : celle du sauvage tel que nous pouvons le ressentir. Pas tel que l'appréhendent les études scientifiques. La « loi de la jungle » n'est pas celle de la lutte universelle, c'est plutôt celle de l'interdépendance universelle. Certes, cette interdépendance passe par les relations de prédation, de parasitisme ou de compétition que l'on peut dire négatives (parce qu'elles se font au détriment d'au moins une des parties prenantes). Mais on en compte d'autres que l'on peut dire positives, qu'elles soient au bénéfice des deux termes de la relation comme le mutualisme ou la symbiose, ou d'un seul comme le commensalisme[4]. La pression de sélection ne se fait pas au seul bénéfice des conduites agressives : Darwin a montré, dans *La filiation de l'homme*, le rôle positif qu'avaient joué, dans la sélection naturelle, les conduites de coopération, ce qu'il appelait les « instincts sociaux »[5]. Lorsque Pierre Kropotkine fait de l'entraide une conduite commune aux animaux et aux hommes[6], la leçon qu'il tire de la théorie de l'évolution est plus proche de Darwin que la façon dont Spencer fonde le darwinisme social sur la lutte pour la vie, entre individus[7].

Homo homini lupus : la formule qui transpose l'opposition entre l'homme et l'animal à l'intérieur même de l'homme, se referme sur celui-ci. Elle ne nous apprend rien sur les animaux. C'est qu'elle n'est qu'apparemment naturaliste : son dualisme est religieux et dit l'humanité déchirée entre l'être de grâce et la créature corrompue par le pêché originel, l'insurmontable tension entre l'ange et la bête. Dans l'épitre dédicatoire du *De Cive*, Hobbes n'énonce pas une

4. Voir Robert Barbault, *Écologie générale,* Paris, Masson, 1997, et *Un éléphant dans un jeu de quilles. L'homme dans la biodiversité*, Paris, Seuil, 2006.

5. Ch. Darwin, *La filiation de l'homme et la sélection liée au sexe* (1871), trad. fr. M. Prum, Paris, Syllepse, 1999.

6. P. Kropotkine, *L'entraide, un facteur de l'évolution* (1902), Paris, Éditions Aden, 2009.

7. Pour une lecture, du point de vue de la théorie de l'évolution, de Kropotkine, voir Stephen Jay Gould, « Kropotkin was no Crackpot », *Natural History*, vol.° 106, juin 1997, p. 12-21.

formule, mais deux : « À coup sûr, l'une et l'autre formules sont vraies, qui déclarent l'une que l'homme est un Dieu pour l'homme, l'autre que l'homme est un loup pour l'homme »[8]. Le rapprochement des deux formules retire à la deuxième toute portée naturaliste. Ce n'est pas dans ce qui le rapproche de l'animal, mais dans ce qui l'en sépare, que l'homme est porté à faire la guerre. Reprenant, à Aristote, l'idée que l'homme se distingue des animaux par le langage et ses opinions sur le bien, Hobbes en inverse les effets : là où Aristote voyait les raisons d'une sociabilité humaine plus parfaite, Hobbes trouve autant de causes de conflit et il oppose la sociabilité animale à l'insociabilité humaine (*Léviathan*, XVII)[9]. L'état de guerre montre que l'appartenance commune à une même espèce n'est pas, pour les hommes, une contrainte morale. C'est une proposition antinaturaliste, contrairement à ce que l'on en retient généralement.

Hobbes, finalement, n'affirme pas la méchanceté intrinsèque de l'homme : sa présentation du désir qui anime chaque individu, dans la recherche de la conservation de soi, est neutre. C'est de la pluralité des individus, qui tous poursuivent les mêmes fins, que surgit le conflit. On peut dire, de ce point de vue, que l'état de guerre est un effet de structure, beaucoup plus que le résultat d'une disposition individuelle à agresser l'autre. Mais c'est Rousseau, bien entendu, qui établit clairement l'idée que la guerre comme les conflits interindividuels, bien loin d'être des effets naturels, naissent de l'état social. L'homme, « naturellement pacifique et craintif », n'est pas nécessairement porté à la guerre : « ce n'est qu'avoir fait société avec quelque homme qu'il se détermine à en attaquer un autre ; et il ne devient soldat qu'après avoir été citoyen »[10].

Si la violence humaine ne s'appréhende pas en référence à un fonds primitif toujours subsistant, mais ne se comprend qu'actualisée dans une structure sociale déterminée, on ne voit pas pourquoi

8. Th. Hobbes, *De Cive, ou les fondements de la politique* (1642), trad. fr. S. Sorbière, Paris, éditions Sirey, 1981, p. 53.

9. Th. Hobbes, *Léviathan* (1651), trad. fr. F. Tricaud, Paris, Éditions Sirey, 1971, p. 175-176.

10. J.-J. Rousseau, *Discours sur l'origine de l'inégalité parmi les hommes* (1755), « Que l'état de guerre naît de l'état social », dans *Œuvres politiques*, dans *Œuvres complètes*, t. III, Paris, Gallimard, 1966, p. 601.

il faudrait échelonner les différentes civilisations suivant une structure évolutive qui serait celle d'une contrainte et d'une maîtrise croissantes des pulsions agressives. Telle était cependant l'hypothèse de Norbert Elias, dans *La civilisation des mœurs* (où il étudie la transformation des mœurs et des manières, notamment des manières de table, dans les débuts de l'époque moderne) : les progrès des civilisations sont ceux de la maîtrise de l'expression des affects : « mesurée à la fureur du combattant abyssinien (…) ou à celle des tribus de l'époque des migrations, l'agressivité des nations les plus belliqueuses du monde civilisé semble modérée »[11]. De telles affirmations peuvent être facilement contestées. On peut retenir de la réflexion d'Elias l'idée d'« une économie pulsionnelle » qui, dans chaque civilisation, repose sur une « interdépendance étroite entre structures sociales et structures émotionnelles »[12] : les modifications des prescriptions des traités de civilité sont à mettre en rapport avec la montée de l'absolutisme et la curialisation. Mais, à partir du moment où l'on retient la critique de « l'hypothèse répressive » faite par Foucault dans *La volonté de savoir*[13], et où l'on considère la morale comme un dispositif non de contrainte, mais plutôt de production, on peut penser que non seulement les civilisations ne s'ordonnent pas selon l'axe d'une répression croissante des affects agressifs, mais que ceux-ci, bien loin d'être l'expression d'une nature animale généralement contenue, sont tout autant des produits d'un ensemble de dispositifs de pouvoir. La violence, ainsi appréhendée, n'est pas tant le retour de la barbarie que le produit de la civilisation.

Si nous restons cependant attachés à la thèse du fragile vernis d'humanité sur le fond constant d'une animalité agressive toujours prête à resurgir, c'est peut-être que nous ne considérons que certaines situations extrêmes qui, pendant une guerre ou à la suite de catastrophes diverses, privent des humains des ressources sociales et techniques auxquelles ils sont habitués et les obligent à ne compter que sur leurs ressources naturelles, à la façon des premiers hommes. La violence qui accompagne souvent ces situations (affrontements autour de la nourriture, voire cannibalisme) serait la résurgence

11. N. Elias, *La civilisation des mœurs* (1969), Paris, Calmann-Lévy, 1973, p. 280.
12. *Ibid.*, p. 292.
13. M. Foucault, *La volonté de savoir*, Paris, Gallimard, 1976.

d'une animalité primitive, ignorante de toute contrainte et de toute règle. Mais pourquoi vouloir assimiler la situation de privation dans laquelle se trouvent des humains démunis des commodités auxquelles ils sont habitués et qui n'ont pas de conduite de rechange, à celle de populations anciennes qui se trouvaient dans un environnement auquel elles s'étaient, à la suite d'une longue évolution, accommodées ? Rousseau, pourtant, avait averti ses lecteurs, dans le *Discours sur l'origine de l'inégalité*, que l'état de nature, « qui n'a peut-être point existé (…) n'existera probablement jamais »[14]. Se trouver privé de tout, ce n'est pas revenir à l'état de nature. En 1933, Walter Benjamin présente la situation d'après la Première guerre mondiale, où les hommes se trouvent incapables d'inscrire leur expérience dans la continuité d'une histoire ou d'une mémoire, et la caractérise comme une « nouvelle espèce de barbarie ». Pour autant, il ne l'interprète pas comme un retour aux origines, à des conditions ancestrales ou primitives, mais y voit « un certain empêchement du monde », une défaillance du monde et non pas une irruption de la nature[15].

HOMMES, CHIMPANZÉS ET BONOBOS

Cela signifie-t-il que la violence est proprement humaine et que les animaux n'ont rien à nous apprendre à ce sujet ? Pas du tout. Frans de Waal, primatologue, met en cause la thèse du « vernis culturel » qui nous fait, lorsque les hommes se conduisent mal, attribuer cela à leur bestialité, tandis que, lorsqu'ils se conduisent bien, on les félicite de leur « humanité ». La violence comme la sociabilité s'observent dans les conduites animales. C'est qu'il n'y a pas une animalité, mais des animaux, des populations et des espèces différentes. À la société chimpanzé, articulée autour de l'agressivité mâle, s'oppose la société bonobo, érotique et pacifique, centrée sur la

14. J.-J. Rousseau, *Discours sur l'origine de l'inégalité parmi les hommes*, *op. cit.*, p. 123.

15. W. Benjamin, « Expérience et pauvreté » (1933), trad. fr. P. Rusch dans *Œuvres II*, Paris, Gallimard, 2000, p. 364-372 ; *cf.* H. Arendt, « De l'humanité dans de "sombres temps". Réflexions sur Lessing », trad. fr. B. Cassin et P. Lévy, dans *Vies politiques*, Paris, Gallimard, 1974.

femelle[16]. Les bonobos ne cadrent pas avec les idées reçues sur la nature humaine, que les chimpanzés querelleurs viendraient plutôt conforter. Pourquoi privilégier les uns par rapport aux autres ? Ayant divergé, il y a plusieurs millions d'années, d'un même ancêtre Pan, chimpanzés et bonobos sont assez proches des humains pour que certains scientifiques considèrent qu'ils font tous partie d'un même genre, *Homo*. Hommes, bonobos et chimpanzés sont à des niveaux d'évolution comparables. Il ne s'agit donc pas de les ordonner suivant une progression évolutive ni de mettre les uns (primates) du côté de la nature et les autres (humains) du côté de la culture. Étudier les bonobos aussi bien que les chimpanzés, ce n'est pas ajouter un instinct pacifique à une agressivité instinctive. Frans de Waal n'explique pas les conduites des primates en termes d'instinct. Leur développement est trop long, explique-t-il, pour que l'on puisse considérer certains comportements comme innés : ils apprennent les uns des autres et modifient leurs conduites suivant les circonstances. Ce qui conduit à parler de « variabilité culturelle ». Si les singes apportent des renseignements sur la nature humaine, c'est à la condition d'accepter d'envisager qu'il y ait des cultures animales.

Il ne s'agit pas donc pas de repérer des instincts mais de comparer des situations. Rien n'oblige les chimpanzés à être violents, affirme Frans de Waal, mais cela leur arrive. La violence, chez les chimpanzés, n'est ni continue, ni uniforme. Les comportements agressifs des chimpanzés se distribuent selon la polarité nous/eux, une polarité socialement construite qui distingue entre les membres d'une même communauté, et les individus d'autres communautés. À l'intérieur de leur communauté, les chimpanzés se montrent facilement querelleurs, mais ces conduites restent ritualisées et maîtrisées : elles n'aboutissent que rarement à la mort. De l'autre côté, vis-à-vis des autres communautés de chimpanzés, la violence, dit Frans de Waal, est « gratuite et meurtrière »[17].

16. F. de Waal, *Le singe en nous* (2005), trad. fr. M.-P. de Paloméra, Paris, Fayard, 2006.

17. *Ibid.*, p. 173.

L'étude des bonobos permet d'aborder les conduites de réconciliation, aussi bien à l'intérieur d'un groupe qu'entre plusieurs groupes. Ces conduites se partagent entre deux catégories, celles qui comprennent un véritable processus de réconciliation après affrontement ou querelle, et celles qui visent plutôt à éviter les conflits qu'à tenter de les résoudre. On fait la paix aussi bien que l'on fait la guerre, les deux conduites sont des constructions sociales et mettent en jeu des comportements acquis dans le développement. Pas plus pour les chimpanzés que pour les hommes, la guerre n'est le résultat d'une pulsion irrésistible, c'est une option, quand des intérêts sont en jeu. La guerre n'est pas plus « naturelle » que la paix, l'une et l'autre apparaissent comme un arbitrage entre coopération et compétition. Les pressions vers l'unité du groupe, dans l'intérêt de chacun, peuvent pousser à la coopération. La raison qui l'emporte est « pragmatique » : « la tendance à la réconciliation représente donc un calcul politique qui varie suivant l'espèce, le sexe et la société »[18].

On retrouve la même polarité entre violence guerrière et relations pacifiques dans les comportements humains, chacune des deux tendances étant simplement poussée plus loin, mais dans tous les cas, c'est une combinaison de coopération et de compétition. Les études de Frans de Waal pourraient suggérer que l'on distingue différents types de compétition (et de coopération correspondante) : la concurrence, que l'on pourrait dire économique (qui vise des biens à consommer), et la rivalité politique, pour le pouvoir. C'est celle-ci qui anime les primates étudiés par Frans de Waal, qui semblent passer leur temps à fomenter des révolutions de palais. C'est à Machiavel qu'il les compare, pas à Adam Smith. On peut expliquer cela par le fait qu'il observe surtout des animaux en captivité, à qui l'on fournit la nourriture. Mais on peut aussi remarquer, avec Dominique Lestel, que parmi les animaux que l'on juge sociaux, il en est qui coopèrent et divisent les tâches dans des buts « économiques » (comme les fourmis, les abeilles, les insectes sociaux), alors que les primates se consacrent à une répartition et à une compétition politiques, les deux types de rapports sociaux se trouvant rarement réunis dans une même espèce[19]. Cela suggère-t-il

18. *Ibid.*, p. 193.

19. D. Lestel, *Les origines animales de la culture*, Paris, Flammarion, 2001.

que les guerres animales seraient plus souvent à visée politique qu'économique ?

Cela suppose que l'on étudie la question de la prédation. Frans de Waal ne lui fait pas jouer un grand rôle dans son explication des conduites agressives. Sans doute rappelle-t-il que les chimpanzés sont carnivores et traitent assez brutalement leurs proies, mais il n'inclut pas véritablement les conduites de prédation dans son étude de la violence chez les primates. Il caractérise celle-ci à l'intérieur d'une même espèce, ou entre deux espèces proches. La référence à la prédation est alors analogique : les chimpanzés qui attaquent d'autres chimpanzés les traitent comme s'ils faisaient partie d'une autre espèce, comme des proies[20]. Les primates agressés sont ainsi déchus de leur espèce et Frans de Waal compare cette « déchimpanzéisation » à la déshumanisation que les hommes font subir à leurs ennemis dans la guerre[21]. Aurait-on trouvé, avec la prédation, le modèle non seulement de la violence humaine en général, mais, plus précisément, de la violence humaine à l'égard de l'animal ?

PRÉDATION ET CONSOMMATION CARNÉE

Dans la lignée de la « théorie du vernis », la prédation est souvent le modèle animal de la violence que l'on trouverait à l'œuvre dans les pires conduites humaines : il est fréquent de caractériser des criminels, notamment sexuels, mais tout aussi bien les financiers, en période de crise boursière, comme des « prédateurs ». Mais cela ne peut être qu'une référence analogique, fort contestable. Appliquée aux relations des hommes entre eux, elle transpose, à l'intérieur d'une même espèce, une relation définie entre deux espèces : introduire cette inégalité à l'intérieur de l'espèce est un jugement politique, contestable comme tel. Appliquée aux relations des hommes aux animaux, elle l'est tout autant. Que les hommes soient (le plus souvent) carnivores n'en fait pas des prédateurs. Depuis que les hommes ont cessé d'être des chasseurs-cueilleurs (c'est-à-dire, pour la plus grande partie de l'humanité, depuis le néolithique), la

20. F. de Wall, *Le singe en nous*, *op. cit.*, p. 171.
21. *Ibid.*, p. 173.

prédation a cessé de jouer un rôle important dans les conduites humaines vis-à-vis des animaux. Sans doute la chasse peut-elle jouer un rôle de préservation de conduites disparues (on continue à pratiquer comme un sport ce qui fut longtemps une source d'alimentation), mais sa valorisation (voire son héroïsation dans certaines pratiques de combat avec les animaux) relève de valeurs sociales. Bien loin qu'il faille faire appel à des modèles naturels (la prédation) pour rendre compte de telles pratiques, l'explication (qui n'est pas une justification) s'en trouve dans des références culturelles, à l'intérieur des sociétés humaines.

L'agriculture et l'élevage ne s'expliquent pas en termes de prédation, mais de coopération : ce sont des formes de mutualisme, avec bénéfices réciproques[22]. La domestication ne se réduit pas à l'imposition d'un rapport de force aux animaux. Elle implique une familiarisation avec ceux-ci, échange de communication et d'avantages partagés (services animaux contre protection à l'égard des prédateurs, l'assurance de la nourriture et des soins en cas de maladie ou de blessure). Si l'on a surtout domestiqué des espèces sociales, c'est que les hommes ont su s'introduire dans les relations préexistantes entre les animaux et les utiliser à leur profit pour occuper les places dominantes dans la communauté mixte ainsi formée. D'autres espèces (comme les chats) ont pu être des commensaux peu à peu attirés (et acceptés) dans l'espace domestique[23].

Dans ces conditions, justifier la violence que nous infligeons aux animaux pour pouvoir les manger par une référence naturaliste à la prédation est contestable. Être carnivore, ce n'est pas se reconnaître comme prédateur. Dan O'Brien raconte comment il a remplacé son élevage de bovins par un élevage de bisons, qu'il place dans les conditions les plus proches possibles de celles de leur milieu naturel, écologiques, en ce sens. Pour des raisons qui sont économiques, mais qui tiennent aussi à sa volonté que leur mort se trouve en cohérence avec la vie qu'ils ont menée, il refuse de confier leur abattage à une entreprise industrielle. Il décide de les tuer lui-même, avec un

22. R. Barbault, *Un éléphant dans un jeu de quilles. L'homme dans la biodiversité*, *op. cit.*

23. C. Larrère et R. Larrère, « Actualité de l'animal-machine », *Les Temps Modernes*, n° 630-631, juin 2005, p. 143-163.

fusil. Mais il n'appelle pas cela chasser : « Ce n'est pas une chasse, explique-t-il, on sait où ils sont. C'est une moisson »[24]. Plutôt que de déguiser son acte dans l'imaginaire justificatif de la chasse et de l'assimiler ainsi à une prédation considérée comme naturelle, il préfère le qualifier à l'aide d'une comparaison agricole qui le fait relever des pratiques sociales de l'agriculture et de l'élevage.

Ce n'est donc pas en faisant référence à la prédation que l'on pourra expliquer les pratiques carnivores des humains : manger de la viande, ce n'est pas retrouver la nature en nous[25]. Étudier la dimension sacrificielle de ces conduites alimentaires, comme le font Marcel Détienne et Jean-Pierre Vernant dans *La cuisine du sacrifice*[26], est plus éclairant : cela permet d'échapper à la naturalisation. Tel qu'ils le présentent, le sacrifice d'animaux domestiques mis rituellement à mort pour que la chair en soit ensuite consommée ne relève pas d'une explication naturaliste, qu'elle soit moniste ou dualiste[27] : les hommes n'y sont pas assimilés aux animaux (réductionnisme moniste) et, s'ils sont différenciés des animaux, c'est en étant mis en relation avec un troisième terme que sont les dieux, ce qui est différent du dualisme moderne et de la séparation rigide qu'il établit entre humanité et animalité.

« Pendant près de dix siècles, les Grecs n'ont pas cessé d'entretenir des relations avec les puissances divines en procédant à la mise à mort strictement ritualisée de victimes animales dont ils consommaient les chairs collectivement et selon des règles précises ». Marcel Détienne introduit ainsi son étude de la « cuisine du sacrifice » où se rencontrent le religieux, l'alimentation et le politique, et qui est apte à éclairer les relations entre les hommes, les animaux et les Dieux.

24. D. O'Brien, *Les bisons de Broken Heart*, trad. fr. L. Derajinski, Paris, Gallimard, 2001, p. 403.

25. Contrairement à l'idée défendue par Dominique Lestel dans son *Apologie du carnivore* (Paris, Fayard, 2011), idée selon laquelle les végétariens, en refusant de manger de la viande, refuseraient d'admettre l'animal en eux.

26. M. Détienne et J.-P. Vernant, *La cuisine du sacrifice en pays grec*, Paris, Gallimard, 1979.

27. En suivant la définition que donne Philippe Descola du naturalisme (*Par-delà nature et culture*, Paris, Gallimard, 2005), nous considérons que relèvent du naturalisme aussi bien les explications monistes (qui insistent sur la continuité des physicalités) que les présentations dualistes (qui insistent sur la discontinuité entre physicalité animale et intériorité humaine).

Pour cela, Jean-Pierre Vernant étudie le mythe, relaté par Hésiode, du sacrifice que Prométhée fait aux dieux[28]. Cet épisode intervient alors que les hommes vivent encore mélangés aux dieux, partageant la même nourriture dans des repas communs. Prométhée sacrifie un bœuf et en fait deux parts : l'une, faite des os blancs enveloppés d'une mince couche de graisse blanche, est offerte aux dieux, l'autre, où toute la viande est dissimulée à l'intérieur d'une panse peu alléchante, est donnée aux hommes. Le partage est trompeur : si l'apparence semble favoriser les dieux et leur témoigner du respect, ils n'ont, de fait, eu que la part non comestible, le rebut, alors que le meilleur est allé aux hommes. Cette fraude déclenche toute une querelle entre Zeus et Prométhée (Zeus cache aux hommes le feu et le blé, Prométhée dérobe le feu et l'offre aux hommes, Zeus se venge en leur envoyant Pandora), qui affecte les hommes et décide de leur condition et de leur statut. Le sacrifice fait par Prométhée a donc valeur fondationnelle, et son déroulement fixe les rites sacrificiels qui rendent la viande comestible.

Inégal et frauduleux (sous couvert d'honorer les dieux, il leur donne la plus mauvaise part), le partage effectué par Prométhée dit aussi la vérité de la situation respective des dieux et des hommes. Les dieux immortels n'ont pas besoin de manger : la fumée des offrandes leur suffit. Les hommes, eux, sont mortels et ont besoin de manger pour vivre. Cette nécessité, qui les oppose aux dieux, les rapproche des animaux. Le sacrifice fait par Prométhée, tout en rappelant ce qui les unissait aux dieux (ils étaient commensaux), fixe, dans l'inégalité des parts, leur séparation. Mais, s'ils sont proches des animaux, ils s'en distinguent aussi : les animaux dévorent leurs proies crues, tandis que les hommes mangent cuit (le blé comme la viande). Ainsi sont fixés les rapports qui assignent une place aux hommes : « Le mythe du sacrifice prométhéen vise, chez Hésiode, à justifier une forme de religion qui établit l'homme dans une position médiane entre les bêtes et les dieux, sans qu'il soit par aucun moyen, à aucun moment, possible ni de s'identifier aux uns ou aux autres, ni

28. J.-P. Vernant, « À la table des hommes. Mythe de fondation du sacrifice chez Hésiode », dans M. Détienne et J.-P. Vernant, *La cuisine du sacrifice en pays grec*, *op. cit.*, p. 37-132 : il s'agit d'« un épisode de la *Théogonie* dont certaines séquences sont reprises dans *Les travaux et les jours* » (p. 37).

de s'en démarquer tout à fait »[29]. Le statut des hommes et leurs rapports aux dieux ne se tirent pas d'une nature : c'est de l'observance d'un ensemble de rites et de règles que dépend leur capacité à trouver leur place entre les dieux et les animaux. Le sacrifice ainsi rapproche et sépare à la fois hommes, dieux et bêtes, et ses rites « réalisent un équilibre difficile, un compromis incertain entre le mode d'existence partagé par toutes les bêtes mortelles et le statut réservé à la divinité »[30].

La consommation humaine de viande ne peut pas, dans ce contexte, être considérée comme une prédation : c'est au contraire pour bien se démarquer des animaux sauvages que les hommes mangent leur viande cuite à la suite de toute une série de rites. Ceux-ci assurent la transformation de l'animal vivant en viande à manger. Jean-Louis Durand en suit les étapes telles qu'elles sont représentées sur des vases grecs[31]. Ce qui compte, ce n'est pas tant la mise à mort violente de l'animal que ce que l'on va manger et la façon dont on le fait. La mort de l'animal ne figure pas sur les vases, car selon J.-L. Durand, c'est un temps qui appartient aux dieux : elle n'intervient que comme le point de passage d'un système, celui de la vie animale, à un autre, celui de l'espace et des pratiques politiques. Toutes les opérations de découpage et de préparation, minutieusement représentées, sont autant d'étapes par lesquelles, extrait de la cohérence du vivant, l'animal va se retrouver dans une logique autre, qui est celle du manger humain. Et cette logique est politique : de la découpe hiérarchique, qui fait des parts inégales pour les attribuer inégalement, se distingue la découpe démocratique, celle de l'isonomie, qui fait des parts égales à distribuer également. À l'issue de la découpe, on trouve de petits morceaux finalement embrochés pour être rôtis sur le feu. C'est sans doute la seule manière de consommer ces viandes fraichement tuées sans qu'elles soient trop dures mais, en même temps, la brochette est démocratique : des petits morceaux

29. *Ibid.*, p. 78.

30. *Ibid.*, p. 115.

31. J.-L. Durand, « Bêtes grecques. Propositions pour une topologique du corps à manger », dans M. Détienne et J.-P. Vernant, *La cuisine du sacrifice en pays grec*, *op. cit.*, p. 133-157.

égaux sont répartis entre une multiplicité de citoyens qui les mangent en commun.

De la première découpe, qui suit l'anatomie de l'animal, aux morceaux indistincts qui manifestent l'appartenance de chacun à l'espace égalitaire de la cité, le corps animal a disparu : il a été défait en chair bonne à manger, en viande. Dans cette façon de transformer un quadrupède vivant en amas de chair anonyme, Carol Adams voit la violence faite à l'animal par les mangeurs de viande, ce qu'elle appelle le « référent absent ». L'animal abattu disparaît dans sa singularité : on ne mange pas cet animal singulier, on mange du bœuf, ou de la viande. Pour la désigner, on emploie des « *mass terms* » (termes qui désignent un ensemble, une masse qui peut être divisée en parties aliquotes), à l'opposé des « *sort terms* » ou « *count terms* » (qui désignent des individus singuliers). Dans la viande anonyme et abstraite dont on consomme une part mesurable, la bête réelle, le référent, est absent. La violence symbolique qui opère dans le langage redouble la violence réelle[32].

Pour dénoncer cette violence, on peut en nier l'efficacité. C'est ce que fait Plutarque dans un texte célèbre, « S'il est loisible de manger chair », régulièrement repris, de l'Antiquité à nos jours et notamment par Rousseau dans l'*Émile*, pour condamner l'alimentation carnée[33]. Inversant la question généralement posée – non pas pourquoi s'abstiendrait-on de manger de la viande ? mais comment en est-on venu à tuer des animaux pour les consommer ? –, Plutarque fait appel à la fois au dégoût provoqué par la vue d'un « corps mort », à l'accusation morale – tuer un animal est « criminel » – et à la honte – c'est faire preuve de « cruauté ». Surtout (et c'est cela que reprennent ceux et celles qui le citent), il rend le référent présent, il fait voir l'animal vivant dans la chair

32. C. Adams, *The Sexual Politics of Meat. A Feminist Vegetarian Critical Theory* (1990), 20th anniversary edition, Continuum, New York/Londres, 2010. Cette disparition du référent animal dans l'anonymat de la viande est renforcée, en langue anglaise, par l'usage de mots différents pour désigner la bête sur pied ou la viande de boucherie (*sheep/mutton, calf/veal, ox/beef*...).

33. Voir J.-J. Rousseau, *Émile ou de l'éducation*, livre II, dans *Œuvres complètes*, Paris, Gallimard, t. IV, 1969, p. 411-414 : « il importe (...) de ne point rendre les enfants carnassiers ». Voir aussi Marcela Iacub, *Confessions d'une mangeuse de viande*, Paris, Fayard, 2011.

prétendument morte : « Ce fut certainement un souper étrange et monstrueux que d'avoir faim de manger des bêtes qui mugissent encore, d'enseigner à se nourrir d'animaux qui vivaient et criaient encore et d'ordonner comment les préparer, les bouillir ou les rôtir et les présenter à table »[34].

Sur fond d'allusion aux rites de préparation de l'animal sacrifié, dont il nie l'efficacité, Plutarque fait très précisément référence (il en cite quelques vers) à un épisode de l'*Odyssée*, celui des bœufs du Soleil[35]. Les bêtes de l'île du Soleil appartiennent au monde divin : sous la garde des dieux, elles mènent une existence pacifique, libre et désoeuvrée, et échappent au cycle de la mort et de la reproduction. Elles sont interdites aux hommes mais, poussés par la faim, les compagnons d'Ulysse, qui ont abordé sur l'île du soleil, vont les manger. La façon dont ils s'en emparent est une dérision du sacrifice : les bêtes ne sont pas conduites à l'autel pour être sacrifiées selon les règles, mais sont pourchassées et cernées comme des bêtes sauvages. Tout ce qui, dans les rituels, symbolise le monde civilisé, est remplacé par des signes du monde sauvage : de l'eau à la place du vin, des feuilles de chêne à la place de céréales. Résultat : cela ne marche pas. Les bêtes, pourtant mortes, ne cessent pas d'être vivantes. Ce sont les vers que cite Plutarque :

> Les peaux se rompaient sur la terre écorchée
> Les chairs aussi mugissaient, embrochées,
> Cuites autant que crues et était
> semblable au bœuf, le ver qui en sortait[36].

Ce qui est en cause, c'est bien l'efficacité des rites sacrificiels et cela montre leur importance : toute viande consommable doit provenir d'une mise à mort rituelle. Cela montre aussi que les bêtes ne sont pas destinées par nature à être mangées, et les animaux domestiques encore moins que les bêtes sauvages. Qu'un animal soit

34. Plutarque, « S'il est loisible de manger chair » (traduit par Amyot), dans *Trois traités pour les animaux*, présentés par Elizabeth de Fontenay, Paris, P.O.L., 1992, p. 106.

35. Épisode analysé par J.-P. Vernant, « Manger au pays du Soleil », dans M. Détienne et J.-P. Vernant, *La cuisine du sacrifice en pays grec*, *op. cit.*, p. 241-249.

36. *Odyssée*, 12, 395-397, cité par Plutarque, « S'il est loisible de manger chair », art. cité, p. 106.

domestique ou sauvage ne dépend pas de sa nature, mais de son statut qui peut varier. Et on ne peut même pas parler d'animal en général : le sacrifice accompli par Prométhée ne met pas l'homme d'un côté et l'animal de l'autre, il opère un partage entre deux espaces, l'espace sauvage (domaine des bêtes) et l'espace domestique, ou civilisé, habité par les hommes. Dans ce partage, les animaux domestiques apparaissent comme un résidu, qui tend à être occulté. C'est sur leur corps que se fait le partage entre le monde sauvage et le monde civilisé, et ce partage ne peut s'effectuer que parce que leur statut est ambigu. Ils n'ont pas d'espace propre, ils appartiennent à celui des hommes. Ils en sont très proches : le bœuf est le plus proche compagnon de l'homme à tel point qu'Aristote dit que, chez les plus pauvres, il remplace l'esclave. Et c'est bien parce qu'il est proche qu'il peut être sacrifié et servir d'intermédiaire avec les dieux : une bête sauvage n'est pas bonne à sacrifier, elle n'opérera pas la médiation entre l'homme et les dieux. En même temps, il faut qu'ils en soient différents : ce sont bien des animaux qui vont être mangés, pas des humains. Et telle est bien la différence qu'il faut marquer, encore maintenant[37].

Il faut en effet, dans la consommation carnée, écarter « le spectre de l'allélophagie »[38]. Ce qui, pour les Grecs, fait la différence entre les bêtes sauvages et les humains, ce n'est pas seulement qu'elles mangent cru, c'est surtout qu'elles se mangent entre elles. Elles sont allélophages, tout particulièrement les loups. À la limite même, ils ne se mangent qu'entre eux, c'est ce que déclare encore le *Grand Dictionnaire universel du dix-neuvième siècle*, à l'article « loup »: « sa chair est infecte. Il n'y a que les loups qui mangent volontiers du loup ».

Comme le remarquent Détienne et Svenbro, qui citent cet article, « le savoir zoologique est dévoyé par un sentiment de réprobation »[39]. Mais si l'allégation selon laquelle les loups sont allélophages est si bien enracinée, c'est qu'elle a fonction très précise : dire l'insupportable tout en le masquant. Quand les hommes se mangent entre eux, ils se conduisent comme des loups avec des

37. Voir C. Diamond, « Manger de la viande, manger des gens » (1978), dans *L'importance d'être humain*, trad. fr. E. Halais, Paris, P.U.F., 2011, p. 109-132.

38. M. Détienne et J. Svenbro, « Les loups au festin ou la Cité impossible », dans M. Détienne et J.-P. Vernant, *La cuisine du sacrifice en pays grec*, *op. cit.*, p. 225.

39. *Ibid.*, p. 215.

loups. En période de famine, où l'on en vient à manger de la chair humaine, on voit surgir les loups-garous, les hommes transformés en loups. *Homo homini lupus* : le loup-garou qui dévore des hommes est un homme déguisé en loup ; il accomplit l'insoutenable (le cannibalisme) et le dissimule : ce n'est plus qu'un loup qui mange un homme. La différence des espèces est réintroduite[40].

Une telle conduite n'est pas naturelle. Jean Bodin le dit bien : les loups ne mangent pas les hommes, en général, ils préfèrent les moutons. C'est ce qui, pour lui, montre à l'évidence le caractère démoniaque, ou satanique, du loup garou[41]. Nous ne croyons plus aux démons, ni au loup-garou. Mais le loup-garou, version fantastique du *homo homini lupus,* en dit plus clairement la vérité que sa version plus séculière : comment être carnivore sans être cannibale, quand ce que l'on consomme est de la chair anonyme ? En faisant du loup la bête repoussoir, celle qui prend en charge ce que nous ne pouvons reconnaître comme nôtre.

CONCLUSION

Homo homini lupus : la formule, finalement, nous en apprend plus sur les hommes, et sur ce que les hommes préfèrent se dissimuler à eux-mêmes que sur les animaux, et, tout particulièrement, sur le loup. C'est d'ailleurs ce qu'indique la réflexivité de la formule *homo homini lupus* : ce n'est que de l'homme, finalement, qu'il est question. Cela signifie-t-il que toute étude comparative, ou croisée, de l'homme et de l'animal est un leurre, que « l'animal » est une catégorie qui n'a aucune consistance propre, que ce n'est jamais qu'un

40. Nous concentrons, dans ce court passage, différents témoignages sur les périodes de famine : cas d'anthropophagie, invasion de loups qui s'attaquent aux hommes et sont parfois considérés comme des loups-garous. Voir Piero Camporesi, *Le Pain sauvage. L'imaginaire de la faim de la Renaissance au XVIIIe siècle*, trad. fr. M. Aymard, Paris, Le chemin vert, 1981. Sur le loup-garou comme *homo homini lupus*, voir Jacques Derrida, *La bête et le souverain*, t. I, Paris, Galilée, 2008, troisième séminaire (16 janvier 2002), p. 97-140 (et p. 149 dans le quatrième séminaire).

41. J. Bodin, *De la démonomanie des sorciers*, 1580, p. 102B.

faire valoir (positif ou négatif) de l'homme, qui ne dit rien sur les animaux ?

Ce serait oublier que l'explication des conduites humaines par des références animales est une tradition ancienne, une sorte de trésor du sens commun, accumulé dans des anecdotes ou des formules langagières. Cette tradition n'est pas purement négative. Elle témoigne souvent d'une longue observation des animaux, et d'une expérience de vie partagée, dans un espace commun. Il peut, de ce point de vue, être intéressant de revenir à la première occurrence de la formule, chez Plaute : « *Lupus est homo homini, non homo, cum qualis sit non novait* »[42]. En reprenant la formule[43], Hobbes l'a amputée de sa fin. *Cum qualis sit non novit :* quand on ne sait pas quel il est, l'homme est un loup pour l'homme, et non un homme. Ce point, conjoncturel (« quand »), Hobbes l'universalise dans sa dimension normative : les hommes ne se reconnaissent pas (normativement) comme hommes. La formule (et le rôle central qu'elle joue, selon Marshall Sahlins, dans la représentation que le capitalisme se fait de son histoire mythique) ne renvoie pas tant à une violence animale, originaire, fonds constitutif de l'humanité, qu'elle n'affirme un individualisme, axiologique autant que méthodologique : les individus n'ont rapport qu'à eux-mêmes.

Et c'est bien sous cette forme que l'on peut contester la formule, et l'inverser. C'est ce à quoi conduit l'enquête sur le *care* comme souci moral et attention à l'autre, sur base d'empathie[44]. « Nous sommes par nature des *homo empathicus* plutôt que des *homo lupus* », explique Carol Gilligan[45]. Aussi la question n'est-elle pas de savoir comment nous acquérons des conduites altruistes (le vernis civilisationnel), mais comment nous perdons la capacité à nous soucier de

42. Plaute, *Asinaria*, II, 4, 86, vers 495, cité par Jacques Derrida, *La bête et le souverain*, *op. cit.*, p. 30.

43. Il n'est pas le premier à le faire. On la trouve chez des auteurs antérieurs, par exemple Leonardo Vairo, *Trois livres de charmes, sorcelages ou enchantements,* Paris, 1583, p. 469 : « quoique l'homme soit un loup pour autrui, comme dit le proverbe ».

44. Voir aussi « L'homme est-il un animal sympathique ? Le contr'Hobbes », *Revue du Mauss*, n° 31, 2008, Paris, La Découverte.

45. Carol Gilligan renvoie à la neurobiologie et à l'anthropologie évolutionniste, ce qui est un argument naturaliste. Mais l'empathie humaine ou animale est plus solidement établie que la violence ou l'agression primitives.

l'autre (*care*) : « Qu'est-ce qui inhibe notre capacité à entrer en empathie avec les autres et à lire leurs intentions, qu'est-ce qui freine notre désir de coopérer avec les autres, et, plus douloureusement encore, comment perdons-nous notre capacité à aimer ? »[46].

Or il n'y a aucune raison de limiter cette empathie, et la connaissance dont elle est le support, aux seules relations entre les humains. L'empathie franchit les barrières d'espèce (c'est la façon dont Rousseau présente la pitié dans le *Discours sur l'origine de l'inégalité*[47]) sans pour autant l'ignorer. Nous (et ce « nous » réunit les humains et les non humains) pouvons conjuguer l'empathie pour des membres d'autres espèces et la reconnaissance de la différence d'espèces (avec ce que cela implique de conduites appropriées). Cette capacité empathique à franchir la barrière d'espèces est particulièrement remarquable à l'égard des jeunes d'autres espèces, rappelle Mary Midgley : il peut aussi bien s'agir d'animaux adultes à l'égard d'enfants humains (à commencer par les loups : c'est ce qu'illustrent symboliquement les histoires d'enfants loups), que de la sympathie des enfants humains pour les animaux[48]. Il y a là, dans la « communauté mixte » que nous formons, et avons toujours formée, avec d'autres animaux, la base d'une connaissance croisée, et non réductrice, des animaux et des hommes. C'est ce qui pourrait nous amener à nous demander ce que les animaux pensent des hommes. Non pas simplement inverser la formule (on en conserverait la réflexivité) mais l'abandonner.

46. C. Gilligan, « Résister à l'injustice. Une éthique féministe du care », trad. fr. M. Jouan dans C. Gilligan, A. Hochschild, J. Tronto, *Contre l'indifférence des privilégiés*, édité et présenté par P. Paperman et P. Molinier, Paris, Payot, 2013, p. 49.

47. *Op. cit.*, p. 123.

48. M. Midgley, *Animals and Why They Matter*, Athens, The University of Georgia Press, 1983, p. 112-124.

DEUXIÈME PARTIE

ÉTHIQUE ET DROIT

Recherches sur la philosophie et le langage 32 (2016)
384 p., ISBN : 978-2-7116-8418-2, p. 185-204, Vrin.

Gary Francione critique de Thomas Regan : canots de sauvetage et naufragés de toutes espèces

Jean-Yves GOFFI *

RÉSUMÉ

On se propose de montrer comment Gary Francione conduit à leurs limites les arguments de Thomas Regan en faveur des droits des animaux en critiquant chez ce dernier un perfectionnisme résiduel qui annulerait une grande partie de la radicalité des thèses défendues dans *The Case For Animal Rights*. Ce perfectionnisme se

* Jean-Yves GOFFI, philosophe, né en 1949, est actuellement professeur émérite des Universités (Grenoble II). Membre du Groupe de Recherches Philosophie, Pratiques & Langages (EA 3699), du Comité scientifique du Cancéropôle Ile-de-France depuis 2008 et du Comité scientifique de la collection « Éthiques en action », il a été membre du Comité d'Éthique et de précaution de l'INRA (1998-2003), du CCPPRB de Haute-Normandie (1995-2001), et animateur du Groupe grenoblois GIERE (Groupe Interuniversitaire d'Ethique de la REcherche, 2000-2009). Il travaille en éthique appliquée sur l'évaluation des techniques biomédicales dans les sociétés de haute technologie, sur l'éthique de l'environnement et sur la question du transhumanisme ; ce domaine de recherche englobe la question de l'argumentation en éthique et de la structure des théories morales. En histoire de la philosophie, il s'intéresse à la pensée politique de la Renaissance italienne et à ses antécédents dans l'humanisme florentin. Il a notamment publié *La Philosophie de la technique* (Paris, P.U.F., 1988, 2e éd. 1996, traduit en chinois et en coréen), *Le Philosophe et ses animaux : du statut éthique de l'animal* (Nîmes, J. Chambon, 1994), *Machiavel* (Paris, Ellipses, 2000), *Qu'est-ce que l'animalité ?* (Paris, Vrin, 2004), et *Penser l'euthanasie* (Paris, P.U.F., 2004, traduit en

manifesterait plus particulièrement dans le traitement différentiel des existences, humaine et animale, rendu nécessaire par les situations de « canot de sauvetage ». Contrairement à Gary Francione, on interprète l'hésitation de Thomas Regan comme l'effet de considérations directement conséquentialistes plutôt que perfectionnistes. Ces considérations sont particulièrement peu à leur place dans une théorie qui considère que la finalité des droits est de protéger des valeurs et non des intérêts.

italien). Enfin, il a récemment dirigé les ouvrages *Hare et la philosophie morale* (Paris, Vrin, 2004) et *Regards sur les technosciences* (Paris, Vrin, 2006). Sa traduction des *Fondements de la bioéthique* de Hugo Tristam Engelhardt Jr est parue en 2015 aux Belles Lettres.

Emmanuel Lévinas affirmait que l'éthique, plus ontologique que l'ontologie, plus sublime qu'elle, vient avant elle[1]. À première vue, la formule semble difficilement intelligible : comment s'y retrouver avec les valeurs et les normes éthiques en l'absence d'une ontologie permettant de préciser à quelle entité ou à quel type d'entité on a affaire ? Un individu simplement décent, indemne de tout système métaphysique, s'inscrivant sans trop se poser de questions dans les relations recommandées par la morale ordinaire, considérera sans doute que la chose à faire est d'être véridique envers un interlocuteur de bonne foi qui, sans intention malveillante décelable, lui demande où se trouvent l'hôpital, la gare ou Pôle Emploi. C'est bien parce qu'il a une compétence minimale lui permettant de distinguer, je ne dis pas un interlocuteur de bonne foi ou inoffensif d'un interlocuteur menaçant ou de mauvaise foi, mais au moins un interlocuteur d'une entité qui ne saurait endosser un tel rôle (poteau indicateur, bicyclette, borne d'incendie). Or, une telle compétence est ontologique : elle porte, en effet, sur ce qu'il y a. Et le caractère insolite de l'entreprise qui consisterait à appliquer des normes morales censées valoir pour un domaine de ce qu'il y a à un domaine tout différent (en appeler, par exemple à l'éminente dignité d'une bouteille d'eau minérale) semble bien montrer que l'ontologie est avant l'éthique, que l'activité repose bel et bien sur des connaissances relatives à ce qu'il y a, et qui l'éclairent. On répondra, bien sûr, que Lévinas ne saurait avoir voulu dire quelque chose d'aussi naïf et, pour tout dire, d'aussi peu plausible : en réalité, il pense que théorie et pratique sont des modes de la transcendance métaphysique où s'établit une relation avec l'absolument autre et dont l'éthique est la voie royale. Il est intéressant de se demander si l'éthique ainsi promue ménage une place particulière aux animaux ou aux êtres vivants. Il existe un texte où Lévinas affronte directement la question[2]. Laissons lui la parole : « *L'humain est une rupture avec l'être pur*, qui est toujours une persévérance dans l'être – c'est là

1. *De Dieu qui vient à l'idée*, Paris, Vrin, 1982, p. 143.

2. Il y répond aux questions de plusieurs étudiants de l'Université de Warwick qui avaient suivi un séminaire sur *Totalité et infini* et qui s'étaient rendus à Paris durant l'été 1986 afin de s'adresser directement à lui. On dispose d'une traduction française de cet entretien : « Le paradoxe de la moralité », *Philosophie*, n° 112, 2011, p. 12-22. Je m'y réfère dans cet article.

ma thèse principale »[3]. C'est dans l'espace rendu vacant par cette rupture que s'inscrit l'éthique. Il s'ensuit que, même s'il est clair qu'« elle concerne tous les êtres vivants », l'éthique reste pensée sur le « modèle de l'éthique humaine »[4]. Si la formule signifie que seuls les êtres humains peuvent articuler discursivement les catégories de l'éthique, elle est inoffensivement vraie, c'est-à-dire sans conséquences normatives. À supposer, en effet, que seuls les êtres humains[5] soient capables d'articuler discursivement les catégories de l'éthique, il ne s'ensuit pas que cette élaboration soit tributaire d'un modèle qui serait celui de l'éthique humaine. Au demeurant, Lévinas insiste sur le fait que ce qui constitue l'autorité du visage est, en quelque façon, le corrélatif de son extrême faiblesse : l'éthique est indissociable de l'expérience de *l'asymétrie*[6]. Cette expérience de l'asymétrie peut sans doute être éprouvée par celui à qui le visage de l'autre se manifeste comme imploration. Mais sans doute aussi par quelqu'un qui découvre la fragilité d'une portée de chatons ou de chiots, ou d'un oiseau blessé, ou d'une jeune pousse au milieu d'une lande hostile. Au fond, Lévinas défend, sans peut-être bien s'en rendre compte, une forme d'intuitionnisme : il existe des caractères particuliers à une situation ; la reconnaissance directe de ces caractères constitue une raison morale de faire ou de ne pas faire (par exemple, la reconnaissance de l'imploration du visage dit l'interdit du meurtre). Le principal point litigieux est celui de la reconnaissance directe : dans une telle version de l'intuitionnisme, il existe une sorte de sens moral, lequel peut s'exercer (quand il faut et comme il faut) mais aussi ne pas s'exercer. Que répondra-t-on à celui qui, comme on dit familièrement, « ne voit pas les choses comme nous » (c'est un tueur de la Camorra ou du NKVD : il perçoit un visage, mais pas l'interdit du meurtre) ? Vous êtes, moralement parlant, aveugle ; moralement parlant, daltonien ; moralement parlant, myope ? Ce sont des questions qui, sans doute, font leur petit effet ; mais il s'agit surtout d'un effet rhétorique : les problèmes philosophiques restent entiers.

3. Art. cité, p. 15.

4. *Id.*

5. Mais pas les Martiens, les Archanges ou les post-humains à la Raymond Kurzweil.

6. « Le fait que je sois fort et que vous soyez faible », art. cité, p. 14.

Bref, en cette affaire comme dans bien d'autres, le caractère grandiose du point de départ contraste avec la modestie des résultats : « On ne veut pas faire souffrir sans nécessité un animal, etc. »[7], dit Lévinas. Tout, c'est-à-dire tout le travail qui reste à faire est, bien entendu, dans le « etc. ». Je m'abstiendrai donc, faute des talents nécessaires, de m'embarquer dans une entreprise de ce genre et me contenterai de jouer un rôle de passeur entre une recherche en langue anglaise, d'inspiration globalement analytique qui, depuis plusieurs décennies, a constitué un état de l'art relativement bien identifié et un public français pas toujours au fait de cette recherche. Cela se comprend : cette recherche, en effet, met l'accent sur les arguments et l'argumentation avec une insistance que les amateurs de (grande) métaphysique allemande trouvent déplacée, pour ne pas dire indécente.

Les philosophes de langue anglaise qui ont traité du statut éthique de l'animal constituent, pour l'essentiel, deux groupes distincts[8]. Certains s'inscrivent dans une tradition utilitariste ou, à tout le moins, conséquentialiste. Les utilitaristes considèrent que l'action moralement correcte, celle qu'il est moralement obligatoire d'accomplir, est celle qui réalise le plus grand solde positif de bien sur le mal pour tous les êtres qui sont à même d'en éprouver les conséquences. Ils considèrent par ailleurs que le bien, c'est le fait de jouir d'états mentaux plaisants (utilitarisme hédoniste[9]) ou de voir ses préférences satisfaites (utilitarisme de la préférence). Par conséquent, ils ont été, dès l'origine, enclins à considérer que les êtres simplement sensibles comptent moralement, c'est-à-dire que leurs intérêts doivent être pris en considération lorsque les agents se demandent, parmi toutes les actions[10] qu'ils envisagent d'accomplir,

7. *Ibid.*, p. 15.

8. Bien entendu, cette classification est sommaire et doit être approfondie, précisée et nuancée. Un très bon panorama de l'éthique philosophique animalière contemporaine est proposé par E. Utria dans *Droits des animaux. Théories d'un mouvement*, Paris, Droits des animaux, 2007.

9. De nos jours, on parle plutôt de bien-être (*welfare*) plutôt que d'états mentaux plaisants.

10. Variante possible : « parmi les types d'action qu'il leur est possible d'accomplir ». Si l'on raisonne en termes d'actes, on a affaire à ce que l'on appelle

quelle est celle qui réalisera le plus grand solde possible d'états mentaux plaisants par rapport aux états mentaux déplaisants, ou le plus grand solde possible de réalisations de préférences par rapport aux frustrations de préférences. Le plus célèbre « défenseur » utilitariste contemporain de la « cause animale » est l'Australien Peter Singer ; on connaît ses thèses sous le nom de « libération animale »[11].

D'autres raisonnent en termes de droits. Il ne s'agit pas pour eux, je le précise d'emblée, d'évoquer cette nébuleuse de problèmes auxquels on pense lorsqu'on soulève la question des droits de l'animal. Il ne s'agit pas non plus de revendiquer pour les animaux des traitements plus humains dans des activités (élevage, expérimentation) qui, pour l'essentiel, resteraient inchangées. Il s'agit bel et bien d'appliquer une théorie morale rigoureusement déterminée à la question de l'animal. Quelques mots, donc sur cette théorie. Sous sa forme la plus fréquente, il s'agit d'une théorie non-conséquentialiste, voire déontologique. Cela signifie que ce sont certaines propriétés d'un acte[12] qui le rendent moralement obligatoire ou interdit, indépendamment des conséquences heureuses ou malheureuses qui pourraient être les siennes. Maintenant, il n'aura échappé à personne que la terre natale des droits est précisément le Droit. C'est d'ailleurs une critique récurrente de la part des adversaires de la théorie des droits que de souligner qu'elle opère un alignement de l'éthique sur le Droit. Il y a certainement quelque chose de vrai là-dedans ; mais sans prendre partie dans le débat, je me contenterai de préciser ce que l'on entend par « droits moraux ».

Partons des droits juridiques : un droit, c'est un titre valide à quelque chose que le titulaire de ce droit peut faire valoir contre quelqu'un d'autre. Le créancier, par exemple, a un titre valide à ce

l'utilitarisme de l'acte ; si l'on raisonne en termes de type d'acte, on a affaire à ce que l'on appelle l'utilitarisme de la règle.

11. Du nom de son plus célèbre ouvrage : *Animal Liberation*, New York, Avon Books, 1975. La lecture de ce livre mérite d'être complétée par celle de *Practical Ethics*, Cambridge, Cambridge University Press, 1979. Il s'agit de titres qui ont été souvent réédités et remaniés. Leur lecture donne une trompeuse impression de facilité ; le second, en particulier, est beaucoup plus subtil qu'on pourrait croire à première lecture.

12. Ou d'un type d'acte.

que son débiteur lui restitue le montant de la somme qu'il lui a empruntée, dans les conditions définies par les termes de l'accord qu'ils ont passé. Il s'agit ici d'un titre valide selon la Loi, c'est-à-dire d'un droit au sens juridique. Par goût de la symétrie, on serait alors tenté de dire qu'un droit au sens moral est un titre valide selon le Droit Naturel ou selon la Loi Morale (par opposition au Droit positif ou à la Loi juridique, respectivement). Mais, comme l'indiquent les majuscules de majesté, il s'agit là de notions plutôt encombrantes et difficiles à manipuler. Je suivrai donc une suggestion de Joël Feinberg et dirai qu'un droit moral est celui que reconnaîtraient les principes d'une conscience éclairée[13]. Deux métaphores sont souvent employées pour faire comprendre la fonction des droits. Elles ne sont pas équivalentes. John Locke emploie l'image de la clôture (*fence*)[14] ; il parle, à vrai dire, de la liberté dans son rapport à la conservation de soi. Mais l'idée se transpose sans difficulté majeure aux droits : le titulaire d'un droit est au centre d'un périmètre protégé : nul ne peut faire intrusion dans ce périmètre sans commettre une infraction (selon le Droit positif) ou une faute (selon les principes d'une conscience éclairée) et s'exposer, selon le cas, à une sanction ou à la désapprobation ainsi que, dans tous les cas, à une légitime action en retour visant à le chasser de ce périmètre. Par exemple, si X a un droit moral à la conservation de son intégrité physique, ce droit dresse autour de lui une clôture protectrice ; si Y pénètre dans ce périmètre protégé en portant atteinte à l'intégrité physique de X, il viole ce droit[15]. X est alors autorisé à

13. J. Feinberg, « The Rights of Animals and Unborn Generations », dans *Rights, Justice and the Bounds of Liberty*, Princeton, Princeton University Press, 1980, p. 159-184. Cet article prolonge et développe « The Nature and Value of Rights », *The Journal of Value Inquiry*, vol. 4, n° 4, 1970, p. 243-257. J'ai bien conscience du fait que la notion de « principes d'une conscience éclairée » ne va pas sans problèmes non plus. Je les laisserai ici de côté.

14. Voir *Deuxième Traité du Gouvernement Civil*, III, 17, trad. fr. B. Gilson, Paris, Vrin, 1977, p. 84 : « Échapper à cette violence, telle est la seule garantie de ma conservation ; la raison m'enjoint de traiter en ennemi quiconque voudrait m'ôter la *liberté*, sa clôture protectrice ».

15. Je laisserai de côté les cas complexes où X autorise Y à s'en prendre à son intégrité physique : X autorise, par exemple, un chirurgien à procéder à l'ablation d'une anse sigmoïde inflammatoire ; un rabbin à procéder à une circoncision ; un(e) amant(e) à se livrer sur X à des pratiques sexuelles ultra-violentes.

employer la force pour chasser Y de ce périmètre protégé[16]. L'autre métaphore est celle de l'atout. On la doit au philosophe et juriste contemporain Ronald Dworkin[17]. Ici, le contexte est celui du jeu de cartes : il s'agit de préciser le statut d'un droit en le comparant avec un atout que posséderait un joueur. Le joueur qui a un atout, c'est-à-dire une carte qui l'emporte sur les autres, remporte la main quelle que soit la valeur des autres cartes jouées par ses adversaires. L'idée est la suivante : un droit, outre son contenu propre, constitue pour son titulaire un titre à ne pas se voir déclassé pour la simple raison que des buts collectifs seraient plus facilement atteints s'il n'était pas tenu compte de sa prétention à voir le contenu de ce droit réalisé. Par exemple, si X est propriétaire d'une parcelle de terrain convoitée par une entreprise de BTP afin d'y faire passer une autoroute, X peut faire valoir son droit de propriété, sinon pour empêcher l'entreprise de construire l'autoroute, du moins pour obtenir une juste compensation à ce qui sera, pour lui, un trouble ou un désavantage. Cela pose, évidemment, la question de savoir s'il existe une hiérarchie des priorités entre les droits et, plus spécifiquement, si un ou plusieurs droits peuvent, en toutes circonstances, avoir priorité sur tous les autres. Le candidat le plus généralement invoqué est le droit, pour un innocent, à ne pas subir une violence à laquelle il n'aurait pas consenti. Mais cela ne va pas de soi. En tout état de cause, j'aurai l'occasion de revenir sur cette question et me contenterai de conclure cette présentation de la problématique des droits en disant que ceux qui s'en réclament pensent qu'il existe des titres valides et que ces titres sont, sinon antérieurs à la constitution de la

16. Il s'agit de ce que l'on appelle ordinairement le droit à la légitime défense ; il peut être nuancé de multiples façons (exigence de proportionnalité ; délégation de ce droit à un tiers plus compétent, etc.). Il s'agit de questions qui n'ont pas un rapport direct avec la question de l'animal telle qu'elle est abordée ici. En revanche, elles importent si l'on s'intéresse à l'action de groupes violents qui s'en prennent à des laboratoires ou à des élevages industriels ; pour une première approche, on peut se rapporter à l'analyse nuancée de M. Rowlands dans *Animals like Us*, Londres/New York, Verso, 2002, chap. 10.

17. « Rights as Trumps », dans J. Waldron (éd.), *Theories of Rights*, Oxford, Oxford University Press, 1984, p. 153-157. L'article développe et adapte un article de 1981 : « Is there a Right to Pornography ? », *Oxford Journal of Legal Studies*, vol. 1, n° 2, 1981, p. 177-202.

société[18], du moins supérieurs à certaines ententes ou arrangements socialement avantageux (métaphore de l'atout) ; ils pensent en outre que les droits sont censés protéger quelque chose (métaphore du périmètre de protection).

Gary Francione et Thomas Regan sont tous deux partisans d'une théorie des droits, au sens qui vient d'être exposé, appliquée aux animaux. D'abord, une rapide présentation de ces deux auteurs. Gary Francione est né en 1954. C'est un juriste américain qui enseigne à la Faculté de Droit de la Rutgers University à Newark (N.-J.). Il est l'auteur en son nom propre de quatre ouvrages : *Animals, Property and the Law*, Philadelphia, Temple University Press, 1995 ; *Rain without Thunder. The Ideology of the Animal Rights Movement*, Philadelphia, Temple University Press, 1996 ; *Introduction to Animal Rights. Your Child or the Dog*, Philadelphia, Temple University Press, 2000 et enfin *Animals as Persons. Essays on the Abolition of Animal Exploitation*, New York, Columbia University Press, 2008[19]. Thomas Regan est également américain. Né en 1938, c'est un philosophe, professeur émérite à la North Carolina State University où il a enseigné jusqu'en 2001. Son ouvrage majeur est *The Case for Animal Rights*, Berkeley, University of California Press, 1983[20]. Je présenterai donc les critiques formulées par Francione contre les analyses de Regan : comme ces deux auteurs s'inscrivent, je me permets de le répéter, dans une même tradition philosophique, celle des droits, il s'agit donc, sinon d'un parricide, à tout le moins d'un affrontement fratricide.

Le principal ouvrage de Reagan est extrêmement complexe et élaboré[21]. Afin de le présenter de façon économique, je partirai de

18. C'est une concession qu'il est difficile de refuser aux partisans du positivisme juridique.

19. Comme l'indique son titre, cet ouvrage est en réalité un recueil d'articles. Je citerai les ouvrages de Francione d'après les éditions dont je dispose, qui pour ce qui concerne les trois premiers sont des réimpressions comportant des corrections ou des modifications. J'indiquerai entre crochets la date de la réimpression, s'il y a lieu.

20. Trad. fr. E. Utria, *Les Droits des animaux*, Paris, Hermann, 2013.

21. On l'a comparé à *A Theory of Justice* de John Rawls. C'est peut-être exact en ce qui concerne la solidité de l'argumentation dans cet ouvrage et son influence. Mais, sur le fond, on peut relever d'emblée que Regan ne défend pas une conception contractualiste des droits. On pourrait penser qu'il s'agit d'ailleurs d'une

l'idée selon laquelle un droit ou un ensemble de droits protège quelque chose. Pour Regan, ce qui mérite d'être protégé est une valeur ; il s'en explique par une longue formule :

> (…) des individus sont sujets-d'une-vie s'ils ont des croyances et des désirs ; s'ils ont perception, mémoire et sens du futur – y compris leur propre futur ; s'ils ont une vie émotionnelle, avec des sentiments de plaisir et de peine ; s'ils ont des intérêts liés à des préférences et des intérêts de bien-être ; s'ils ont la capacité d'initier une action en vue de réaliser leurs désirs et leurs buts ; s'ils ont une identité psychologique à travers le temps ; s'ils ont enfin un bien-être individuel en ce sens que leur vie, telle qu'ils en ont l'expérience, leur réussisse bien ou mal et cela de façon logiquement indépendante de leur utilité pour les autres, logiquement indépendante aussi du fait que quiconque s'intéresse à eux. Ceux qui satisfont d'eux-mêmes le critère « être le sujet-d'une-vie » détiennent une valeur d'un type particulier – la valeur inhérente – et on ne doit pas les traiter comme de simples réceptacles[22].

Cette formule affirme en premier lieu que la valeur protégée est une valeur inhérente ; elle indique ensuite qu'elle est possédée par tous les individus qui sont des « sujets-d'une-vie »[23]. Elle suggère enfin l'attitude appropriée par rapport à cette valeur : sans doute, elle n'existe que réalisée dans des individus ; mais ceux-ci ne doivent

impossibilité conceptuelle, les animaux n'étant pas – sauf dans les fables – capables de contracter avec les êtres humains. Mais le philosophe M. Rowlands a brillamment montré que, à tout le moins, les choses ne sont pas aussi simples : voir *Animal Rights : a Philosophical Defense*, MacMillan/St Martin's Press, 1998 et *Animals like Us*, *op. cit.*

22. *The Case for Animal Rights*, *op. cit.*, p. 243. L'expression « sujet-d'une-vie » a peut-être été empruntée à Thomas Nagel, qui l'emploie (en adoptant la graphie : « subject of a life » et en en limitant l'extension à l'être humain) vers la fin de son essai « Death », dans *Mortal Questions*, Cambridge, Cambridge University Press, 1979, p. 1-10.

23. En un sens bien précis : il est suffisant mais pas nécessaire de satisfaire le critère « sujet-d'une-vie » pour être investi de valeur inhérente. Tous les sujets-d'une-vie sont investis de valeur inhérente, mais il n'est pas exclu que des êtres, des relations ou des processus qui ne soient pas des sujets d'une vie détiennent aussi cette valeur. Dans l'esprit de Regan, dont il convient de souligner qu'il est aussi l'auteur de plusieurs ouvrages sur G. E. Moore et co-fondateur de la Moore Society, cela peut correspondre au cas des œuvres d'art, de certains types de relations intersubjectives ou des paysages grandioses de la nature.

pas être traités comme de simples réceptacles, ce qui revient à dire qu'il convient d'honorer cette valeur et non de la maximiser. Quelques mots d'explication ne seront pas de trop pour expliciter la métaphore du réceptacle. Dans le vocabulaire de Regan, la valeur inhérente s'oppose à la valeur intrinsèque comme deux modes d'existence des valeurs par rapport aux individus. Soit, par exemple, le bien-être et la satisfaction des préférences, ces deux valeurs typiquement utilitaristes. Chez les utilitaristes elles sont ultimes : il n'y a pas d'autres valeurs qui leur soient supérieures et, en réalité, toute autre valeur se réduit à celles-ci. Elles s'attachent à des états de choses et sont telles que, plus il y en a, mieux c'est. Il convient donc de les maximiser, c'est-à-dire de réaliser un état de choses où en existera la plus grande quantité possible. « État de choses » est généralement compris en un sens subjectif : ces valeurs se réalisent dans des individus, au sens où les préférences sont toujours les préférences de quelqu'un, le bien-être toujours le bien-être de quelque être particulier doté de sensibilité. Cela veut dire que ces individus sont essentiellement des porteurs de ces valeurs ou des réceptacles qui les contiennent. Les valeurs se réalisent en eux, mais sont détachables d'eux. C'est ce que Regan exprime en disant que, dans une théorie utilitariste, seuls le bien-être ou la satisfaction ont une valeur intrinsèque, la valeur des individus étant, au mieux, une fonction de cette valeur. Attribuer aux individus une valeur inhérente, c'est considérer qu'ils ont en eux-mêmes une valeur, indépendamment des satisfactions ou des préférences qui peuvent être les leurs et, de façon cruciale, indépendamment des satisfactions ou des préférences des autres. Bien entendu, la formule : « on ne doit pas les traiter comme de simples réceptacles » est une réminiscence – probablement voulue – de l'illustre *mantra* kantien : « ne pas traiter l'humanité en sa personne et en celle de tout autre comme un moyen seulement, mais toujours en même temps comme une fin ».

On notera que Regan fait jouer à la notion de « sujet-d'une-vie » le rôle de seuil : on n'est pas plus ou moins « sujet-d'une-vie » qu'un autre. Si on exhibe toutes les compétences qui vienne d'être mentionnées, on est « sujet-d'une-vie » au même titre que n'importe qui : les préférences de X peuvent être bien plus sophistiquées que les préférences de Y[24], Y n'en est pas moins sujet d'une vie, au même titre que X. La formule qui fait l'objet de la note 22 *supra* donne aux lecteurs des indications assez précises sur l'axiologie de Regan et, dans une moindre mesure, des suggestions relatives à sa conception de l'obligation morale. Mais elle a besoin d'être contextualisée pour que son rapport avec la théorie des droits devienne intelligible. L'idée est assez simple dans son principe : Regan considère que c'est la seule théorie morale qui soit capable de rendre compte de façon satisfaisante de nos intuitions bien pesées relatives aux normes de nos relations avec les animaux. Cela n'est compréhensible que si l'on se réfère à ce qu'est la méthodologie morale de cet auteur. Pour lui, la réflexion morale ne s'instaure pas par un geste radical de rupture avec une *doxa* supposée aveugle et conformiste. La matière première à laquelle on a affaire en éthique, ce sont les jugements moraux auxquels nous reconnaissons spontanément assez d'autorité pour qu'ils guident notre conduite. Mais il n'est pas besoin d'une grande sagacité pour s'apercevoir que ces jugements spontanés n'ont pas assez de cohérence pour satisfaire un agent moral un peu exigeant, c'est-à-dire en quête de raisons impartiales d'agir – en d'autres termes, de principes. Un travail de toilettage et d'élaboration des jugements moraux spontanés s'avère donc nécessaire. Il prendra deux formes : d'une part, il visera à les purger de ce qu'ils peuvent avoir d'obscur, de partial, d'irréfléchi, etc., ce qui permettra d'aboutir à des jugements moraux idéaux ; d'autre part, il visera à les confronter aux principes moraux qui les sous-

24. X préfère se lancer dans des études de médecine et devenir neurochirurgien parce que les secrets du cerveau le fascinent ; Y préfère devenir artisan pâtissier parce que les études longues l'ennuient. Le cas de Z, le chimpanzé qui préfère garder la banane pour lui tout seul, ne pose pas de difficulté particulière à Regan qui stipule en ces termes l'usage qu'il fera du terme « animal » : « (…) le mot *animal* sera employé pour désigner les mammifères d'un an ou plus, aux facultés mentales normales » (*The Case for Animal Rights*, *op. cit.*, p. 78). Z, le chimpanzé « égoïste », n'est pas un agent moral, mais il est bien le sujet-d'une-vie. Cette définition stipulative semble parfaitement arbitraire aux biologistes ; elle est contestée, pour d'autres raisons, par les partisans les plus radicaux des droits des animaux. Il me semble vraisemblable qu'elle a été avancée en ces termes par Regan afin que ses analyses ne puissent pas servir à cautionner les positions et les pratiques des mouvements *pro-life*, opposés à l'avortement et à l'infanticide des nourrissons gravement malformés.

tendent et à les ajuster mutuellement[25]. Il s'agit, à l'évidence, d'un travail d'unification et de mise en ordre, depuis la diversité anarchique des jugements éthiques particuliers, jusqu'aux principes : il culmine dans la construction de théories éthiques, lesquelles organisent et hiérarchisent les principes qui sous-tendent les jugements moraux idéaux. Il y a grande abondance de théories rivales et il convient de les évaluer selon les critères utilisés pour départager les théories scientifiques rivales (cohérence, précision, conformité aux jugements réfléchis et aux principes[26], simplicité, etc.).

Appliquée à la question de l'animal, cette méthode reconnaît l'intuition raisonnée ou le jugement moral réfléchi suivant : « on ne peut pas traiter les animaux n'importe comment ; des restrictions morales légitimes pèsent sur la façon dont nous nous comportons à leur égard ». Regan examine alors de façon minutieuse les diverses théories morales crédibles ou présentables, soit qu'elles n'admettent que des obligations indirectes envers les animaux[27] soit qu'elles admettent des obligations directes envers ceux-ci[28]. Ces théories échouent soit parce qu'elles ne font pas dépendre les restrictions morales envers les animaux d'un principe de justice, mais d'une heureuse disposition du caractère de l'agent ; soit parce que le principe de justice qui est le leur est trop faible pour garantir aux animaux une protection vraiment efficace. En effet, l'intuition raisonnée selon laquelle nous ne devons pas traiter les animaux n'importe comment dépend d'un principe selon lequel il est *prima facie* injuste d'infliger un dommage à un individu. Mais ce principe dépend à son tour d'un principe absolu, le principe de respect selon lequel « nous devons traiter les individus qui ont une valeur inhérente de façon telle que nous respections cette valeur

25. On pense ici à la méthode cohérentiste de Rawls dans *A Theory of Justice*. Regan reconnaît une dette envers celui-ci dans *The Case for Animal Rights*, *op. cit.*, p. 135.

26. Implicitement assimilés aux énoncés d'observation et aux lois, respectivement.

27. Égoïsme rationnel ; contractualisme ; kantisme.

28. Utilitarisme du bien-être ; utilitarisme de la préférence ; « théorie » selon laquelle il faut faire preuve de bonté envers les animaux (qui est peut-être, en réalité, une forme d'éthique de la vertu).

inhérente »[29]. On retrouve donc ici le concept de « valeur inhérente »; et il est capital pour un théoricien des droits comme l'est Regan qu'il entre dans la définition d'un principe absolu, le principe de respect, lequel permet à son tour de construire un principe de justice, le plus général possible. Le principe de respect, en effet, est formel et pré-distributif : il signifie simplement qu'aucune distribution des biens et des maux ne peut être juste si elle traite un ou plusieurs individus ayant une valeur inhérente comme un moyen pour maximiser le bien des autres, ou de la communauté qui a adopté ce principe.

Regan va tirer des ces analyses des conséquences radicales : obligation du végétarisme, abolition de l'usage des animaux dans les sciences pures et appliquées, de la chasse sportive ou commerciale, de l'élevage des animaux à des fins commerciales, des zoos, etc.[30].

Passons maintenant aux critiques adressées à Regan par Francione. Je précise d'emblée que je ne m'étendrai pas sur les passages extrêmement polémiques de *Rain without Thunder* où Francione reproche à Regan[31] toute une série de compromissions avec des individus ou des institutions qui prétendent défendre la cause animale, mais visent en réalité à maintenir le *statu quo*. Il se peut qu'il s'agisse là des conséquences inévitables de confusions graves au niveau théorique. Il se peut aussi qu'il s'agisse de prises de position tactiquement maladroites dans un contexte complexe et embrouillé[32]. Comme il est impossible de trancher sans avoir recours à des éléments de preuve dont je ne dispose pas ou à la déplorable stratégie du soupçon, je m'attacherai plutôt à repérer les arguments qui, explicitement, se donnent pour philosophiques.

29. *The Case for Animal Rights*, *op. cit.*, p. 248. E. Utria montre de façon particulièrement éclairante la différence de statut entre ces deux principes : voir *Droits des animaux*, *op. cit.*, p. 110 *sq.*

30. De ce point de vue, il est assez proche des thèses abolitionnistes de Francione lui-même, lesquelles visent l'abolition de l'exploitation animale comme telle, ce qu'indique la différence entre le végétarisme, qui concerne seulement l'alimentation, et le véganisme, qui concerne le style de vie dans son ensemble.

31. Et à Singer aussi, pour faire bonne mesure.

32. Ou, au contraire, trop adroites...

L'un d'entre eux est particulièrement important ; il est développé au chapitre 7 de *Animals as Persons* qui s'intitule « Comparable Harm and Equal Inherent Value. The Problem of the Dog in the Lifeboat »[33]. Francione va y critiquer ce que l'on pourrait appeler un perfectionnisme résiduel dans les analyses de Regan. Je précise que le perfectionnisme dont il s'agit ici n'est pas la théorie éthique selon laquelle, certains accomplissements humains (comme l'amitié, la connaissance, l'acquisition d'une nature humaine supérieure) étant intrinsèquement bons, l'action moralement correcte est celle qui permet à la plus grande quantité possible de ces accomplissements de se réaliser, soit chez l'agent, soit chez tous les êtres humains[34]. Il s'agit plutôt d'une théorie de la justice, selon laquelle les biens et les maux doivent être distribués en fonction du degré de perfection réalisé par ceux qui sont destinés à les recevoir, les plus grands biens allant à ceux qui réalisent le plus haut degré de perfection, les plus grands maux à ceux qui réalisent le plus bas degré de perfection. Il ne s'agit pas d'une théorie méritocratique qui prendrait en compte les accomplissements et les efforts des individus dans la distribution des biens et des maux ; la perfection à laquelle il est fait allusion ici est, si l'on peut dire, ontologique. Elle fait dépendre la distribution des biens et des maux de la place occupée par l'individu dans une sorte d'échelle des êtres. À première vue, il semble curieux de voir un tel reproche adressé à Regan : ce dernier construit, on l'a vu, de façon égalitariste le concept de valeur inhérente[35]. En réalité, Francione fait allusion à de longs développements dans *The Case for Animal Rights* au cours desquels Regan établit les conditions sous

33. Il s'agit d'un article publié initialement dans la revue *Between the Species*, vol. 11, n° 3, 1995, p. 81-89. Cette remarquable revue est consacrée, depuis 1985, aux relations entres les humains et les autres espèces. C'était initialement une revue papier ; elle est devenue une revue électronique. On peut consulter tous les numéros depuis sa création sur http ://digitalcommons.calpoly.edu/bts/.

34. Cette définition du perfectionnisme est, pour l'essentiel, celle proposée par Thomas Hurka dans la notice « Perfectionism », dans L.C. Becker et C.B. Becker (éd.), *Encyclopedia of Ethics*, Londres, St. James Press, 1992, vol. II, p. 946. Hurka, qui voit dans le perfectionnisme une tradition majeure dans l'histoire de l'éthique, est l'auteur d'un ouvrage fondamental sur la question : *Perfectionism*, New York, Oxford University Press, 1993.

35. Qui plus est, il consacre plusieurs pages (p. 233-235) de *The Case for Animal Rights* à critiquer explicitement les conceptions perfectionnistes de la justice.

lesquelles il est possible de passer outre le droit de ne pas se voir infliger de dommage[36]. Je laisse de côté le détail de l'argumentation. Ce qui importe, c'est que Regan y aborde une question casuistique classique, celle du canot de sauvetage[37].

Traditionnellement, les choses sont présentées de la façon suivante : plusieurs naufragés se sont réfugiés dans un canot de sauvetage ; ils doivent se débarrasser de l'un d'entre eux en le jetant par-dessus bord, faute de quoi le canot, surchargé, fera naufrage et tout le monde se noiera. Qui faut-il sacrifier et sur la base de quelle procédure de décision ? Dans la version « revisitée » par Regan, un des naufragés est un chien. Il s'agit de montrer qu'il est justifié de jeter le chien plutôt qu'un naufragé humain par-dessus bord. Regan raisonne en se demandant si, dans les deux cas, les dommages seraient de même grandeur. Il distingue les dommages par infliction et les dommages par privation. Un dommage par infliction est une perte directe et sévère de bien-être subie par un individu (blessure physique, humiliation). Un dommage par privation est la « *perte* des avantages qui rendent possibles ou qui élargissent les sources de satisfaction de la vie »[38]. Des dommages sont comparables lorsqu'ils réduisent de façon égale le bien-être du même individu, ou de plusieurs individus comparables. Quel est alors le dommage qui résulte du fait de mourir ? Pour Regan, le dommage résultant de la mort d'un individu est une fonction directe du nombre et de la variété des occasions d'éprouver de la satisfaction auxquelles elle met un terme. Il va alors appliquer ces considérations de façon

36. Par opposition au droit à un traitement respectueux : il n'existe aucune condition justifiant qu'on puisse aller contre ce droit.

37. Il s'agit, bien évidemment, de représenter de façon figurée les situations de nécessité, celles où les circonstances sont telles que l'agent peut ou doit, au moins temporairement, s'affranchir des règles de la moralité.

38. *The Case for Animal Rights*, *op. cit.*, p. 97. Regan donne l'exemple d'un enfant dont le père se serait ruiné au jeu et qui ne pourrait plus suivre d'études supérieures de ce fait : ce serait un dommage par privation. De façon intéressante, il a l'air de considérer que c'est aussi la thèse de Thomas Nagel dans son essai déjà mentionné, « Death ». Mais Nagel met beaucoup moins l'accent que Regan sur les *satisfactions* de la vie : « Un homme est le sujet du bien et du mal tout autant parce qu'il a des espoirs qui peuvent ou peuvent ne pas être réalisés, ou des possibilités qui peuvent ou peuvent ne pas s'accomplir, qu'en raison de sa capacité à souffrir et à jouir » (art. cité, p. 6-7).

directe au dilemme du canot de sauvetage. Le dommage consistant à mourir noyé est-il comparable si on jette à la mer un être humain ou bien le chien ? On supposera que les affres de la noyade sont les mêmes dans les deux cas : le dommage par infliction est donc le même. Mais si l'on envisage la situation du point de vue de dommage par privation, la mort du chien est affectivement moins dommageable : le dommage causé par la mort d'un chien est, *prima facie*, moindre que le dommage causé par la mort d'un être humain en ce sens que moins d'occasions de satisfactions, et de satisfactions moins sophistiquées, sont forcloses par la mort d'un chien (typique) que part la mort d'un être humain (typique)[39].

Francione fait valoir plusieurs arguments contre cette analyse. Il estime que la théorie reganienne du dommage est difficilement compatible avec sa théorie de la valeur inhérente. Le critère « sujet-d'une-vie » est indifférent à toutes sortes de caractéristiques individuelles que la détermination du dommage doit prendre en compte. Le critère « sujet-d'une-vie » repose sur la logique du tout ou rien : on est ou on n'est pas le sujet d'une vie. Mais la logique de l'évaluation des dommages repose sur la logique du plus ou moins : on compare des dommages en se demandant comment ils affectent des potentialités ou des capacités qui ne sont pas les mêmes pour tous les sujets-d'une-vie. Ces potentialités et ces capacités peuvent être hiérarchisées et prises en compte de façon perfectionniste et c'est exactement ce que fait Regan dans sa théorie du dommage. Par ailleurs, s'il insiste sur le caractère exceptionnel des situations de nécessité, il pense aussi qu'une détermination différentielle du dommage doit être élaborée dans toutes ces situations. Francione a alors beau jeu de faire observer que les situations de nécessité sont bien plus nombreuses qu'on ne pense : « en morale, le conflit est la

39. Cela ne veut pas dire qu'un membre de l'espèce canine est moins digne d'un traitement respectueux qu'un membre de l'espèce humaine : le principe de respect reste absolu ; mais dans le cas du canot de sauvetage, on raisonne en termes de droits à ne pas subir de dommages : ce droit là n'est pas absolu. Cela ne veut pas dire non plus qu'on doit agréger les préférences de tous les rescapés humains du canot, en faire une préférence collective et la comparer à la préférence du rescapé canin. Ce serait là une situation caractérisée de préférence injustifiée pour sa propre espèce.

règle et non l'exception »[40]. Si l'on accepte d'agir en fonction de considérations perfectionnistes dans les situations exceptionnelles, on devra le faire bien plus souvent qu'on ne croit (par exemple dans l'accès à des ressources rares ou contingentes). En fait on devra le faire chaque fois que l'on a affaire à des questions de justice distributive dans des situations de rareté[41]. Tout cela revient à dire que la théorie du dommage (perfectionniste) adoptée par Regan annule sa théorie (égalitariste) de la valeur.

Pour conclure, je voudrais d'abord relever ce qui me semble une imprécision dans la critique de Francione. Enrique Utria remarque, à très juste titre, que dans l'interprétation du canot de sauvetage, « Regan adopte exceptionnellement une position conséquentialiste »[42]. On ne saurait mieux dire puisque la définition du dommage par infliction adoptée par l'Américain est explicitement placée sous le patronage de J. Bentham et que sa définition du dommage par infliction donne un tour « welfariste » à une thèse qui, chez Nagel, ne l'est peut-être pas tant que cela. Ce ne sont donc pas tant des éléments perfectionnistes que des éléments conséquentialistes qui viendraient « polluer » les analyses de Regan. Dans ce cas, on se trouve devant une situation assez classique dans l'histoire de la philosophie morale : celle où une théorie non-conséquentialiste, voire déontologique, doit intégrer des éléments non-déontologiques, voire conséquentialistes pour rendre compte de cas difficiles. En réalité, c'est une position admise, en principe, par Francione lui-même[43]. Il fait simplement observer que ces cas

40. « Comparable Harm and Equal Inherent Value », art. cité, p. 220.

41. C'est-à-dire que l'on devra le faire en toutes circonstances !

42. *Droits des animaux*, *op. cit.*, p. 117.

43. Sauf qu'il est question chez lui de conflits entre des intérêts (voir *Introduction to Animal Rights*, *op. cit.*, p. 153 [2007]) et qu'il pense pouvoir décider en faveur des intérêts humains non sur la base d'un savoir qui pourrait positivement affirmer que le dommage qui consiste à mourir est moindre pour les animaux, mais sur la base d'une impuissance épistémique : nous savons ce que la mort signifie pour les humains, nous ne savons pas ce qu'elle signifie pour les animaux (voir « Comparable Harm and Equal Inherent Value », art. cité, postcript de 2008, p. 227). Il est vrai que cette impuissance est assez radicale et qu'elle s'apparente au scepticisme puisque Francione n'exclut pas que l'on décide en jouant à pile ou face ou que l'on préfère, au bout du compte, les intérêts des animaux.

difficiles résultent la plupart du temps d'un usage préalable illégitime des animaux[44]. Dans ces conditions, le désaccord entre les deux auteurs est peut-être moins radical qu'on pourrait croire à la lecture de l'article de Francione.

Mais peut-être seulement. Car il semble tout de même que l'on ait affaire à des sensibilités éthiques assez différentes. Francione, comme Albert Schweitzer, semble penser qu'il y a quelque chose d'irrémédiablement tragique dans les rapports entre les êtres vivants : c'est le conflit, et non l'harmonie, qui est la règle, comme le suggère le caractère assez désespéré du postcript de 2008 mentionné dans la note 40 *supra*. Ce n'est pas ainsi que Regan voit les choses. Dans un article intitulé « The Case for Animal Rights »[45], il se demande en quoi consiste exactement l'injustice faite aux animaux dans tous les mauvais traitements qui leur sont infligés (il s'agit, évidemment, des mauvais traitements institutionnels, pas ceux dont un sadique pourrait se rendre coupable). Sa réponse est la suivante :

> L'injustice morale, ce n'est pas la douleur, ce n'est pas la souffrance, ce n'est pas la privation. Elles accroissent l'injustice. Parfois – et même souvent – elles la rendent pire, bien pire. Mais elles ne constituent pas l'injustice fondamentale. L'injustice fondamentale, c'est le système qui nous autorise à considérer les animaux comme des *ressources pour nous*, existant pour *nous* ; là pour être consommés, manipulés par la chirurgie, exploités pour le divertissement ou pour l'argent[46].

Les amateurs de la (grande) métaphysique allemande considéreront sans doute qu'il s'agit d'une simple redécouverte du *Gestell* (ou mieux : du *Ge-Stell*). Dans un contexte nord-américain, il s'agit plutôt d'une critique de ce que l'on appelle habituellement le

44. Retrouvant par là une vieille idée (thomiste) selon laquelle une théorie morale n'est pas rendue inconsistante du simple fait que l'on y rencontre des dilemmes moraux si ces dilemmes moraux se posent à une conscience erronée. Voir la notice « Dilemmes moraux » de Ch. Tappolet dans M. Canto-Sperber (dir.), *Dictionnaire d'éthique et de philosophie morale*, Paris, P.U.F., 1996, p. 417-423.

45. « The Case for Animal Rights », dans P. Singer (éd.), *In Defense of Animals*, Oxford UK & Cambridge US, Blackwell, 1985, p. 13-26.

46. *Ibid.*, p. 13-14.

ressourcisme[47] ; il s'agit de l'attitude selon laquelle le monde naturel et les êtres qui le peuplent (et le constituent) sont à la disposition des êtres humains, qui peuvent en faire usage à leur guise. Selon cette attitude, le monde naturel a essentiellement une valeur instrumentale. Et Regan, peut-être avec un peu de naïveté, espère sans doute qu'il n'est pas exclu que les êtres humains reconnaissent des valeurs autres qu'instrumentales ; par exemple la valeur intrinsèque des animaux et des autres entités qui peuvent en être dépositaires. Mais dans le monde de Francione, les droits ne protègent pas des valeurs : ils protègent des intérêts[48]. Et de la logique des intérêts, on ne sort jamais.

47. La notion est explorée par Max Oelschlaeger, *The Idea of Wilderness*, New Haven & London, Yale University Press, 1991, p. 286-289.

48. Il a hésité sur ce point. Dans *Animals, Property and the Law* (*op. cit.*, p.7-8 [2004]), par exemple, il parle indifféremment de valeurs ou d'intérêts. Mais son côté « juriste » a fini par l'emporter : « un droit est une façon particulière de protéger un intérêt », *Introduction to Animal Rights*, *op. cit.*, p. xxv [2007].

Recherches sur la philosophie et le langage 32 (2016)
384 p., ISBN : 978-2-7116-8418-2, p. 205-207, Vrin.

Théories de la valeur et éthique animale

Enrique UTRIA *

RÉSUMÉ

Dans cet article sont présentées trois grandes familles ou composantes des théories de la valeur, ainsi que certaines de leurs lignes de fracture : 1) les théories des états mentaux (subjectives ou objectives), 2) les théories des désirs (subjectives ou objectives, limitées ou non par une exigence de conscience, limitées ou non par une certaine information des désirs, limitées ou non par une théorie du succès), et 3) certains autres genres de valeurs objectives (vertus, valeur impersonnelle, valeur inhérente). Les questions d'euthanasie, de domesticité, de prédation, de « remplacement » des individus reposent toutes *in fine* sur des théories de la valeur. Une esquisse de cartographie des théories en présence est ici proposée.

* Enrique UTRIA est doctorant en philosophie à l'Université de Rouen. Spécialiste d'éthique animale, il s'intéresse également à la philosophie du droit et à la bioéthique. Ses principales publications sont *Droits des animaux. Théories d'un mouvement* (DDA, 2007) ; « Du radicalisme à l'"extrémisme animalier" » (*Pouvoirs*, n° 131, 2009) ; « Être sujet-d'une-vie », dans Florence Burgat (dir.), *Penser le comportement animal* (Quæ/MSH, 2010) ; « La descendance de Zarathoustra et Pythagore » (*RDSA*, 2011/1), « Utilitarisme : agrandir les cages ou libérer les animaux ? » (*Archai*, n°11, 2013), « La viande heureuse et les cervelles miséricordieuses », dans L. Desblache (dir.), *Souffrances animales et traditions humaines : rompre le silence* (Dijon, Éditions universitaires de Dijon, 2014), « Éthique et animal », dans D. Bourg et A. Papaux (dir.), *Dictionnaire de la pensée écologique* (Paris, P.U.F., 2015).

Une façon d'analyser les théories éthiques normatives est de dire qu'elles articulent une théorie du bien (*right*) et une théorie de la valeur (de ce qui est bon, *good*) [1].

Les théories de la valeur semblent admettre deux genres de valeur. Le premier est reconnu par tous les philosophes : il existe des choses qui sont « bonnes » (*good*) en tant que telles pour un individu, qui ne sont pas recherchées pour autre chose qu'elles-mêmes. En ce sens, si quelque chose est bon, alors avoir cette chose me rend mieux loti que si je ne l'ai pas. Ces choses peuvent être, par exemple, des plaisirs, des préférences satisfaites, des fonctionnements, des capabilités, « la Liberté », des excellences du caractère, etc. Ce premier genre de valeur peut faire l'objet d'une théorie subjective ou objective du bon (*good*). Pour une théorie subjective, les choses sont bonnes parce que le sujet qui les éprouve les juge bonnes. Pour une théorie objective, les choses sont bonnes indépendamment de l'évaluation du sujet. Mais, qu'on le conçoive au sein d'une théorie subjective ou objective, ce premier genre de valeur semble toujours relever de l'attractivité, du plaisant, du souhaitable, du désirable ou de l'avantageux : est bon pour quelqu'un ce qui est attractif, plaisant, souhaitable, désirable, etc., pour lui – ou ce qui mériterait d'être considéré comme tel.

Le second genre de valeur n'est reconnu que par certains philosophes. Selon eux, un autre genre de valeur existe ou doit être postulé. Les choses qui ont ce deuxième genre de valeur ont une valeur *objective* et *impersonnelle*. Comme les choses bonnes objectivement dont nous venons de parler, elles resteraient bonnes même si un individu, un ensemble d'individus ou tous les jugeaient mauvaises. Mais, à leur différence, les choses bonnes objectivement et impersonnellement ne sont pas bonnes « pour une personne », pour un individu, pour quelqu'un. Elles sont bonnes tout court. Certains auteurs pensent, par exemple, que les choses belles ont une valeur objective, et qu'elles continueraient d'avoir cette valeur même

1. Pour l'expression « théorie du bien », je reprends à mon propre compte une expression de Shelly Kagan : « theory of the right » (*Normative Ethics*, Westview Press, 1997, p. 61). Mark Timmons utilise une expression semblable, « theory of right conduct », qu'on pourrait traduire par théorie du bien agir ou de la conduite droite (*Moral Theory : An Introduction*, Lanham, Rowman & Littlefield Publishers, 2002, p. 10-12).

s'il n'existait aucun spectateur pour les percevoir[2]. Un autre exemple, moins controversé, est l'idée que certains êtres ont une valeur en eux-mêmes, indépendamment des intérêts que les autres leur portent ou de leur utilité pour la société. Pour Kant, seuls les êtres autonomes ont une dignité, ont une valeur intrinsèque. Comme la beauté mooréenne, une fin en soi kantienne aurait une valeur objective même si elle était la seule chose à exister dans l'univers – et même si elle pensait elle-même n'avoir aucune valeur. D'autres exemples de ce second genre de valeur objective et impersonnelle pourraient être, chez Kant, « la volonté bonne » ou « le royaume des fins ». Ces choses ont une « valeur suprême », indépendamment du plaisir qu'elles suscitent, ou du fait qu'on les évalue à leur juste valeur.

Les jugements qui portent sur la valeur (*axios* en grec) des choses sont dits axiologiques. Les jugements qui portent sur ce qu'il faut faire (*deon*) sont parfois dits déontiques. Ces derniers prennent typiquement des formes de type « il ne faut pas », « il est mal de », « il est condamnable de », « il est permis de », « la moralité exige que », « il faut ». Une théorie éthique normative est une théorie qui se propose de fixer des normes morales, de dire ce qu'il faut faire et ne pas faire, étant donné une théorie de la valeur.

Cet article a pour objectif de présenter trois grandes familles ou composantes des théories de la valeur : les théories des états mentaux, les théories des désirs, et certaines valeurs objectives jouant un rôle central en éthique animale.

THÉORIES DES ÉTATS MENTAUX

Hédonisme quantitatif

En matière de théorie de la valeur, les théories des états mentaux soutiennent que les seules choses qui ont une valeur dans le monde

2. Dans *Principia Ethica*, G. E. Moore « ne peut s'empêcher de penser » qu'un monde excessivement beau sans spectateurs pour le contempler « est meilleur », d'un point de vue rationnel, qu'un monde souillé de crasse et d'ordures sans spectateurs pour les percevoir (Cambridge University Press, 1903, § 50, p. 137-138).

sont certains états mentaux. La plus connue de ces théories est l'hédonisme. Pour cette dernière,

> Rien ne peut être dit bon ou mauvais (*good or bad*), sauf ce qui est bon ou mauvais en soi-même (ce qui est le cas seulement de la douleur ou du plaisir) ou sur la base de ses effets (ce qui est le cas seulement avec les choses qui causent ou qui préviennent contre la douleur et le plaisir)[3].

> Le plaisir est en lui-même une chose bonne (*is a good*), ou plutôt même, en mettant de côté l'immunité contre la douleur, la seule chose bonne : la douleur est en elle-même une mauvaise chose (*an evil*) ; et, en fait, sans exception, la seule chose mauvaise (*evil*)[4].

En bref, seul le plaisir a une valeur intrinsèque positive ; seule la douleur a une valeur intrinsèque négative. En outre, la théorie hédoniste de Bentham est *subjective :* chaque individu sensible fait autorité sur la valeur qu'il accorde à ses propres plaisirs et douleurs. S'agissant de la douleur et du plaisir *présents*, Bentham écrit que « chaque homme est dans son propre cas au moins le meilleur juge, pour ne pas dire le seul, tolérablement compétent »[5]. Chacun est libre d'éprouver plus de plaisir à jouer à des jeux d'enfant qu'à lire Victor Hugo. « Préjugé mis à part, le jeu de *push-pin* [un jeu d'épingles] est d'égale valeur avec les arts et les sciences de la musique et de la poésie. Si le *push-pin* fournit plus de plaisir, il a plus de valeur qu'eux »[6].

Une théorie hédoniste subjective permet d'envisager avec une grande souplesse certaines questions touchant l'euthanasie, les soins vétérinaires ou l'élevage. Par exemple, mieux vaut-il euthanasier un

3. J. Bentham, *Introduction aux principes de morale et de législation* (1789) ; trad. fr. M. Bozzo-Rey, A. Brunon-Ernst, J.-P. Cléro, E. de Champs, C. Laval, M. L. Leroy et G. Tusseau, Vrin, 2011, chap. VIII.13, p. 114. Je modifie la ponctuation du texte anglais (virgules remplacées par des parenthèses).

4. *Ibid.*, chap. X, § ii.10, p. 129, trad. modifiée.

5. *Déontologie* (1834), éd. par A. Goldworth, Oxford University Press, 1983, p. 196. À la suite de cette citation, Bentham écrit que, inversement, plus les plaisirs et les douleurs sont éloignés, moins celui qui en est susceptible est avantagé (par rapport aux autres) pour juger de leurs valeurs. (D'où la possibilité d'une éducation et d'une politique utilitaristes.)

6. J. Bentham, *The Rationale of Reward*, dans *The Works of Jeremy Bentham*, édités par Bowring en 11 vol., Edinburg, William Tait, 1843, vol. II, p. 253.

chien errant ou le condamner à une vie d'errance, de faim et de froid, quand aucune place n'est disponible en refuge ? La vie d'un oiseau blessé, ne pouvant plus voler, condamné à une vie domestique, vaut-elle encore d'être vécue ? Mieux vaut-il pour une poule vivre à l'état sauvage et être confrontée à la prédation, ou vivre une vie domestique, sans mise à mort, mais dans la dépendance, sur un territoire limité, et en étant privée de ses œufs[7] ? Avec une théorie subjective, les réponses pourraient dépendre des espèces en question, des caractères individuels (plus ou moins aventuriers ou casaniers), des capacités individuelles à se protéger et à produire pour soi-même du plaisir.

Si la réponse à ces questions peut dépendre de l'appartenance à différentes espèces, une théorie subjective pourrait-elle soutenir que la vie humaine a nécessairement plus de valeur que la vie animale ? Dans le cadre d'une théorie hédoniste quantitative, il semble que la seule façon de défendre la supériorité de la vie humaine soit de la créditer d'un solde de plaisirs et de douleurs supérieur au solde hédonique de la vie animale. Pour Tom Regan, dont la théorie de la valeur est *en partie*, et en partie seulement, subjective, les satisfactions liées à l'agence (*agency*) morale et aux intérêts humains scientifiques, esthétiques ou sacramentels ne sont pas accessibles aux animaux. C'est ce fait – le fait qu'il y ait plus de sources de satisfaction pour les humains – qui, lorsqu'il est question de mort, fait qu'un humain a généralement plus à perdre qu'un chien[8].

Steve Sapontzis, théoricien hybride et pragmatique de la libération animale, n'est pas du même avis. Dans « Groundwork for a Subjective Theory of Ethics[9] », Sapontzis pose le cadre d'une théorie subjective de la valeur. Il estime que « l'existence des évaluateurs est une condition nécessaire pour que les choses aient de la valeur », que « les valeurs dépendent des évaluateurs », et qu'aucun

7. Selon le *Dictionnaire des sciences naturelles* dirigé par Cuvier (tome XVI, Paris, 1820, p. 138), lorsque la « volonté [des poules] prend le caractère d'une forte passion, elles n'abandonnent plus leurs œufs comme pendant le reste de l'année ; elles les rassemblent, y reviennent souvent et les défendent quand on veut les leur enlever ».

8. T. Regan, *Les Droits des animaux* (1983), trad. fr. E. Utria, Paris, Hermann, 2013, préface de 2004, sect. « Évaluer les vies », p. 51 *sq*.

9. *American Philosophical Quarterly*, vol. 27, n° 1, 1990, p. 27 et 36.

évaluateur « n'établit "la vraie valeur des choses" ». Dans ce contexte, Sapontzis doute que les humains soient susceptibles de plus de plaisirs, quantitativement parlant, que les autres animaux. « Nous ne pouvons apprécier la vie d'un chien, d'un oiseau, d'une chauve-souris ou d'un dauphin. En conséquence, nous ne pouvons apprécier les subtilités des odeurs, de la vue, des sons, et du toucher que ces animaux peuvent apparemment apprécier. En la matière, nous sommes des rustres »[10].

Ce doute peut encore être nourri par le fait que les plaisirs humains semblent être souvent mélangés à des inquiétudes. Comme l'écrit Sapontzis, « il est notoire que les êtres humains ne tirent pas pleinement profit de leurs plaisirs présents parce qu'ils sont obnubilés par leurs peines passées ou s'inquiètent de leurs futures difficultés, tandis que, pour les animaux, comme les chiens jouant sur la plage, il ne semble pas que leurs plaisirs présents soient ainsi dilués »[11]. Les plaisirs humains seraient donc impurs (c'est-à-dire mélangés à de la douleur), et par suite moins valorisables, en raison du fonctionnement psychique humain.

Faute de pouvoir valoriser la vie humaine en vantant le nombre et la pureté de ses plaisirs, l'hédoniste subjectif quantitatif pourrait argumenter que le *solde* de plaisirs et de douleurs de la vie humaine reste, de manière générale, supérieur à celui des animaux, car la douleur humaine est souvent détournée ou canalisée. Une théorie hédoniste de la valeur devrait être attentive au rôle de la raison, des concepts et du langage pour la douleur. À la suite d'Adorno et Horkheimer, Florence Burgat souligne que les animaux ne peuvent se consoler par le concept, ne peuvent canaliser, déplacer, donner un sens transcendant à leur souffrance. Ainsi, ne convient-il pas de dire que leur détresse est « plus déchirante encore »[12] que la nôtre ?

Si tel est bien le cas, alors, *dans une théorie hédoniste*, leur vie a moins de valeur intrinsèque – les maux dont ils font l'expérience étant plus intenses. Mais il ne s'ensuit pas pour autant que leur vie

10. S. Sapontzis, *Morals, Reason, and Animals*, Philadelphia, Temple University Press, 1987, p. 219.

11. *Ibid.*, p. 218.

12. F. Burgat, *Animal Mon Prochain*, Paris, Odile Jacob, 1997, p. 207-208 ; *Liberté et inquiétude de la vie animale*, Paris, Kimé, 2006, p. 75-76 ; et *Une autre existence. La condition animale*, Paris, Albin Michel, 2012, p. 34, n. 1.

n'a aucune valeur et que nous pouvons les tuer pour notre bon plaisir. Si la vie des animaux n'était que douleur, nous aurions, du point de vue hédoniste, une bonne raison de les tuer. Cela les libèrerait. Mais, si leur vie naturelle n'est pas vouée au malheur, si elle est aussi faite de nombreux contentements, alors cette plus grande ouverture à la douleur est une raison d'accorder une attention toute particulière à leurs souffrances.

Si la valeur d'une vie doit être jugée à l'aune de ses plaisirs et de ses douleurs, comme le soutient toute théorie hédoniste de la valeur, alors il faut sans doute dire que les humains ont peu d'avantages, voire aucun (et peut-être même en ont-ils moins), sur les animaux. Les humains ont peut-être moins de sources de plaisir, leurs plaisirs sont peut-être plus souvent dilués par le souvenir et l'anticipation de misères. Comme « Gryllus », nous pourrions préférer la vie animale à la vie humaine, jugeant que « vivre maintenant dans l'abondance des bonnes choses (*agathois*) » vaut plus que de « redevenir des hommes, les plus infortunés (*barupotmotaton*) de tous les animaux ! »[13].

Hédonisme qualitatif

John Stuart Mill est bien connu pour la distinction de qualité qu'il introduit au sein des plaisirs. Sa théorie de la valeur est, comme celle de Bentham, une théorie des états mentaux. Seuls certains états mentaux ont une valeur intrinsèque. Pour Mill, ces états semblent relever de la catégorie du plaisir ou de la catégorie plus large des *enjoyments* (de ce qui est apprécié, nous satisfait, nous fait passer du « bon temps », nous gratifie). Être étonné, impressionné, ému, éprouver un pic d'adrénaline, être apaisé, ou atteindre l'ataraxie est appréciable, mais s'agit-il pour autant d'états réductibles à la notion de plaisir ? Si çe n'est pas le cas, la théorie de la valeur de Mill pourra être dite « théorie des états appréciables », sinon c'est un hédonisme. La différence n'est pas capitale. Mais elle permet de voir que l'hédonisme n'est pas la seule possibilité au sein des théories des états mentaux.

13. Plutarque, *Trois traités pour les animaux*, précédés de *La Raison du plus fort* par Élizabeth de Fontenay, Paris, POL, 1992, p. 127-128 (*Plutarch's Moralia XII*, Loeb Classical Library, 1957, 986e).

Supposons que Mill soit, comme la tradition utilitariste nous invite à le croire, un théoricien hédoniste de la valeur. Son innovation n'est pas de faire du plaisir un concept fourre-tout. Bentham était prêt lui aussi à y inclure beaucoup de choses, y compris « les perceptions intéressantes »[14]. L'innovation de Mill consiste bien plutôt à distinguer *qualitativement* entre les plaisirs. Mill répugne à envisager qu'une vie porcine puisse être supérieure à une vie humaine. Il semble évident pour lui qu'il « vaut mieux être un être humain non satisfait qu'un porc satisfait »[15]. L'affirmation n'est pas spéciste, elle ne vise pas les animaux en particulier au motif qu'ils ne seraient *que des animaux*. Mill pense aussi que la vie philosophique contient des plaisirs qualitativement supérieurs aux plaisirs d'une vie humaine aliénée, qu'il « vaut mieux être Socrate non satisfait qu'un fou satisfait »[16]. Supposons, avec Mill, l'existence de pareils plaisirs. Comment les distinguerons-nous des plaisirs qualitativement inférieurs ?

> De deux plaisirs, s'il n'y en a qu'un auquel tous ceux ou presque tous ceux qui ont l'expérience des deux donnent une préférence ferme, sans égard à un quelconque sentiment d'obligation morale qui [les pousserait] à le préférer, c'est le plaisir le plus désirable. Si l'un des deux est, par ceux qui se sont accointés de manière compétente (*competently acquainted*) avec les deux, placé tellement au-dessus de l'autre qu'ils le préfèrent même en sachant qu'il sera suivi d'une plus grande somme de mécontentement, et qu'ils n'y renonceraient pour aucune quantité de l'autre plaisir, [même une quantité aussi grande que ce] dont leur nature est capable, nous sommes justifiés à attribuer au plaisir (*enjoyment*) préféré une supériorité de qualité, une quantité si écrasante qu'elle le rende, en comparaison, de peu d'importance[17].

Selon cet extrait, trois conditions semblent requises pour qu'un plaisir soit jugé supérieur qualitativement à un autre. 1) Tous les experts, ou presque, de ces deux plaisirs doivent préférer le même plaisir. Si vous n'êtes pas expert, votre avis ne compte pas. Et, si

14. J. Bentham, *Introduction aux principes de morale et de législation*, *op. cit.*, chap. 5, § 1, p. 61.

15. J. S. Mill, *L'Utilitarisme* (1871), trad. fr. C. Audard, Paris, P.U.F., 1998, p. 37.

16. *Ibid.*, p. 37.

17. *Ibid.*, p. 34.

vous êtes expert, mais que votre expertise fait exception, il semble raisonnable de ne pas tenir compte de votre avis (nous allons y revenir). 2) Les experts de ces plaisirs ne doivent être prêts à échanger le plaisir supérieur pour aucune quantité du plaisir qualitativement inférieur. Il y a *discontinuité* dans la valeur des plaisirs. Aucune quantité de plaisir inférieur ne peut surpasser un plaisir qualitativement supérieur. 3) Le plaisir supérieur doit être choisi par les experts, même s'il est suivi de plus de « mécontentement » que le plaisir qualitativement inférieur. Sur ce dernier point, on pourrait demander s'il existe des mécontentements[18] qualitativement supérieurs : un philosophe mécontent de sa production ne souffre-t-il pas incomparablement plus que lorsqu'il se casse la jambe ? Si un philosophe éprouve des plaisirs *et des mécontentements qualitativement supérieurs* à ceux des animaux, sa vie vaut-elle plus, « tout compte fait », qu'une vie porcine satisfaite ? De nombreuses précisions sur l'arithmétique des plaisirs restent à fournir pour justifier ce que Mill voudrait voir justifié, à savoir la supériorité hédonique de la vie humaine. Et il n'est pas sûr qu'une théorie hédoniste qualitative puisse réussir à cette tâche sans succomber à des distinctions arbitraires *ad hoc*.

Revenons au point (1) qui exige une précision. Est-ce parce qu'un plaisir est objectivement supérieur que les experts le choisissent ? Si c'est le cas, la théorie de Mill est objective. Ou bien est-ce le suffrage des « accointés » (des connaisseurs) qui décide quels sont les plaisirs qualitativement supérieurs, auquel cas la théorie de la valeur de Mill pourrait rester subjective ? Ce que Mill semble dire, ce n'est pas que les experts sont infaillibles (et comment pourraient-ils l'être s'ils sont parfois en désaccord ?), mais qu'*il est raisonnable de respecter la décision de la majorité des experts*[19]. Autrement dit, un plaisir qualitativement supérieur ne serait pas tel parce que la majorité des personnes compétentes le jugeraient ainsi. Il serait *objectivement* supérieur à d'autres plaisirs. Et c'est parce que certains habitués de ces plaisirs seraient compétents qu'ils parviendraient à cette conclusion.

18. *Discontent* vient de l'ancien français « descontentement », qui signifie lui-même mécontentement, dissatisfaction.

19. Roger Crisp, *Mill on Utilitarianism*, Londres, Routledge, 1997, p. 37.

La théorie hédoniste de la valeur de Mill semble donc être objective. Il y aurait une hiérarchie objective où les plaisirs intellectuels, esthétiques ou dérivés d'une conduite vertueuse auraient tellement de valeur qu'ils ne pourraient jamais être contrebalancés par les plaisirs des sens. Cela étant, une telle théorie pourrait penser des différences subjectives de degré entre les plaisirs inférieurs. Entre jouer au jeu de *push-pin* et jouer aux jeux vidéo, il pourrait n'y avoir que des différences de degré, différences elles-mêmes éprouvées diversement selon les individus. Il n'y a aucune raison que la théorie de Mill empêche aussi de penser des différences subjectives de degré entre les plaisirs objectivement supérieurs. On pourrait éprouver plus de plaisir à lire l'*Éthique à Nicomaque* que la *République*.

THÉORIE DES DÉSIRS OU DES PRÉFÉRENCES

Henry Sidgwick note que certains humains préfèrent parfois sacrifier leur bonheur pour des idéaux tels que la vérité, la liberté, la religion ou la vertu[20]. Certains humains semblent valoriser autres choses que les plaisirs et douleurs. Même la recherche des plaisirs semble en elle-même impliquer plus que la recherche d'un état mental ou d'une famille d'états mentaux. C'est ce que montre la célèbre expérience de pensée de Robert Nozick[21]. Imaginons que notre cerveau puisse être raccordé à une « machine à expérience » permettant de produire les états mentaux les plus désirables, les plus plaisants, les plus intenses, les plus raffinés. Accepterions-nous d'y être branchés à vie ? *A priori*, certains d'entre nous préfèrent éprouver ces plaisirs non dans une cuve, mais dans la réalité, même s'il nous est précisé que, une fois branchés à la machine, nous ignorerons y être attachés et penserons vivre réellement ces plaisirs. Si je souhaite produire une œuvre, je ne désire pas seulement l'état mental où je me pense l'auteur d'une telle œuvre, je désire aussi un *état du monde* où elle a été produite par mes propres soins et où elle

20. *The Methods of Ethics* (1874), 7 e éd., préfacé par John Rawls, Londres, Hackett, 1981, p. 52 et 402.

21. Robert Nozick, *Anarchie, État et utopie* (1974), trad. fr. E. d'Auzac de Lamartine et P.-E. Dauzat, Paris, P.U.F., 2 e éd., 2008, p. 64-67.

me survivra. Nos préférences ne portent pas uniquement sur nos états mentaux, elles concernent aussi des états du monde. « Nous voulons *faire* certaines choses, et non pas seulement avoir l'expérience de faire ces choses ». Nous voulons être plus qu'un cerveau dans une cuve, nous voulons être « un certain type de personne ». Les théories des désirs ou des préférences se proposent de prendre en compte la valeur de ces préférences non réductibles à des états mentaux.

Les théories des désirs ou des préférences[22] soutiennent que les seules choses qui possèdent de la valeur dans le monde sont les *satisfactions de nos préférences.* Le mot « satisfaction » doit ici être entendu non pas en un sens psychologique impliquant un certain plaisir, mais au sens où l'entendent les logiciens. Une préférence est satisfaite lorsque ce que nous préférons (un état mental, un état du monde, une certaine situation, un événement) est réalisé, a lieu, est obtenu, que nous en soyons conscients ou non, que cela suscite ou non en nous une satisfaction psychologique.

Les théories *subjectives* des désirs ou des préférences soutiennent que les satisfactions des désirs ou des préférences ne valent que parce que le sujet les valorise. Si un animal préfère continuer à vivre[23], alors la satisfaction de sa préférence à une valeur intrinsèque positive. Si je préfère le *push-pin* à la poésie, la vie porcine à la vie socratique, si je préfère être prostitué plutôt que caissier, alors la satisfaction de mes préférences, fussent-elles irrationnelles ou mal informées, a une valeur intrinsèque positive. Si j'ai ces préférences, alors leur satisfaction est bonne pour moi. Et leur frustration aurait une valeur intrinsèquement négative.

22. Dans cet article, les mots « désirs » et « préférences » sont interchangeables.

23. Peter Singer défend implicitement l'idée qu'être conscient de soi est une condition suffisante pour pouvoir avoir une préférence à la continuation de notre propre existence. Dans la troisième édition de *Practical Ethics* (Cambridge University Press, 2011, p. 100, 101, 119), il estime que les grands singes, les éléphants, les dauphins et certains oiseaux comme les geais buissonniers, les pies et les perroquets sont conscients d'eux-mêmes ; davantage, il pense que nous « devrions » être prêts à accorder ce type de conscience réflective, au bénéfice du doute, aux singes, aux chiens, aux chats, aux cochons, aux phoques, aux ours, au « bétail » de manière générale, aux moutons et peut-être même à tous les oiseaux en général et aux poissons.

Ce genre de théorie subjective et non restreinte des préférences a l'avantage d'étendre le domaine de la valeur au-delà de ce qui est ressenti, au-delà des seuls états mentaux. Mais ce type de théorie a aussi l'inconvénient d'étendre de manière invraisemblable le domaine de la valeur. Cela a-t-il un sens de dire que la satisfaction de l'une des mes préférences est bonne pour moi, même si je ne suis pas conscient, même si je ne peux pas savoir, qu'elle est satisfaite ? Dans quelle mesure est-il bon pour moi qu'un inconnu rencontré dans le train – avec qui j'ai sympathisé, et dont je souhaite la guérison – guérisse bel et bien, si je n'ai plus jamais aucune nouvelle de lui[24] ?

En réponse à cette objection, un théoricien subjectif de la valeur pourrait vouloir limiter le champ de la valeur. Il pourrait limiter sa théorie préférentielle de la valeur aux seules satisfactions des préférences dont le sujet est conscient. Il poserait ainsi ce que James Griffin appelle une « exigence d'expérience »[25]. Même si le nombre de brins d'herbe sur terre était bel et bien impair, conformément à ma préférence, cela n'aurait aucune valeur intrinsèque, car je n'en ferais pas l'expérience consciente. Si un escroc s'arrangeait pour détourner à son profit les résultats du Loto, cela n'aurait rien de mauvais pour moi. Certes, de manière générale, je préfère remporter la cagnotte quand j'ai les bons numéros, mais si je n'expérimente pas le fait que ma préférence a été frustrée, cela n'est pas mauvais intrinsèquement pour moi. Si je décide de vous tuer pendant votre sommeil, alors vous n'aurez pas conscience que votre préférence de continuer à vivre a été frustrée. Mon meurtre ne produirait alors en lui-même rien de mauvais intrinsèquement[26]. (On pourra bien sûr dire, par ailleurs, que ce faisant je frustre la préférence des autres de vous voir continuer à vivre). Certains auteurs pourraient très bien se contenter d'une telle position. Si je meurs sans douleur, sans les horribles anticipations qui précèdent la mort, et sans être conscient que je meurs, alors je n'éprouve rien de mauvais. Si je ne suis conscient de rien, comment cela pourrait-il être mauvais pour moi ?

24. J'adapte un exemple de James Griffin, *Well-being, Its Meaning, Measurement, and Moral Importance*, Oxford, Clarendon Press, 1986, p. 17.

25. *Ibid.*, p. 18.

26. Le sens de « mauvais » est axiologique. Est bon (*good*) ce qui satisfait mes préférences, mauvais (*bad*) ce qui les frustre.

Une théorie des préférences *restreinte aux satisfactions conscientes* a l'avantage de barrer la voie aux préférences dont la satisfaction nous est inconnaissable. Mais elle jette le bébé avec l'eau du bain : elle écarte les préférences que nous pourrions continuer d'avoir lorsque nous sommes dans certains états d'inconscience (par exemple, en dormant), et elle se débarrasse de toutes les préférences dont la satisfaction ne fait pas l'objet d'une expérience consciente (nombre de brins d'herbe sur terre).

Face à ce problème, si tant est que cela en soit un, un théoricien de la valeur pourra être tenté d'abandonner l'exigence de conscience (l'exigence d'expérience), et de réduire par un autre moyen le champ des satisfactions de préférences. Il pourra ainsi n'accorder de valeur intrinsèque qu'aux seuls désirs ou préférences informés. C'est la voie que choisit Peter Singer. Et l'on peut se demander si Sidgwick n'est pas, lui aussi, très proche d'une telle théorie. Pour Sidgwick, « ce qui est bon de manière ultime » (*ultime good*) est ce que « je devrais désirer d'un point de vue pratique si mes désirs étaient en harmonie avec la raison »[27]. Singer est peut-être moins exigeant. « La version de l'utilitarisme de la préférence que j'ai tentée de défendre se base sur les désirs que nous aurions si nous étions pleinement informés et si nous pensions calmement »[28]. Dans cette perspective, l'euthanasie d'une personne n'est justifiable que si cette personne « forme une décision informée, volontaire et ferme »[29].

Une théorie des désirs informés permet de ne pas tenir compte des préférences farfelues (brins d'herbe) ou irrationnelles prises en considération par une théorie non restreinte. Cela est acquis. Mais, si cette même théorie des désirs informés n'incorpore pas l'exigence de conscience, alors demeure le problème des préférences dont

27. *Methods of Ethics*, *op. cit.*, p. 112. Sidgwick est habituellement considéré comme un utilitariste hédoniste classique. On s'attend donc à ce qu'il soutienne que ce qui est bon intrinsèquement c'est le plaisir, et non pas les désirs rationnels.

28. P. Singer, 4 mars 2011, réponse aux commentaires de J. Narveson, L. Gruen, L. Francis, S. Clark, J. Marks, M. Bernstein, D. Sztybel et R. G. Frey sur le chapitre révisé de *Practical Ethics* consacré aux animaux (Cambridge University Press, 2011, 3e éd.). Une grande partie de ce chapitre, ainsi que les textes de Singer et de ces autres philosophes, peuvent être lus en ligne sur http ://onthehuman.org/2011/02/taking-life-animals.

29. *Questions d'éthique pratique* (1979), trad. fr. M. Marcuzzi, Paris, Bayard, 1997, 2e éd., p. 193.

nous ne savons pas qu'elles sont satisfaites. Or, précisément, Singer n'exige pas que nous soyons conscients de la satisfaction de nos préférences pour que celle-ci vaille intrinsèquement. Si nos préférences ne cessent pas quand nous dormons ou quand nous n'y pensons pas[30], il n'y a aucune raison de ne pas leur attribuer de valeur intrinsèque. La question reste donc de savoir en quoi il est attractif, avantageux, souhaitable ou désirable pour moi que l'inconnu du train avec qui j'ai sympathisé recouvre la santé si je ne sais pas qu'il guérit. Dire que la satisfaction de ma préférence à cet égard a une valeur intrinsèque pour moi est obscur.

Face à cette objection, Singer pourrait adopter ce que Derek Parfit appelle une « théorie du succès ». Une théorie du succès, en matière de théorie des désirs, ne fait appel qu'aux désirs qui concernent notre propre vie[31]. La théorie de Singer pourrait ainsi être comprise comme une *théorie des désirs informés et limités à notre propre vie* : seule la satisfaction des désirs informés et limités à notre propre vie, qu'on soit conscient de leur satisfaction ou non, aurait une valeur intrinsèque. Désirer que le nombre de brins d'herbe soit pair n'est pas un désir qui porte sur ma vie, sur ce que je souhaite être, réaliser ou avoir. De même pour l'inconnu du train, je souhaite qu'il guérisse, mais ce désir ne semble pas concerner ma vie. D'autres cas seraient sans doute plus difficiles à appréhender. Une mère qui désire que son enfant réussisse sa vie forme-t-elle un désir sur la vie de son enfant ou sur sa propre vie (le désir d'être un bon parent) ? La délimitation de l'ensemble des désirs qui portent sur notre propre vie n'est pas claire. Malgré cela, une théorie des désirs informés et limités à notre propre vie permettrait d'évacuer bon nombre de préférences irrationnelles, farfelues, faites dans

30. *Ibid.*, p. 102-103 : « Mon désir de continuer à vivre – ou de compléter le livre que je suis en train décrire, ou de voyager à travers le monde l'année prochaine – ne cesse pas chaque fois que je ne suis pas en train de penser consciemment à ces choses. Nous désirons souvent des choses sans que le désir soit au premier plan de notre esprit. Le fait que nous ayons le désir [en question] se manifeste (*is apparent*) si on nous le rappelle, ou si nous sommes confrontés à une situation où nous devons choisir entre deux lignes d'action, dont l'une des deux est moins susceptible de remplir le désir [en question] ».

31. D. Parfit, *Reasons and Persons*, Oxford, Oxford University Press, 1984, p. 4.

l'ignorance et dont la satisfaction nous est inconnue. Ce qui devrait compter en sa faveur.

Supposons que Singer adopte une telle théorie des désirs éclairés et limités à notre propre vie. Sa théorie de la valeur est-elle bien encore une théorie subjective ? Comment le théoricien de la valeur peut-il réduire le champ des préférences pertinentes, sinon depuis une sorte de point de vue objectif sur ce qui compte réellement ? Le caractère idéal des désirs éclairés ne donne-t-il pas à ce genre de théorie un caractère objectif ?

> Il se peut toujours que ce que nous voyons comme bon (*good*) pour une personne puisse être tout à fait différent de ce qu'elle pense être bon, quels que soient nos efforts pour lui apporter une information complète et l'amener à penser calmement. Elle peut tout simplement refuser d'accepter l'information[32].

Dans une telle situation, deux possibilités se présentent. Soit nous maintenons qu'elle a tort de préférer ce qu'elle préfère, de valoriser ce qu'elle valorise. Notre théorie est alors objective. Ou bien nous finissons par accorder que ce à quoi elle accorde elle-même de la valeur a plus de valeur pour elle que ce que nous jugeons rationnellement désirable pour elle, auquel cas notre théorie reste subjective.

Si la théorie des désirs informés (et possiblement limités à la vie du sujet) de Singer reste subjective, alors elle partage avec la théorie de Bentham une certaine souplesse : chaque individu est susceptible d'évaluer différemment les effets de la domestication, les satisfactions qu'il lui reste à vivre, etc. Mais sa théorie différerait aussi de celle de Bentham sur deux points : premièrement, elle n'exigerait pas qu'on soit *conscient* de nos intérêts satisfaits ; deuxièmement, elle permettrait d'attribuer une valeur intrinsèque à la satisfaction des *désirs* qu'ont les animaux de continuer à vivre et pas seulement à leurs états mentaux.

Si la théorie de Singer est objective, alors il devient possible de congédier certaines préférences dont la satisfaction n'apporte rien de bon intrinsèquement à celui qui forme cette préférence. Le problème est alors, comme pour toute théorie objective, celui de la

32. P. Singer, texte daté du 4 mars 2011 précédemment cité.

justification. Comment prenons-nous connaissance de ce qui a une valeur objective ?

AUTRES VALEURS OBJECTIVES

Vertus

Nous avons jusqu'ici passé en revue certaines théories des états mentaux et des désirs. Nous avons vu que ces théories sont en quelque sorte monistes. Elles soutiennent qu'il n'existe qu'une seule sorte de choses bonnes intrinsèquement, à savoir, respectivement, les plaisirs ou les satisfactions de préférences. Nous avons vu aussi que certaines d'entre elles pouvaient être objectives lorsqu'elles soutiennent que ce qui est bon intrinsèquement ne dépend pas de l'évaluation des individus.

Il existe d'autres théories de la valeur qui privilégient une ou plusieurs valeurs objectives, tout en admettant aussi, par ailleurs, un certain nombre de valeurs subjectives. Dans cette troisième partie seront exposés trois autres exemples de valeur objective mis en avant en éthique animale : la valeur intrinsèque des vertus, la valeur impersonnelle de certains modes de vie et la valeur inhérente de certains individus.

Selon Platon, il est meilleur (*ameinon*), plus avantageux (*lusitelein*), plus profitable (*oninanai*) d'être juste que d'être injuste. La vertu de justice appartient à l'espèce des choses bonnes que l'homme qui aspire à être bienheureux (*makarios*) doit aimer pour elles-mêmes et pour ce qu'elles produisent[33]. La vertu de justice est avantageuse objectivement pour celui qui la possède. Si je pense avoir cette vertu mais que je juge ne pas être avantagé par rapport à ceux qui, bien qu'injustes, manifestent davantage l'*apparence* de justice, alors soit je me trompe (la vérité est que je suis bel et bien avantagé), soit je n'ai pas réellement cette vertu (il est donc vrai que je ne suis pas avantagé).

33. *République*, 357a-367e.

Dans ce genre de perspective – celle des « théories de la vertu » –, il semble que plus un individu a de vertus ou d'excellences (*aretai*), de perfection, plus il a lui-même de valeur. Ainsi, si les animaux ne montrent aucun comportement vertueux, leur valeur est réduite à leur éventuelle valeur instrumentale – à l'utilité qu'ils peuvent avoir pour nous. Platon fait peut-être place à une certaine forme de vertu chez les animaux. Selon lui, la tempérance (*sôphrosunê*) s'épanouit chez les enfants et les animaux : c'est elle qui fait que certains sont « de façon innée déréglés quant à l'usage des plaisirs, alors que d'autres ne le sont pas »[34]. Les bêtes ont part au courage (*andreia*), quand le courage se rapporte à la peur[35]. Les oiseaux sont capables de se sacrifier, de consentir à mourir (*ethelein apothnêskein*), pour défendre leur progéniture[36]. Le fait que les animaux maintiennent leurs premiers accords d'amitié (*philias omologiais*) fait de leur vie une vie de piété (*osios*) et de justice (*dikaios*)[37]. Ces attributions de vertus, conformes aux croyances populaires, relèvent vraisemblablement de l'exhortation, mais Platon ne les rejette pas.

La possibilité que certains animaux agissent vertueusement est défendue plus fermement par Sapontzis. Pour ce dernier, il convient de distinguer, d'une part, l'idéal d'accomplissement lié aux théories de la vertu et, d'autre part, le fait d'agir vertueusement. L'idéal d'accomplissement exige de s'exercer, de se discipliner, de s'entraîner à la vertu, de se consacrer à l'accroissement des connaissances. Les actions des animaux ne semblent pas participer d'une tentative visant à accomplir un mode de vie idéal. Ils ne reconnaissent pas la façon dont les comportements vertueux contribuent à créer un monde idéal. Il n'en reste pas moins que « nombre de leurs actes sont admirables »[38]. « De nombreux animaux possèdent suffisamment de sensibilité (*sensitivity*) et d'intelligence pour reconnaître les vertus et pour accomplir des actes vertueux »[39].

34. *Lois*, trad. fr. L. Brisson et J.-F. Pradeau, Paris, GF, 2006, 710a.

35. *Ibid.*, 963e.

36. *Ibid.*, 814b.

37. *Ibid.*, 840d-e.

38. S. Sapontzis, *Morals, Reason and Animals*, *op. cit.*, p. 43 et, plus généralement, le chap. 3, « Being Rational and Acting Morally », p. 27-46.

39. *Ibid.*, p. 44.

« Ils reconnaissent les besoins des autres et répondent à ces besoins avec compassion, courage, de manière responsable, loyale, etc. À ce degré, ils reconnaissent les valeurs morales et y répondent. Cela suffit à gagner leur place dans l'arène morale et à discréditer l'idée que les seuls êtres rationnels peuvent occuper cette place d'honneur »[40].

Deuxièmement, même si les animaux étaient privés de ce qui, selon les théories de la vertu, a le plus de valeur intrinsèque dans le monde (les vertus), il ne s'ensuivrait pas nécessairement que l'exploitation animale soit légitime au niveau déontique. Si la vertu de justice est, comme le conçoit Platon, un certain rapport harmonieux entre la raison, le désir et l'ardeur, s'il faut que chaque partie « fasse son travail », il se peut que nous soyons injustes, que par exemple le désir domine la raison, quand nous tuons les animaux pour satisfaire au seul plaisir gustatif. Est-ce un hasard si la cité saine, dans la *République*, est d'abord végétalienne, et éventuellement végétarienne[41] ? Est-ce une coïncidence si les deuxième et troisième directeurs de l'académie de Platon, à savoir Xénocrate et Polémon[42], étaient végétariens, tout comme les néoplatoniciens Plutarque et Porphyre ?

Enfin, même si l'on devait soutenir que la vertu platonicienne de justice n'implique aucune obligation *directe* à l'égard des animaux, qu'elle ne leur bénéficie qu'*indirectement* par la réduction des désirs non nécessaires, d'autres vertus pourraient nous amener à nous soucier des animaux. « Avec toute leur morale les hommes n'eussent jamais été que des monstres, si la nature ne leur eût donné la pitié à l'appui de la raison »[43]. Si la pitié est la vertu qui rend l'homme véritablement humain, alors les animaux peuvent sans doute espérer autre chose de lui qu'un couteau sous la gorge. Le même genre de remarque pourrait valoir pour le concept de *care*. Ou pour la cruauté. Souhaitons-nous être cruels, et, si non, quand le sommes-nous ? « Aux côtés de la cruauté franche et directe qui consiste à torturer

40. *Ibid.*, p. 46. Je mentionne dans cette dernière partie la thèse de Sapontzis sur les vertus animales, mais le cadre général de sa théorie de la valeur est subjectif.

41. 372b.

42. Clément, *Stromates*, 7.32.9.

43. J.-J. Rousseau, *Discours sur l'origine et les fondements de l'inégalité parmi les hommes* (1755), annoté par B. Bachofen et B. Bernardi, Paris, GF, 2008, p. 96.

une bête dans l'intention de la voir implorer en vain, symptôme de plaisir sadique, écrit Florence Burgat, s'ajoute celle, indirecte et occultée, des élevages, des abattoirs, des laboratoires, et celle directe mais théâtralisée de la chasse et de la corrida, symptôme de trouble de l'empathie »[44]. Si les cruautés indirectes, occultées et théâtralisées doivent être prises en compte – et comment ne le seraient-elles pas, sinon par hypocrisie ? –, toutes les théories de la valeur aménageant une place d'honneur à la vertu doivent penser à nouveaux frais la relation anthropozoologique.

Valeur objective impersonnelle

Une théorie de la valeur peut faire place à un autre genre de valeurs objectives que celles qui, à l'instar des vertus, sont bonnes en tant qu'elles sont avantageuses, profitables, bonnes pour l'individu. Voyons comment Peter Singer est amené à envisager cet autre genre de valeur à partir d'un problème affectant sa théorie au niveau déontique. Dans la troisième édition de *Practical Ethics* (2011), Singer soutient que « nous pourrions penser la création d'une préférence non satisfaite comme l'ajout d'un débit dans une sorte de livre de compte moral fait de débits et de crédits »[45]. Une préférence, avant d'être satisfaite, est par définition non satisfaite. Une préférence est comme un débit. Mais,

> si la création de chaque préférence est un débit qui n'est annulé que lorsque le désir est satisfait, alors *il s'ensuit qu'il est mal* (*wrong*), *toute chose étant égale par ailleurs, de porter à l'existence un enfant qui sera dans l'ensemble très heureux* et qui sera capable de satisfaire presque toutes ses préférences, mais pas absolument toutes. Parce que tout le monde a certains désirs qui ne sont pas satisfaits, même la vie la meilleure qu'on puisse de manière réaliste espérer mener laissera un petit débit sur le livre de compte. *La conclusion à tirer est qu'il serait mieux qu'aucun d'entre nous ne soit né*[46].

44. F. Burgat, « Les habits de la cruauté », dans B. Cyrulnik (éd.), *Si les lions pouvaient parler*, Paris, Gallimard, 1998, p. 1223.

45. *Practical Ethics*, 3 e éd., *op. cit.*, p. 114.

46. *Ibid.*, p. 114 (je souligne). Ce passage est légèrement différent dans la 2 e édition traduite en français (*Questions d'éthique pratique*, *op. cit.*), p. 130-131.

C'est pour éviter cette conclusion, ainsi que d'autres conclusions problématiques pour sa théorie éthique normative, que Singer fait « appel à une notion de valeur qui va au-delà de la base minimaliste »[47] de sa théorie de la préférence.

> Nous pourrions essayer de distinguer deux genres de valeur : la valeur dépendante-des-préférences, qui dépend de l'existence d'êtres ayant des préférences et est liée aux préférences de ces êtres spécifiques, et la valeur qui est indépendante de ces préférences[48].

La satisfaction des préférences informées n'est pas la seule chose qui soit douée de valeur intrinsèque. Singer soutient maintenant que certaines choses sont bonnes indépendamment des préférences – sont bonnes de manière « impersonnelle »[49]. Autrement dit, ces choses ne sont pas bonnes pour quelqu'un, elles sont bonnes, point. Elles sont bonnes en soi, indépendamment de toute contribution au bien-être de qui que ce soit. Dans le même genre d'idée, continue Singer, on pourrait soutenir « une théorie pluraliste de la valeur et considérer que l'amour, l'amitié, le savoir, l'appréciation de la beauté, tout autant que le plaisir ou le bonheur, sont tous de valeur »[50] impersonnellement, indépendamment du fait qu'on les préfère. Dire que ces choses ont une valeur impersonnelle serait dire qu'un monde qui les inclut est meilleur qu'un monde qui ne les inclut pas. Et dire cela permettrait de contrebalancer le fait négatif, négatif en termes de valeur intrinsèque, que toutes nos préférences (tous nos débits) ne seront jamais satisfaites en tout point.

Pour relativiser cette innovation théorique, Singer pointe le fait que, chez Sidgwick comme chez les autres grands utilitaristes hédonistes, il n'existe qu'une seule chose dotée de valeur intrinsèque dans le monde – le plaisir –, et que cette valeur est elle aussi indépendante de nos préférences[51]. Cela est tout à fait juste. Mais, contrairement au plaisir, la valeur indépendante-des-préférences de Singer est impersonnelle. Elle n'est bonne pour personne (alors que, pour Bentham, le plaisir n'est bon que dans la mesure où il est bon pour

47. *Ibid.*, p. 116.
48. *Ibid.*, p. 116-117.
49. *Ibid.*, p. 119.
50. *Ibid.*, p. 117.
51. *Id.*

quelqu'un). La valeur impersonnelle suggérée par Singer est bonne tout court. Et, cela, jamais les utilitaristes hédonistes classiques ne semblent avoir été prêts de l'admettre.

En « suggérant »[52] l'existence d'un genre de valeur impersonnelle, Singer semble faire un pas vers l'utilitarisme idéal de G. E. Moore, un utilitarisme dont la théorie de la valeur est constituée de choses bonnes objectivement. Cela pose d'importants problèmes. D'abord, parce qu'il est difficile de procéder à un calcul utilitariste si Singer ne spécifie pas clairement quelles sont les choses bonnes objectivement et impersonnellement. La seule chose que Singer semble soutenir clairement, c'est qu' « il y a de la valeur dans certains genres de vie », et qu'« un univers habité par des gens vaut mieux qu'un univers non sensible »[53] (sauf si ces gens sont très malheureux). Quels genres de vie ont une valeur impersonnelle ? Y a-t-il d'autres choses qui possèdent une valeur impersonnelle ?

Deuxièmement, Singer reconnaît lui-même le très sérieux problème que pose ce nouveau genre de valeur : comment allons-nous procéder lorsqu'il y a conflit entre des valeurs personnelles et impersonnelles, ou lorsqu'il y a opposition entre des valeurs impersonnelles ? Quelles valeurs l'emportent ? Sur quel critère ? Si la vie sensible a une valeur intrinsèque impersonnelle, et si un chien errant souffre de faim et de froid, quelle attitude devons-nous adopter vis-à-vis du chien ? La valeur impersonnelle de la vie sensible compte t elle plus que la valeur négative de la douleur ? Combien de caribous doivent survivre pour que la valeur impersonnelle de leur mode de vie compense la valeur négative des pertes financières occasionnées à l'industrie du pétrole dans le Grand Nord canadien[54] ?

52. *Ibid.*, p. 118. Singer manifeste la même prudence dans sa nouvelle préface : « je suis maintenant davantage *prêt à envisager – bien que je ne sois pas encore prêt à embrasser* – l'idée qu'il y a des vérités éthiques objectives qui sont indépendantes de ce que l'on désire. Je dois ce changement – qui n'aurait pas pu être adéquatement exploré dans un livre de cette nature – à ma lecture du livre immensément impressionnant, et encore inachevé, de Derek Parfit, *On What Matters* » (p. XIII, je souligne.).

53. *Ibid.*, p. 117.

54. Exemple donné par Tom Regan dans un autre contexte.

Valeur inhérente

Pour terminer cet article sur les théories de la valeur, je dirai quelques mots sur le statut de la valeur inhérente chez Tom Regan. La théorie des droits de Regan fait place à au moins deux genres de valeur. Le premier est la valeur intrinsèque des plaisirs et des satisfactions de préférences. Le deuxième genre de valeur distingué par Regan est la *valeur inhérente* que possèdent certains individus. Voyons certaines de ses caractéristiques.

La valeur inhérente doit être entendue « comme un type de valeur possédée par certains individus, sur le mode kantien des individus existant comme fins-en-soi »[55]. Elle n'est ni réductible à, ni commensurable avec, ni fonction des *valeurs intrinsèques* du plaisir ou des satisfactions de préférence.

La valeur inhérente de Regan est objective. Elle ne dépend pas du fait qu'un autre individu en a conscience, y a un intérêt ou l'apprécie[56]. Elle ne dépend pas non plus du fait que le possesseur de valeur inhérente s'apprécie comme tel. Dans l'une de ses premières réflexions sur l'éthique environnementale, écrite en 1979, alors que son concept de valeur inhérente ne semble pas encore pleinement développé, Regan propose une brève analyse du statut métaéthique de la valeur inhérente. Celle-ci est attachée (*hærere*) dans (*in*) l'objet lui-même[57]. La valeur inhérente d'un objet naturel est une propriété objective de cet objet[58]. Elle est survenante[59] : elle dépend des propriétés de cet objet. Mais elle n'est pas pour autant réductible à ses propriétés « naturelles »; ni nos yeux ni un microscope ne permettent de l'appréhender[60]. C'est un raisonnement qui nous amène à la postuler chez certains êtres.

55. T. Regan, *Les Droits des animaux*, *op. cit.*, préface 2004, sec. « L'idée de valeur inhérente », p. 30.

56. T. Regan, *All That Dwell Therein. Essays on Animal Rights and Environnemental Ethics*, Berkeley/Los Angeles, University of California Press, 1982, p. 199.

57. *Ibid.*, p. 199.

58. *Id.*

59. *Id.*

60. Sur la distinction entre axiologie objective naturaliste et non naturaliste, voir par exemple Baird Callicott, *In Defense of the Land Ethic*, Albany, State University of New York Press, 1989, p. 158-159.

La valeur inhérente peut être dite *impersonnelle* dans la mesure où avoir une valeur inhérente n'est en soi pas un avantage, n'est ni attractif ni plaisant. Certes, on peut tirer une certaine satisfaction psychologique à contempler notre propre valeur inhérente, ou trouver avantageuse la possession de cette valeur du point de vue moral. Mais la possession de cette valeur inhérente n'est pas fondée sur l'existence de cette satisfaction ou de cet avantage perçu, elle ne dépend pas d'eux. Si j'ai une valeur inhérente, je l'ai indépendamment du fait que j'en sois conscient ou que je la juge être un atout.

Regan est amené à *postuler* l'existence de ce genre de valeur objective, non naturelle et impersonnelle pour répondre aux problèmes que posent les autres théories éthiques normatives, en particulier leur théorie de la valeur. Les théories hédonistes et préférentielles de la valeur n'accordent pas de valeur à l'individu, mais seulement à ses états mentaux ou à certains états du monde. Dans ces théories, l'individu est comme un réceptacle, une tasse, et seuls les liquides doux et amers versés (plaisirs) ou les situations concernant cette tasse (satisfactions de préférence) ont une valeur intrinsèque. Si une tasse est cassée, mais qu'elle est remplacée, ou que le liquide peut être servi à d'autres, alors cela importe peu. Quant aux théories perfectionnistes, la valeur des individus semble dépendre de la perfection ou des excellences qu'ils montrent dans leurs actes ou dans leurs décisions. Si seule l'excellence importe, la vie des individus inférieurs ou médiocres a la plus haute valeur quand elle se met au service de ce qui est « bon pour les spécimens les plus rares et les plus doués de valeur »[61]. La valeur inhérente que Regan postule chez tous les sujets-d'une-vie est possédée de manière égale par chacun d'entre eux. La valeur inhérente n'admet aucun degré. Un individu malheureux, sans excellence particulière ou dont l'espérance de vie est réduite, n'a pas moins de valeur inhérente qu'un autre, si tous deux possèdent une valeur inhérente. Selon Regan, le postulat de la valeur inhérente est nécessaire pour satisfaire à l'équilibre réfléchi entre nos principes moraux et nos intuitions réfléchies.

61. J. Rawls, *Théorie de la justice* (1971), trad. fr. C. Audard modifiée, Paris, Seuil, 1987, n. 50, p. 373.

Recherches sur la philosophie et le langage 32 (2016)
384 p., ISBN : 978-2-7116-8418-2, p. 229-250, Vrin.

Quand le mauvais anthropocentrisme chasse le bon… Ou une étrange amnésie dans les revendications antispécistes [1]

Marlène JOUAN *

RÉSUMÉ

L'anthropocentrisme apparaît régulièrement voire systématiquement, chez les partisans de la cause animale, comme la « vision du monde » à abattre : à moins de changer de repère normatif dans notre considération des animaux non humains, nous sommes condamnés à nier les faits et à tomber dans des contradictions pratiques. De l'anthropocentrisme au spécisme, il en irait donc du pareil au même. Nous montrons d'abord que cette assimilation n'est

* Marlène JOUAN est maître de conférences en philosophie à l'Université Pierre Mendès France de Grenoble, membre du Groupe de Recherches PPL (EA 3699), et membre du Comité d'éthique pour les recherches non-interventionnelles (CERNI), rattaché au Pôle Grenoble Cognition. Spécialiste de philosophie morale contemporaine et d'anthropologie philosophique, elle a notamment publié les « Textes clés » de *Psychologie morale. Autonomie, responsabilité, rationalité pratique* (Paris, Vrin, 2008) ; en co-direction avec Sandra Laugier, *Comment penser l'autonomie ? Entre compétences et dépendances* (Paris, P.U.F., 2009) ; ainsi que, plus récemment, « L'autonomie entre aspiration et injonction : un idéal social ? » (*Vie sociale*, 2012/1), « Kant revu par la psychologie morale : à quoi peuvent encore servir les arguments transcendantaux ? » (*Implications philosophiques*, juin 2013), et l'ouvrage collectif *Voies et voix du handicap* (Grenoble, PUG, 2013).

1. Je remercie Thomas Berriet et Rémi Clot-Goudard pour leurs précieuses remarques sur une première version de ce texte.

conceptuellement pas rigoureuse : on peut logiquement être spéciste sans être anthropocentriste et inversement. Cette analyse est congruente avec l'anthropocentrisme résiduel qui irrigue les théories dominantes en éthique animale, et qui ressort de manière particulièrement éclatante dans les arguments avancés pour résoudre les cas dits « difficiles ». À l'aide des réflexions de la philosophe américaine Cora Diamond, nous défendons alors la thèse selon laquelle il est à la fois illusoire et contre-productif de prôner un abandon unilatéral de l'anthropocentrisme, quand celui-ci, bien compris, est inhérent à l'exercice de notre rationalité pratique.

> *Das menschliche Blick hat es an sich, dass er die Dinge kostbar machen kann, allerdings werden sie dann auch teurer*[2].

L'intitulé de cet article est un peu elliptique : je vais en effet m'intéresser plus précisément à ce qui se passe quand, dans les théories philosophiques dominantes en faveur de l'intégration des animaux dans la communauté morale humaine, ou en faveur de l'extension de cette même communauté aux animaux, *la critique du mauvais anthropocentrisme chasse le bon.* Parlant des théories philosophiques dominantes, j'entends spécifiquement celles qui inscrivent la défense de la « cause animale » dans le prolongement des luttes d'émancipation qui, au XXe siècle, ont fait tomber les figures idéologiques de la discrimination à l'intérieur de l'espèce humaine, à savoir au premier chef celles de Peter Singer et Tom Regan. Au-delà des divergences profondes entre ces deux théories, aussi profondes que le gouffre qui sépare l'utilitarisme du déontologisme[3], elles s'accordent en effet sur l'idée suivante : l'anthropocentrisme qui gouverne aujourd'hui encore nos relations avec les animaux, que ce soit l'anthropocentrisme (plus ou moins) réfléchi de la philosophie ou l'anthropocentrisme (plus ou moins) spontané du sens commun, est mal placé et même n'a pas lieu d'être du tout. Nous pourrions et devrions nous en débarrasser, condition pour affranchir les animaux de la tyrannie d'une convention qui, pour sembler aussi solide qu'une loi de la nature, est pourtant riens moins qu'arbitraire, et ne tient sa nécessité apparente que du seul fait d'être à notre service, à notre convenance.

Cette déclaration une fois faite, il n'est cependant pas aisé, lorsqu'on regarde comment opèrent et argumentent ces théories, de savoir exactement ce qui à ce titre est combattu. Quand il s'agit de déterminer qui ou quoi a droit à notre respect, jusqu'où s'étendent les limites de l'attention morale, quels sont les êtres qui sont concernés par la norme d'égalité de considération ou de traitement, dire que l'être humain ou son point de vue sur le monde doit être

2. L. Wittgenstein, *Vermischte Bemerkungen/Remarques mêlées*, trad. fr. G. Granel (1984), Mauvezin, T.E.R., 1990 (2e éd.), p. 12 : « Le regard humain a ceci de propre, qu'il peut donner de la valeur aux choses ; il est vrai qu'alors elles deviennent également plus chères ».

3. Voir dans ce volume la contribution de Jean-Yves Goffi.

délogé de sa position « au centre », voilà qui ne se réduit évidemment pas à la correction d'une erreur topographique, mais qui est beaucoup moins limpide que ce qui est parfois suggéré. Sur la base de ce diagnostic, mon propos est tout à fait modeste, et consistera essentiellement en un travail de clarification ou de « désembrouillage ». Il ne s'agira donc aucunement de m'opposer aux conclusions pratiques des théories de type Singer/Regan, du moins dans leur visée générale, et je laisserai d'ailleurs de côté leurs désaccords sur ce point et d'autres, ainsi que leurs justifications philosophiques. Je m'opposerai encore moins au souci éthique qui anime leurs théories. Je m'intéresserai seulement au mode d'argumentation et d'exposition de ces conclusions, et par là aux moyens employés pour soutenir par la force de la preuve le besoin de plus de justice. En développant quelques propositions de la philosophe américaine Cora Diamond, j'essaierai alors de montrer que faute d'assumer leur ancrage dans un certain anthropocentrisme, qui ne se réduit pas à celui qui tient le haut de l'affiche et qu'elles rejettent unanimement, ces théories (et plus largement l'éthique animale) scient la branche sur laquelle elles sont assises, et sabordent en partie leur pouvoir critique.

POURQUOI IL NE FAUT PAS CONFONDRE ANTHROPOCENTRISME ET SPÉCISME

On constatera dans un instant que l'anthropocentrisme est un concept plus confus que ne le laisse croire son rôle de cristallisateur, et parfois d'épouvantail, du débat entre « humanistes » et « animalistes » – ces derniers regroupant de manière générique tous ceux qui considèrent qu'il est vain de prétendre que nous avons de quelconques obligations envers les animaux si ces obligations ne sont pas elles-mêmes fondées sur la reconnaissance de leurs droits, au sens large (comme chez Singer) ou strict (chez Regan) de ce terme. Certaines choses, néanmoins, semblent tout à fait claires. En premier lieu, qu'il ne s'agit guère plus aujourd'hui d'un concept purement descriptif renvoyant littéralement à la place centrale de l'être humain au sein du cosmos, ou à défaut sous la main et le regard de Dieu. On peut d'ailleurs douter qu'il l'ait jamais été, dans la mesure où le modèle du cercle, horizontal, dans lequel l'être humain figure comme point de repère absolu autour duquel gravite l'ordre du monde, a toujours été plus ou moins contaminé par celui de l'échelle, où le centre se trouve en réalité être le sommet d'une hiérarchie (sublunaire du moins), et où l'importance de l'être humain n'est donc que relative. Comme nous le verrons, on peut d'ailleurs fort bien concevoir que le premier modèle une fois désavoué, le second n'en persiste pas moins, et pas seulement dans une lecture finaliste ou téléologique de la théorie darwinienne de l'évolution[4].

Reste que c'est essentiellement en tant que concept normatif que l'anthropocentrisme est aujourd'hui attaqué, l'idée étant qu'au mépris de propriétés communes l'être humain s'arroge une sacralité ou une dignité exclusive et incommensurable par rapport au reste du vivant, qui l'en distingue absolument, ne lui est pas transférable, et lui donne toute autorité pour se le soumettre. Cet anthropocentrisme, faut-il le rappeler, n'implique pas nécessairement que ce « reste » ne compte pas, mais qu'il compte *moins*, et seulement pour autant qu'il compte *pour nous*, étant donné les fins de l'humanité ou les réquisits de notre vie bonne. Compatible avec une théorie des devoirs indirects envers les animaux, il se concilie aussi très bien avec une éthique du bien-être animal, d'après laquelle on cherchera à traiter les animaux « humainement », en leur épargnant toute souffrance évitable ou « non nécessaire ».

En ce sens apologétique et narcissique, déjà mis en cause par Lévi-Strauss[5], l'anthropocentrisme paraît pouvoir être assimilé à ce que Singer et Regan désignent, après le psychologue britannique Richard Ryder, sous le titre de *spécisme* ou d'espécisme. Selon Singer, il faut entendre par là « un préjugé ou une attitude de parti-pris en faveur des intérêts des membres de sa propre espèce et à l'encontre des intérêts des membres des autres espèces »[6]. Regan, quant à lui, parle de « chauvinisme humain » pour caractériser l'attitude tout

4. Voir P. Picq, « L'homme, point culminant de l'évolution ? », dans J. Birnbaum (dir.), *Qui sont les animaux ?*, Paris, Gallimard, 2010, p. 47-87.

5. Voir « Jean-Jacques Rousseau, fondateur des sciences de l'homme » (1962), dans *Anthropologie structurale deux*, Paris, Plon, 1973, p. 45-56 ; et « L'idéologie marxiste, communiste et totalitaire n'est pas une ruse de l'histoire », Entretien avec J.-M. Benoist, *Le Monde*, 21-22 janvier 1979.

6. P. Singer, *La libération animale* (1975), trad. fr. L. Rousselle et D. Olivier, Paris, Payot & Rivages, 2012, p. 73.

aussi biaisée, débouchant sur une distribution inéquitable de droits aux uns et aux autres, qui repose sur « une incapacité ou un refus de reconnaître que les caractéristiques que l'on trouve les plus importantes ou les plus admirables en soi-même, ou chez les membres de son groupe, sont aussi possédées par des individus autres que soi-même ou que les membres de son groupe »[7]. L'anthropocentrisme, auquel est sous-jacent une ignorance volontaire que l'on qualifierait volontiers de dénégation, pourrait alors être défini comme une discrimination morale indue à l'avantage des membres de ce groupe particulier que constitue l'espèce *Homo Sapiens*, et au seul motif de leur appartenance à cette espèce. Son caractère logiquement aberrant se manifesterait dans le constat que les différences de fait, lorsqu'elles sont intraspécifiques, comptent pour rien ou sont moralement indifférentes, comme le montre de manière exemplaire le traitement des personnes handicapées mentales, tandis que lorsqu'elles sont interspécifiques, ces mêmes différences sont érigées, quelles que soient par ailleurs les similitudes observables, en fins de non-recevoir à la considération des intérêts ou au respect des individus.

Il est d'ailleurs plus rigoureux ici de parler d'anthropocentrisme que de spécisme, car à suivre la définition ci-dessus, le spécisme pourrait après tout être le fait d'animaux non-humains à l'encontre d'autres animaux y compris nous-mêmes[8]. Rappelons-nous le fameux passage du *Politique* de Platon où l'Étranger nous avertit de ce qui pourrait nous arriver si des grues, suffisamment douées d'intelligence, en venaient à appliquer la même logique fallacieuse que celle que nous mettons en œuvre lorsque nous séparons radicalement le genre humain de l'ensemble des espèces animales[9]. Aussi le spécisme qui est mis en cause dans l'éthique animale se présente-t-il rarement de manière aussi brute. Le plus souvent, il correspond à ce qu'à la suite de James Rachels on appelle le spécisme *conditionné*

7. T. Regan, *The Case for Animal Rights*, Londres, Routledge, 1983, p. 31.

8. Comme le remarque aussi J.-B. Jeangène Vilmer dans *Éthique animale*, Paris, P.U.F., 2008, p. 47.

9. Platon, *Le Politique*, 263b-263e.

(*qualified*) par contraste avec le spécisme *absolu* (*unqualified*)[10]. Selon cette dernière approche, « le fait qu'un individu soit membre d'une certaine espèce, indépendamment de toute autre considération, suffit pour établir une différence quant à la manière dont on devrait le traiter »[11]. L'appartenance à une espèce particulière est moralement discriminante par elle-même, quelles que soient par ailleurs les différences et similitudes entre elle et d'autres espèces. Le spécisme conditionné est plus raffiné : l'appartenance d'espèce ne suffit pas, encore faut-il qu'elle soit « corrélée à d'*autres* différences qui, *elles*, sont significatives »[12] sur le plan moral. Typiquement, on élira parmi ces autres différences la rationalité qui, à défaut d'être empiriquement partagée au même degré par chacun des membres de notre espèce, n'en constitue alors pas moins la norme qui mesure l'égalité formelle de tous. (Comme nous le verrons un peu plus loin, cette norme reste d'ailleurs opératoire même quand la sensibilité suffit pour être titulaire du passeport nécessaire à une inclusion pleine et entière dans la communauté morale : elle permet en effet d'affirmer sans trop de mauvaise conscience que si « tous les animaux sont égaux », en dernière instance toutefois « certains le sont plus que d'autres ».)

La distinction entre spécisme absolu et spécisme conditionné invite assez naturellement à franchir un pas supplémentaire pour se poser la question suivante : le critère d'appartenance à l'espèce est-il même nécessaire à l'anthropocentrisme ? À première vue oui, puisque les défenseurs du spécisme conditionné ont beau prétendre ne pas être naïfs ou grossiers au point de céder au sophisme naturaliste auquel succombe le spécisme absolu, celui-ci ne se révèle pas moins être leur position de retranchement pour justifier un traitement discriminatoire entre être humains et animaux qui, autrement, n'aurait pas lieu d'être. Je pense à l'hypothèse, élaborée également par Rachels[13], d'un chimpanzé qui présenterait toutes les compétences cognitives nécessaires pour entrer à l'université – et

10. J. Rachels, « Darwin, espèces et moralité » (1987), trad. fr. E. Reus dans E. Reus *et al.*, *Espèces et éthique. Darwin : une révolution à venir*, Lyon, éd. Tahin Party, 2001, p. 23-44.

11. *Ibid.*, p. 32.

12. *Ibid.*, p. 35.

13. *Ibid.*, p. 40.

même, peut-on ajouter, toutes les compétences morales nécessaires pour cohabiter pacifiquement et heureusement avec ses camarades étudiants humains – mais qui, parce qu'il est un chimpanzé et qu'ordinairement les chimpanzés, ou les chimpanzés normaux, sont quelque peu déficients de ce point de vue, se voit refuser le droit d'inscription. Plus communément, c'est cependant le traitement des êtres humains déficients qui montre que le spécisme conditionné est au fond un spécisme absolu : c'est à cet endroit qu'intervient le célèbre argument, utilisé à l'envi par les antispécistes, des cas dits « marginaux »[14]. À regarder les deux situations, fictive et avérée, il semble donc que les « autres différences » ou conditions censées être moralement significatives ont surtout servi à maquiller la pertinence du seul critère d'appartenance à l'espèce. C'est pourquoi l'antispéciste peut considérer avoir désarmé l'anthropocentrisme une fois qu'il a établi d'une part qu'il est désavoué par les faits, qui démentent la croyance en un propre de l'homme susceptible de poser une frontière absolue entre son espèce et les autres espèces animales ; d'autre part qu'il est moralement incohérent, en ce qu'il nous met pratiquement en porte-à-faux avec les critères universels du juste ou du bien auxquels nous tenons par ailleurs et sous lesquels nous pensons et évaluons nos relations avec les autres êtres humains.

Pourtant, force est de reconnaître que l'anthropocentrisme n'a pas nécessairement partie liée avec le critère de l'appartenance à l'espèce, ou alors seulement indirectement. Ainsi pour Kant, habituellement convoqué comme une figure paradigmatique de l'anthropocentrisme en matière morale, l'être humain n'est-il « au centre » que pour autant qu'il est un être raisonnable ou une *personne*, concept qui peut en principe s'appliquer à des êtres non-humains qui n'auraient biologiquement rien de commun avec nous mais n'en seraient pas moins doués de rationalité. Dans les faits, du moins à l'heure actuelle et en laissant de côté les scénarios de science-fiction, cela ne fait certes guère de différence, puisqu'à notre connaissance

14. Pour une bonne présentation de cet argument, voir N. Delon, « Handicap et animaux », dans S. Laugier (dir.), *Tous vulnérables ? Le care, les animaux et l'environnement*, Paris, Payot, 2012, p. 99-121 ; et M. Rowlands, *Animals Like Us*, Londres/New York, Verso, 2002, p. 42-47.

seuls les membres de l'espèce *Homos Sapiens* peuvent s'en targuer. Il vaut toutefois la peine de souligner qu'il n'y aurait alors aucune raison de ne pas appliquer ce même concept de personne à des êtres non-humains qui cette fois partageraient avec nous non seulement la condition de rationalité, mais également un même patrimoine biologique. Kant lui-même ne songe en effet pas seulement aux « petits anges », selon la moquerie légendaire de Schopenhauer, mais envisage, certes furtivement, une hypothèse qualifiée par Derrida d'« à la fois délirante et extra-lucide »[15] : il se pourrait que, sous le coup d'une nouvelle « révolution de la nature », un chimpanzé développe ses organes « jusqu'à la formation d'une structure humaine, contenant en son élément le plus intérieur un organe pour l'usage de l'entendement », et qu'une fois celui-ci amené à maturité sous l'effet d'une « culture sociale »[16], ce chimpanzé finisse par être un candidat ma foi tout à fait légitime à l'entrée à l'université. Réflexion qui certainement « entraîne loin », comme le note Kant, et qui confirme en tout cas que l'anthropocentrisme est conceptuellement indépendant du critère d'appartenance à l'espèce, si bien qu'au fond seules peuvent compter les conditions moralement significatives, elles-mêmes méta-spécifiques. Il ne suffit donc pas, pour en être quitte avec un anthropocentrisme qui, à strictement parler, devrait être qualifié de *logo*centrisme, de réfuter le spécisme.

DES CHIENS ET DES HOMMES : COMBIEN VAUT UNE VIE ?

Comme on l'a souvent remarqué, un certain anthropocentrisme, non spéciste en effet, travaille d'ailleurs implicitement mais incontestablement les argumentations de type Singer/Regan, si bien que pour être révolutionnaires en théorie, elles se trouvent prises en flagrant délit de réformisme en pratique. Gary Steiner, au seuil de son histoire de l'anthropocentrisme occidental, propose à cet égard une analogie éloquente : en dépit de la noble intention qu'ils

15. J. Derrida, *L'animal que donc je suis*, Paris, Galilée, 2006, p. 137-138.

16. E. Kant, *Anthropologie d'un point de vue pragmatique*, trad. fr. M. Foucault, Paris, Vrin, 1984, n. 1, p. 268 (Ak VII : 328).

articulent, les principes de l'égale considération des intérêts (Singer) et de l'égal respect de la valeur inhérente (Regan) fonctionneraient comme le fait, selon Marx, le principe libéral de l'égalité juridique, à savoir qu'en traitant des êtres inégaux comme s'ils étaient égaux, ils préservent les inégalités qui sont *de facto* sous-jacentes[17]. Concrètement, ces principes ont beau défendre l'inclusion des animaux dans la communauté morale humaine en disqualifiant comme irrationnels tous les critères qui reposent sur des préjugés d'espèce, on s'aperçoit, lorsqu'il faut jouer cartes sur table, qu'ils ont assez peu d'incidence sur le choix de la meilleure action « tout bien considéré ». Chassez l'anthropocentrisme, il revient au galop, notamment lorsque, en situation de conflit d'intérêts ou de concurrence de droits entre l'être humain et l'animal, il n'est plus seulement question de plaisir et de souffrance, mais de vie et de mort.

Je pense bien sûr à la fameuse expérience de pensée du canot de sauvetage, revisitée par Tom Regan[18]. Par malheur, le canot est trop petit pour que tous ceux qui y ont provisoirement trouvé refuge, soit un chien et quatre êtres humains, puissent y rester : il faut donc sacrifier, sans compromis possible, l'une des « fins en soi » présentes sur le canot, sans quoi il sombrera. À première vue, voilà une situation « test » pour s'assurer que nos antispécistes ont bel et bien rompu avec l'anthropocentrisme. Or, que nous dit-on ? Que, toutes choses égales par ailleurs, le chien devrait être jeté par-dessus bord pour préserver la vie des êtres humains, que cela ne serait pas moralement répréhensible. Qui plus est, y aurait-il non pas un, mais dix, ou cents, ou même un million de chiens sur le canot que cela ne changerait rien à l'affaire. Quelle justification donner à ce qui paraît bien, du point de vue de celui-là même qui défend cette solution, être un choix typiquement anthropocentré ? « Aucune personne raisonnable ne nierait », écrit Regan, que « la mort de n'importe lequel des êtres humains représenterait un plus grand dommage, en raison d'une plus grande perte, que ne le serait la mort de chacun

17. G. Steiner, *Anthropocentrism and its Discontents. The Moral Status of Animals in the History of Western Philosophy*, Pittsburgh, University of Pittsburgh Press, 2005, p. 8-9.

18. Voir à nouveau, pour une présentation plus détaillée de l'expérience et du raisonnement de Regan, la contribution de Jean-Yves Goffi à ce volume.

des (…) chiens »[19]. Aucune personne raisonnable ne nierait, autrement dit, que la mort d'un être humain prive ce dernier de possibilités de satisfaction à la fois plus nombreuses et qualitativement plus riches que celles dont serait privé le chien.

Que nous révèle cette solution quant au « décentrement » revendiqué par rapport au privilège traditionnellement accordé au point de vue humain dans la pensée morale ? Est-elle étonnante, et pouvions-nous nous attendre à autre chose ? On est naturellement enclin à soupçonner qu'elle révèle une contradiction ou une incohérence dans la théorie de Regan, ou du moins entre sa théorie et son application aux situations de « nécessité » ou de conflit moral, celles qu'on appelle les « cas difficiles »[20]. Si incohérence il y a, elle ne remonte toutefois pas aux fondements normatifs de son égalitarisme, qui exige, selon une formule bien connue, de ne jamais traiter les animaux seulement comme des moyens mais toujours aussi comme des fins. On suppose en effet qu'à la différence de ce qui se passe dans les pratiques quotidiennes de consommation et d'expérimentation, les droits des animaux présents sur le bateau de sauvetage n'ont pas été violés en première instance. Les naufragés humains n'ont pas forcé le chien à monter sur le canot en espérant, par exemple, pouvoir compter sur lui pour le tirer à la nage jusqu'à la terre ferme, quitte à ce qu'il meure dans l'épreuve : il s'y trouve seulement par manque de chance ou mauvaise fortune, tout comme ses compagnons, peut-être parce que le bateau-mère a coulé ou pour cause d'inondation. L'évaluation du moindre dommage que lui cause sa propre mort et qui justifie le triste sort qui l'attend est ainsi censée reposer uniquement sur des considérations empiriques que tout un chacun concèdera. Comme le souligne d'ailleurs Regan : « Il ne serait pas non plus moralement répréhensible de jeter par dessus bord un million d'êtres humains pour épargner un survivant canin si le dommage que représenterait la mort pour les humains était, pour

19. T. Regan, *The Case for Animal Rights*, *op. cit.*, p. 324-325.

20. Pour une version (excessivement) forte de cette objection, qui passe par l'assimilation de l'anthropocentrisme et du spécisme, voir C. McFarlane, « Critical Animal Studies Beyond Anthropocentrism and Humanism », *colloque Thinking About Animals*, Brock University, 2011, http ://www.theoria.ca/research/files/CASAnthropocentrismHumanism.pdf.

chacun d'eux, moindre que ce qu'il représenterait pour le chien »[21]. En ce sens, la solution recommandée ne « coule » pas, pour reprendre le jeu de mots de Gary Francione[22], l'antispécisme de Regan.

Toutefois, le fait est, nous dit-on, que le dommage subi par les êtres humains serait évidemment plus important que celui subi par les chiens. La solution jugée moralement correcte entend ainsi seulement traduire le « bon sens » selon lequel la vie des agents moraux, les êtres humains, a plus de valeur que celle des patients moraux, les animaux, ce qui m'empêche certes pas de leur reconnaître les mêmes droits moraux de base. Dans le même esprit, chez Singer, le principe de l'égale considération des intérêts est compatible avec l'idée que tous les intérêts, plus ou moins complexes, n'ont pas la même valeur, et sur cette voie avec l'idée que les vies des porteurs d'intérêts n'ont pas non plus la même valeur[23] – idée qui risque fort de tourner aussi, y compris dans des situations beaucoup plus ordinaires et supposément « faciles », à l'avantage des êtres humains[24]. Comme on sait, ce principe est même compatible avec de nombreuses manières de traiter les animaux qui sont au contraire exclues par la théorie de l'égalité des droits. Si j'ai privilégié cette dernière, c'est seulement parce que l'anthropocentrisme que trahit cette hiérarchie axiologique, s'il vaut pour un déontologisme qui est logiquement plus contraignant et protecteur que l'utilitarisme, vaut *a fortiori* pour la théorie de Singer.

Force est donc de constater que les propriétés et capacités mentales qui marquent de manière caractéristique l'appartenance à

21. T. Regan, « The Dog in the Lifeboat. An Exchange », *The New York Review of Books*, 25 avril 1985.

22. G. L. Francione, « Comparable Harm and Equal Inherent Value : The Problem of the Dog in the Lifeboat » (1995), dans *Animals as Persons. Essays on the Abolition of Animal Exploitation*, New York, Columbia University Press, 2008, p. 210-229, 223.

23. P. Singer, *Questions d'éthique pratique* (1979), trad. fr. M. Marcuzzi, Paris, Bayard, 1997, p. 70.

24. Voir B. Baertschi, « Est-il vraiment possible de ne pas être anthropocentriste ? », *Estivales de la question animale*, 6 août 2007 : http ://ancien.question-animale.org/dir_fr/hist/2007/sujets/20070806lu-am-ne PasEtreAnthropocentristeBernardBaertschi/bernardBaertschiAnthropocentrisme. pdf, p. 8-9.

l'espèce humaine, moralement indifférentes quand il s'agit de déterminer la classe des objets dignes de notre respect ou de notre considération, reviennent sur le devant de la scène, mais soudainement estampillées du statut de bonnes raisons, quand il s'agit d'évaluer leur importance respective : elles permettent alors de valider la priorité des (sur)vies humaines sur les (sur)vies animales. De même que tous les animaux n'ont en réalité pas la même chance de retenir notre attention morale et de rendre plausible, scientifiquement et politiquement, le discours des intérêts et des droits, mais essentiellement les plus proches des êtres humains ou les plus semblables aux êtres humains[25], ce ne sont ainsi pas n'importe quels porteurs d'intérêts ou de droits qui donnent la règle des préférences morales tenues pour légitimes car non spécistes. Je remarque d'ailleurs en passant que la manifestation peut-être la plus criante de ce que l'on qualifierait volontiers de « retour du refoulé » est que le délestage du canot de sauvetage n'est pas censé susciter le type de conflit intérieur et de sentiments négatifs qui seraient attendus, ou qui du moins ne seraient pas complètement « déraisonnables », si les chiens étaient un tant soit peu considérés, malgré tout ce qui peut séparer leur vie mentale de la nôtre, comme les possibles parties prenantes d'un authentique dilemme moral.

Face à ce qui se présente alors comme une partialité en acte, trois attitudes semblent être possibles : a) On peut considérer que c'est plutôt une *mauvaise* chose : que la critique antispéciste de l'anthropocentrisme ne va pas assez loin, qu'elle n'est pas suffisamment radicale, et qu'il n'est donc pas étonnant qu'elle laisse nombre de formes de vie animales, sans parler de formes de vie tout court, sur le bord de la route qui mène à l'égalité ; b) Inversement, on peut considérer que c'est plutôt une *bonne* chose, qui montre qu'au-delà d'une rhétorique édifiante, les traditionnels humanistes n'ont pas trop de souci à

25. Le « Great Ape Project » (GAP), initié en 1993 par P. Cavalieri et P. Singer, montre typiquement à cet égard, de l'aveu même de certains de ses contributeurs, que sorti par la porte, l'anthropocentrisme rentre par la fenêtre (voir *Le projet grand singe : l'égalité au-delà de l'humanité*, trad. fr. M. Rozenbaum, One Voice, 2003). Pour un regard critique, voir notamment F. Burgat, « Le Projet grands singes », *Le Monde Diplomatique*, février 2007, p. 24-25 ; V. Despret et S. Guthwirth, « L'affaire Harry. Petite scientifiction », *Terrain. Revue d'ethnologie européenne*, n° 52, 2009, p. 142-151 ; J. Proust, « La cognition animale et l'éthique », *Le Débat*, n° 108, 2000, p. 175-183.

se faire quant à l'avènement d'une égalité réelle entre êtres humains et animaux, les premiers restant au fond « maîtres et possesseurs » des seconds ; c) Troisième attitude : on peut aussi considérer que cet anthropocentrisme résiduel n'est ni une bonne ni une mauvaise chose, mais ce qu'il conviendrait en réalité de caractériser comme un *symptôme*, invitant à une réflexion sur les conditions de possibilité nécessaires pour évaluer quoi que ce soit en termes de bien et de mal.

Cette dernière proposition peut elle-même être comprise de manière tout à fait triviale. Après tout, puisque les êtres humains sont *de facto* les seuls capables de réfléchir à ces questions et de voir dans le monde non seulement ce qu'il est mais aussi ce qu'il devrait être, les seuls par conséquent à pouvoir écrire des livres d'éthique, fonder des chaires de philosophie morale ou organiser des colloques sur les droits des animaux par exemple, dire que les valeurs morales sont des valeurs humaines est de l'ordre du pléonasme (et n'implique pas nécessairement de se retrouver engagé dans le débat métaéthique portant sur l'ontologie des valeurs qui orientent l'activité délibérative et judicative des agents moraux). De la reconnaissance de cette évidence à l'affirmation que les êtres humains sont sinon les seuls à mériter de faire partie de la communauté morale, du moins les bénéficiaires privilégiés de ce statut, on conçoit qu'il y ait un fossé considérable. Habituellement, l'idée que l'être humain est la mesure sinon de toute chose, du moins de la valeur du vivant non humain, n'est cependant pas aussi triviale. En contexte moral, le choix de cet instrument de mesure, sous-entendu parmi d'autres options possibles, impliquerait au contraire une thèse normative forte, substantielle, sur ce qui est mesuré, et qui s'en trouve inévitablement rabaissé, infériorisé : le fossé est allègrement franchi. Peut-il en aller autrement ?

RATIONALITÉ PHILOSOPHIQUE, RATIONALITÉ HUMAINE

Peut-on, autrement dit, défendre une position anthropocentriste qui ne soit ni un obstacle de principe à la reconnaissance d'obligations *prima facie* envers les animaux, ni le non-dit d'une politique plus ou moins généreuse du « moindre mal », mais la toile de fond ou l'arrière-plan nécessaire à toute « éthique animale » digne de ce nom ? Car on aura compris que ce que Bernard Baertschi appelle l'« anthropocentrisme larvé » des théories philosophiques dominantes, au sens où elles ne parviennent manifestement pas à renoncer totalement à « une préférence pour l'être humain »[26], n'est pas ici l'objet de la critique, c'est-à-dire qu'il ne constitue pas en soi un défaut de ces théories. Ce qui est en cause, c'est plutôt le refus de l'assumer ainsi que les tentatives pour le taire et le contourner, et ce au moyen de procédés argumentatifs qui ne justifient ce qu'ils veulent justifier que depuis un point de vue anthropocentré. À l'encontre de cette mauvaise foi mal dissimulée sous un appel à l'évidence et au « sens commun » qui d'ordinaire suscite, chez les philosophes, plus de circonspection, Cora Diamond conteste l'idée que, en particulier (donc pas seulement) quand nous pensons aux animaux et à notre conduite à leur égard, « *être un être humain* » devrait être une « propriété dénuée de pertinence morale »[27]. Reconnaître cette *pertinence*, toutefois, ne justifie pas nécessairement d'accorder à l'être humain et au détriment des animaux une *préférence* morale à la manière dont Singer et Regan se retrouvent acculés à le faire.

Pour emprunter ce qui ressemble à une voie d'équilibriste, commençons par reprendre un instant la structure des arguments de type Singer/Regan, qui se présentent peu ou prou de la manière suivante :

> M : *y* est une propriété moralement pertinente, ou un critère de l'appartenance au monde moral
> m : Or *X* possède *y*
> C : Donc *X* appartient au monde moral, et nous avons envers lui les obligations subséquentes

Il n'aura échappé à personne, et surtout pas aux adversaires des droits des animaux, que cet argument suit exactement la même logique que l'argument humaniste traditionnel à l'œuvre dans le spécisme conditionné, et que pour en réfuter la conclusion il suffit donc de contester soit, en philosophe, la prémisse normative, soit,

26. B. Baertschi, « Est-il vraiment possible de ne pas être anthropocentriste ? », art. cité, n. 12, p. 8.

27. C. Diamond, « L'importance d'être humain » (1991), dans *L'importance d'être humain*, trad. fr. E. Halais, Paris, P.U.F., 2011, p. 49-92, 75.

en scientifique, la prémisse factuelle. Comme l'assure par exemple Luc Ferry en réponse à Paola Cavalieri, « c'est bien ainsi qu'il faut en effet procéder : car la question des principes universels définissant, le cas échéant, l'accès à l'univers de la protection éthique, d'un côté, et, de l'autre, la question factuelle de savoir quelles espèces d'êtres vivants présentent ou ne présentent pas ces critères, sont de nature tout à fait différentes et doivent être soigneusement distinguées dans ce débat »[28]. La discussion prend ainsi l'allure, dans le tableau peu flatteur qu'en retrace Diamond, d'un calcul d'épiciers entre *pro* et *contra*, qui à défaut d'utiliser la même monnaie s'accordent sur la nécessité et la forme du calcul :

> Pour de telles théories, il sera donc question de savoir si les animaux possèdent, ou possèdent littéralement, cette caractéristique qui, selon la théorie, permet à un être d'avoir des droits. Et du coup les théories pourvues d'une structure de ce type poussent au genre de débats qui sont devenus très familiers, où l'on s'efforce de prouver que les animaux possèdent ceci cela, ou que non ; ou que, bien qu'ils ne le possèdent pas, le ceci cela n'est pas ce qui est requis pour avoir des droits mais qu'il faut plutôt un autre ceci cela[29].

Est-ce bien ainsi qu'il faut procéder ? La question cruciale est-elle bien de savoir si les animaux possèdent objectivement la (ou éventuellement les) caractéristique(s) qui les rend(ent) suffisamment semblables aux êtres humains, cette caractéristique qui, qu'elle soit *logo-* ou *patho*centrée, est censée justifier en premier lieu que tous les êtres humains soient égaux en droits ?

C'est ce parti-pris méthodologique non interrogé que Diamond entend remettre en cause, et ce en visant aussi bien les anthropocentristes affirmés, pas forcément spécistes on l'a vu, que les anthropocentristes réticents que se révèlent être les antispécistes. Loin de chercher à ruiner définitivement le point de vue humain, Diamond

28. L. Ferry, « Des "droits de l'homme" pour les grands singes ? Non, mais des devoirs envers eux, sans nul doute », *Le Débat*, vol. 108, 2000, p. 163-167, 164.

29. C. Diamond, « Injustice and Animals », dans C. Elliott (éd.), *Slow Cures and Bad Philosophers : Essays on Wittgenstein, Medicine, and Bioethics*, Durham (N.C.), Duke University Press, 2001, p. 118-148, 132-133 ; *cf.* « L'expérimentation sur les animaux : un problème d'éthique » (1981), dans *L'esprit réaliste. Wittgenstein, la philosophie et l'esprit*, trad. fr. E. Halais et J.-Y. Mondon, Paris, P.U.F., 2004, p. 453-494, p. 474.

cherche alors à montrer que, contrairement aux apparences, ni les uns ni les autres ne sont *suffisamment* anthropocentristes. La démarche que je viens de rappeler, qu'elle qualifie d'« amnésique », témoigne en effet d'une volonté de ne pas prendre en compte, ou d'un effort pour réduire au silence, l'importance qu'a la vie humaine non pas aux yeux d'un hypothétique observateur impartial, mais simplement pour nous êtres humains. Il en résulte une vision déformée et comme amputée de cette importance, au sens où elle devient tout à fait contingente et comme en attente d'une justification. Elle suggère en effet que nous nous serions mis d'accord, en soupesant les raisons pour ou contre un tel jugement, pour trouver que considérer la vie humaine comme importante était somme toute « une bonne idée »[30], et *donc* pour protéger la vie humaine par toute une série de droits. À cela, Diamond oppose qu'en dehors ou abstraction faite de l'importance que la vie humaine a toujours déjà pour nous, laquelle soustrait certaines réactions et propositions pratiques à notre décision et à notre contrôle, aucune raison ne saurait compter comme bonne ou mauvaise, ni avoir une force de conviction suffisante pour nous motiver à faire ceci ou cela, par exemple ne pas manger de chair animale.

Car cet argument porte bel et bien à conséquence sur un changement possible dans nos relations avec les animaux. En effet, il ne signifie pas que notre notion d'être humain, laquelle inclut certainement un contraste entre nous et les animaux – par exemple : certains d'entre eux sont sur la table à titre de mets, nous sommes autour de la table à titre de convives[31] – ne pourrait pas être *autre* que ce qu'elle est : la manière d'investir de sens la notion d'être humain est historiquement variable, comme le sont les formes de vie humaine, et non pas gravée dans quelque marbre métaphysique ou théologique. Seulement, il nous invite à concevoir ce changement autrement qu'en appréhendant les animaux, corps vivants et mortels comme nous êtres humains, sous l'angle de simples « faits que l'on

30. « L'expérimentation sur les animaux : un problème d'éthique », art. cité, p. 477.

31. « Manger de la viande, manger des gens » (1978), dans *L'importance d'être humain*, *op. cit.*, p. 109-132, 118.

peut juger ou non moralement pertinents sous tel ou tel rapport »[32] et ainsi faire entrer dans un raisonnement livré clé en mains. Un raisonnement qui prétend nous dire comment penser pour savoir si nous devons épargner ou non, et quand, la vie des animaux, mais qui laisse complètement de côté l'énigme de leur existence et la présente désarçonnante qu'ils peuvent représenter pour notre raison et ses procédures de justification[33]. Ainsi, alors que l'anthropocentrisme est accusé, le plus souvent à juste titre, de survaloriser l'être humain et d'impliquer une conception appauvrie des animaux, Diamond rapporte cette conception appauvrie des animaux à une conception elle-même trop pauvre de la vie humaine.

Classiquement, celle-ci se traduit dans l'idée spéculative que l'être humain se situe « infiniment au-dessus de tous les autres êtres vivants sur la terre »[34], c'est-à-dire dans l'idée d'une limite absolue et indivisible entre les deux « règnes ». Mais elle ne concerne pas moins l'idée, tirée de l'observation scientifique, selon laquelle il n'est qu'une variation spécifique de ces autres êtres vivants, qui ne renvoie à rien de plus qu'« au genre de classification qu'un biologiste opérerait »[35]. C'est pourquoi Diamond freine la logique extensionniste privilégiée par les antispécistes, mais sans non plus la débouter, pour l'amender par une logique *intensionniste* : si nous cherchons à repousser les limites de la communauté morale pour y inclure les animaux sans en passer d'abord par un approfondissement de notre concept d'être humain, et en s'imaginant au contraire qu'il faudrait à cette fin aplanir les différences entre « eux » et « nous » pour ne retenir comme moralement pertinents que les plus petits dénominateurs communs, nos appels à l'égalité, à la prévention de la souffrance ou

32. C. Diamond, « La difficulté de la réalité et la difficulté de la philosophie » (2003), dans *L'importance d'être humain*, *op. cit.*, p. 271-306, 288.

33. Voir *ibid.*, p. 274 ; Diamond prend ici appui sur le texte des « Tanner Lectures » de John Maxwell Coetzee, originellement publiées sous le titre *The Lives of Animals* (Princeton, Princeton University Press, 1999), et repris dans *Elisabeth Costello*, trad. fr. C. Lauga du Plessis, Paris, Seuil, 2004, chap. 3 et 4.

34. E. Kant, *Anthropologie d'un point de vue pragmatique*, *op. cit.*, § 1 (Ak VII : 127).

35. C. Diamond, « L'importance d'être humain », art. cité, p. 68.

à l'interdit du « meurtre » ne pourront qu'être « autodestructeurs »[36]. Ainsi :

> On peut en venir à la pensée que tuer un animal est, dans certaines circonstances au moins, semblable à un homicide, mais le poids propre de cette pensée dépend du fait que nous avons déjà une idée de ce que c'est que tuer un homme ; et pour nous (…) l'idée de ce que c'est que tuer un homme dépend en effet du sens de ce que la vie humaine a de spécial, est séparée de tout ce qui arrive d'autre sur la planète[37].

Il ne faudrait pas confondre cette thèse, que certains interlocuteurs de Diamond ont trouvé « évidemment fausse »[38], avec deux autres qui la rendraient plus faible qu'elle ne l'est en réalité. L'idée n'est pas, en effet, que les défenseurs des droits des animaux courent le risque d'« offenser le genre humain », pour reprendre l'expression d'Elisabeth de Fontenay[39]. Lorsque Diamond dit que pourtant ils « attaque[ent] ce qu'il y a d'important dans la vie humaine »[40], elle veut dire que leurs arguments réduisent indûment nos relations avec les êtres humains à ce que nous avons ou pas le droit de leur faire étant donné les propriétés qui les distinguent ou ce dont ils sont capables. Si ces arguments peuvent susciter le sentiment d'un outrage moral, ce n'est donc pas parce qu'ils violeraient un sacrosaint principe de « dignité » humaine, mais parce qu'ils s'édifient sur un aveuglement au « *genre* d'être » que nous sommes[41], une dissolution du concept d'être humain lui-même : la méprise est de nature ontologique plutôt que normative[42].

36. « Manger de la viande, manger des gens », art. cité, p. 120. La position de Diamond est ici très proche de celle défendue par Derrida dans *L'animal que donc je suis*, *op. cit.*, notamment p. 51-52. Pour une confrontation des deux auteurs, voir C. Wolfe, « Exposures », dans S. Cavell *et al.*, *Philosophy and Animal Life*, New York, Columbia University Press, 2008, p. 1-41.

37. « L'expérimentation sur les animaux », art. cité, p. 478.

38. Voir « Manger de la viande, manger des gens », art. cité, p. 131-132.

39. E. de Fontenay, *Sans offenser le genre humain. Réflexions sur la cause animale*, Paris, Albin Michel, 2008.

40. « Manger de la viande, manger des gens », art. cité, p. 120.

41. *Ibid.*, p. 116.

42. Pour une analyse détaillée de la différence entre ces deux types de méprise ou de manquement éthique, voir P. Donatelli, « Manières d'être humain », *Cités*, n° 38, 2009, p. 47-60. Sans pouvoir développer ce point ici, j'indique simplement

Pour autant, cette importance n'est pas non plus érigée en *fin* de la vie humaine, comme s'il s'agissait de protéger notre vie ou d'encourager sa prospérité au nom de ce qu'elle a d'important, quitte à sacrifier pour cela celle des animaux. Comme Diamond le précise, l'importance de la vie humaine « n'est pas quelque chose [qu'elle] offre en alternative à la prévention des souffrances non nécessaires »[43] infligées à ces derniers, mais bien plutôt en ressource pour l'« *entente* de l'appel moral de l'animal »[44], lequel ne s'épuise d'ailleurs pas, pas plus que celui de nos semblables humains, dans un appel victimiste à ne pas souffrir. Lorsque Diamond reproche aux discussions antispécistes du végétarisme d'impliquer « qu'il n'y ait absolument rien de gênant, rien du tout d'étrange dans le fait que les végétariens mangent la vache qui a été obligeamment frappée par la foudre », autrement dit que « rien dans la discussion ne suggère que la vache ne soit *pas* une chose à manger »[45], elle cible ainsi le conservatisme conceptuel qui leur est inhérent. Rien, dans les arguments utilisés par les théories philosophiques dominantes pour rehausser le statut moral des animaux, n'atteint la hauteur ou à la profondeur de l'idée qu'un être humain n'est pas une chose à manger, au sens où le cannibalisme n'est pas plus une faute morale qu'une faute de goût.

POUR CONCLURE

Je terminerai, pour écarter le soupçon qu'il n'y aurait peut-être là qu'un truisme ou un faux procès, par un rapide excursus du côté de l'éthologie, plus précisément du débat entre d'un côté les éthologues dits « de terrain », et de l'autre les éthologues expérimentalistes ou « de laboratoire ». Je pense à la règle épistémologique qui a longtemps prévalu de part et d'autre, commandant d'observer ou de

que cette différence est également au coeur de l'analyse du concept de réification développé par Axel Honneth dans *La réification. Petit traité de Théorie critique* (2005), trad. fr. S. Haber, Paris, Gallimard, 2007 (*cf.* « Réification, connaissance, reconnaissance : de quelques malentendu », trad. fr. S. Haber, *Esprit*, n° 346, 2008, p. 96-107).

43. « Manger de la viande, manger des gens », art. cité, p. 120.

44. *Ibid.*, p. 132.

45. *Ibid.*, p. 114.

mettre à l'épreuve des capacités – cognitives, affectives, sociales – chez les animaux en s'efforçant d'écarter complètement ou du moins de réduire au minimum l'influence exercée par l'observateur ou l'expérimentateur lui-même, influence considérée comme un parasite affectant l'objectivité et la généralisation des données recueillies. Aussi bien dans la psychologie expérimentale de Robert Rosenthal, par exemple, que dans la méthode d'« habituation » en primatologie, il faudrait donc, pour garantir dans cette optique une indifférence parfaite des animaux aux êtres humains, que ceux-ci soient eux-mêmes parfaitement indifférents à ceux-là. Idéalement, un tel protocole impliquerait qu'ils puissent se transformer en automates dans un cas ou en rochers dans l'autre, ce qui non seulement revient à parier sur la « bêtise » de l'animal, mais a aussi tôt fait d'aboutir à peu près au résultat inverse de celui escompté[46].

Or, les obstacles que rencontre cette « étho-théologie » qui ne dit pas son nom, pour reprendre l'expression de Dominique Lestel[47], ne sont évidemment pas réservés aux sciences du comportement animal : on les retrouve également dans l'anthropologie culturelle. Comme l'a montré l'ethno-psychanalyste George Devereux dans son ouvrage *De l'angoisse à la méthode dans les sciences du comportement humain*, ces dernières ne pâtissent en effet pas moins que leurs homologues des effets de déviation et de déformation induits, et non pas levés, par un idéal épistémologique de neutralité et d'impartialité qui exige d'adopter artificiellement un supposé point de vue « de nulle part ». Ainsi n'est-ce pas en cherchant à éliminer les affects suscités par le fait que les « objets » du chercheur sont aussi des sujets, à la fois semblables à lui et différents de lui, mais bien plutôt en explorant les effets que son engagement inévitable produit sur les propositions d'existence qui leur sont faites, que l'on se donne les moyens d'atteindre une objectivité qui ne soit pas fictive :

> Une science du comportement authentique existera quand ceux qui la pratiquent se rendront compte qu'une science réaliste de l'humanité ne peut être créée que par les hommes qui sont le plus

46. Voir V. Despret, *Penser comme un rat*, Versailles, Quæ, 2009.
47. D. Lestel, « Entretien », *Critique*, n° 747-748, 2009, p. 809-818, 809-810.

> conscients de leur propre humanité, précisément lorsqu'ils la mettent le plus totalement à l'œuvre dans leur travail scientifique[48].

En somme, Diamond nous montre qu'il n'en va pas autrement dans le travail philosophique, où la recherche de raisons qui devraient être des raisons pour quiconque en plus de l'être pour nous, ou qui ne le seraient pour nous qu'en tant qu'« Agent Moraux abstraits »[49] et désincarnés, est le plus sûr moyen d'assécher la source de notre vie morale, avec les êtres humains *et* les animaux. Est ainsi esquissé un anthropocentrisme méthodologique ou, pour parler comme Wittgenstein, « grammatical », qui n'a rien d'un préjugé irrationnel et sans lequel, au contraire, le discours sur les droits des animaux se condamne à reposer sur une dénégation qui n'a rien à envier à celle qu'il combat légitimement[50].

48. G. Devereux, *De l'angoisse à la méthode dans les sciences du comportement* (1967), trad. fr. H. Sinaceur, Paris, Aubier, 1980, p. 21.

49. C. Diamond, « L'expérimentation sur les animaux », art. cité, p. 478.

50. Cette conclusion rejoint la thèse défendue par Bernard Williams dans « The Human Prejudice », dans *Philosophy as a Humanistic Discipline*, Princeton/Oxford, Princeton University Press, 2006, p. 135-152.

Recherches sur la philosophie et le langage 32 (2016)
384 p., ISBN : 978-2-7116-8418-2, p. 251-278, Vrin.

Une approche impartialiste est-elle vraiment possible ? L'individualisme moral de James Rachels et la signification morale de l'espèce selon Martha Nussbaum

Florian COUTURIER *

RÉSUMÉ

On tend de prime abord à assimiler les travaux d'auteurs impartialistes comme J. Rachels et P. Singer et à leur opposer la critique de l'individualisme formulée par M. Nussbaum. *A contrario*, nous chercherons dans cet article à situer plus finement la pensée de Rachels vis-à-vis de l'utilitarisme, notamment dans sa dimension critique, et à mettre en relief les convergences remarquables avec les analyses de *Frontiers of Justice*. Nous noterons en particulier la thèse selon laquelle la prise en considération morale des individus, au travers des aspects multiples que comprend leur bien-être, ne peut être rapportée à un critère unique. Nous reconnaîtrons le souci, commun à l'Individualisme Moral de Rachels et à l'approche par les capacités de Nussbaum, d'accorder une place centrale à l'individu, à ses besoins et ses capacités réelles ; ainsi que l'attention qu'ils portent à la valeur informative de l'espèce d'appartenance, qui ne

* Florian COUTURIER a soutenu en 2014, à l'Université de Grenoble et sous la direction de Jean-Yves Goffi, sa thèse intitulée *Les implications morales du darwinisme : une lecture de l'œuvre de James Rachels*. Ses travaux en éthique appliquée portent sur l'élargissement de la communauté morale aux non-humains et la contribution spécifique du darwinisme dans ce corpus.

doit pas être confondue avec un outil de discrimination interspécifique. Nous dégagerons ainsi chez ces deux auteurs l'expression d'une même conception minimale et souple, mais essentielle, de l'impartialité, donnant sens à l'idée d'une éthique animale.

INTRODUCTION

L'une des plus sérieuses questions auxquelles font face, par définition, les auteurs en éthique animale – et qui les divise – touche aux fondements et à la nature de notre devoir de justice (au sens large) envers les animaux. Toutefois une autre difficulté majeure, non sans lien avec la première, renvoie aux modalités d'application d'un principe qui tient un rôle de premier plan dans notre conception globale de l'agir moral : l'impartialité. Or l'on peut voir ce dernier point comme l'un des aspects saillants autour desquels le philosophe américain James Rachels (1941-2003), à travers l'examen d'une variété de controverses classiques en éthique appliquée, a développé et organisé sa pensée.

Bien que s'étant consacré en priorité à la question de l'euthanasie, Rachels s'est trouvé également engagé très tôt dans le débat que soulevait *La libération animale* (1975) de Peter Singer (ses premiers travaux datent de 1976). Ses thèses sur ce terrain s'inscrivent explicitement dans la condamnation du spécisme impulsée par l'auteur australien et sollicitent, sans surprise, les thèmes que cet ouvrage a rendu classiques : la condamnation de la souffrance infligée aux animaux d'élevage et de laboratoire, la promotion du végétarisme, etc. En raison même de ces similitudes de surface, notre premier effort tendra donc, même si c'est brièvement, à révéler les profondes divergences que présentent l'utilitarisme de Singer et la pensée de Rachels. Nous chercherons ensuite à éclairer davantage la pensée de notre auteur en mettant en relief un certain nombre de traits où elle rejoint ou complète les analyses ultérieures de Martha Nussbaum présentées dans *Frontiers of Justice* (2007). Nous serons alors à même de chercher à positionner Rachels vis-à-vis des arguments que Nussbaum avance *contre* l'individualisme moral en faveur de la signification morale de l'espèce, et de montrer que leurs vues, loin d'être opposées, semblent en réalité s'accorder sur l'essentiel.

Ceci devrait nous permettre, tout d'abord, de mieux cerner la thèse de l'individualisme moral que défend Rachels dans *Created from Animals* (1990) et d'en distinguer les traits originaux. Nous serons alors plus à même de préciser l'idéal impartialiste qui sous-tend sa conception du jugement moral correct, notamment (mais pas exclusivement) lorsque la prise en considération morale des animaux est confrontée à « la préférence naturelle, émotionnelle, que l'on a pour sa propre espèce »[1].

James Rachels, un utilitariste ?

Peter Singer, en élève de Richard Hare, considère que l'utilitarisme est une position éthique minimale, une base, à laquelle on parvient rapidement dès lors que l'on applique le critère d'universalité à la prise de décision et au choix d'une ligne de conduite[2]. Pour Rachels il a fallu au contraire un cheminement assez long avant qu'il ne soit porté à reconnaître, pour la fin de sa carrière, le « fond » utilitariste de sa pensée – ce qu'il fit pour plusieurs raisons précises que l'on peut rassembler ainsi :

– Rachels refuse toute règle qui vaudrait absolument, c'est-à-dire indépendamment des circonstances, ce qui le mène très tôt à apprécier l'importance des conséquences pour le jugement moral[3] ;

– il reconnaît le bien-fondé d'une perspective éthique qui, conformément au tournant utilitariste[4], se préoccupe du bien-être concret des individus et fait de la promotion du bien-être global (*general welfare*) l'horizon de l'agir moral ;

– il manifeste enfin un attachement profond à l'idéal d'impartialité, éclairé par le principe formel de justice prescrivant de « traiter les individus de manière semblable, à moins qu'il n'existe entre eux

1. M. Midgley, *Animals and Why They Matter*, Athens (Ga), University of Georgia Press, 1983, p. 124.

2. P. Singer, *Practical Ethics*, Cambridge, Cambridge University Press, 1993 (2 e éd.), p. 14.

3. Voir J. Rachels, « Lying and the Ethics of Absolute Rules », dans *Can Ethics Provide Answers ? And Other Essays in Moral Philosophy*, Totowa (N.J.), Rowman & Littlefield, 1997, p. 125-143 (version révisée de « On Moral Absolutism », 1970).

4. J. Rachels, *The Elements of Moral Philosophy*, New York, Random House, 1986 (1 ère éd.), p. 81. Par la suite, il sera précisé si nous renvoyons exceptionnellement à la 4 e édition de l'ouvrage (New York, MacGraw-Hill, 2003).

une différence pertinente susceptible de justifier une différence de traitement »[5].

Il convient de rappeler toutefois que Rachels a tenu, dans un premier temps, un certain nombre d'arguments classiques *contre* l'utilitarisme, lequel se voit par exemple reprocher de ne regarder qu'aux conséquences futures et de négliger le passé[6]. En fait l'évolution de la pensée de Rachels, dans les années 90, se traduit non pas par un rejet de ces critiques, mais par leur *intégration* ; un pas décisif est franchi lorsqu'il est amené notamment à reconnaître que les considérations liées aux choix et actes passés des individus – leur mérite ou démérite – peuvent être incorporées à la perspective utilitariste[7].

Comme on peut déjà le voir, la position de Rachels n'est donc pas un utilitarisme pur, restreint à la maximisation des plaisirs ou (comme chez Singer) des préférences. En réalité, sa position tend plutôt vers un conséquentialisme multi-critère.

Hormis la question du mérite, l'une des critiques fondamentales que Rachels adresse également à l'utilitarisme est de ne se soucier que du ressenti subjectif des individus – critique explicite de l'hédonisme à laquelle fait écho sa conception du caractère intrinsèquement dommageable d'un préjudice subi[8] : pour Rachels il existe des états de fait à valeur absolument négative (perdre la vie, l'usage de certaines facultés, etc.) vis-à-vis desquels le *sentiment* d'infortune qu'éprouve la victime ne constitue jamais qu'une *réponse* appropriée de sa part. Inversement, notre vie se compose de biens multiples dont il faut reconnaître la valeur intrinsèque positive (amour, loyauté, accomplissement personnel, etc.) ; à l'origine mis en avant pour atténuer les conséquences d'un point de vue impartialiste trop strict, ils vont être progressivement intégrés à une perspective utilitariste globale en quelque sorte enrichie, instruite des constituants multiples et hétérogènes d'une vie humaine. Tout bien

5. Voir J. Rachels, *Created from Animals*, Oxford, Oxford University Press, 1990, p. 175-181 : « The Principle of Equality ». La première formulation de ce principe est généralement portée au crédit d'Aristote (voir *Éthique à Nicomaque*, V, 3).

6. Pour une synthèse de ces diverses critiques, voir *The Elements of Moral Philosophy*, *op. cit.*, chap. 8.3.

7. Comparer le dernier chapitre de *The Elements of Moral Philosophy*, 1ère et 4e éditions (p. 197).

8. *Ibid.*, chap. 8.2.

pesé, pour Rachels, rien en dehors du mérite ne saurait justifier un écart à la politique d'impartialité[9].

Cette diversité sur le plan axiologique suggère à son tour une variété de motifs et de stratégies qui sous-tendent l'agir moral en conformité avec ces valeurs et permettent à ces valeurs d'advenir, menant Rachels à défendre un « utilitarisme à stratégies multiples »:

> Peut-être, alors, le seul critère (*standard*) moral se rapporte-t-il au bien-être des êtres humains – ou, comme le disait Mill, au bien-être de « l'ensemble des créatures capables de sensation ». (...) Mais cela ne signifie pas que nous devrions toujours être motivés par ce critère dans le cours ordinaire de nos vies. Au contraire, nous jouirons d'autant mieux de nos vies que nous aimons nos enfants, apprécions nos amis, tirons fierté de notre travail, tenons nos promesses, et ainsi de suite. Une éthique qui accorde « un poids égal aux intérêts de chacun » endossera cette conclusion.
> (...) Parmi ce type de conceptions, la plus plausible ne se concentre pas exclusivement sur les motifs, ni sur les actes, ou les règles (...). Le bien-être global est la fin ultimement recherchée, mais diverses stratégies peuvent être approuvées comme moyens pour atteindre cette fin[10].

La pensée de Rachels se reconnaît, finalement, dans un utilitarisme qui érige au rang de premier principe l'optimisation du bien-être des populations, mais admet la pertinence de stratégies multiples et personnalisées pour atteindre cet objectif.

Dans une perspective aussi complexe que celle-ci, la possibilité même d'un calcul précis et d'une prévision en matière de correction des actes peut sembler fortement diminuée. L'efficacité de la procédure de décision n'est guère entamée néanmoins, dans la mesure où il est reconnu un devoir plus grand de prévenir les torts que de travailler au bonheur des individus[11]. Indépendamment de la variété des stratégies individuelles pour la recherche d'une vie bonne, c'est donc autour de ces deux seuls piliers que sont l'impartialité et (pour les agents responsables de leurs choix) le mérite, suffisamment significatifs et contraignants en eux-mêmes, que s'articule chez Rachels

9. *Ibid.*, p. 143 et 147.

10. *Ibid.* (4 e éd.), p. 197.

11. Voir J. Rachels, « Political Assassination », dans Harold Zellner (éd.), *Assassination*, Cambridge (Mass.), Schenkman, 1974, p. 9-21.

l'idée d'un traitement juste. Notons enfin qu'à travers les controverses autour de l'euthanasie et en éthique animale, la pensée de Rachels va se cristalliser autour de la dénonciation de *l'hubris*[12] humaine, c'est-à-dire l'idée de la valeur spéciale de l'être humain, ce qui constitue l'une de ses caractéristiques.

CONVERGENCES AUTOUR DE LA QUESTION ANIMALE

La réflexion de Rachels touchant à la question de nos devoirs envers les animaux est à l'origine inspirée des travaux de Singer et aboutit à des conclusions relativement similaires sur le plan substantiel. C'est ce qui explique que Rachels ne fasse pas de critique explicite du discours propre à la « libération animale ». Mais les apparences sont trompeuses : seul un regard d'ensemble nous permet de comprendre que les divergences apparaissent bien en amont.

Suivant les suggestions des utilitaristes classiques, en particulier de Bentham, Singer vise à tirer les conséquences relatives à l'extension du principe d'égalité de considération à la communauté des êtres capables d'éprouver souffrance et plaisir (les êtres dits « sensibles »). Si la position de Rachels vis-à-vis des animaux s'inscrit elle-même dans un cadre conséquentialiste étendu jusqu'à comprendre le bien-être de créatures non-humaines, c'est en revanche dans une perspective davantage attentive à la diversité et à l'hétérogénéité des formes de vie. Sur ce terrain, on trouvera donc profit à rapprocher sa pensée de l'approche par les capacités (*capabilities*) de Martha Nussbaum, qui « dépasse le point de départ intuitif de l'utilitarisme parce qu'elle s'intéresse non pas seulement au plaisir et à la souffrance, mais aux formes complexes de vie »[13].

La démarche globale adoptée dans *Frontiers of Justice* s'ancre dans une critique de la conception kantienne de la rationalité, idéale et abstraite, opposée aux dimensions corporelle et animale, et conçue

12. Voir le chapitre final de *The Elements of Moral Philosophy*, *op. cit.*, notamment p. 140.

13. M. Nussbaum, *Frontiers of Justice : Disability, Nationality, Species Membership*, Cambridge (Mass.), Harvard University Press, 2006, p. 349.

comme la source unique de notre dignité, l'unique critère d'appartenance à la communauté morale. Nussbaum lui substitue une conception de la dignité d'inspiration aristotélicienne, attentive aux besoins et capacités de l'individu humain – à ses époques de vulnérabilité (naissance, croissance, déclin) aussi bien que de relative autonomie – et d'autres créatures vivantes : à l'instar des êtres humains, celles-ci sont conçues « comme des agents à la recherche d'une manière de vivre susceptible de les épanouir », chacun ayant ses propres besoins, chacun sa dignité propre[14]. Ceci constitue le premier volet critique que développe Nussbaum autour de la question animale, le second étant dirigé, comme nous l'avons annoncé plus haut, contre l'utilitarisme.

Outre les objections classiques et générales liées à notre sens de la justice, la principale critique que Nussbaum adresse en effet aux approches utilitaristes est « d'avoir tendance à tout homogénéiser – tant les vies des uns et des autres que les constituants hétérogènes de chaque vie »[15]. Selon l'auteur,

> il semble qu'il y ait d'autres choses susceptibles d'être valorisées dans la vie d'un animal que le seul plaisir, telles la liberté de mouvement et l'accomplissement physique, et aussi le sacrifice altruiste pour les membres de sa famille ou de son groupe[16].

Il apparaît également que l'on peut dresser un animal à un comportement « non naturel » de telle sorte qu'il présentera des « carences comportementales »: cela le privera, à son insu, de l'épanouissement propre à son espèce, mais sans pour autant lui infliger une réelle douleur… Nous reconnaissons bien sûr dans la première critique, puis dans l'affirmation d'un bien qui est susceptible de dépasser le point de vue subjectif qu'a l'individu sur sa propre situation, la critique de l'hédonisme, qui nous apparaît ainsi comme une base de réflexion commune à Rachels et à Nussbaum. Aussi allons-nous à présent examiner trois aspects fondamentaux sous lesquels, de la même façon, les positions des deux auteurs, quant à la question animale notamment, semblent se rejoindre ou se compléter.

14. *Ibid.*, p. 159 et 356.
15. *Ibid.*, p. 406.
16. *Ibid.*, p. 345.

Première convergence : une démarche naturaliste

L'originalité de la démarche adoptée par Rachels réside dans l'attention portée à l'évolution, à compter du XIXe siècle, de notre conception de la nature, du vivant et de nous-mêmes, du monde en général et de son origine, pour nourrir une réflexion sur le terrain éthique (d'où le titre : *Created from Animals : the Moral Implications of Darwinism*). Ce souci de cohérence entre la pensée philosophique et l'arrière-plan scientifique est caractéristique d'une perspective naturaliste inspirée de Quine[17], que Nussbaum ne développe pas, mais qu'elle reconnaît chez Rachels et dont elle valide le principe[18]. Si la reconnaissance de la rationalité humaine comme « une capacité animale dont la dignité n'est pas opposée à l'idée d'animalité, mais lui est inhérente » – qui ne serait donc pas conçue comme la marque d'une rupture avec le reste du vivant – est un point tout à fait central de l'approche adoptée par Nussbaum, ce point participe donc tout en même temps de la démarche naturaliste prescrite et défendue par Rachels.

Si l'on entre dans le détail, toutefois, les différences apparaissent dans la manière, pour chaque auteur, de rattacher cet arrière-plan à un axe de réflexion éthique qui lui est propre. Ainsi la démarche de Nussbaum, commençant dans l'intuition de ce qu'est une vie digne et un traitement juste, vise-t-elle à spécifier les conditions minimales concrètes de l'épanouissement des individus (sous la forme d'une liste de capacités[19]), puis à remonter jusqu'aux principes politiques – les droits[20] fondamentaux – qui en satisferont autant que possible les conditions ; ils marqueront ainsi les seuils en deçà desquels nos rapports avec une variété d'êtres vivants se caractérisent par leur injustice[21]. L'auteur de *Created from Animals*, quant à lui, se consacre surtout à une réflexion d'ordre général, mettant en lien d'une part les travaux de Darwin et les développements contemporains autour de

17. Voir mon article « Rapports entre éthique et science dans la pensée de James Rachels », *Recherches sur la philosophie et le langage*, « Repenser les rapports entre science(s) et philosophie », dir. A. C. Zielinka, Paris, Vrin, 2013, p. 87-114.

18. *Frontiers of Justice*, *op. cit.*, p. 363.

19. *Ibid.*, p. 392-401.

20. Nous traduisons ainsi le terme *entitlements* (et non pas *rights*).

21. *Ibid.*, p. 82.

la théorie de l'évolution, d'autre part des considérations sur la pertinence et les limites de la prise en considération morale de formes de vie variées. Notons enfin qu'alors qu'il est simplement question chez Rachels de prêter attention au « bien-être » des créatures (sans viser à une définition particulière et exhaustive de ce bien-être), Nussbaum privilégie une approche d'inspiration aristotélicienne qui ne réduit pas la dignité à un critère unique et exclusif (la rationalité ou les facultés morales) mais, de façon générale, s'avère « capable de reconnaître une grande variété de types de dignité animale et de besoins correspondants d'épanouissement (*flourishing*) »[22].

Deuxième convergence : le statut moral « fragmenté »

L'approche par les capacités se distingue donc par la vive attention prêtée à l'hétérogénéité tant entre les diverses formes de vie qu'entre les vies particulières et entre les époques d'une même vie ; il n'est donc pas surprenant que Nussbaum soit conduite très vite à considérer qu'« il serait étrange que [nous] devions parvenir à la conclusion qu'il n'y a en toute vie qu'un seul grand trait qui importe, telle la sensibilité ou la rationalité »[23].

En fait, on retrouve ici, enveloppant les deux volets critiques développés par Nussbaum quant à la question animale, le principe d'une critique *formelle* identifiée très tôt chez Rachels : la tentative de définir un critère général et indépendant des circonstances, c'est-à-dire de pointer une caractéristique susceptible de justifier une différence pour *tous* types de traitement, à laquelle il renverra bientôt sous le nom de « stratégie kantienne »[24]. Dans ses premiers articles, Rachels se contente de suggérer, de manière quelque peu semblable à Nussbaum, qu'une telle stratégie serait bien improbable au regard de la diversité des traitements envisageables et de la variété des formes de vie susceptibles d'être impliquées dans ces traitements.

Remarquons, en outre, que la « stratégie kantienne » ouvre la voie pour que soit conféré un statut moral, non plus seulement à ceux qui possèdent effectivement cette caractéristique, mais à

22. *Ibid.*, p. 327.

23. *Ibid.*, p. 354.

24. J. Rachels, « Do Animals Have Rights ? », dans *Can Ethics Provide Answers ?, op. cit.*, p. 81-98, 95.

l'intégralité des membres de cette espèce ou de cette classe (*kind*) d'êtres vivants pour qui la caractéristique en question nous apparaît comme un trait « normal »[25]. Cela est vrai tout particulièrement des critères intellectuels ; il est par-là possible d'étendre la protection dont nous jouissons aux cas dits « marginaux » (jeunes enfants, handicapés mentaux, etc.), à qui font défaut ces caractéristiques mais dont on considère, de par leur ascendance, qu'ils auraient dû, en un sens, les posséder. Ainsi le logocentrisme initial de la stricte position de Kant évolue-t-il, sous l'impulsion de ce type d'argument, en anthropocentrisme ; ce mouvement constitue la réponse classique à l'argument crucial des cas marginaux[26] pour justifier un traitement privilégié en faveur de chacun des membres de l'espèce humaine.

Les deux étapes présentées ci-dessus définissent une ligne argumentative relativement commune que Rachels condamne dans plusieurs de ses travaux. Il est clair en effet qu'une telle approche, de son point de vue, est portée à négliger les intérêts élémentaires d'individus qui ne présentent pas les caractéristiques recherchées (rationalité, agence [*agency*] morale, etc.), mais présentent toutefois d'autres caractéristiques pertinentes eu égard au contexte (par exemple la faculté de souffrir, pour les animaux d'élevage) ; voire, par extension, qu'elle mène à traiter d'une manière qui semblera aberrante certains individus humains à qui font pourtant défaut, pour une variété de raisons, ces caractéristiques auxquelles on attribue précisément un rôle central (refus d'accorder l'euthanasie aux individus en état de coma irréversible). Par la suite, Rachels développera et consolidera cette perspective critique en mettant à contribution l'arrière-plan darwinien, ce dont résultera, à proprement parler, la thèse de l'individualisme moral telle que défendue dans *Created from Animals*.

25. Carl Cohen est connu pour soutenir un tel point de vue dans le cadre d'un anthropocentrisme faible (il nie que les animaux aient des droits à l'instar des êtres humains, mais non pas qu'ils puissent être l'objet de considérations morales directes) ; voir « The Case for the Use of Animals in Biomedical Research », *The New England Journal of Medicine*, vol. 315, n°14, 1986, p. 865-870.

26. Pour une formulation claire et concise de cet argument, voir J.-Y. Goffi, « Les relations entre l'homme et l'animal », *Université de tous les savoirs. La philosophie et l'éthique*, vol. 11, Paris, Odile Jacob, 2002, p. 104-118.

Dans ce cadre, Rachels remarque tout d'abord que la stratégie kantienne, à la base de l'édifice argumentatif, repose sur une conception de l'espèce humaine comme étant en *rupture* avec le monde vivant non-humain – autrement dit, sur l'idée selon laquelle il serait permis de distinguer radicalement l'homme de *toute autre espèce*, en raison d'une ou plusieurs caractéristiques éminentes qu'il serait seul à posséder (comme la rationalité) et qui formeraient donc, à proprement parler, son essence. Or dans le cadre de l'évolution darwinienne, l'homme et toutes les autres formes de vie ont non seulement une ascendance commune (il n'a donc pas fait l'objet d'une Création spéciale), mais ils sont en outre le produit d'une transformation graduelle et non-dirigée – sans direction, sans fin ni progrès nécessaire. Aussi Rachels peut-il écrire :

> Plutôt que des ruptures brutales entre espèces, nous trouvons à la place une profusion plutôt déconcertante de similitudes et de différences, les caractères propres à une espèce devenant graduellement les caractères propres à une autre sans qu'il soit possible de dire à quel moment précis l'on passe de l'une à l'autre. Comme le dit Darwin, il n'existe que des différences de degré – un motif complexe de similitudes et de différences qui reflète une ascendance commune, ainsi que des variations aléatoires parmi les individus au sein d'une seule espèce [27].

La « profusion de similitudes » et l'ascendance commune renvoient ici, au niveau le plus fondamental, à une conception générale du vivant qui n'accorde aucune place à la notion de rupture, c'est-à-dire sans solution de continuité. Tout comme nous découvrons en l'homme des traces de son passé évolutif, nous trouvons en effet chez les autres espèces, qui nous sont à plus ou moins de distance apparentées, des traces de ces caractéristiques plus ou moins développées en nous. De plus, les caractères que nous considérons généralement comme éminents – rationalité, autonomie, etc. – sont en fait des ensembles complexes recouvrant de nombreuses capacités de base (sens du futur, mémoire, reconnaissance des visages, pouvoir de décision, empathie, etc.) que l'on

27. J. Rachels, « Why Darwin Is Important for Ethics », dans D. Weissbord (éd.), Mind, *Value, and Culture : Essays in honor of E. M. Adams*, Atascadero (Cal.), Ridgeview Publishing Company, 1989, p. 321.

retrouve, à des degrés variables, en de multiples autres formes de vie[28]. Ce « motif complexe de similitudes et de différences » que nous rencontrons est la conséquence remarquable du processus d'évolution graduelle et des relations d'apparentement qui dessinent l'arbre complet de l'évolution, unissant le vivant tout entier sous une même généalogie. En tant qu'êtres de connaissance, il nous est certes nécessaire de diviser, classer, nommer le vivant selon des catégories strictes ; mais, alors que chez Linné cette activité avait pour but de révéler le plan du Créateur, nous comprenons aujourd'hui, avec Darwin, qu'elle introduit *nécessairement* une mesure non négligeable d'arbitraire dans nos classifications, dès lors qu'il s'agit de découper le flot continu du vivant en entités discrètes. Ainsi aucune caractéristique jugée éminente chez une espèce, et de même aucune espèce que l'on définirait autour de telles caractéristiques, ne peut plus être pensée comme unique de par sa nature. Il s'agit certes non pas de nier que l'être humain, pour ne parler que de lui, possède certaines facultés remarquables, ni même qu'il possède certaines d'entre elles à un degré inégalé ; il s'agit de récuser l'idée selon laquelle de telles facultés, qui formeraient comme son essence, le distinguent *absolument* de *tout* le reste du monde vivant[29].

Cela signifie tout d'abord que l'argument des cas marginaux, dans la mesure où la réponse qu'on lui oppose classiquement se trouve discréditée en raison de ses présupposés essentialistes, s'en trouve considérablement renforcé. Mais surtout, plus fondamentalement, que la stratégie kantienne est infondée et impropre. En conséquence, nous devrions tout simplement cesser de faire reposer le jugement moral sur des catégories morales *a priori*, articulées autour de critères généraux. Si l'on accepte cette conclusion, l'on est amené au contraire à considérer que les caractéristiques moralement significatives, qui ne sont jamais pertinentes qu'*en contexte*, sont ainsi celles des individus singuliers impliqués dans des traitements particuliers.

28. C'est un point qu'établit également David DeGrazia dans son *Taking Animals Seriously* (Cambridge, Cambridge University Press, 1996) ; voir p. 70.

29. Voir *ibid.*, p. 73 : « Une démarcation radicale entre humains et animaux semble davantage se rapporter à une conception du monde où nous n'avons pas évolué à partir d'autres espèces mais avons été créés plus ou moins dans notre forme présente. Un tel tableau est plus propice à l'idée d'une essence humaine ».

Concluons cette partie ainsi. Le darwinisme a mis à mal l'idée selon laquelle il existe des types biologiques (ou essences)[30], et corrélativement mis en lumière le caractère crucial des petites différences *individuelles* pour la survie et la reproduction. L'individualisme moral présente un parallèle frappant avec la théorie darwinienne lorsqu'il opère ce décentrement sur le plan de l'éthique. Rachels, à l'instar de Nussbaum, prescrit donc une réorientation de l'attention morale, qui désormais soit tournée non plus vers l'essence, ou l'espèce d'appartenance, mais vers l'individu, ou plutôt, vers ses caractéristiques et ses capacités multiples. L'individualisme moral insiste, en somme, sur la variété des caractéristiques moralement pertinentes pour la prise en considération morale – en nombre indéfini – en relation avec la diversité des traitements auxquels des individus sont susceptibles d'être soumis : « Quels que soient les caractères qui s'avèrent moralement pertinents, ils sont déterminés par la situation et ne sont pas universels. Il n'y a pas une unique partition de la pertinence morale (*moral relevance*) »[31].

En d'autres termes, il n'est pas de réponse générale à la question : « comment dont-on traiter les êtres dignes de considérations morales ? » Il n'y a pas même de réponse générale à la simple question : « comment doit-on traiter les chimpanzés ? ». Il y a seulement, nous dit Rachels, « les diverses façons de les traiter et les diverses considérations qui comptent en faveur de ces traitements ou contre eux ». Et « cela signifie que si nous voulons sérieusement savoir comment l'on peut traiter les chimpanzés, nous aurons à considérer une longue liste de traitements et de caractéristiques en rapport »[32].

30. Dans le cadre de pensée typologique, prédominant dans la première moitié du XIXe siècle, l'espèce est comprise comme une entité fixe définie par des critères morphologiques. Ainsi tout organisme vivant est-il compris comme exemplaire d'un « type » biologique dont il constitue la matérialisation ou l'actualisation, et dont il ne peut s'écarter de par ses caractéristiques individuelles au-delà d'un certain point.

31. M. Bradie, « Darwin and the Animals », *Biology and Philosophy*, vol. 12, n°1, 1997, p. 73-88, 85 (recension de *Created from Animals*).

32. J. Rachels, « Drawing Lines » (2004), *The Legacy of Socrates : Essays in Moral Philosophy*, New York, Columbia University Press, 2007, p. 32-47, 44.

Notons enfin que ces considérations mènent très vite à l'idée qu'une double ration de bananes, ou une cage plus spacieuse, ne suffira pas à compenser pour le chimpanzé la perte que représente par exemple l'absence de relations sociales et affectives variées. C'est un point cette fois que l'approche par les capacités, ayant développé les outils appropriés pour cela, mettra davantage en valeur[33].

Troisième convergence : l'importance a posteriori *de la sensibilité*

Il est clair à présent que l'alternative aux théories éthiques mettant en avant un unique critère ou jeu de critères est une approche *disjonctive* – conclusion que l'on retrouve aisément chez Nussbaum :

> [Nous] ne devrions pas dire que la capacité de ressentir plaisir et souffrance est une condition nécessaire pour avoir un statut moral. À la place, nous devrions adopter une approche disjonctive : si une créature a la capacité de ressentir plaisir et souffrance *ou* celle de se mouvoir d'une place à une autre *ou* d'éprouver des émotions et de créer de liens *ou* de raisonner, et ainsi de suite (nous pourrions ajouter le jeu, l'utilisation d'outils, et autres), alors cette créature a un statut moral[34].

Notons que cette conclusion s'inscrit dans le cadre d'une reconnaissance du caractère significatif de la complexité des formes de vie, laquelle détermine selon Nussbaum, inspirée ici par Rachels, « le type et le degré de tort qu'une créature peut subir »[35]. La sensibilité peut alors revêtir un caractère certes significatif et central, mais uniquement *a posteriori* ; la raison en est que

> toute créature qui présente l'une des capacités saillantes mentionnées plus haut a également la capacité de ressentir plaisir et souffrance. Aristote nous rappelle que ceci n'est pas une coïncidence, car la sensibilité joue un rôle central pour ce qui touche au mouvement, à la création de liens affectifs, à l'émotion et à la pensée[36].

33. *Frontiers of Justice*, *op. cit.*, p. 344.
34. *Ibid.*, p. 362. Comparer avec Rachels, « Drawing Lines », art. cité, p. 40-41.
35. *Frontiers of Justice*, *op. cit.*, p. 359-362.
36. *Ibid.*, p. 362.

Même si Rachels ne présente pas la chose de manière aussi explicite, sa position présente ici le même profil que celle de Nussbaum. En théorie, affirme-t-il, il n'y a pas de limite *a priori* – pas de « superqualités »[37] – séparant les créatures qui seraient susceptibles de considérations morales et celles qui ne le seraient pas (pas même la sensibilité). Il faut en revanche distinguer ce résultat théorique des implications simplement relatives aux *conditions de possibilité* de la prise en considération morale, auxquelles échappent certaines formes de vie rudimentaires. Somme toute, en descendant l'arbre phylogénétique, on arrive à des formes de vie qui manquent de toutes les caractéristiques susceptibles de compter pour le jugement moral (sensibilité, intelligence, instincts sociaux, etc.)[38] – caractéristiques qui de ce fait revêtent, telle la sensibilité chez Nussbaum, une grande importance *a posteriori*.

Qu'est-ce que l'individualisme moral ?

Sur le terrain de l'éthique animale, Nussbaum est connue en outre pour la critique qu'elle développe à l'endroit de l'individualisme moral, qu'elle identifie à l'antispécisme. La mise au jour de convergences entre les pensées de Rachels et Nussbaum, si ce n'est pour l'intérêt qu'elles présentent en elles-mêmes, nous a préparés à traiter de cette critique. Nous voulons maintenant déterminer si elle peut constituer, ainsi que le suggère l'auteur, une objection globale à la position impartialiste étendue aux rapports interspécifiques.

Plus précisément, Nussbaum estime que l'individualisme moral recouvre deux thèses bien distinctes. Le première, dont elle admet sans difficulté le bien-fondé, est que

> (T1) Les différences en capacité affectent les droits non en créant une hiérarchie de valeur [intrinsèque], mais seulement en affectant ce qui peut être un bien ou un mal pour une créature[39].

37. Le terme apparaît dans « Drawing Lines ».
38. Voir par exemple « Drawing Lines », art. cité, p. 45.
39. *Frontiers of Justice*, *op. cit.*, p. 360.

Sa critique en revanche va sans ambiguïté à la seconde thèse :

> (T2) L'appartenance à une espèce ne présente en elle-même aucune pertinence morale et celle-ci réside entièrement dans les capacités de l'individu[40].

L'origine de cette critique tient en fait à un thème récurrent de la littérature antispéciste, une comparaison entre les singes, les jeunes enfants et les êtres humains atteints d'un handicap mental : elle autorise une analogie de raisonnement, le fameux argument des cas marginaux déjà évoqué. Les auteurs qui admettent le bien-fondé de cette analogie – dont Rachels et Singer – en concluent que la prise en considération morale dépend, fondamentalement, de critères plus modestes (telle la sensibilité). Par corollaire, l'idée d'un traitement moral différencié qui serait, tout autant que de la race, fonction de l'espèce d'appartenance, est considérée comme une discrimination : un cas de spécisme. Cette condamnation s'inscrit donc bel et bien dans le cadre d'une perspective impartialiste étendue au problème des rapports interspécifiques. Que peut donc signifier l'idée selon laquelle l'espèce n'aurait alors, chez Singer ou Rachels, « aucune pertinence morale » ?

La « norme spécifique » dans Frontiers of Justice

Si Nussbaum entend s'opposer à Singer et Rachels, c'est dans la mesure où elle affirme la pertinence morale et politique de l'espèce d'appartenance en tant que telle :

> Un enfant présentant de graves troubles mentaux est en fait très différent d'un chimpanzé, bien qu'à certains égards certaines de ses capacités puissent être comparables. Sa vie est menée comme un membre de la communauté humaine et non pas une autre communauté (…). Les possibilités d'épanouissement dans cette communauté sont définies autour de normes spécifiques[41].

Cela signifie qu'une condition essentielle d'entrée et d'épanouissement au sein de cette communauté, à laquelle appartient Sesha[42],

40. *Ibid.*, p. 358.

41. *Ibid.*, p. 363.

42. Fille de la philosophe Eva Kittay, que Nussbaum prend ici comme sujet de ses analyses sur le handicap.

est la reconnaissance préalable de sa qualité de membre de notre espèce à part entière :

> Ceux qui souffrent d'une grave infirmité mentale sont bien trop souvent comparés aux animaux supérieurs. (...) Cela suggère que Sesha participe d'une forme de vie qui serait l'état normal d'une espèce différente de la nôtre ; qu'elle est entourée de congénères présentant des capacités similaires avec qui former des liens sur le plan sexuel et familial. Mais cela est faux : Sesha est entourée d'humains auxquels font défaut les infirmités qui sont les siennes[43].

Cette position est sous-tendue par l'idée que les capacités physiques et mentales des individus d'une espèce présentent un caractère harmonieux que le handicap vient briser :

> Sesha présente des aptitudes pour l'amour, le jeu et la joie qui ne sont pas en accord avec son niveau cognitif et ses facultés motrices (...). Aussi devrions-nous dire sûrement, me semble-t-il, que certaines des capacités sur la liste lui seront inaccessibles, et que cela est une grande infortune, non pas le signe qu'elle s'épanouit dans une forme de vie différente[44].

Ceci permet de comprendre pourquoi, selon Nussbaum, la vie de cette enfant est tragique comme ne peut pas l'être celle d'un chimpanzé : certaines formes d'épanouissement lui sont interdites du fait des infirmités dont elle souffre. Il y a quelque chose de gâché et de disharmonieux dans son existence, tandis que la vie d'un chimpanzé peut bien être parfaitement épanouie.

Au-delà de la pertinence qu'on ne saurait refuser, du moins à première vue, à de tels arguments, il n'en faut convenir pas moins que l'affirmation « il ne sera jamais donné à Sesha de s'épanouir autrement qu'en qualité d'être humain »[45] présente un décalage avec la réalité d'un handicap dont l'auteur reconnaît le caractère contraignant et, parfois, insurmontable pour l'individu seul. C'est que le point de vue de Nussbaum est présenté en réalité comme une *stratégie* destinée à prévenir toute dérive quant au traitement concret des individus handicapés, à leur place et leur statut relatif au sein de

43. *Ibid.*, p. 191.
44. *Ibid.*, p. 192.
45. *Ibid.*, p. 193.

la société – à savoir la tentation de se tirer d'affaire en considérant dès le départ, dit-elle, que nous ne pouvons ou n'avons pas à nous efforcer d'atteindre certains objectifs les concernant, assurément coûteux et difficiles à réaliser[46]. Ceci suggère d'interpréter son propos comme la promotion d'un programme social et politique d'aide aux individus handicapés qui soit élaboré selon une conception idéale de leur bien-être – visant à les tirer toujours vers le haut – quitte à ce que cet objectif ne puisse être intégralement réalisé. Dans ce cas, « la norme spécifique (dûment évaluée) nous indique quel est le point de repère approprié permettant de juger si une créature donnée dispose d'opportunités d'épanouissement convenables »[47].

Ainsi les arguments de Nussbaum semblent-ils receler une réelle valeur, qui est donc essentiellement d'ordre *pratique* et *politique*, même s'ils mériteraient peut-être d'être nuancés dans la mesure où ils discréditent l'alternative d'une existence simplement *satisfaisante* dans un mode de vie différent au profit de *l'épanouissement* relatif à une forme harmonieuse et assez idéalisée de l'espèce – son *telos*. Concrètement, et bien qu'il faille concéder que certaines formes de handicap extrême confinent à une forme de vie tout à fait différente de la nôtre[48], l'auteur s'oppose fermement à une adaptation de la liste des capacités ou des seuils de tolérance aux « formes de vie » des individus handicapés. Que ce soit par une éducation et une aide renforcées ou grâce à des tuteurs, la société se doit de travailler inlassablement « afin d'amener tout enfant avec un handicap jusqu'au seuil même de capacité que nous fixons pour les autres citoyens ».

Une conception minimale de l'impartialisme

Ce qui doit désormais nous apparaître de façon plus frappante, c'est que le projet de Rachels est dans l'ensemble très différent de celui de Nussbaum. Rachels ne cherche pas à dresser une liste de capacités déterminant les conditions d'un traitement respectueux des individus ; ni à construire une éthique, complète et cohérente, dont découleraient des prescriptions plus ou moins strictes et

46. *Ibid.*, p. 190-191.
47. *Ibid.*, p. 365.
48. *Ibid.*, p. 187.

précises. Ses travaux visent plutôt dans l'ensemble à cerner les règles d'un traitement juste et impartial, et son propos concerne essentiellement – tout au moins en ce qui concerne *Created from Animals* – les conditions d'attribution d'un statut moral au regard des propriétés intrinsèques de l'individu.

C'est là en vérité travailler à une conception de l'impartialisme que l'on pourrait dire « minimale », suffisamment « rigide » pour garantir l'égalité de considération pour tous les individus affectés par une décision *indépendamment* de leur groupe (genre, race, ethnie, etc.) ou espèce d'appartenance, mais aussi suffisamment « souple » pour intégrer la variété des ingrédients qui entrent dans la composition d'une vie riche et demeurer attentive à l'hétérogénéité des formes de vie.

Nussbaum rejoint d'ailleurs cette conception essentielle dans la mesure où sa propre démarche la conduit à rejeter, en amont, l'idée que l'on retrouve chez Aristote selon laquelle il y aurait un ordonnancement naturel des formes de vie, « certaines d'entre elles étant en elles-mêmes plus dignes de notre protection et de notre émerveillement que d'autres »[49]. L'auteur reconnaît et approuve par voie de conséquence la démarche de Rachels qui consiste à localiser la source de nos obligations morales non plus dans le rôle ou la place relative de l'espèce dans « l'ordre de la nature », mais dans la satisfaction des besoins et l'exercice des capacités propres des organismes vivants *individuels* ; nous retrouvons ici T1. Ce sont en effet de telles considérations qui, dans la démarche de Nussbaum, permettent d'établir le seuil minimum d'un traitement juste sous la forme d'un respect de la dignité et des droits moraux afférents aux formes de vie ; ce second aspect saillant de son approche marque donc l'importance cruciale accordée aux opportunités d'épanouissement des individus mêmes, indépendamment de considérations portant sur leur appartenance à une espèce et la forme « idéale » de cette espèce : « L'exigence minimum en termes de justice consiste à assurer aux animaux la jouissance de chacune de leurs capacités fondamentales (…) jusqu'à un certain seuil »[50].

49. *Ibid.*, p. 360.
50. *Ibid.*, p. 381.

Autrement dit, le refus de traiter les animaux dans le respect de cette règle de justice minimale, alors même qu'elle serait observée dans le cas des êtres humains (marginaux ou non), constituerait en même temps un manquement à l'exigence d'impartialité au sens minimal que nous avons cerné. En fin de compte, si l'espèce a bien une signification dans la pensée de Nussbaum, c'est au sens où elle permet de calibrer une liste de droits non négociables qu'il convient de respecter indifféremment pour tout être humain, fût-il atteint de handicap[51]. Ce n'est absolument pas au détriment des droits dont devraient également bénéficier les individus extérieurs à l'espèce, ni en vue d'établir par rapport à eux une priorité générale en faveur du genre humain.

La valeur informative de l'espèce, la place centrale de l'individu

La seconde thèse que recouvre l'individualisme moral, selon Nussbaum, est l'idée que « lorsque l'on précise ce qui peut être un bien ou un mal pour une créature, l'espèce d'appartenance n'a en elle-même aucune importance – seules les capacités de l'individu comptent »[52] (notons cette formulation T2'). La critique, semble-t-il, est adressée à une perspective atomiste et impartialiste stricte qui condamnerait tout infléchissement de notre jugement par des considérations relatives à l'espèce au motif que ce serait faire preuve d'anthropocentrisme. Il faut prendre en compte, dit-elle, le fait que les individus s'épanouissent d'une façon qui est propre à leur espèce, et au sein d'une communauté qui est avant tout composée des membres de cette espèce.

Il est clair pour nous désormais que Rachels ne saurait contredire Nussbaum sur ce point. Reprenons l'exemple du handicap. Dans le cadre d'un utilitarisme qui valorise toute une variété d'aspects propres à la vie humaine – y compris les rapports sociaux et familiaux –, Rachels ne peut manquer d'avoir conscience de l'importance de l'espèce, entendue comme repère pour juger si une créature « dispose d'opportunités d'épanouissement convenables ». D'autre part, ayant rejeté au profit de stratégies multiples les contraintes de maximisation propres au calcul utilitariste classique, c'est une

51. *Ibid.*, p. 190.
52. *Ibid.*, p. 360.

dimension qu'il ne saurait négliger pour le traitement d'individus particuliers (sous prétexte, par exemple, que ceux-ci seraient porteurs de handicaps), sans commettre, selon ses propres critères d'évaluation, une élémentaire injustice.

Il est permis d'en conclure que la critique proposée par Nussbaum est, sinon infondée, à tout le moins confuse et mal dirigée. Cette erreur de jugement résulte vraisemblablement de l'assimilation entre l'individualisme moral de Rachels dans *Created from Animals* et des thèses défendues chez Singer, inspiré par Bentham, sur fond d'utilitarisme – deux approches qu'elle réduit indifféremment à l'« antispécisme » en omettant l'essentiel des divergences décelables entre les deux auteurs. Cette erreur se trouve nourrie en outre de l'attrait que présente l'opposition entre « individu » et « espèce », entre « individualisme » et « norme de l'espèce ». Toutefois il est à craindre que cette opposition, qui vient aisément à l'esprit, ne soit en fin de compte que très superficielle et moins tranchée qu'il n'y paraît. Pour nous en convaincre, il faut se demander quel sens précis mettre derrière les termes « norme de l'espèce », et si leur emploi dans le contexte de l'éthique animale est bien judicieux. Les points précédents de notre développement vont nous permettre de dégager les grands traits d'une telle analyse.

Les termes « norme spécifique » peuvent renvoyer tout d'abord, dans le contexte de la tradition philosophique occidentale que dénoncent des auteurs tels que Singer, Rachels ou même Nussbaum, à la forme idéale de l'espèce, en particulier de l'espèce humaine. Cette conception nous informe, sinon de la valeur relative des créatures entre elles, du moins, de manière plus ou moins précise, des types de traitement qu'il est permis de leur appliquer selon la catégorie à laquelle elles appartiennent « par nature » (indépendamment de la possession effective des caractéristiques se rapportant à leur forme idéale). Par là, l'espèce présente une valeur indéniablement *prescriptive*, c'est-à-dire qu'elle constitue véritablement une *norme sur le plan éthique* que l'on peut enfreindre par un comportement inapproprié[53]. Ainsi, dans le prolongement de la

53. Ou, comme l'écrit Carl Cohen : « L'enjeu porte sur le genre » (*the issue is one of kind*) (« The Case for the Use of Animals in Biomedical Research », art. cité, p. 866). Scott D. Wilson critique cette position dans son article intitulé à juste titre

morale kantienne, le respect de l'individu humain rationnel et autonome est-il à la source d'un statut privilégié que l'on étendra volontiers aux cas marginaux de l'humanité ; nous continuons en revanche de refuser aux animaux autres qu'*Homo sapiens* une dignité propre ainsi que le bénéfice de considérations morales directes (anthropocentrisme fort) ou, à tout le moins, de l'égalité de considération vis-à-vis de leurs intérêts (anthropocentrisme faible).

En fait, l'approche par les capacités, tout autant que l'individualisme moral, va tout à fait à l'encontre de cette hypothèse. L'on trouve certes chez Nussbaum, autour de la question du handicap, une volonté politique de prévenir les dérives en fixant le seuil d'un traitement juste en fonction des capacités appréciées selon le meilleur standard. Mais il est clair au demeurant que sa démarche vise à l'enrichissement des vies des *individus* qui présentent un handicap, commençant par travailler à la reconnaissance de leur statut même d'individus particuliers. Et c'est ce que vise explicitement Nussbaum en mettant en avant la « norme spécifique », consciente par ailleurs d'un paradoxe qui n'est qu'apparent : c'est précisément parce qu'ils sont des individus, non pas les exemplaires d'une forme de vie inférieure, qu'il convient de travailleur à leur épanouissement *individuel* selon un repère – la norme spécifique – qui sera le même pour tous les membres de la société[54]. Ce sont en premier lieu des considérations pour leur bien être concret, terrestre, et individuel, qui influent sur la prise de décision, non pas des considérations relatives à un critère général – comme la rationalité – qui serait non pas *leur* caractéristique mais l'apanage *d'autres* individus[55], à savoir certains de leurs congénères dont on considère qu'ils sont plus conformes au « standard » de l'espèce.

Dans ce cas, la « norme spécifique » peut s'entendre dans un sens qui semblera plus approprié. L'espèce se présente alors comme un faisceau de caractères, résultat des « bricolages »[56] et autres

« The Species-Norm Account of Moral Status », *Between the Species. An Online Journal for the Study of Philosophy and Animals*, vol. 13, n°5, 2005.

54. *Frontiers of Justice*, *op. cit.*, p. 191.

55. Nous retrouvons ici l'objection de Rachels à la position de Carl Cohen (*cf.* n. 24) en ce qui concerne l'argument des cas marginaux ; voir *Created from Animals*, *op. cit.*, p. 186-187.

56. Le terme est repris bien entendu à François Jacob.

tâtonnements de l'évolution, que *tend* à posséder l'individu du fait notamment de leur base génétique héritable. L'éventuelle absence ou altération de ces caractères n'est alors plus conçue comme un accident vis-à-vis d'un plan de construction déterminé et immuable, une norme fixe de l'espèce ; ils ne sont ni nécessaires ni suffisants pour la définition de son identité spécifique ou de sa supposée nature ; l'on observe simplement que ce sont des traits réguliers – physiques ou comportementaux – de son espèce, que l'individu particulier présente ou non[57] (en raison du parcours qui a forgé sa personnalité unique, d'accidents, ou encore de particularités génétiques, voire d'anomalies, et de malformations). C'est ainsi que l'espèce d'appartenance constitue un *repère*, « dûment évalué » selon une approche scientifique, nous instruisant d'une part non négligeable des conditions de son épanouissement.

Ceci n'est pas autre chose que d'admettre l'importance du bien-être de *l'individu* vis-à-vis duquel l'espèce d'appartenance n'a qu'une valeur informative, descriptive, en tant qu'elle constitue une norme au sens cette fois d'une règle *statistique*. Prenons l'exemple des relations particulières qui unissent parent et enfant, et dont Rachels, tout autant que Nussbaum, fait grand cas[58] : le besoin d'entretenir de tels rapports peut être parfaitement bien compris comme une caractéristique significative propre à *l'individu*, même si, par ailleurs, l'investissement parental est un trait que l'on peut imputer à l'espèce tout entière – c'est même l'une des caractéristiques distinctives des mammifères en général. Une telle perspective rend dans le même temps bien mieux compte des aspirations de ces quelques individus qui, contrairement à la majorité de leurs congénères, ne *souhaitent pas* créer ni entretenir semblables relations, et sur un plan moral ne les condamnera pas pour leurs choix.

Voilà donc une approche que l'on peut proprement qualifier d'« individualiste »: l'espèce d'appartenance nous renseigne sur une part des besoins physiologiques et psychologiques de l'individu,

57. Édouard Machery défend sur ces bases une conception simplement nomologique de la nature humaine, qu'il distingue de la conception essentialiste, permanente, définissant l'identité *spécifique* des individus et, de ce fait, ayant valeur normative ; voir É. Machery, « A Plea for Human Nature », dans T. Heam *et al.*, *Les Mondes darwiniens*, Paris, Syllepse, 2009, p. 851-862.

58. *Created from Animals*, *op. cit.*, p. 218-221.

besoins qu'il est utile de connaître en vue de déterminer la meilleure manière de le traiter ; mais, pour être significative, elle n'intervient qu'au second plan. En cela elle donne le change à la préférence spéciste où il n'est *pas* possible de savoir comment il convient de traiter l'individu *avant* de connaître son espèce d'appartenance (ainsi ne pouvez-vous savoir si l'acte d'euthanasie est permis avant de déterminer si vous vous apprêtez à piquer un chien ou un cheval gravement blessé, ou bien un homme.)

Somme toute, parler de « norme spécifique » comme le fait Nussbaum est plutôt égarant compte tenu de la tradition éthique à laquelle elle-même s'oppose, et du fait que ce qui est premier, chez Nussbaum comme chez Rachels, pour juger d'un traitement respectueux, c'est au premier plan l'individu, ses besoins et capacités, son bien-être ou son épanouissement. En outre, une pensée comme celle de Nussbaum ou de Rachels, qui participe d'une perspective impartialiste minimale, peut parfaitement se reconnaître une tendance « individualiste » (mettre l'individu sur le devant de la scène morale plutôt que le groupe) sans pour autant être amenée à occulter les traits qui rattachent l'individu à son espèce et nous priver définitivement de ce précieux enseignement – ce qui ne fait pas pour autant de l'espèce une norme prescriptive. Ainsi la critique initiale de Nussbaum recèle-t-elle une certaine confusion, rassemblant sous l'idée de « pertinence morale » (voir T2) des dimensions très hétérogènes qu'il faudrait, en toute rigueur, soigneusement distinguer. Mais si l'on substitue à T2 la formulation T2' plus précise, alors il devient clair que l'individualisme moral de Rachels, et avec lui le principe d'une éthique antispéciste, échappe entièrement à la critique qui lui était adressée.

CONCLUSIONS : IMPARTIALISME ET PRÉFÉRENCE SPÉCISTE

« Conformément à l'idéal d'impartialité, écrit Rachels, nous ne pouvons tracer des cercles autour des individus ou des groupes et déclarer qu'il convient de les traiter comme s'ils étaient “spéciaux” lorsque des décisions morales sont prises »[59]. Force est pourtant de constater que cet idéal d'impartialité, au cœur de notre compréhension moderne de la justice, n'a pas été étendu encore au-delà des « frontières de l'espèce ». On attendra en général, au contraire, qu'un humain témoigne plus d'attention pour le bien d'un autre homme que pour le bien d'un « simple » animal. Par sa critique de l'individualisme moral, et l'insistance sur la signification morale de la « norme de l'espèce », Nussbaum donne à penser qu'elle se range à cet avis et nourrit ainsi les attentes de ceux qui trouvent du sens et une légitimité à l'idée d'une authentique préférence spéciste[60]. En vérité, si l'on y regarde de près, son point de vue présente bien plus d'affinités avec la posture impartialiste.

On trouve au cœur de l'éthique animale, en particulier dans la première vague d'inspiration impartialiste (Peter Singer, Tom Regan…), l'idée que la préférence spéciste n'est pas différente de la discrimination raciste. Cela se traduit, selon nous, par la volonté globale de rapprocher la norme du juste du seul bien-être de l'individu déterminé par ses besoins et capacités réels. Encore que cet aspect n'est pas toujours exprimé de façon aussi claire ; il est généralement « dilué » dans le discours antispéciste classique dont le principal objet tient à dénoncer la préférence pour notre espèce ou la valeur spéciale accordée à l'être humain afin de consacrer une plus grande attention morale à la souffrance des êtres sensibles en général – autrement dit, un ensemble de critiques adressées d'abord à notre conception de la *valeur différentielle* entre différents cercles (l'humain /le non-humain sensible) auxquels on reconnaît, chez de tels auteurs, une communauté de destin.

Il appartenait à Rachels d'approfondir et de démêler ce discours, et d'en dégager une troisième objection d'ordre formel, plus fondamentale et sans doute plus féconde. Pointant dans ses premiers articles les défauts inhérents à la « stratégie kantienne », il sera conduit progressivement à stigmatiser la tendance générale des

59. « Morality, Parents, and Children » (1989), dans *Can Ethics Provide Answers ?*, *op. cit.*, p. 213-234, 214.

60. Cette défense de la préférence spéciste, suggérée dans le petit article de R. Nozick « About Mammals and People » (*The New York Times Book Review*, 27 nov. 1983), est étudiée par Rachels dans *The End of Life* (Oxford, Oxford University Press, 1986, p. 72-77) et rejetée.

philosophes moraux à définir le statut moral autour de « superqualités »: cette critique ne vise pas tant les différentiels de valeur que leur support même, c'est-à-dire les frontières, les cercles que nous traçons autour de critères généraux censés « concentrer » et résumer la pertinence morale. Dans *Created from Animals* puis l'article « Drawing Lines », Rachels dénonce avant tout le caractère arbitraire et proprement inapproprié de telles frontières, étayant son point de vue par le regard nouveau que le darwinisme apporte sur la vie : un monde non plus régi et organisé par des essences immuables parfaitement distinctes les unes des autres, mais peuplé d'individus (tous apparentés à divers degrés) qui se ressemblent et se distinguent les uns les autres par d'innombrables aspects. On peut voir ainsi, en la pensée de Rachels, le propre d'une perspective impartialiste parfaitement « individualiste », puisque attentive, lorsqu'il s'agit de décider d'une ligne de conduite moralement correcte, à la multiplicité et à l'hétérogénéité tant des formes de vie que des individus singuliers qui participent de ces formes de vie (tandis que Singer redessine les contours de la communauté morale en fonction de la seule capacité à souffrir, la sensibilité s'apparentant ainsi à une « superqualité ».)

Cette tendance individualiste s'inscrit pleinement dans une ligne antispéciste – partagée par Singer, Rachels et donc Nussbaum (on peut aussi citer Regan, et autres auteurs de la même veine) : elle s'oppose en effet, au niveau le plus fondamental, à la préférence spéciste dont le propre est de nier (en tout ou partie) l'importance des intérêts liés aux facultés réelles de certains individus du seul fait qu'ils n'appartiennent pas à la bonne espèce. Qu'il soit clair, maintenant, que cette démarche n'exclut nullement dans son principe que l'appartenance à un groupe soit un repère efficace de l'épanouissement recherché pour chacun des individus qui le compose. Sur ce point le problème du traitement concret des individus handicapés joue un rôle clef. Or, nous le voyons avec le cas de Rachels, il existe des versions de l'impartialisme compatibles avec une haute idée de ce qu'est leur bien-être. Ainsi y a-t-il matière à penser une action envers nos congénères les plus malchanceux qui soit ciblée et distincte du traitement des autres mammifères supérieurs, non pas parce qu'ils sont des êtres humains, nos semblables, mais parce que leur épanouissement, auquel ils ont autant droit qu'un autre, passe par des voies proprement humaines qu'il convient de prendre en compte. Pour Rachels, une telle ligne de conduite n'est donc pas l'effet d'une préférence spéciste ; elle est le résultat d'une compréhension fine de ce qui constitue l'hétérogénéité et la richesse des vies humaines comme, d'ailleurs, des autres formes de vie. En outre rien n'indique, comme Nussbaum elle-même le tire au clair, que l'exigence d'assurer à chaque forme de vie la « jouissance de chacune de ses capacités fondamentales » doive déboucher sur d'irréductibles conflits[61].

De manière générale, l'impartialisme de Rachels, dont nous avons vu les affinités avec la pensée de Nussbaum, s'avère donc suffisamment efficace pour dénoncer la discrimination raciste, spéciste, etc., partout où elle sévit. Cela ne signifie pas, en revanche, que le traitement des individus doive être totalement homogène, et qu'il faille refuser de prêter attention au groupe ou à l'espèce d'appartenance. Une telle conception de l'impartialité ne veut pas dire par exemple qu'il faille priver nos enfants d'une éducation ni d'autres témoignages d'affection (une conception trop rigide de l'impartialité détruirait immanquablement ce lien particulier qui unit un parent à son enfant), mais seulement que nous devrions œuvrer en même temps pour que chaque enfant, fût-il orphelin ou issu de parents pauvres, puisse espérer les mêmes bénéfices en termes de soins familiaux et d'affection, dont a été reconnue précisément la grande valeur[62] : ce qui est nié, c'est un intérêt supérieur, voire exclusif, pour nos proches qui nous dispenserait d'un souci moral pour la satisfaction de besoins tout aussi pressants, et souvent identiques, chez les *autres*. C'est en ce sens que Rachels admet avoir défendu « l'une des implications les plus scandaleuses de l'utilitarisme, à savoir que notre devoir envers nos propres enfants n'est fondamentalement pas différent de notre devoir envers tout autre enfant »[63]. Et c'est en ce sens qu'il condamne toute théorie de l'importance morale de l'espèce qui prétendrait fonder un intérêt supérieur, voire exclusif, pour nos congénères.

61. *Frontiers of Justice*, *op. cit.*, p. 381.

62. Voir J. Rachels, « Morality, Parents, and Children », art. cité.

63. J. Rachels, *Can Ethics Provide Answers*, *op. cit.*, p. ix.

Recherches sur la philosophie et le langage 32 (2016)
384 p., ISBN : 978-2-7116-8418-2, p. 279-296, Vrin.

L'éthique animale en contexte [1]

Nicolas DELON *

RÉSUMÉ

Dans *Animal Ethics in Context* (2010), Clare Palmer a critiqué les théories qui, en éthique animale, « s'arrêtent aux capacités, considérant que les capacités et leur exercice sont tout ou quasiment tout ce qui est pertinent pour établir à la fois la considérabilité morale

* Nicolas DELON est actuellement post-doctorant en études animales à la New York University. Ancien élève de l'ENS (Ulm) et agrégé de philosophie, il travaille sur l'éthique animale et cherche à développer une théorie contextuelle du statut moral des animaux qui tienne néanmoins compte d'un réquisit d'impartialité. Il s'intéresse aussi à la méta-éthique, à l'éthique normative en général ou encore à la philosophie expérimentale. Il a notamment publié « Handicap et animaux » dans S. Laugier (dir.), *Tous vulnérables ? Le* care, *les animaux et l'environnement*, (Paris, Payot, 2012), « Pour une éthique animale descriptive » (*Klêsis*, n° 27, 2013), « Moral status, final value, and extrinsic properties (*Proceedings of the Aristotelian Society*, vol. 114, 2014), « La mort : un mal non nécessaire, surtout pour les animaux heureux ! » (*RDSA*, 2/2014), « La sensibilité en éthique animale, entre faits et valeurs », dans R. Bismuth et F. Marchandier (dir.), *Sensibilité animale. Perspectives juridiques* (Paris, CNRS Éditions, 2015), et « Études animales : une perspective transatlantique » (*Tracés*, n°15, 2015).

1. Ce travail est le fruit d'une série de communications et a bénéficié de l'aide de nombreuses personnes. Je remercie tout particulièrement les étudiants de mon atelier d' « Un été à l'ENS » (juillet-août 2011), sans qui l'expérience n'aurait pu être réalisée ; l'ensemble des personnes ayant accepté d'y répondre ; Florian Cova pour ses conseils avisés et ses encouragements ; enfin toutes les personnes m'ayant fait

d'un être et tout ce qui pourrait lui être dû ». Elle propose une éthique animale « en contexte » selon laquelle nos devoirs positifs (d'assistance, de réparation, de protection) ne s'appliquent pas à l'égard de tous les animaux, en particulier les animaux non domestiques. Cette théorie s'appuie sur ce qu'elle appelle une « intuition du laissez-faire » (ILF). Je décris dans cet article les différentes versions de l'ILF et présente une expérience destinée à la « tester », c'est-à-dire à vérifier qu'il s'agit effectivement d'une intuition partagée. J'examine précisément cet aspect problématique du contextualisme de Palmer, sa dimension intuitive, et suggère les conditions auxquelles l'intuition centrale de sa théorie pourrait être fiable. La discussion de cette enquête peut être prise comme le point de départ d'une réflexion future sur une éthique animale contextualiste, mais aussi comme un premier essai d'éthique animale expérimentale.

part de leurs commentaires lors des diverses présentations de l'une ou l'autre partie de ce travail, en particulier les participants au Colloque « L'Animal » à PLC (UPMF, Grenoble) en janvier 2012, au Congrès de la SOPHA (ENS, Paris) en mai 2012, et les membres du département de philosophie de l'UPJV à Amiens dans le cadre d'un séminaire interne le 29 mai 2012.

Clare Palmer, dans un ouvrage récent, a critiqué les théories qui, en éthique animale, « *s'arrêtent* aux capacités, considérant que les capacités et leur exercice sont tout ou quasiment tout ce qui est pertinent pour établir à la fois la considérabilité morale d'un être et tout ce qui pourrait lui être dû »[2]. Elle propose une éthique animale relationnelle et contextuelle selon laquelle nos devoirs positifs (d'assistance, de réparation, de protection) ne s'appliquent pas dans tous les contextes et à l'égard de tous les animaux. Cette théorie s'appuie sur ce qu'elle appelle une « intuition du *laissez-faire* » (ILF), sous une version modérée « *no-contact* », selon laquelle nous avons le plus souvent la permission – mais pas toujours l'obligation – d'assister tous les animaux (les devoirs positifs relevant dans certains cas de ce qu'on appelle la surérogation). Dans certains cas, il vaut mieux, ou il est permis, de « laisser-faire » et ne pas agir n'est par conséquent pas injuste, mal ou une violation de nos devoirs ou des droits d'un animal. Une dose de contextualisme en éthique animale permet de résoudre certains problèmes rencontrés par les principales théories impartialistes (conséquentialisme, déontologisme, théories des droits, capabilités). J'aimerais ici examiner un aspect problématique du contextualisme de Palmer, sa dimension intuitive, et montrer à quelles conditions l'intuition centrale de la théorie peut être fiable. L'objet de cet article est une expérience que j'ai pu réaliser pour tester ladite intuition. La discussion de cette enquête peut être prise comme le point de départ d'une réflexion future sur une éthique animale contextualiste, mais aussi comme un premier essai d'éthique animale expérimentale. Je présente d'abord l'expérience, les leçons qu'on peut en tirer et ses défauts méthodologiques (1), puis j'aborde trois objections théoriques aux leçons que j'en tire (2), enfin je présente la suite (plus informelle) de l'expérience pour aborder quelques considérations plus générales sur l'usage des intuitions en théorie morale (3).

2. Clare Palmer, *Animal Ethics in Context*, New York, Columbia University Press, 2010, p. 45.

UNE FABLE POUR COMMENCER

À l'occasion d'un atelier philosophique dans le cadre d'une école d'été, j'ai réalisé avec mes étudiants quelques expériences, sous la forme de questionnaires. Celui sur lequel je m'appuie ici s'est déroulé en ligne. Il ne pourra faire l'objet d'une publication autonome car il souffre de défauts qui en compromettraient la scientificité, mais j'aimerais l'évoquer, tout en soulignant ses faiblesses. Il me semble que ces défauts ne sont pas dirimants et n'altèrent pas la leçon générale que l'on peut, je crois, en tirer.

Les répondants recevaient un lien, qui les dirigeait, de façon *aléatoire*, après une page d'information destinée à recueillir leur consentement, vers l'*une* des deux vignettes suivantes[3].

> MOUFLONS – Imaginez qu'un mouflon (*bighorn sheep*) dans une population isolée de mouflons sauvages contracte une maladie hautement infectieuse, un type de Pasteurella, une pneumonie qui se répand parmi le troupeau de mouflons. Si les humains concernés (gardes-forestiers) ne font rien, la plupart ou la totalité de la population sera touchée par la maladie et une grande partie souffrira et mourra (jusqu'à 75%). Si en revanche on retire le mouflon infecté et qu'on vaccine tous les autres mouflons, on évitera un très grand nombre de morts et d'individus malades. On suppose que la vaccination n'a aucun effet négatif à moyen et long termes (hormis le stress éventuel causé par la capture et la vaccination – stress qu'on suppose compensé par les effets bénéfiques), ni sur les individus, ni sur la population dans son ensemble. Les humains ne risquent pas de contracter la maladie.
> Les humains concernés ont-ils le devoir de vacciner la population ?

> MOUTONS – Imaginez qu'un mouton (*sheep*) dans une population de moutons domestiques contracte une maladie hautement infectieuse, un type de Pasteurella, une pneumonie qui se répand parmi le troupeau. Si les humains concernés (éleveurs) ne font rien, la plupart ou la totalité de la population sera touchée par la maladie et une grande partie souffrira et mourra (jusqu'à 75%). Si en revanche on retire le mouton infecté et qu'on vaccine tous les autres moutons, on évitera un très grand nombre de morts et d'individus malades. On suppose que la vaccination n'a aucun effet négatif à

3. Ces exemples sont adaptées de C. Palmer, *ibid.*, p. 80-81.

> moyen et long termes (hormis le stress éventuel causé par la capture et la vaccination – stress compensé par les effets bénéfiques), ni sur les individus, ni sur la population dans son ensemble. Les humains ne risquent pas de contracter la maladie. On suppose aussi que les coûts pour les éleveurs en cas de perte du troupeau seront entièrement dédommagés par l'État.
> Les humains concernés ont-ils le devoir de vacciner la population ?

Le questionnaire avait été adressé par les étudiants, et par moi-même, à une sélection de proches, de collègues et d'amis, capables de lire le français, mais d'origines diverses puisqu'il s'agissait d'une école d'été internationale. Nous avons recueilli 71 réponses (en écartant les questionnaires inachevés ou inexploitables sur les 91 initiés). Malheureusement, la configuration du questionnaire en ligne (logiciel Qualtrics) ne devait pas être suffisamment claire. Certaines absences de réponses auraient dû être enregistrées plutôt comme des 1, voire comme des 7, sur les échelles de 1 à 7. J'ai donc, quand ces sauts m'apparaissaient être des anomalies techniques, rectifié certaines réponses ambiguës. Cela impliquait, hélas, une part d'interprétation de ma part (premier obstacle à la scientificité de l'étude), que j'ai réalisée en me basant sur les autres réponses fournies par le répondant.

Les données démographiques des répondants sont les suivantes :

- Sexe : femmes 62%, hommes 38%
- Résidence :
  - 38% vivent à l'étranger (notamment 9 au Cameroun, 5 en Espagne, 5 aux États-Unis, 3 en Russie, et quelques autres en Europe et Asie)
  - 62% vivent en France
- Âge moyen : 27 ans (médian 26, mode 27)
- Niveau d'éducation moyen : bac +5
- Niveau d'études en philosophie : 4% aucun, 35% lycée, 28% option à l'université, 23% licence-maîtrise, 10% master-doctorat
- Religion : 35,3% affirmaient avoir une croyance religieuse (le plus souvent chrétienne)
- Langue : 30,9% n'avaient pas pour langue maternelle le français.

38 répondants ont reçu la vignette MOUTONS, 33 la vignette MOUFLONS. Les résultats figurent dans le tableau suivant :

	Moutons		Mouflons	
Oui	36	94,7 %	24	72,7 %
Non	2	5,3 %	9	27,3 %
Total	38	100	33	100

Tableau 1

La première chose à noter est qu'une part importante des répondants considèrent que nous avons un devoir d'assistance. Cela montre au moins qu'intervenir dans la nature n'est pas intrinsèquement répréhensible et que la présomption de non-interférence est plus faible que le gain de bien-être que peuvent en tirer les animaux. Néanmoins, la variation du « Oui » entre MOUTONS ET MOUFLONS est statistiquement significative[4].

Les répondants devaient ensuite noter, sur une échelle de 1 à 7 (1 : pas du tout ; 4 : un peu ; 7 : tout à fait), s'ils considéraient « que les humains ont causé un tort, ou nui (*harm*) aux animaux s'ils ne les vaccinent pas ». Puis, s'ils considéraient « pertinent que la population soit domestique ou sauvage. ». Voici les résultats.

	Moutons	Mouflons
Nuisance	5,46	3,83
Pertinence de la distinction	4,49	4,59

Tableau 2

La variation entre MOUTONS ET MOUFLONS est très significative pour la question de la nuisance[5], pas pour la question de la pertinence[6]. Ce résultat paraît cohérent et peut s'expliquer en supposant que la distinction domestique/sauvage est un facteur qui a joué dans

4. $p<.05$.
5. $N=67$, $t=3.97$, $df=56$, $p<.001$.
6. $p=0.8242$.

une égale mesure pour les uns et pour autres, et de façon importante (4,54 en moyenne).

Ces résultats corroborent l'hypothèse faite par Clare Palmer[7]. Néanmoins, il est difficile d'écarter d'autres facteurs que la seule variation contextuelle. Il y a un effet de halo possible entre certains facteurs secondaires difficilement isolables. Par exemple, certains commentaires laissés par les répondants suggèrent que certains supposaient que les humains avaient pu être responsables, d'une manière ou d'une autre, de la maladie des mouflons ; d'autres qu'intervenir serait écologiquement coûteux (bien que nous nous soyons efforcés de préciser que ce ne serait pas le cas, mais ce n'était probablement pas assez clair)[8]. Ce sont des raisons pertinentes pour intervenir, ou ne pas intervenir, mais elles sont difficiles à dissocier de ce que Palmer et moi appelons ici « contexte » et de la distinction sauvage/domestique en tant que telle. Il faudrait donc pour plus de rigueur refaire le test en écartant toute conséquence écologique possible et toute relation causale préalable aux humains. Je doute néanmoins que les résultats seraient alors significativement différents ; la variation serait probablement plus faible mais nous faisons l'hypothèse qu'elle se maintiendrait.

J'ai évoqué certaines faiblesses de l'enquête qui limitent les conclusions qu'on peut en tirer. Elles incluent des biais d'échantillonnages non négligeables (moyenne d'âge relativement basse avec un écart-type assez faible, 7,6, mais une variance importante, 57), niveau d'éducation élevé (cinq ans post-bac en moyenne, avec un écart-type de 1,9), effets de cadrage liés au vocabulaire employé, à la familiarité variable de la situation, et le fait que le questionnaire ait été adressé en français à certains francophones non natifs. Ces

7. C. Palmer, *Animal Ethics in Context*, *op. cit.*

8. Un répondant a par exemple noté : « Je n'avais pas fait attention au fait que le premier troupeau était sauvage (pour la vaccination). J'aurais peut-être répondu différemment (vacciner a des conséquences sur le reste de la population, interfère avec la sélection naturelle, etc.) » ; un autre : « Je pense que certaines questions ne donnent pas assez d'éléments pour qu'on puisse donner une réponse objective. C'est à partir de ces précisions que je pourrai être en mesure de dégager leur responsabilité ». Quelques autres commentaires soulignent qu'il n'est pas clair si les destinataires de la vaccination sont les animaux ou les humains, d'autres encore si les humains ont joué un rôle dans l'apparition de la maladie.

faiblesses méthodologiques pourraient être corrigées dans un prolongement de l'expérience. Trois objections théoriques plus décisives peuvent en revanche être soulevées : l'influence implicite de la distinction faire/laisser-faire, la circularité de la relation contexte-obligation et le caractère instable de la distinction sauvage/domestique.

QUELQUES OBJECTIONS THÉORIQUES

1. Une interprétation différente des résultats pourrait être suggérée, selon la distinction traditionnelle entre faire et laisser-faire[9] (plus ou moins mais pas parfaitement congruente avec la distinction action/omission), en l'occurrence entre nuire (*harming*) et ne pas secourir. Dans les deux cas, il s'agit d'un type d'action *négative*, en ce sens qu'aucun tort (*harm*) n'est directement et activement infligé aux animaux. Il pourrait néanmoins y avoir une différence. Dans le cas des MOUTONS, il se pourrait que la nuisance soit considérée plus importante, la négligence plus coupable, et la responsabilité plus forte, parce qu'il s'agit d'une négligence quasi active. Ce que les éleveurs ne font pas pour leurs moutons, c'est pour ainsi dire un tort qu'ils leur font directement. L'omission n'est pas innocente dans la mesure où vacciner ou ne pas vacciner sont deux options inscrites dans une même activité, un même processus de soin. Dans le cas des MOUFLONS en revanche, un tel processus ne préexiste pas à ces options, et la négligence est plus de l'ordre du laisser-faire (ou laisser-arriver) que du faire. Les forestiers, dans ce cas, se contentent de ne pas agir (plutôt que d'agir dans le mauvais sens), de ne pas prévenir un tort (qui ne leur est pas imputable), alors que dans l'autre cas, les éleveurs, en n'agissant pas en un sens étroit, agissent néanmoins en un sens large, et de façon coupable, tout comme un médecin ne prodiguant pas, intentionnellement et en toute connaissance de cause, les soins vitaux à son patient ne serait pas moins coupable au prétexte qu'il s'agirait d'une omission plutôt que d'une action (l'attribution active d'un poison par exemple). Ainsi, il

9. Je remercie Bernard Baertschi de m'avoir poussé à envisager cette interprétation.

se pourrait que la distinction faire/laisser-faire joue ici implicitement plutôt que la distinction contextuelle.

Cependant, outre le fait que cette première distinction est mouvante[10], très discutée et souvent contestée[11], on pourrait aussi bien juger que c'est à l'inverse la distinction faire/laisser-faire qui est déterminée par le contexte, ce qui semble cohérent avec les résultats expérimentaux évoqués en note[12]. De façon générale en effet, ces études n'invalident certes pas la distinction. Il y a bien une asymétrie psychologique entre les omissions et les actions, mais, premièrement elle n'est pas stable, deuxièmement, elle n'est pas fondamentale mais déterminée par des facteurs extérieurs qui, d'ailleurs, se rapportent à ce que je considère comme relevant du contexte. On peut donc conclure que même si la distinction faire/laisser-faire jouait un rôle dans la variation des réponses aux deux cas (ce qui est déjà discu-

10. Une littérature croissante en philosophie expérimentale prend pour objet d'étude les intuitions communes sur ces distinctions. Plusieurs études tendent à montrer que la gravité d'une omission, et, corrélativement, l'effacement de la distinction action/omission, semble dépendre en partie du contexte (affectif, social, culturel) : plus les relations entre un agent et une victime sont étroites, moins est reconnue la distinction (voir J. Haidt et J. Baron, « Social roles and the moral judgment of acts and omissions », *European Journal of Social Psychology*, vol. 26, n° 2, 1996, p. 201-218). Cela s'explique, note Florian Cova, par le fait que la responsabilité et l'obligation augmentent avec la proximité sociale. Cette augmentation, prédit-il, est parallèle à un affaiblissement de la distinction (F. Cova, *L'Architecture de la cognition morale*, Thèse, EHESS, Paris, 2011, p. 342-343). À ces variations s'ajoutent des variations interculturelles dépendant de la taille des sociétés et des types de relations sociales que leurs membres entretiennent (voir, cités par Cova, J. Miller et S. Luthar, « Issues of interpersonal responsibility and accountability : A comparison of Indians' and Americans' moral judgments », *Social Cognition*, vol. 7, n° 3, 1989, p. 237-261 ; L. Abarbanell et M. Hauser, « Mayan morality : An exploration of permissible harms », *Cognition*, vol. 115, n° 2, 2010, p. 207-224 ; B. Fraser et M. Hauser, « The Argument from Disagreement and the Role of Cross-Cultural Empirical Data », *Mind & Language*, vol. 25, n° 5, 2010, p. 541-560 ; et F. Cova, *op. cit.*).

11. Voir notamment Alastair Norcross, « Killing and letting die », dans R. G. Frey et Ch. Heath Wellman (dir.), *The Blackwell Companion to Applied Ethics*, Oxford, Blackwell, 2003, p. 451-463 ; Carolina Sartorio, « Causation and ethics », dans P. Menzies, Ch. Hitchcock, H. Beebee (dir.), *The Oxford Handbook of Causation*, Oxford/New York, Oxford University Press, 2009, p. 575-591.

12. *Cf.* n. 10 *supra*.

table dans la mesure où les deux cas sont des cas de négligence[13]), cela ne contredirait pas la conclusion que le contexte joue un rôle déterminant puisque le contexte influence la reconnaissance de la distinction. En d'autres termes, ce serait parce que nous jugeons dans un premier temps que les éleveurs ont des devoirs que nous jugeons leur négligence plus grave qu'une simple omission, et non l'inverse[14].

La difficulté à trancher la question tient peut-être à une faiblesse intrinsèque de la paire de vignettes utilisée. Il se pourrait en réalité que *plusieurs* facteurs varient de l'une à l'autre, ce qui rend difficile voire impossible de vérifier si *un* facteur en particulier, et *lequel*, explique la différence. Comme l'écrit Frances Kamm,

> si nous utilisons des cas pour voir si la distance importe par elle-même, tous les autres facteurs dans les cas doivent être maintenus constants. (…) [N]ous devons construire des cas parfaitement *égalisés*. C'est-à-dire que pour voir si une variable (près/loin, tuer/laisser mourir) fait moralement une différence, nous devons comparer deux cas qui ne diffèrent qu'eu égard à cette variable, en maintenant les facteurs contextuels fixes[15].

Or, dans nos deux vignettes, une multitude de facteurs (c'est l'essence même du tout composite qu'est un *contexte*) varient : identité des acteurs, nature de l'environnement, relations sociales, efficacité du vaccin sur l'une ou l'autre espèce, connaissance des probabilités de réussite, responsabilités passées, présence d'autres acteurs potentiels, bénéfices potentiels, etc. Faire varier le contexte, c'est précisément modifier tout un ensemble de facteurs, certes liés sous l'aspect d'une forme d'unité organique, mais néanmoins difficilement contrôlables expérimentalement ; on ne peut isoler et faire varier un facteur contexte mais seulement l'un ou l'autre des paramètres *du* contexte. Les « inégalités contextuelles »[16]

13. On notera en outre que bien qu'il s'agisse de cas de négligence par omission, la moyenne pour « Nuisance » dans le cas des moutons est très élevée (5,46).

14. Merci à Florian Cova pour cette explicitation.

15. Frances M. Kamm, *Intricate Ethics*, Oxford/New York, Oxford University Press, 2007, p. 347, traduction personnelle.

16. *Id.*

compromettent donc peut-être tout recours à ce genre d'expérience pour tester la validité d'intuitions contextuelles.

Mais peut-être l'intuition de Palmer demeure-t-elle juste et le facteur déterminant ne serait pas le contexte (trop flou et composite) mais une caractéristique (extrinsèque) des animaux. En mettant de côté les complications dues au caractère vague de ces concepts (que sont les chiens errants, les chats harets ?), il est possible, au moins théoriquement, d'attribuer à un animal le caractère « domestique » ou « sauvage ». Mais est-il possible d'isoler ce caractère en ne changeant rien d'autre ? On peut raisonnablement en douter. Dans nos vignettes, c'est précisément la situation géographique, écologique, phylogénétique et historico-sociale des mouflons/moutons qui caractérise leur caractère sauvage/domesticité. Il faudrait donc, pour expliquer l'intuition de Palmer, recourir à d'autres caractéristiques, ce vers quoi elle tend elle-même lorsqu'elle émet des réserves sur l'usage même de ces concepts[17].

Palmer distingue au moins trois sortes de caractère sauvage (*wildness*) : constitutif, géographique (*locational*) et dispositionnel ou comportemental. Chaque sorte est en outre conçue graduellement selon un spectre continu (sauvage/domestique ; sauvage/urbain ; sauvage/apprivoisé), chaque terme étant enfin plus ou moins

17. Voir C. Palmer, *Animal Ethics in Context*, *op. cit.*, p. 64-67, également C. Palmer, « The moral relevance of the distinction between wild and domesticated animals », dans T. L. Beauchamp, R. G. Frey (dir.), *The Oxford Handbook of Animal Ethics*, Oxford/New York, Oxford University Press, 2011, p. 701-725 ; « Placing animals in urban environmental ethics », *Journal of Social Philosophy*, vol. 34, n° 1, 2003, p. 64-78 et « Colonization, urbanization, and animals, *Philosophy & Geography*, vol. 6, n °1, 2003, p. 47-58. Sur les ambiguïtés de la notion de domestication, voir François Sigaut, « Critique de la notion de domestication », *L'Homme*, vol. 28, n° 108, 1988, p. 59-71. L'auteur y distingue trois formes *indépendantes* de rapport homme-animal : juridique (appropriation, y compris de l'animal sauvage), éthologique (familiarisation réciproque) et économique (utilisation) – « sans lien nécessaire entre elles » (p. 64). Un autre anthropologue, Jean-Pierre Digard, dans le même numéro de *L'Homme* (« Jalons pour une anthropologie de la domestication animale », p. 27-58), soutient au contraire que la notion de domestication a une valeur heuristique. L'article de Sigaut, et le seul fait de la polémique, indiquent la difficulté d'isoler le paramètre « domestique » et la nécessité de lui préférer d'autres paramètres, indépendants les uns des autres, plus facilement identifiables. Voir enfin Bernard Denis, « La domestication : un concept devenu pluriel », *INRA Productions Animales*, vol. 17, n° 3, 2004, p. 161-166.

flou (*fuzzy*). Ces précisions éclairent néanmoins les paramètres qu'il faut faire varier dans nos tests. Pour pouvoir isoler *le* facteur déterminant qui explique l'« intuition du laissez-faire », il faut pouvoir trouver des cas où nos réponses varient quand seul *un* aspect de l'animal varie. Par exemple, il se pourrait que nous n'ayons pas les mêmes obligations d'assistance envers des coyotes en bordures de ville qu'envers des chiens errants dans exactement la même situation, même en supposant qu'ils ont des propriétés intrinsèques moralement pertinentes similaires. Seule une propriété extrinsèque des animaux expliquerait la différence. Or le seul moyen de repérer cette propriété sans se heurter aux obstacles précédemment évoqués me semble être de s'attacher au facteur causal, et à son versant contrefactuel, désigné en réalité par ce que Palmer appelle « zone de contact ». L'obligation d'assistance serait alors fonction de la vulnérabilité d'un être causalement liée à nos activités présentes ou passées (création de vulnérabilités ou violation de devoirs négatifs), c'est-à-dire un état du monde comprenant cet animal dans cette situation de vulnérabilité qui n'aurait pas été le cas si nous avions agi autrement. Dans la mesure où nous aurions pu agir autrement, il semble alors raisonnable de nous considérer responsables de cette situation. Si tel est le cas des chiens errants, mais pas des coyotes, alors nos obligations varient[18].

2. Mais alors une deuxième objection peut être soulevée. Car si le contexte qui influence la distinction comprend la reconnaissance préalable de devoirs spéciaux liés aux relations, ma détermination des devoirs par le contexte est circulaire. Les deux cas ne serviraient alors qu'à exprimer des intuitions divergentes concernant les devoirs des agents, et *cela* constituerait le contexte. Celui-ci ne pourrait alors constituer, ou contribuer à expliquer, les devoirs en question[19]. Pour éviter cette circularité, il importe de retracer le chemin qui lie ainsi

18. J'ai fait référence au coyote par commodité d'exposition mais Palmer elle-même utilise ce cas comme un exemple où nous avons des obligations d'assistance, la situation du coyote étant inextricablement liée au développement, si l'on peut dire, sauvage de l'immobilier dans certaines régions urbaines, antérieurement préservées, des États-Unis. Il suffit alors d'imaginer n'importe quelle espèce proche du chien et qui, par une chaîne causale non spécifiée mais non directement liée à nos activités, se trouverait dans la situation des coyotes.

19. Je suis redevable à Marie Guillot de m'avoir adressé l'objection.

contexte et devoirs. Il est certes plausible que les répondants ne dissocient pas explicitement leur intuition concernant l'obligation, la nuisance, la gravité et la responsabilité d'une part, et leur intuition concernant le contexte d'autre part. Celui-ci joue plutôt le rôle de cadre pour la première intuition. Il me semble néanmoins possible de faire l'hypothèse – à vérifier – que certains paramètres *non moraux* (mais moralement pertinents) du contexte expliquent les caractéristiques *morales* qui lui sont associées. C'est du moins ce qui expliquerait les intuitions en question, et justifierait d'y faire appel dans une théorie morale. On éviterait ainsi la circularité en montrant que des agents pourraient inférer leurs obligations et responsabilités, sans les présupposer, de leur prise en compte du contexte sous ses aspects non moraux mais moralement pertinents.

3. Enfin, une troisième objection liée à l'usage de concepts flous comme sauvage et domestique est qu'ils désignent précisément des caractéristiques non exclusivement extrinsèques des animaux. Si ce que c'est qu'être domestique est essentiellement de l'ordre des propriétés intrinsèques, l'intuition qu'il y a là une distinction pertinente ne permet pas d'établir la nécessité de recourir à des propriétés extrinsèques dans le statut moral. Dans le cas des animaux dits « domestiques » en particulier (animaux de rente, animaux de compagnie, commensaux), l'état de dépendance n'est pas purement externe ou relationnel mais figure au rang des propriétés intrinsèques, au moins pour certaines espèces, dans la mesure, précisément, où l'une des caractéristiques de la domestication est le contrôle de la reproduction et la sélection, par l'homme, de certains caractères héréditaires. Deux autres conditions pour parler de domestication sont citées par Bernard Denis : « un certain degré d'apprivoisement » et « une utilisation des animaux »[20]. On a vu que cet aspect économique ou utilitaire n'était pas nécessaire pour Françoise Sigaut. On peut tout à fait concevoir que des espèces se maintiennent dans un état de domesticité sans pour autant encore être utiles en ce sens à l'homme, par exemple le chat (sa présence est certes agréable, voire thérapeutique, mais à ce titre de nombreuses espèces sauvages pourraient être dites « utiles » pour peu que leur

20. B. Denis, « La domestication : un concept devenu pluriel », art. cité.

présence nous fasse plaisir). Tantôt donc la domestication suppose trois conditions nécessaires et conjointement suffisantes (Denis), tantôt ces trois conditions constituent autant de formes distinctes et indépendantes de « domestication » (Sigaut).

Il n'est pas nécessaire de trancher puisque l'incertitude est suffisante pour que nous choisissions un autre concept (par commodité néanmoins, il peut être parfois fait référence à la distinction sauvage/domestique).

L'USAGE DES INTUITIONS

La suite de l'expérience telle qu'elle avait été présentée consiste en une seconde fable, « les gnous et les chevaux ». Mais celle-ci a une vocation purement illustrative. Les deux vignettes ont été présentées successivement à tous les répondants, les cas ne sont pas égalisés pour isoler une variable précise. J'emprunte à nouveau les exemples à Clare Palmer[21].

> GNOUX – Chaque année, plus d'un million de gnous (*wildebeest*) migrent de la Plaine du Serengeti en Tanzanie vers le Kenya à la recherche de meilleurs pâturages (*grazing*). Pour cela, ils doivent traverser le fleuve Mara au Kenya. La traversée est toujours dangereuse car le fleuve a des rives abruptes, des courants puissants et de nombreux prédateurs, en particulier des crocodiles. Chaque année, de nombreux gnous se noient ou sont blessés ou tués lors de leur traversée. En 2007, les gnous passèrent par un endroit particulièrement dangereux du fleuve. Une fois dans l'eau, les gnous ne purent plus remonter sur la rive. Beaucoup de gnous furent emportés par le courant. Au moins 10 000 gnous sont morts. De nombreux photographes, touristes et écologistes assistèrent à la scène et photographièrent et filmèrent les gnous en train de se noyer.

> CHEVAUX – En 2009, cinq membres d'une famille britannique d'Amersham, dans le Buckinghamshire, furent reconnus coupables, entre autres, de ne pas avoir fourni les soins nécessaires au bien-être et aux besoins de 114 chevaux. Des représentants de la Royal Society for the Prevention of Cruelty to Animals (RSPCA, société

21. C. Palmer, *Animal Ethics in Context*, *op. cit.*, p. 1-2.

de protection des animaux) avaient trouvé dans la ferme de la famille les chevaux déshydratés, mourant de faim et souffrant d'infections diverses. 32 autres chevaux et poneys furent, eux, retrouvés morts. Les chevaux de la ferme étaient initialement destinés à l'abattoir, mais la RSPCA dépensa environ un million de livres sterling (1,000,000 £) pour soigner les chevaux malades, lança un appel au don afin de couvrir les coûts et de trouver des lieux prêts à accueillir les chevaux et à s'en occuper.

Ces cas, qui ouvrent l'ouvrage de Palmer, ont pour fonction d'illustrer les intuitions divergentes que nous avons lorsqu'il s'agit d'assister, de soigner ou de sauver différentes catégories d'animaux, en particulier lorsque ces animaux sont proches des agents humains de l'un ou l'autre des points de vue géographique, affectif, morphologique, phylogénétique, voire instrumental. Mais ils ne permettent pas de tester l'intuition discutée[22]. L'exemple des gnous est un cas spectaculaire mais les mêmes intuitions de non-interférence jouent probablement lorsque les hyènes déchiquètent leurs proies vivantes, que la lionne chasse la gazelle, ou, dans une plus faible mesure[23], quand les cervidés meurent de faim dans les parcs nationaux américains, qu'un incendie dévaste une forêt remplie de mammifères en Australie, que son chat fait des ravages dans les populations locales d'oiseaux, souvent d'espèces menacées, ou inversement que des battues ou des réintroductions sont nécessaires pour réguler les populations, que des « nuisibles » ou « ravageurs » envahissent nos champs, nos jardins, nos maisons et nos rues. Nos intuitions dans ces cas divergent entre elles (nous n'avons pas toujours l'intuition qu'il est recommandé de ne pas intervenir), mais elles divergent plus globalement avec les intuitions que nous avons quant au traitement d'animaux domestiques ou familiers ou attachants. L'intervention

22. L'hypothèse de Bernard Baertschi évoquée ci-dessus pourrait mieux s'appliquer ici. La négligence des propriétaires de chevaux est en l'occurrence coupable et d'une gravité suffisante pour être qualifiée de cruauté. C'est un cas où ne pas agir, même sans intention de nuire, *peut* être moralement aussi répréhensible qu'une action consistant à nuire intentionnellement. Un facteur secondaire qui joue très certainement ici est toutefois que ce genre de négligence est condamné par la plupart des codes pénaux, à côté des actes de cruauté, ce qui est loin d'être le cas de la non-assistance aux gnous en dangers !

23. Il arrive en effet que dans certains cas, ce soit au contraire l'intervention qui soit prônée.

« dans la nature » devient, semble-t-il, une obligation lorsqu'il s'agit de nos têtes de bétail, fussent-elles destinées à l'abattoir (hors cas d'épizootie ou de risques sanitaires), et, remarquablement, pas toujours seulement pour des motifs économiques. Elle l'est *a fortiori* à l'égard de nos compagnons (chats, chiens, chevaux, oiseaux, etc.), et pour d'autres raisons lorsqu'il s'agit d'espèces sauvages menacées, en particulier et quasi-exclusivement lorsqu'elles jouissent d'une renommée particulière liée à leur apparence, leur rôle médiatique et symbolique, leur valeur esthétique, leurs capacités cognitives, ou leur « proximité » à l'homme. Ainsi des grands singes, éléphants, grands félins, cétacés, ours blancs et autres mammifères plus ou moins prestigieux, ainsi que de nombreux oiseaux.

Le caractère contradictoire de ces intuitions est renforcé par l'hétérogénéité inhérente aux catégories un peu vagues que constituent les animaux sauvages et les animaux domestiques. Les premiers, on vient de le voir, regroupent une multitude d'espèces et d'individus qui, selon leur rôle écologique, leur valeur symbolique et les circonstances, ne bénéficient pas, en droit, de la même considération. Les seconds regroupent au moins deux grands types d'individus au sort pour le moins incompatible. Les uns sont élevés pour être exploités, tués et mangés, les autres élevés, ou recueillis, pour être cajolés et offrir à leurs « maîtres », « propriétaires », ou compagnons humains, une bien-nommée compagnie souvent gratifiante pour chacun. Et pourtant, il semble que nos intuitions en faveur de nos obligations d'assistance dans le cas de la plupart les animaux domestiques soient globalement plus fortes que les obligations correspondantes dans le cas de la plupart des animaux sauvages. En d'autres termes, la relation de domesticité, même utilitaire, même carnivore, semble impliquer un ensemble d'obligations additionnelles similaires aux obligations afférentes aux relations familiales, filiales, amicales, sociales, voire patriotiques. La relation introduit un degré de partialité dans nos considérations morales qui, au moins intuitivement, paraît légitime.

Néanmoins, ces intuitions globales ne sont peut-être pas suffisamment robustes[24]. Il peut d'abord paraître étrange, si les

24. Il ne s'agit pas ici d'entrer dans une discussion générale de l'appel aux intuitions en philosophie morale. Pour une critique de leur fiabilité, notamment sur

animaux ont des « droits », ou si au moins nous avons des obligations à leur égard (directes) ou les concernant (indirectes), que des facteurs circonstanciels affectent ces « droits » ou ces considérations. La simple distance, par exemple, peut excuser une omission, mais elle ne la justifie pas, ou du moins elle n'explique pas l'absence d'obligation. Un même animal (disons sauvage) pourrait se trouver à une distance progressivement réduite de l'agent moral le plus proche : à quel moment l'obligation d'assistance surgirait-elle ? Elle ne saurait être créée, soudainement, par la seule apparition de l'agent. Comme il serait en outre étonnant qu'une infime variation de distance suffise à produire une obligation auparavant inexistante, il conviendrait plutôt de considérer que l'obligation apparaît graduellement à mesure que la distance s'amenuise. Mais alors c'est qu'elle n'était pas nulle au départ, ou en tout cas qu'elle n'était annulée que parce que la distance, trop grande, faisait qu'il était impossible d'agir. Ce sont plutôt les autres considérations, dispensant l'agent de l'obligation, ou excusant ses omissions, qui s'affaiblissent, mais l'obligation, elle, demeure constante, faute de quoi ou bien elle n'est plus directe ou bien ce ne sont plus les intérêts de l'animal, mais ceux des agents, qui sont pris en compte.

On pourrait à l'inverse considérer qu'un animal classé comme « sauvage » pourrait avoir droit à mon assistance par le seul fait de se trouver dans un contexte particulier, par exemple si je croisais une gazelle en train de se noyer dans l'étang du village et que son sauvetage n'avait aucun coût significatif ni personnel, ni collectif, ni écologique. Concédant qu'une telle obligation jette à nouveau le doute sur la pertinence du paramètre domestique/sauvage, je laisse de côté les détails qui font qu'un contexte peut générer de nouvelles obligations, c'est-à-dire les paramètres pertinents qui définissent un contexte pertinent (ni la distance, ni l'espèce biologique d'un individu ne suffisant par eux-mêmes à justifier la différence de traitement).

leur sensibilité aux « effets de cadrage », voir Walter Sinnott-Armstrong, « Framing moral intuitions », dans W. Sinnott-Armstrong (dir.), *Moral psychology*, vol. 2, Cambridge (Mass.), The MIT Press, p. 47-79. Pour une critique du recours aux intuitions dans la justification comme de l'apport prétendument destructeur de certains résultats de la psychologie morale expérimentale, voir Peter Singer, « Ethics and intuitions », *The Journal of Ethics*, vol. 9, n° 3/4, 2005, p. 331-352.

CONCLUSION

Deux leçons principales peuvent être tirées des fables que j'ai décrites. Premièrement, il convient de prendre au sérieux la possibilité que les intuitions communes concernant notre traitement des animaux soient informées par des critères excédant leurs seules propriétés intrinsèques, au premier rang desquelles leur capacités biologiques pertinentes. Le statut moral d'un animal pourrait ainsi dépendre – au niveau des intuitions communes – de certaines propriétés extrinsèques. Celles-ci pourraient être caractérisées comme relevant du contexte, ou alors comme des relations externes de ces animaux à d'autres êtres. Deuxièmement, il apparaît que recourir à ces intuitions est risqué pour au moins trois raisons : les concepts ou notions mobilisés ne sont pas stables (et probablement pas mobilisés de façon transparente et univoque par les répondants), il n'est pas certain que les facteurs supposés être testés expliquent en fait les réponses (il se pourrait que d'autres facteurs secondaires mal isolés expliquent certaines réponses plutôt que la relation ou le contexte), enfin et surtout de telles intuitions sont souvent invoquées par les philosophes sans appui empirique. Il convient donc de les tester, et d'en faire un usage prudent et critique. Toutefois, dans la mesure où l'éthique normative, en particulier animale, a une vocation essentiellement pratique et destinée aux agents réels (même si je conçois que cette dernière restriction puisse être controversée), il importe au moins de connaître les intuitions supposées de ces agents. C'est pourquoi l'expérience ici décrite n'est qu'une premier jalon et appelle d'autres études, plus longues et précises, afin de fournir un test à une éthique animale contextuelle.

Recherches sur la philosophie et le langage 32 (2016)
384 p., ISBN : 978-2-7116-8418-2, p. 297-317, Vrin.

« Améliorer » les animaux : le génie génétique à la rescousse du carnivorisme

Bernard BAERTSCHI *

RÉSUMÉ

Les personnes qui attribuent un statut moral aux animaux estiment que l'être humain doit limiter voire supprimer l'exploitation qu'il en fait selon son bon plaisir. Pour un nombre important d'entre elles, cela implique qu'il faut notamment renoncer à manger de la viande. La thèse que je défends dans cet article est que la conclusion ne suit pas : le respect que nous devons aux animaux exige certes que l'on cesse de les faire souffrir hors de propos (Peter Singer) ou que l'on respecte leur autonomie de patient moral (Tom Regan), mais cela n'implique pas que nous renoncions au carnivorisme. L'argument que je présente en faveur de cette thèse est basé sur les possibilités nouvelles que nous offrent les biotechnologies, et

* Bernard BAERTSCHI est maître d'enseignement et de recherche (MER) à l'Institut d'éthique biomédicale et au Département de philosophie de l'Université de Genève. Membre de la Commission fédérale d'éthique pour le génie génétique non humain (Suisse) et du Comité d'éthique de l'Inserm, il travaille actuellement dans les domaines de la philosophie morale et de la bioéthique, après s'être occupé d'histoire de la philosophie (de Descartes au début du XIXe siècle). Il a notamment publié les ouvrages suivants : *Les rapports de l'âme et du corps. Descartes, Diderot, Maine de Biran* (Paris, Vrin, 1992), *La valeur de la vie humaine et l'intégrité de la personne* (Paris, P.U.F., 1995), *Enquête philosophique sur la dignité* (Genève, Labor & Fides, 2005), *La Neuroéthique* (Paris, La Découverte, 2009), *La vie artificielle* (Berne, CENH, 2009) et *L'éthique à l'écoute des neurosciences* (Paris, Les Belles Lettres, 2013).

notamment le génie génétique. En effet, nous disposons actuellement de techniques qui nous permettent de supprimer certaines des capacités mentales et affectives des animaux, les rendant par là incapables de souffrir et de posséder quelque autonomie que ce soit. Nous pouvons donc, en quelque sorte, abaisser le statut moral des animaux, de telle sorte que, en les exploitant, nous ne violions plus le respect que nous leur devons.

INTRODUCTION

Les personnes qui attribuent un statut moral aux animaux, c'est-à-dire une valeur intrinsèque digne de respect, estiment que l'être humain doit limiter voire supprimer l'exploitation qu'il en fait selon son bon plaisir. Pour un nombre important d'entre elles, cela implique qu'il faut notamment renoncer à manger de la viande et devenir végétarien, voire végétalien ou vegan. Mais la conclusion suit-elle vraiment des prémisses ? La thèse que je vais défendre dans cet article est que ce n'est pas le cas, du moins si l'on s'appuie sur les éthiques animales dominantes : le respect que nous devons aux animaux exige que certes l'on cesse de les faire souffrir hors de propos (Peter Singer) ou qu'on respecte leur autonomie de patient moral (Tom Regan), mais cela n'implique pas que nous renoncions au carnivorisme. Par là, je ne veux pas dire qu'on peut sans problème continuer à consommer des huîtres et des moules, commencer à mettre des insectes dans son assiette, ou qu'il nous est loisible de manger des saucisses à base de tofu ou d'autres produits végétaux, mais tout simplement qu'on peut – ou qu'on pourra bientôt – continuer à manger bœufs, poulets et moutons, sans toutefois déroger aux exigences que Singer et Regan ont formulées.

L'argument que je vais présenter en faveur de cette thèse est basé sur les possibilités nouvelles que nous offrent les biotechnologies, et notamment le génie génétique. En effet, nous disposons actuellement de techniques qui nous permettent de supprimer certaines des capacités mentales et affectives des animaux, les rendant par là incapables de souffrir et de posséder quelque autonomie que ce soit. Nous pouvons donc, en quelque sorte, *abaisser* le statut moral des animaux, les *dé*-grader, de telle sorte que, en les exploitant, nous ne violions plus le respect que nous leur devons, tout comme il en va dans l'exploitation des végétaux, dépourvus eux aussi de sensibilité et d'autonomie. L'usage de telles techniques ne sera toutefois moralement admissible que si cette « a-mélioration » (avec un alpha privatif) – *animal disenhancement* – est compatible avec leur statut moral actuel : en effet, est-il moralement acceptable de dé-grader des êtres vivants doués de sensibilité ? Il faudra bien évidemment répondre à cette question.

L'examen des possibilités nouvelles qu'offre le génie génétique pour modifier les animaux a encore un autre effet, celui de révéler une incohérence dans l'argumentation de bien des défenseurs des animaux, dans la mesure où ils jugent inacceptable de l'employer, alors même qu'il permet de satisfaire leurs exigences. Leur position apparaît par conséquent et en fin de compte comme une rationalisation : ils s'appuient sur un argument auquel, en fait, ils n'adhèrent pas vraiment et qui soit en masque un autre – on verra lequel –, soit est simplement une construction imaginée après coup pour justifier une intuition ou une émotion.

LA QUESTION DU STATUT MORAL DE L'ANIMAL

Pour commencer, il me faut préciser ce qu'on entend par l'expression de « statut moral ».

« Avoir un statut moral, dit Mary-Anne Warren, c'est être moralement important, ou avoir un rang moral. C'est être une entité envers laquelle les agents moraux ont, ou peuvent avoir, des obligations morales »[1]. Aujourd'hui, peu sont ceux qui nient, à l'instar de Kant, que les animaux ont une importance morale, c'est-à-dire qu'ils comptent moralement et donc que nous ne pouvons les traiter comme bon nous semble, dans la mesure où nous ne violons aucun des devoirs que nous avons envers nous-mêmes et envers les autres êtres humains[2]. Mais qu'est-ce qui fonde ce statut moral ?

La réponse que l'on fait souvent à cette question est la suivante : les animaux ont une importance morale parce qu'ils sont susceptibles d'éprouver de la douleur lorsqu'on les maltraite. La *sensibilité*, c'est-à-dire la capacité d'éprouver du plaisir et de la douleur, capacité liée à des capacités cognitives et volitives appropriées, est dans cette optique ce qui donne un poids moral aux animaux. C'est pourquoi l'on a tendance à dénier tout statut moral aux insectes et que l'on

1. *Moral Status*, Oxford, Oxford University Press, 1997, p. 3.

2. Voir *Anthropologie du point de vue pragmatique*, trad. fr. M. Foucault, Paris, Vrin, 1984, p. 17 ; et *Doctrine de la vertu*, trad. fr. A. Philonenko, Paris, Vrin, 1985, p. 118.

cherche à savoir si les poissons sont capables de souffrir pour déterminer comment il faut se comporter vis-à-vis d'eux[3].

En raisonnant de cette manière, on met en évidence une *propriété* de l'animal que l'on juge pertinente pour la morale. C'est là une manière de procéder tout à fait habituelle, qui est commune à la grande majorité des approches du statut moral. On peut la résumer en deux thèses, dont seule la première me retiendra : (1) Le statut moral d'un être dépend de ses propriétés intrinsèques ; (2) Seuls les êtres individuels possèdent un statut moral (individualisme moral).

Tout être en effet possède deux types de propriétés, celles qui sont intrinsèques (ou internes) et celles qui sont extrinsèques. On les définit ainsi :

– La propriété que possède un être est *intrinsèque* lorsqu'elle le caractérise en lui-même, indépendamment de ce qui l'environne ;
– La propriété que possède un être est *extrinsèque* lorsqu'elle le caractérise en fonction de ce qui l'environne.

Les deux types les plus importants de propriétés extrinsèques sont les propriétés relationnelles et les propriétés instrumentales. Ainsi, l'utilité qu'un animal a pour l'être humain est une propriété instrumentale de l'animal, alors que l'affection que porte un cavalier à son cheval est une propriété relationnelle du cheval (il est aimé). La sensibilité est par contre une propriété intrinsèque : un animal continue à la posséder, même s'il est abandonné sur une île déserte et que personne ne se soucie de lui. Comme on le voit, ces propriétés sont parfois porteuses de valeur : l'animal a une valeur utilitaire pour son maître, le cheval une valeur relationnelle (affective) pour son cavalier ; quant à la sensibilité, elle confère une valeur intrinsèque à l'animal. Ainsi, on dira, en suivant G. E. Moore[4] :

3. Il y a actuellement de plus en plus de preuves qu'ils en sont capables ; voir notamment L. U. Sneddon *et al.*, « Do Fishes Have Nociceptors ? Evidence for the Evolution of a Vertebrate Sensory System », *Proceedings of the Royal Society*, vol. 270, 2003, p. 1115-1121.

4. Voir W. Rabinowicz et T. Rønnow-Rasmussen, « A Distinction in Value : Intrinsic and For Its Own Sake », *Proceedings of the Aristotelian Society*, vol. 100, n° 1, 2000, p. 33-51, 34-35 ; et mon livre *Enquête philosophique sur la dignité*, Genève, Labor & Fides, 2005, p. 121-126.

– La valeur intrinsèque d'un être est la valeur que possède cet être en vertu de ses propriétés intrinsèques ;
– La valeur extrinsèque d'un être est la valeur que possède cet être en vertu de ses propriétés extrinsèques.

Pour déterminer le statut moral d'un être, seules ses propriétés intrinsèques, et plus précisément celles qui sont caractéristiques pour l'être qu'il est, comptent. Vu que ce statut lui confère une importance *morale*, il s'agira des propriétés qui ont une valeur pour la morale ; plus précisément qui lui confèrent une valeur intrinsèque *finale*, c'est-à-dire qui fait qu'il vaut pour et par lui-même. Pour beaucoup d'auteurs, je l'ai dit, c'est la sensibilité qui est la propriété intrinsèque caractéristique qui confère à l'animal une valeur morale finale, c'est-à-dire qui fonde son statut moral[5]. Les principaux philosophes de l'éthique animale, Peter Singer et Tom Regan, lient cette sensibilité à la possession d'intérêts, qu'il faut alors protéger en leur attribuant un poids égal à ceux des êtres humains, pour le premier, ou à la capacité d'être le sujet de leur vie, pour le second. Je ne veux pas exposer ici ces deux théories, versions différentes de ce qu'on appelle parfois « pathocentrisme »[6], car ce n'est pas nécessaire pour mon propos[7]. Toutefois, concernant celle de Regan, je préciserai que si, pour lui, les animaux sont sujets de leur vie, c'est parce qu'ils ont une forme d'autonomie, pour la possession de laquelle il n'est pas besoin de pouvoir motiver ses actes par des raisons : il suffit « d'avoir des préférences et de posséder la capacité de commencer

5. « Valeur intrinsèque », « valeur morale » ou « valeur finale » sont des expressions utilisées souvent de manière interchangeable dans la littérature, même si elles ne sont pas synonymes au sens strict, comme on le voit.

6. Le pathocentrisme est la théorie morale qui fait de la sensibilité la capacité constitutive du statut moral. Il s'oppose à l'anthropocentrisme (la raison ou l'appartenance à l'espèce humaine est cette propriété), au biocentrisme (le fait d'être vivant) et à l'écocentrisme.

7. Je l'ai fait ailleurs : voir « Est-il vraiment possible de ne pas être anthropocentriste ? », *Les Estivales de la question animale*, 2007 : http ://ancien.question-animale.org/dirfr/hist/2007/sujets/20070806lu-am-nePasEtreAnthropocentriste-BernardBaertschi/bernardBaertschiAnthropocentrisme.pdf. Voir aussi J.-Y. Goffi, *Le Philosophe et ses animaux*, Nîmes, Éditions Jacqueline Chambon, 1994, et J.-B. Jeangène Vilmer, *L'Éthique animale*, Paris, P.U.F., « Que sais-je ? », 2011.

des actions avec l'intention de les mener à bien »[8]. D'où l'existence de deux catégories d'êtres autonomes, les « agents moraux » (les personnes) et les « patients moraux » (les animaux), qui possèdent cependant tous deux des droits au sens strict et envers lesquels une attitude de même respect est donc exigée : « Ce n'est pas un acte de bonté de traiter un animal avec respect. C'est un acte de justice »[9], affirme Regan. Quant à Singer, il conçoit la protection des intérêts sur un modèle utilitariste : il s'agit de maximiser leur satisfaction, source de plaisir et de bien-être, et de minimiser leur frustration, car cela entraîne douleur et souffrance ; il n'est donc pas question pour lui d'attribuer des droits aux animaux, du moins si on veut s'exprimer avec précision.

LE CARNIVORISME : UNE EXPLOITATION PARMI D'AUTRES

Le statut moral de l'animal, celui d'être vivant sensible doué d'intérêts, nous interdit-il de manger de la viande ? C'est la question centrale qui va m'occuper, car c'est un des domaines où l'exploitation des animaux, impliquant de vastes souffrances et comprenant encore la mise à mort d'un très grand nombre d'entre eux, se pose de manière assez simple, vu que l'intérêt humain en jeu – le plaisir de manger de la chair – est bien inférieur à ceux de l'animal qu'on sacrifie, et qu'il nous est loisible de nous nourrir différemment.

Toutefois, avant d'y venir, j'aimerais mentionner d'autres formes d'exploitation, afin de prendre la mesure de l'ampleur de la question. Je vais les classer en allant des moins problématiques aux plus délicates à justifier, en fonction d'une pesée des intérêts qui met dans la balance d'un côté l'intérêt humain que l'exploitation satisfait et de l'autre côté l'intérêt de l'animal qui est sacrifié. Ce classement n'est qu'une tentative, et il est probable qu'il suscite des désaccords, mais je ne veux pas m'étendre sur cet aspect de la question.

8. *The Case for Animal Rights*, Londres, Routledge, 1984, p. 85.
9. *Ibid.*, p. 280.

L'*expérimentation animale* me paraît assez facile à justifier, dans la mesure où l'intérêt humain est important – il s'agit de sa santé et de sa vie [10] – et où l'expérimentation est menée de manière adéquate en minimisant l'exploitation et le nombre d'animaux sacrifiés, bref, en respectant les 3 R (réduire le nombre d'animaux utilisés, remplacer l'utilisation des animaux par d'autres méthodes, et améliorer [*refine*] les procédures, tout cela afin de diminuer le fardeau pour l'animal) [11]. Certes, le coût de l'expérimentation en termes de bien-être et de vie est majeur pour l'animal, mais le bénéfice pour l'être humain l'est aussi. Cela, du moins en principe, autorise l'expérimentation pour un utilitariste comme Singer [12], même s'il en va autrement pour Regan qui estime qu'elle viole les droits des animaux, droits qui priment sur nos intérêts en jeu, aussi importants soient-ils [13].

L'*extermination des nuisibles* dans l'agriculture. Il s'agit non seulement des insectes et des gastéropodes, animaux qui ne paraissent pas susceptibles de souffrir, mais aussi des rongeurs. Bastiaan Meerburg et ses collègues relèvent que « le contrôle des rongeurs est un problème sérieux, et près de 20 millions d'entre eux sont tués chaque année dans le seul Royaume-Uni. Le contrôle des rats et des souris affecte potentiellement le bien-être d'un nombre énorme d'animaux de par le monde. En comparaison, l'expérimentation animale a utilisé environ 2,72 millions d'animaux en 2003 au Royaume-Uni » [14]. Les méthodes utilisées pour ce contrôle sont assez cruelles : pièges et poisons plus ou moins lents ; elles ne sont pas sans effet non plus sur les prédateurs de ces rongeurs, mais l'intérêt humain ici est majeur – ce qui toutefois, on vient de le voir, ne constitue pas une justification suffisante pour Regan. Bien sûr, dans une perspective plus globale, il se pourrait que ce qui est moralement requis de

10. L'expérimentation animale faite à d'autres fins, notamment pour la mise au point de cosmétiques ou de détergents, ne doit donc pas être jugée de la même manière. Elle est simplement inacceptable.

11. Voir B. Baertschi et M. Gyger, « Ethical Considerations in Mouse Experiments », *Current Protocols in Mouse Biology*, n° 1, mars 2011, p. 155-167.

12. Dans les faits, étant donné la manière dont l'expérimentation est conçue et pratiquée, Singer est très réticent.

13. Voir *The Case for Animal Rights*, *op. cit.*, p. 377 et 389.

14. B. Meerburg, F. Brom et A. Kijlstra, « The Ethics of Rodent Control », *Pest Management Science*, n° 12, décembre 2008, p. 1209.

l'être humain soit moins d'éliminer ses concurrents que de diminuer la pression qu'il exerce sur l'environnement par son mode de vie et sa démographie, mais cela nous fait sortir du cadre de l'éthique animale.

Les *animaux de compagnie*. C'est un sujet un peu paradoxal : d'un côté, la relation que nous entretenons avec les animaux qui vivent quotidiennement dans notre intimité est présentée comme un modèle de relation aimante, mais d'un autre côté, il s'agit bel et bien d'une exploitation. Celle-ci impose toutefois un fardeau très variable en fonction de l'espèce concernée et des modifications apportées aux caractéristiques de l'animal. Celles-ci peuvent être individuelles – bien des animaux de compagnie sont obèses et castrés – ou spécifiques ; pensons à certaines races de chiens comme les carlins dont la morphologie faciale, sélectionnée à la suite d'une multitude de croisements, entraîne des difficultés respiratoires sérieuses. Le fardeau peut toutefois être léger pour l'animal, et le gain important pour l'être humain, en terme de besoins affectifs satisfaits.

Les *animaux utilisés pour le travail et pour le sport*. L'animal est une aide pour l'être humain depuis la nuit des temps, tant pour son travail que pour ses loisirs. Il a souvent été maltraité, comme l'atteste la loi Grammont adoptée en France en 1850, qui interdisait de maltraiter les animaux en public – on pense aux cochers – afin de ne pas heurter la sensibilité des passants[15]. Pendant longtemps, les animaux de bât ont joué un rôle crucial pour la survie et le bien-être de l'être humain, même si ce n'est plus le cas dans les sociétés avancées actuelles. Reste l'utilisation pour le sport et le loisir qui tend souvent à traiter l'animal comme un animal de compagnie, mais qui le soumet tout de même à des exigences de rendement menant à son sacrifice dès que ses performances diminuent.

Les *animaux de zoo*. Pendant longtemps, les zoos ont été les seuls moyens que nous avions de prendre connaissance de la vie sauvage de régions éloignées de celles dans lesquelles nous vivions. Ce n'est plus le cas aujourd'hui : les voyages et surtout les documents filmés y suppléent avantageusement et sans frais moraux.

15. Voir L. Ferry et C. Germé, *Des animaux et des hommes*, Paris, Le livre de poche, 1994, p. iv.

L'exploitation des *animaux d'élevage* afin de consommer les produits qui en sont tirés – laine, cuir, œufs, lait, fromage, viande – terminera cette liste, puisque le fardeau pour l'animal y est souvent maximum, et que les intérêts humains qu'elle permet de satisfaire peuvent l'être à moindre coût moral, ce qui m'amène au cœur de mon sujet.

FAUT-IL DEVENIR VÉGÉTARIEN ?

Faut-il devenir au moins végétarien ? Au vu de ce que je viens de dire, il le semble. Certes, la réponse à donner à cette question dépend aussi des conceptions morales que nous défendons. Celui qui nie que les animaux aient un statut moral pourra continuer à dévorer des *T-bones* sans état d'âme, ainsi que celui qui pense que le bien-être animal est insignifiant lorsqu'un intérêt humain est en jeu. Mais celui qui estime qu'il en va autrement, que le bien-être de l'animal et ses intérêts comptent et que sa souffrance doit être minimisée, voire son exploitation supprimée, doit juger bien différemment. Toutefois, et contrairement aux apparences, j'estime qu'adopter cette dernière position ne mène pas forcément à l'abandon du carnivorisme.

En effet, si l'on suit l'argumentation de Singer, on se rend compte qu'elle n'exige rien de plus que l'abstention de consommer des animaux capables de souffrir et qui ont souffert, quand on peut se nourrir différemment ; elle ne s'oppose donc pas à la consommation d'animaux dépourvus de sensibilité ou qui sont tués et élevés sans souffrance. Si l'on suit ce que dit Regan, la situation est certes différente, en ce qu'il pense que la mise à mort d'animaux quand on peut faire autrement est une violation de leur droit à la vie, mais sa position est analogue à celle de Singer en ce que cela ne concerne pas tous les animaux : si certains d'entre eux n'ont pas la capacité d'êtres les sujets d'une vie, ils n'ont pas de statut moral ; on peut par conséquent les traiter à notre guise, et donc les dévorer si l'envie nous en prend.

Il me paraît très important de souligner ce dernier point. La plupart du temps, la question concernant ce qui peut constituer un mets est traitée en termes de carnivore contre végétarien, voire végétalien ou vegan. Mais il faut se souvenir que ce qui est à respecter, c'est le statut moral des animaux qui en ont un. Regan lui-même souligne que, quand il parle d'animal, il veut dire mammifère âgé d'un an ou plus[16]. Autrement dit, se nourrir d'insectes ou de mollusques[17] ne pose aucun problème pour qui estime que c'est la sensibilité qui compte ou le fait d'être le sujet d'une vie – la FAO est justement en train de promouvoir l'utilisation des insectes pour la nourriture du bétail et des êtres humains, afin d'assurer une quantité suffisante de protéines à la population mondiale[18]. Il en va de même des batraciens, puisque ces animaux ne paraissent pas non plus capables d'éprouver de la douleur[19] – ce qui rassurera l'amateur de cuisses de grenouilles moralement éveillé, bien que, s'il est sensible aux questions environnementales, il puisse tout de même continuer à avoir quelques inquiétudes morales. Mais rien de tout cela n'est à même de satisfaire l'amateur de barbecues. Doit-il alors renoncer à son plaisir ? C'est ici que le génie génétique vient à sa rescousse[20].

Nous savons en effet depuis peu que la douleur se décompose en deux parties : le vécu affectif désagréable et la réaction sensorielle ; nous savons aussi que ces deux parties dépendent chacune de gènes différents et nous avons déjà plus que des idées concernant la désactivation de ceux qui produisent les enzymes responsables du vécu affectif. Par ce moyen, nous allons être à même de produire des mammifères qui n'éprouveront que peu voire pas de douleur ou même de souffrance. En effet, chez les souris, la suppression de ces enzymes par voie neurologique ablation chirurgicale du cortex cingulaire antérieur – fait que les mères deviennent indifférentes

16. *The Case for Animal Rights*, *op. cit.*, p. 78. Il est vrai que pour Regan, c'est plutôt un point de méthode, car il ne voudrait pas qu'on en infère qu'on peut manger des cochons de lait, voire des bébés humains !

17. Cela n'est sans doute pas vrai de tous les mollusques, et notamment des céphalopodes ; voir G. Chapouthier, « La douleur sous l'angle de l'évolution des espèces », dans J.-L. Guichet (dir.), *Douleur animale, douleur humaine*, Paris, Éditions Quæ, 2010, p. 49.

18. *Promoting the Contribution of Edible Forest Insects in Assuring Food Security*, Rome, octobre 2010 : http ://foris.fao.org/ preview/31654-08b9c12f60eda84d122b1ad45-4c381bb4.pdf.

19. Voir M. Cabanac, A. Cabanac et A. Parent, « The Emergence of Consciousness in Phellogene », *Behavioural Brain Research*, n° 198, 2009, p. 267-272.

20. L'argument qui va suivre est aussi valide, moyennant quelques modifications, dans certains autres domaines d'exploitation des animaux, comme l'expérimentation.

quand on leur enlève leur petit[21]. Si nous produisons de tels animaux, et que nous pouvons constater qu'ils n'éprouvent pas d'autres émotions pénibles[22], seuls les partisans de Regan verront encore une objection à leur exploitation. On pourrait alors imaginer produire les mêmes animaux, mais décérébrés, c'est-à-dire qui n'auront de cerveau qu'autant qu'il est nécessaire pour être des usines à viande, ainsi qu'à lait et à œufs, dépourvus de conscience et donc impossibles à exploiter en un sens moralement répréhensible ; des animaux, nous dit Bernard Rollin, « que le génie génétique placerait dans un état très semblable à un état végétatif persistant »[23]. Ce projet est certes encore un peu futuriste – mais moins qu'on ne le croit souvent –, tout comme celui de la production de viande artificielle *in vitro* en quantité industrielle, que la science-fiction a cependant déjà exploité. Rappelons ce passage de *Ravage,* roman de René Barjavel publié en 1943, qui n'est par ailleurs pas dépourvu d'ironie critique : « L'élevage, cette horreur, avait également disparu. Élever, chérir des bêtes pour les livrer ensuite au couteau du boucher, c'étaient bien là des mœurs dignes des barbares du XXe siècle. Le "bétail" n'existait plus. La viande était "cultivée" sous la direction de chimistes spécialistes et selon les méthodes mises au point et industrialisées, du génial précurseur Carrel, dont l'immortel cœur de poulet vivait encore au Musée de la Société protectrice des Animaux »[24]. La recherche avance toutefois assez vite sur ce terrain, et la réalité rejoint tranquillement la fiction, puisqu'on annonce de la « vraie » viande produite en laboratoire pour

21. Voir A. Shriver, « Knocking Out Pain in Livestock : Can Technology Succeed Where Morality Has Stalled ? », *Neuroethics*, vol. 2, n° 3, 2009, p. 115-124.

22. Certains en doutent, à l'image d'Arianna Ferrari ; voir son article « Animal Disenhancement for Animal Welfare : The Apparent Philosophical Conundrums and the Real Exploitation of Animals », *Nanoethics*, vol. 6, n° 1, 2012, p. 65-76. Son pessimisme est toutefois aussi spéculatif que l'optimisme de certains.

23. Voir P. Thompson, « The Opposite of Human Enhancement : Nanotechnology and the Blind Chicken Problem », *Nanoethics*, vol. 2, n° 3, 2008, p. 305-316, 310.

24. Paris, Denoël, 1943, p. 36-37.

cette année, viande qui aurait le même goût que celle provenant de la chair des animaux vivants[25].

Produire de la viande *in vitro* est l'option idéale pour concilier l'amour du goût de la viande et l'abolition de l'exploitation animale dans le domaine de sa production. C'est aussi ce que relèvent Florence Burgat et Jean-François Nordmann : « Faire des animaux sans cerveau, avait dit le neurobiologiste Robert Dantzer lors d'une réunion portant sur les atteintes au "bien-être animal" causées par certaines techniques (dont le gavage), serait idéal. Mais, à cet égard, la viande *in vitro* n'est-elle pas plus idéale encore, se passant foncièrement non seulement du cerveau, mais de l'individu animal lui-même, au lieu d'avoir à le modifier génétiquement avec tous les aléas et les conséquences induites que cela peut comporter ? »[26]. Les aléas du génie génétique pourraient en effet être source de souffrances pour les animaux. Toutefois, cela ne serait le cas que de manière transitoire, pendant la mise au point de la technique ; en termes de quantité de souffrance épargnée *in fine*, cela pèserait donc peu dans la balance.

Il reste que la production d'animaux qui ne souffrent pas ou qui sont décérébrés satisfait déjà aux exigences morales posées par Singer et Regan. Il se pourrait aussi que ce soit beaucoup moins cher. Il existe donc de bonnes raisons de développer cette filière de production de viande, même s'il faut reconnaître que la consommation de viande *in vitro* ferait littéralement évaporer tout souci moral basé sur l'éthique animale[27]. Par ailleurs, le cas de ces animaux « a-méliorés » est intéressant sur le plan de la logique de l'éthique

25. Voir D. Gayle, « Artificial meat grown in a lab could become a reality THIS year », Mail Online, 17 janvier 2012 : http ://www.dailymail.co.uk/sciencetech /article-2087837/Test-tube-meat-reality-year-scientists-work-make-profitable.html.

26. « La viande *in vitro* : rêve du végétarien, cauchemar du carnivore ? », *Revue semestrielle de droit animalier*, n° 1, 2011, p. 207-220, 221. Les arguments psychanalytiques des auteurs sur le fait qu'une telle viande serait un cauchemar pour les carnivores me paraissent des plus fantaisistes ; quoi qu'il en soit, le carnivore *devrait* en être satisfait, d'un point de vue moral.

27. C'est sans doute pourquoi manger de la viande artificielle est la raison qui a été jugée comme étant la meilleure en faveur du carnivorisme, dans un vaste sondage internet organisé sous les auspices du *New York Times* ; voir http ://www.nytimes.com/interactive/2012/04/20/magazine/ethics-eating-meat. html?_r=0.

animale pour la raison suivante : n'étant pas capables de souffrir ou d'être les sujets de leur vie, ces animaux ne possèdent pas d'intérêts dignes de protection et donc ne tombent pas dans la catégorie des êtres dotés d'un statut moral selon le pathocentrisme, comme on vient de voir. Dès lors, les tenants de cette position devraient accepter sinon d'en manger eux-mêmes – on peut ne pas aimer la viande –, du moins qu'ils soient consommés par ceux qui les goûtent. Or ce n'est généralement pas le cas. Cette option est souvent rejetée vigoureusement, voire avec indignation. On observe d'ailleurs une attitude analogue face à la viande *in vitro* : en 2008, une association américaine de défense des animaux, l'association PETA (*People for the Ethical Treatment of Animals*) avait offert 1 million de dollars à qui produirait de la viande artificielle de poulet avant 2016. Cela a créé une polémique parmi les défenseurs des animaux, dont internet s'est fait l'écho, et PETA a perdu un nombre considérable d'adhérents.

Que penser de ces réactions ? Que nombre de ceux qui se croient et se disent partisans du pathocentrisme soutiennent en fait, et sans qu'ils s'en rendent compte, une position différente, pour laquelle la production d'animaux a-méliorés, voire de viande artificielle, n'est pas une solution moralement acceptable. Quelle est alors cette position différente ?

EN DEÇÀ DU PATHOCENTRISME

Je laisserai ici de côté l'opposition à la production de viande artificielle, car elle ne me paraît pas rationnellement justifiable, sinon de manière très indirecte et assez difficile à tester – certains pourraient par exemple soutenir que consommer une telle viande favoriserait une attitude d'exploitation ou de mépris de l'animal ou craindre une pente savonneuse. Je ne m'occuperai pas non plus des objections fondées sur des considérations qui ne sont pas liées au bien-être animal comme le coût environnemental de l'élevage (celui d'animaux a-méliorés ne devrait toutefois pas être différent de celui d'animaux normaux), le gaspillage de protéines (nourrir des animaux consomme une grande quantité de protéines végétales qu'il serait plus judicieux de faire consommer directement par des êtres humains), et les risques pour la santé (la surconsommation de viande est un problème de santé publique), bien que leur pertinence soit claire[28].

Qu'en est-il alors des raisons inconscientes ou inavouées de l'opposition aux animaux a-méliorés ou dé-gradés de la part des partisans du pathocentrisme ?

Mon hypothèse est qu'elles reposent principalement sur la considération suivante : ce projet de dé-gradation d'animaux revient à supprimer certaines de leurs capacités naturelles, c'est-à-dire à détruire leur *intégrité* animale – ainsi un bœuf a-mélioré perdrait-il son intégrité bovine. Or, cela n'est pas admissible, car il s'agit d'une détérioration au sens propre, qui diminue la valeur intrinsèque de l'animal ou l'empêche de réaliser son *telos*, c'est-à-dire d'user de l'ensemble des capacités dont la nature a doté l'espèce à laquelle il appartient. Celui qui aurait un tel projet sur un être humain serait à juste titre regardé avec horreur.

Cet argument est de nature aristotélicienne, en ce qu'il fait appel à une finalité naturelle – un *telos* – que possède chaque membre d'une espèce animale, finalité que nous devons respecter si nous nous plaçons à un point de vue moral. Certes, ce respect n'est pas absolu, mais il est un élément qui compte dans une pesée des intérêts et exige que nous ayons une bonne raison si nous voulons passer outre. L'argument du *telos* ne se rencontre d'ailleurs pas seulement dans la question animale, car il arrive qu'il se généralise à tout le vivant, dans une conception biocentriste. D'où par exemple l'objection à la production de certains végétaux génétiquement modifiés lorsque l'insertion du transgène transgresse la barrière des espèces – dans le cas bien sûr où il provient d'une autre espèce.

Que penser de cette objection à la production d'animaux a-méliorés ? En sa faveur, je dirais qu'elle est légitime lorsqu'elle nous rappelle que nous devons essayer de garantir aux animaux avec lesquels nous avons des rapports un environnement dans lequel ils puissent s'épanouir, c'est-à-dire vivre en fonction de leurs

28. Concernant en général les questions éthiques posées par l'amélioration (avec et sans alpha privatif) des animaux, voir A. Ferrari, C. Coenen, A. Grunwald et A. Sauter, *Animal Enhancement. Neue technische Möglichkeiten und ethische Fragen*, Berne, EKAH, 2010, téléchargeable gratuitement à : http ://www.ekah.admin.ch/fileadmin/ekah-dateien/dokumentation/publikationen/EKAH_Animal Enhancement_ Inh_web_V19822.pdf.

aspirations, sans contraintes inutiles ou sans devoir par trop s'assujettir à nos désirs, bref, en fonction de leurs finalités naturelles, de leur *telos*. Toutefois, à mon sens et comme je vais l'expliquer, il n'y a là rien qui constitue une objection morale insurmontable pour la production d'animaux a-méliorés.

Voici en effet cinq arguments qui militent en faveur de ce que je viens d'affirmer, les deux derniers étant les plus importants dans l'optique de la prise en considération du *telos* des animaux.

1. Respecter la valeur intrinsèque de l'animal ne requiert pas les mêmes standards que respecter la dignité de l'être humain[29]. Ainsi, s'il est vrai que celui qui aurait un tel projet de dé-gradation sur un être humain serait à juste titre regardé avec horreur, il ne s'ensuit pas qu'il en aille de même pour un animal. Le respect de la dignité de l'être humain demande qu'on ne l'instrumentalise pas, c'est-à-dire qu'on ne le traite pas comme un simple moyen pour parler comme Kant ; cela est moins clair quand il s'agit du respect de l'animal, vu que l'usage qu'on en fait est essentiellement instrumentalisant. Certes, les partisans d'une position abolitionniste, c'est-à-dire qui estiment, à l'instar de Regan, qu'il faut cesser toute exploitation de l'animal au vu des droits que les patients moraux possèdent, n'acceptent pas cette instrumentalisation ; mais justement, le projet d'a-mélioration a pour effet d'abolir l'exploitation des animaux pour lesquels elle représente un préjudice, à savoir ceux qui sont les sujets de leur vie, puisque justement des animaux décérébrés ne seraient plus de tels sujets. On pourra certes affirmer, à l'instar d'Arianna Ferrari, que toute l'entreprise d'a-mélioration respire l'exploitation[30], mais ce n'est que partiellement vrai. L'être humain ne peut vivre et survivre sans exploiter la nature et certains des êtres qu'elle

29. Il faudrait bien sûr préciser, car il existe une multitude d'espèces animales et ce qui vaut pour les poulets, les vaches et les cochons – animaux dont il est question ici – ne vaut pas forcément pour les grands singes.

30. Voir « Animal Disenhancement for Animal Welfare : The Apparent Philosophical Conundrums and the Real Exploitation of Animals », art. cité, p. 11 : « La discussion autour de l'a-mélioration [*disenhancement*] de l'animal n'est pas une discussion autour de stratégies visant à protéger les animaux non-humains, mais plutôt une discussion concernant la mise en place de meilleures stratégies pour pallier certains effets négatifs sur le phénotype des animaux causés par l'exploitation humaine ».

contient ; cela admis, mieux vaut exploiter les êtres qui ne possèdent pas de statut moral ; or c'est le cas des animaux décérébrés.

2. Modifier profondément les capacités d'un être n'est pas forcément mauvais et ne constitue pas par nature une détérioration ou une dégradation, même si pour cela on transgresse la barrière des espèces. Ce peut être au contraire une amélioration au sens strict, dans la mesure où un être peut par là acquérir une capacité qui lui est utile et dont il était dépourvu jusqu'ici. Il est toutefois difficile de le soutenir dans le cas présent, puisqu'on supprime une ou plusieurs capacités.

La capacité d'éprouver de la douleur et de souffrir est toutefois une capacité à double tranchant. Son utilité dans la vie sauvage est évidente, puisqu'elle permet à l'animal de détecter certaines menaces et de veiller à ce que son intégrité physique ne soit pas trop sérieusement endommagée ; mais elle le fait au prix d'un mal-être et de souffrances. Ne serait-ce alors pas une bonne chose pour un animal domestique, dont la sécurité est garantie par les êtres humains qui s'occupent de lui, d'en être dépourvu ? La réponse est loin d'être claire, surtout si on se réclame de l'utilitarisme.

3. L'être humain crée, depuis l'aube des temps, des variétés animales dont les capacités naturelles sont adaptées à ses propres besoins ou à ses propres fantaisies et qui constituent parfois de véritables handicaps, bien que les animaux ainsi créés n'en souffrent pas forcément et restent les sujets de leur vie. J'ai parlé des carlins, mais on pensera aussi aux oncosouris transgéniques dans l'expérimentation, ou même aux mulets. Les carlins et les oncosouris souffrent de par leur état même, contrairement aux mulets qui sont simplement exploités ; d'autres animaux transgéniques, comme certains poissons d'aquarium (les *Glofishes*) vivent gentiment leur vie dans un espace restreint, sans paraître en éprouver de désagrément, du moins ni plus ni moins que les autres poissons d'aquarium. La situation des animaux a-méliorés ne sera pas bien différente de celle de ces animaux modifiés « naturellement » ou génétiquement.

Les trois arguments que je viens de présenter montrent que, si nous créons des animaux a-méliorés, nous ne ferons pas quelque chose de très différent de ce que nous avons fait jusqu'ici, c'est-à-dire adapter d'autres êtres vivants à nos besoins. Et cela en respectant les exigences du pathocentrisme, ce qui n'a de loin pas souvent été le cas jusqu'ici. Toutefois, l'objection du *telos* demande plus et même en définitive autre chose. En effet, il ne suffit pas selon elle de diminuer voire de supprimer la douleur qu'éprouvent les animaux doués de sensibilité, ni non plus d'honorer les droits de ceux des animaux qui possèdent un statut de patient moral, mais de respecter les finalités naturelles des êtres vivants. Or, comment cela serait-il possible en les a-méliorant, c'est-à-dire en frustrant justement leur *telos*, en les empêchant de s'épanouir conformément aux caractéristiques de leur espèce ? Les deux derniers arguments vont répondre à ce souci.

4. Il faut trouver quelqu'un ou une équipe qui accepte de se salir les mains et que cela soit fait une fois pour toutes. Cette personne ou cette équipe acceptera de dé-grader génétiquement des animaux au niveau germinal et donc de créer une lignée modifiée, qui se reproduira ensuite avec les caractéristiques qu'elle a acquises, lignée qui sera donc composée d'animaux incapables de souffrir ou d'être les sujets de leur vie. En conséquence, le mal à venir sera considérablement diminué sans que le statut moral des individus concernés ne soit foulé aux pieds, puisqu'ils n'auront plus leur statut moral antérieur, que leur *telos* ne sera plus le même, bien qu'ils en posséderont toujours un dans la mesure où ils resteront des êtres vivants. Certes, il aura fallu intervenir immoralement pour obtenir cette lignée et instrumentaliser lourdement certains animaux existants, mais on fait bien pire actuellement, et cela sans perspective de voir le mal cesser. A-méliorer a donc un coût moral, mais en définitive infime, même si l'on y ajoute le nombre d'animaux sacrifiés pour la mise au point de la technique.

D'ailleurs, l'intervention est parfois réalisée par la nature elle-même : on peut rendre aveugles des poulets en intervenant sur leur génome, mais la nature l'a fait elle-même, suite à une mutation spontanée ; or ces poulets aveugles souffrent moins dans les conditions habituelles d'élevages surpeuplés, bien qu'ils soient toujours des poulets[31]. Que ce soit alors le bien-être sensible ou le respect du *telos* qui compte, il devient égal d'a-méliorer le sort des

31. Voir P. Thompson, « The Opposite of Human Enhancement : Nanotechnology and the Blind Chicken Problem », art. cité, p. 306.

poulets en les rendant aveugles, de n'élever que des poulets naturellement aveugles, ou de modifier leurs conditions de détention. Et pourquoi en irait-il différemment lorsqu'il s'agit d'autres capacités ?

Toutefois, il subsiste un problème : le *telos* d'un animal individuel est déterminé par les capacités naturelles qui caractérisent son espèce. Or, si l'on crée *délibérement* une nouvelle lignée dont les membres continuent d'appartenir à la même espèce, c'est comme si l'on créait volontairement des êtres handicapés, dont le handicap serait héréditaire et les rendrait incapables de réaliser pleinement leur *telos*. Un bœuf dé-gradé n'est plus capable de réaliser totalement sa « bovéité », de s'épanouir en tant que bovidé. Le fait qu'il arrive que la nature soit l'auteur de handicaps ne justifie pas que nous les infligions délibérément, mais plutôt que nous recourions à la médecine vétérinaire pour y remédier ou, si ce n'est pas possible, qu'au moins nous ne leur permettions pas de se reproduire. Ainsi, que ce soit la nature ou nous-mêmes, les êtres humains, qui intervenions, cela fait une différence morale même si cela ne change pas le résultat, qui est que certains animaux deviennent incapables de réaliser pleinement leur *telos*.

Le dernier argument répond toutefois à l'objection.

5. Tant qu'on en reste à un certain niveau d'a-mélioration, on peut à bon droit nier que l'intervention modifie le *telos* de l'animal : supprimer sa capacité de souffrir laisse intactes toutes les autres capacités de l'animal, cela ne le handicape pas ; peut-être même sera-t-il plus aisé pour lui de le réaliser, sans être importuné par toutes les petites misères habituelles. À un autre niveau cependant, il est vrai que l'intervention rendra impossible la réalisation de ce *telos ;* ce sera évidemment le cas des animaux décérébrés. Cela constitue, pensera-t-on, une bonne raison de refuser ce type d'a-mélioration. Ce n'est toutefois pas le cas ; en effet, s'il est moralement répréhensible de diminuer les capacités d'une espèce existante, ou du moins d'un certain nombre de ses représentants, on peut cependant *créer une nouvelle espèce* qui, par définition, ne perdrait rien : son *telos* sera nouveau, créé de toutes pièces, un peu comme il en va lors de l'avènement de nouvelles espèces dû à l'évolution – ces nouvelles espèces, avec leur nouveau *telos*, se caractérisent d'ailleurs aussi parfois par la perte d'une fonction ; pensons à la vue chez les animaux cavernicoles. Cette création devrait bientôt être possible

grâce aux progrès du génie génétique et de la biologie synthétique, même si bien sûr il ne s'agira pas de créer un nouvel animal *ex nihilo*, mais de le faire à partir d'espèces existantes, en les modifiant suffisamment pour qu'on puisse parler de nouvelle espèce[32].

Je relèverai encore qu'une telle création ne saurait en aucune manière être moralement prohibée sur la base de la simple considération du *telos* des espèces existantes, puisqu'on la pratique sans problème depuis fort longtemps avec les végétaux, et que toute notre alimentation en dépend, les céréales par exemple n'ayant jamais existé dans la nature avant l'intervention de l'être humain. Ce faisant, nous avons créé de nouveaux *telos*, et qui y verrait un problème[33] ?

CONCLUSION

J'ai dit en introduction que les personnes qui attribuent un statut moral aux animaux estiment que l'être humain doit limiter voire supprimer l'exploitation qu'il en fait selon son bon plaisir, ce qui implique notamment qu'il renonce à manger de la viande et devienne végétarien, voire végétalien ou vegan. On comprend maintenant qu'il n'en est rien. Certes, l'être humain *peut* devenir végétarien, végétalien ou vegan, mais il n'y est pas obligé : cela dépend de son libre choix et de ses goûts. Toutefois, s'il veut satisfaire aux exigences morales que le statut de l'animal exige de lui, il devra améliorer les animaux doués de sensibilité dont il mange la chair. Bien sûr, la viande artificielle est aussi une option, ainsi que la consommation d'insectes, de mollusques ou de batraciens, mais sans aucune obligation d'y recourir pour les carnivores. À ceux qui découvrent alors que, derrière leur pathocentrisme se cachait en fait un biocentrisme, puisqu'ils persistent dans leur condamnation en

32. Pour la question posées par la biologie synthétique et celle du statut moral des êtres vivants artificiels, voir mon livre *La vie artificielle*, CENH, Berne, 2009 : http ://www.ekah.admin.ch/fileadmin/ekah-dateien/dokumentation/publikationen/f-Beitrag-artificielle-2009.pdf.

33. La question est un peu rhétorique, car certains y voient un problème, et ceux qu'on appelle « fructivores » ou « fruitariens » ont quelques arguments à faire valoir sur cette question, mais je ne saurais les examiner ici.

dépit des arguments, on peut répondre que l'a-mélioration des animaux n'exige pas que nous frustrions leur *telos*, et donc que le biocentriste n'est pas mieux armé que le pathocentriste pour blâmer un carnivore profitant de toutes les avancées morales permises par les biotechnologies [34].

34. Je remercie Angela Martin et Yves Page d'avoir lu et commenté une version antérieure de ce texte. Leurs remarques m'ont été très utiles et m'ont permis d'améliorer mon argumentation sur plusieurs points.

Recherches sur la philosophie et le langage 32 (2016)
384 p., ISBN : 978-2-7116-8418-2, p. 319-335, Vrin.

De la notion de « droits des animaux »

Anna C. ZIELINSKA * & Pierre-Yves QUIVIGER **

RÉSUMÉ

Nous aimerions défendre la thèse selon laquelle la question juridique des animaux ne se résume pas au débat qui oppose ceux qui sont prêts à accorder des droits aux bêtes et ceux qui contestent cette possibilité, en s'appuyant sur l'idée classique selon laquelle un sujet de droit (et donc de droits) doit être doté de certaines capacités, au moins potentielles (notamment celle de pouvoir assumer certains devoirs). Selon nous, la législation concernant les animaux n'a pas besoin d'être fondée par une théorie philosophique des droits des animaux. Étant donné que les humains n'ont pas, *in concreto*, tous les mêmes droits et que cela ne rend pas le système

* Anna C. ZIELINSKA est docteure en philosophie, post-doctorante au CERSES (Université Paris Descartes). Elle travaille sur des formes diverses de la normativité, la métaéthique, et les relations entre le droit et la sphère biomédicale. Elle a notamment codirigé le volume *Les institutions saisies par le principe de précaution* (avec S. Plaud, *Revue Éthique et Économique*, 2010) et a dirigé les « Textes clés » de *Métaéthique* (Paris, Vrin, 2013).

** Pierre-Yves QUIVIGER est un philosophe du droit français, professeur de philosophie à l'Université de Nice Sophia Antipolis. Il a travaillé sur Emmanuel Joseph Sieyès, sur l'éthique médicale et sur les formes contemporaines du droit naturel. Il a notamment écrit *Le principe d'immanence – Métaphysique et droit administratif chez Sieyès* (Paris, Honoré Champion, 2008) et *Le secret du droit naturel ou après Villey* (Paris, Classiques Garnier, 2013), et a dirigé des ouvrages collectifs, en particulier *Action médicale et confiance* (avec Th. Martin, Besançon, Presses universitaires de Franche-Comté, 2007).

juridique incohérent pour autant, alors le problème des droits des animaux ne se pose pas : les bêtes peuvent avoir des droits, concrets, inscrits dans différents codes, lois et décrets, et même si la philosophie de l'animal et la philosophie morale peuvent éclairer les questions soulevées ici, ces questions n'ont pas besoin d'être définitivement tranchées pour envisager une législation protectrice.

They don't have syntax, so we can eat them [1].

To assert that someone other than oneself has rights is not sentimental. Not that it would be the gravest sin if it were [2].

INTRODUCTION

Les réflexions sur le statut moral de l'animal, sur ses capacités cognitives, sur ses différences, essentielles ou non, avec les humains, nourrissent la philosophie depuis l'Antiquité. On peut inventorier quelques questions canoniques : peut-on tuer les animaux ? peut-on les manger ? peut-on s'en servir dans notre travail, aussi bien en labourant le champ qu'en faisant sur eux des expériences dans le laboratoire ? les animaux ont-il des droits ? Toute éthique animale devrait pouvoir répondre à ces questions de manière fondée et cohérente. En même temps, l'éthique animale laisse certains philosophes insatisfaits (souvent à juste titre), qui vont s'intéresser davantage à l'animal en tant que tel, comme en témoignent notamment les travaux de Florence Burgat, d'Étienne Bimbenet et de Thierry Hocquet [3]. Tout cela crée un paysage philosophique d'une rare richesse, et de fait la pensée sur l'animal n'a probablement jamais été aussi florissante en France qu'à l'heure actuelle.

Tout cela peut aussi donner l'impression que nous sommes proches d'une connaissance suffisante de l'animal et de son monde pour envisager enfin des principes éthiques fiables à partir desquels on pourrait un jour trancher définitivement les doutes concernant

1. Richard Sorabji, *Animal Minds and Human Morals. The Origins of the Western Debate*, Ithaca, Cornell University Press, 1993, p. 2. On a ici une reformulation de l'argumentation stoïcienne, s'inscrivant dans la continuité de l'idée d'Aristote selon laquelle les animaux, n'ayant pas de raison, ne méritent pas de considération morale. Cette phrase est un exemple assez représentatif de raisonnements moraux prétendument conclusifs qui, faute de pouvoir espérer l'acceptation unanime, empêchent néanmoins souvent la prise en charge juridique des questions dont ils traitent.

2. Brigid Brophy, citée par Carol J. Adams dans *The Sexual Politics of Meat : A Feminist-vegetarian Critical Theory* (1990), New York, Londres, Continuum, 2010, p. 109.

3. Nous citons ici les noms des personnes présentes lors du colloque « l'Animal », organisé par Marlène Jouan et par Jean-Yves Goffi à Grenoble en janvier 2012 ; nous les remercions d'avoir organisé cet événement.

son statut moral, et en conséquence proposer une législation qui prendrait en compte les informations ainsi acquises. Cette impression persiste, de façon implicite ou explicite, dans nombre d'écrits consacrés aux animaux, et elle est particulièrement présente dans le débat qui oppose ceux qui sont prêts à accorder des droits aux bêtes et ceux qui s'y opposent, en défendant l'idée classique selon laquelle un sujet de droit (et donc de droits) doit être doté de certaines capacités, au moins potentielles (notamment celle de pouvoir assumer certains devoirs).

Nous aimerions défendre la thèse contraire. Ce débat sur les droits, dont nous nous efforcerons d'esquisser les grands traits, nous semble sinon superflu, du moins certainement inessentiel dans le contexte de la question pratique : quelles lois adopter pour protéger les animaux, quels droits, au sens juridique et donc technique du terme, voulons-nous leur accorder ? Nous ne sommes en conséquence pas certains que l'on doive concevoir la question animale comme impliquant d'abord une théorie scientifique de l'animal, puis une théorie philosophique, et enfin une éthique qui fonderait alors la législation. *A contrario*, nous voulons défendre ici la thèse selon laquelle une législation concernant les animaux n'a pas besoin d'être fondée par une théorie philosophique des droits des animaux.

LE CONTEXTE ANTHROPOCENTRISTE

La pensée sur l'animal et le droit appartient à la Modernité. Dans l'Antiquité, les réflexions qui visaient à protéger l'animal du sort qui lui est réservé par les carnivores étaient inscrites dans la philosophie tout court, ou dans la philosophie morale au sens très large[4]. Les arguments utilisés par les penseurs de l'Antiquité évoquaient par exemple l'idée selon laquelle le végétarisme était bon pour l'âme, et aidait à dissoudre les liens qui unissent l'âme et le corps en édifiant la première et en faisant oublier le second. Il était aussi plus raisonnable de s'abstenir de la nourriture carnée du point de vue du bon déroulement du processus de la transmigration des âmes. Qui plus

4. Voir notamment Porphyre, *De l'abstinence*, t. I & II, trad. fr. J. Bouffartigue, Paris, Les Belles Lettres, 1977.

est, les Grecs ne voyaient rien de noble dans le sacrifice animal cruel et sanglant. Des arguments généraux de ce type ont été par la suite présents tout au long de l'histoire de la philosophie occidentale, y compris dans des époques considérées comme les moins concernées par le statut de l'animal, *i.e.* au XVIIe siècle[5]. C'est avec Kant qu'un nouveau type de discours est apparu. Ce discours a été nourri à la fois par une réflexion sur le droit et par une prise en compte implicite des principes du christianisme et de sa réflexion sur la spécificité irréductible de l'humain dans l'ordre naturel : il peut s'imposer des lois à lui-même, donc avoir des droits et assumer ses devoirs[6].

Car la valeur morale des animaux, selon Kant et ceux qui l'ont suivi, n'existe qu'indirectement. Aux yeux de Kant, nous devrions nous comporter correctement à l'égard des animaux, car ce comportement est significatif des relations que nous avons avec les autres humains. Il écrit donc :

> Relativement à cette partie des créatures qui est vivante, quoique dépourvue de raison, traiter les animaux avec violence, ainsi que cruauté, est intérieurement plus opposé au devoir de l'homme envers lui-même, parce que l'on émousse en l'homme ainsi le sentiment de sympathie qui concerne leurs souffrances et qu'une disposition naturelle très favorable à la moralité dans les rapports aux autres hommes est affaiblie et peu à peu anéantie[7].

5. Voir Pierre Gassendi, *Lettres latines*, t. 1, Sylvie Taussig, Turnhout, Brepols, 2004 ; en particulier la *Lettre* (n° 12 19b) *à Jean-Baptiste Van Helmont, pour philosopher sur la Créophagie, c'est-à-dire pour savoir s'il est naturel à l'homme de se nourrir de viande ou plutôt de légumes*, p. 33-40.

6. Cela ne veut pas dire que le christianisme dans son ensemble assume les positions de Kant ; récemment, celles-ci ont été critiquées par Robert Wennberg, pour qui il semble inadmissible de refuser la valeur intrinsèque à une quelconque partie de la nature, voir son *God, Humans, and Animals : An Invitation to Enlarge Our Moral Universe*, Grand Rapids (Michigan), Eerdmans Publishing Company, 2002, p. 314. Qui plus est, les travaux d'Andrew Linzey, prêtre anglican, présentent une défense théologique des droits des animaux, voir notamment son *Animal Gospel, Christian Faith as if Animals Mattered*, Londres, Hodder & Stoughton, 1998, chap. 4, « The Rights of God's Creatures ».

7. Emmanuel Kant, *Métaphysique des moeurs* : « Doctrine de la vertu », trad. fr. A. Philonenko, Paris, Vrin, 1985, p. 119.

Dans cette perspective, les animaux n'ont guère de valeur intrinsèque, et si on a des devoirs à leur égard, ils ne sont pas issus de leurs prétendus droits, mais des obligations que nous avons à l'égard de nous-mêmes[8].

Dans cette même tradition philosophique, le philosophe américain contemporain Carl Cohen maintient de son côté que l'usage des animaux dans la recherche biomédicale n'a rien de répréhensible et devrait au contraire être augmenté. À ses yeux, la recherche ne viole pas les droits des animaux car ceux-ci n'en ont pas, et leur souffrance ne créé pas chez l'homme d'obligation à la diminuer, si cette diminution risque d'entraîner des coûts importants. Cohen parle des trois types des droits : les droits fondés dans la Constitution et dans la législation (le droit à un procès équitable par un tribunal indépendant et impartial) ; les droits moraux qui n'ont pas de conséquences légales (le droit que j'ai de voir la promesse que vous m'avez faite tenue) ; les droits enracinés à la fois dans la morale et dans la loi (contre le vol ou l'agression)[9]. Les droits correspondent à ses yeux à des revendications (possibles) qui n'ont un sens qu'au sein d'une communauté d'agents moraux. « Les droits émergent, et peuvent être défendus de façon légitime, seulement par des êtres qui ont, ou peuvent avoir, des revendications morales les uns contre les autres »[10] – ils sont ainsi nécessairement humains.

Pour situer son propos dans l'histoire de la pensée et pour lui donner de la consistance, Cohen rappelle que les facultés proprement humaines ont toujours été considérées comme décisives dans la compréhension de la morale. Il en était ainsi avec la conscience ou le libre arbitre chez saint Augustin, la capacité de

8. Notons que le thème tissant des liens entre la cruauté à l'égard des animaux et la violence tout court est assez présent dans l'histoire de la philosophie. Ainsi, dans le contexte philosophique anglais, John Locke notait aussi que « l'habitude de tourmenter et de tuer des bêtes peut en effet les rendre durs et cruels à l'égard des hommes » (*Quelques pensées sur l'éducation* [1693], trad. fr. G. Compayré, Paris, Vrin, 2007, p. 220). Pour d'autres textes consacrés à ces questions, voir Andrew Linzey (éd.), *The Link Between Animal Abuse and Human Violence*, Sussex, Sussex Academic Press, 2009.

9. Carl Cohen, « The Case for the Use of Animals in Biomedical Research », *The New England Journal of Medicine*, n° 314, 1986, p. 865-869.

10. *Ibid.*

saisir par la raison des lois morales naturelles chez saint Thomas, la conscience que les êtres humains ont de participer à un ordre éthique objectif chez Hegel, ou le développement social du soi de G. H. Mead. Ce qui demeure tranchant dans cette perspective, c'est de nouveau l'approche kantienne, où tout humain a une volonté morale dont l'usage est associé à son autonomie.

Le « toujours » des facultés proprement humaines énoncé par Cohen est bien évidemment contestable, et son choix ne doit rien au hasard : il serait possible de faire une liste tout aussi impressionnante de noms qui iraient à l'encontre de sa thèse (Platon, Porphyre, Montaigne, David Hume, Jeremy Bentham, B. F. Skinner, Frans de Waal, Joëlle Proust). Cependant, Cohen maintient qu'à moins de comprendre ce qui s'ensuit des devoirs des uns à l'égard des autres, nous ne pouvons pas avoir à proprement parler des droits. Cette capacité est essentielle à l'homme, même si elle ne se retrouve pas chez chacun, note Cohen – le fait que les nourrissons et les personnes ayant perdu leur raison ne correspondent pas à la définition proposée ne change rien fondamentalement. C'est l'homme générique qui se définit par cette capacité fondamentale. Qui plus est, notre droit distingue dans le contexte criminel entre les aspects extérieurs de l'action (donc ses conséquences) et l'intention de l'agent : ainsi l'action tragique peut-elle être défendue en vertu de l'absence d'intention maléfique. Cette distinction est impossible à faire dans le contexte animal, les animaux non humains ne peuvent donc pas faire partie de notre communauté juridique.

Les conséquences qu'en tire Cohen pour la recherche biomédicale semblent logiques. S'il n'y a rien de moralement insupportable dans le fait de consommer les animaux, alors que cette nourriture ne semble pas indispensable, il est d'autant moins grave de les utiliser pour la recherche, qui apporte des bénéfices incomparablement supérieurs à l'humanité que la consommation de la viande. Le fait d'exclure les animaux du domaine des droits ne nous autorise bien évidemment pas à les traiter cruellement, mais les limites de leur bon traitement devraient être définies avant tout par les limites de notre bien-être.

Dans ce contexte anthropocentrique, d'autres penseurs se sont concentrés non pas sur la spécificité de l'homme devant les droits, mais sur la particularité des droits eux-mêmes. Notons en passant qu'il ne nous appartient point ici de juger du bien-fondé de l'anthropocentrisme dans son ensemble, le terme ne devrait donc pas être interprété en un sens péjoratif. Pour Ronald Dworkin, les droits constituent quelque chose d'irréductible, un fondement à partir duquel on pourrait déduire d'autres relations juridiques [11]. Néanmoins, quand bien même on n'insiste pas sur l'aspect fondationnel et moral des droits, on peut vouloir insister sur la spécificité de l'aspect contractuel. Sont alors susceptibles d'avoir les droits ceux qui peuvent entrer dans une sorte de contrat social, comme le propose Richard Posner, un juge et juriste conservateur américain :

> Les droits au sens juridique sont des instruments qui visent à assurer les libertés qui sont nécessaires à un système démocratique de gouvernement afin qu'il fournisse un cadre utilisable pour l'ordre social et pour sa prospérité. Les détenteurs conventionnels des droits sont, à quelques exceptions près, des électeurs effectifs et potentiels, et des acteurs économiques [12].

Nous voyons qu'ici l'enjeu est lourd : d'une part la conception des sujets de droits est très exigeante, mais d'autre part les droits eux-mêmes ont un ancrage naturel très important, qui ne permet pas une attribution non réfléchie de ceux-ci. Avec ces contraintes à l'esprit, nous allons examiner rapidement les deux conceptions dominantes dans l'éthique animale aujourd'hui, toutes deux fondées sur un ensemble d'idées à propos de la place de l'animal dans le monde, et toutes deux cherchant à établir les droits des animaux sur des conceptions préalablement admises.

DROITS DES ANIMAUX AUJOURD'HUI

Changer le statut moral : Peter Singer

Peter Singer, le défenseur probablement le plus célèbre de la cause animale, s'intéresse d'abord au débat philosophique – et non juridique – concernant les bêtes. Il vise la modification du statut

11. Ronald Dworkin, *Prendre les droits au sérieux* (1978), trad. fr. M. J. Rossignol *et al.*, Paris, P.U.F., 1995.

12. Richard A. Posner, « Animal Rights : Legal, Philosophical, and Pragmatic Perspectives », dans Cass R. Sunstein et Martha C. Nussbaum (éds), *Animal Rights : Current Debates and New Directions,* Oxford, Oxford University Press, 2004, p. 57-58.

moral de l'animal, qui permettrait une prise en compte plus complète de ses intérêts[13]. Singer ne développe pas la notion de droits de l'animal, mais il est certain que le mouvement en faveur des droits des animaux a acquis son importance grâce à ses écrits et à ses actions, vivement assistés par Henry Spira, son collaborateur principal. La position philosophique de Singer, dont les détails sont bien connus, est l'utilitarisme. Les animaux souffrent, dit Singer, tout comme nous, et ce que nous devrions faire est de diminuer cette souffrance. Ajoutons que la réticence devant la notion des droits dans le projet de Singer vient de son héritage utilitariste, dont le fondateur, Jeremy Bentham, a proposé une lecture très critique de la *Déclaration des droits de l'homme et du citoyen* de 1789. Son analyse est marquée par une attaque de la notion de droit naturel, et des « droits de l'homme » en particulier[14]. Les droits sont selon lui des émanations de la loi, d'un produit social concret, propre à une communauté et à un moment historique, et leur existence est justifiée par l'intérêt du bénéficiaire : sa version contemporaine est connue sous le nom de « théorie de l'intérêt » (*interest theory of rights*).

Le projet de libération animale qui a guidé Singer a ensuite été prolongé par un autre projet, cette fois-ci lié à la thématique des droits. Le projet Grands Singes (1993) visait en effet à lutter en faveur des droits fondamentaux pour les grands singes. Le droit à la vie y serait pris au sérieux, et les animaux concernés pourraient en jouir dans la mesure où il y est question d'autodéfense. Ce projet a été fondé sur l'idée de l'extension simple de ce qui concerne les hommes à d'autres primates, notamment les grands singes.

Droits moraux selon Tom Regan

La version radicale de l'utilitarisme (qui n'est pas une version benthamienne ; il faut y voir un certain radicalisme contemporain) maintient que le fait de tuer les animaux n'est pas un mal en soi,

13. Peter Singer, « Ethics Beyond Species and Beyond Instincts. A Response to Richard Posner », dans C. Sunstein et M. Nussbaum (éds.), *Animal Rights*, *op. cit.*, p. 79.

14. Voir ses « Sophismes anarchiques. Examen critique de diverses déclarations des droits de l'homme et du citoyen », dans *Œuvres de Jeremy Bentham*, E. Dumont (éd.), vol. I, Bruxelles, L. Hauman et Cie, 1829-1830, p. 547-576.

mais est un mal dans la mesure où il fait exister une plus grande quantité de souffrance inutile. Dans certaines circonstances, la valeur de la vie des animaux, tant humains que non humains, peut être revue à la baisse à partir du moment où le fait de la supprimer provoquera un plus grand bien. Peter Singer a notamment soutenu qu'il ne trouverait pas répugnant de manger la viande d'un animal tué par exemple d'un coup de tonnerre. Idée qui paraît inconcevable dans une perspective selon laquelle l'animal est considéré comme moralement pertinent en soi, et non pas uniquement en vertu de sa capacité de souffrir (car sinon on pourrait manger de la viande d'êtres humains tués par le tonnerre).

Tom Regan, une figure clé dans le champ de l'éthique animale, propose une autre manière de prendre en compte l'animal et les droits qu'il pourrait avoir. Il postule ainsi l'idée selon laquelle les animaux ont une valeur inhérente en tant qu'individus, et non plus seulement en tant qu'êtres sensibles à la douleur incarnée. Tout être doué d'une valeur inhérente l'est de façon égale, ce qui distingue Regan des penseurs notamment perfectionnistes, pour qui la valeur des êtres dépend du degré de leur perfection. Aux yeux de Regan, cette spécificité de certains êtres vivants leur garantit alors des droits fondamentaux. Il s'oppose ainsi à l'utilitarisme et adopte une position qu'on pourrait situer assez près du kantisme, un kantisme radicalement modifié, mais un kantisme quand même, celui qui inclut dans la communauté des obligations à l'égard des animaux. Regan réintroduit dans le langage moral le vocabulaire quasi-juridique, à l'instar de Kant. Cela le distingue philosophiquement de Singer, dont il est proche par un autre aspect : ils sont tous les deux convaincus que la frontière homme-animal non humain n'est pas moralement pertinente.

La conception de Regan est assez fine du point de vue des arrangements juridiques qui en découlent. Celui qui voudrait mettre en cause la notion de droits des animaux pourrait dire par exemple que si les animaux ont des droits fondamentaux, alors nous avons une obligation de les protéger contre les prédateurs. Cette situation délicate est évitée par le philosophe par une distinction qu'il introduit entre d'un côté le devoir d'assistance aux victimes de l'injustice, et de l'autre le non-devoir d'assistance à ceux qui ne sont pas victimes de l'injustice. Les animaux sauvages n'étant pas victimes d'une injustice, nous ne devons pas les protéger contre leurs prédateurs : ces derniers ne sont pas des agents moraux et ne peuvent pas violer des droits de quiconque[15].

D'autres conceptions pourraient être proposées. Nous pourrions nous pencher sur la notion de « dignité animale » avancée, dans un esprit aristotélicien, par Martha Nussbaum[16]. Cette notion invite à penser aux animaux en termes de développement de leurs capacités, et propose une conception des droits-libertés qui devraient leur être accordés en vertu de leurs propriétés intrinsèques. Dans le contexte de cette autonomie des animaux, leurs besoins éthologiques devraient s'imposer à l'homme comme des normes qui peuvent certes être codifiées ensuite, mais le droit n'en est pas la source pour autant. La nature est ici normative, et le philosophe moral veut qu'elle impose le type d'approche à adopter dans le cadre social.

Cette idée, tout comme les précédentes, nous semble philosophiquement très intéressante mais, en même temps, superflue du point de vue juridique, et en particulier inessentielle du point de vue des droits que l'on pourrait envisager pour les animaux. La reconnaissance légale d'un droit quelconque tire sa source d'une loi positive qui l'établit. Il peut y avoir tout un ensemble de discussions sur la morale qui précèdent ce geste législatif, mais elles ne rendent pas la loi plus vraie (plus aimable peut-être, plus sympathique, mais ni plus vraie, ni plus légale). La manière dont la future législation sera formulée, ce qui l'inspire et ce qui lui sert de modèle, sont des choix du législateur ou de son conseiller. Ainsi, ce dernier peut choisir de s'inspirer des connaissances de son époque sur le monde naturel, en décidant que cette source est à présent la plus raisonnable ou que ses conséquences sont les moins pénibles[17]. Ce n'est

15. Tom Regan, *The Case for Animal Rights*, Berkeley, University of California Press, 1983, p. 285 ; *Les Droits des animaux*, trad. fr. Enrique Utria, Paris, Hermann, 2013.

16. Martha Nussbaum, *Frontiers of Justice : Disability, Nationality, Species Membership*, Cambridge (MA), Harvard University Press, 2006, p. 325-408.

17. Les limitations « naturelles » ont été posées par la loi française aussi à l'égard des humains, notamment dans la pratique de la fécondation *in vitro* ; le fait même que cette législation diffère d'un pays à l'autre en Europe indique qu'il ne s'agit, en aucun cas, d'un choix « naturel ». Selon l'article L2141-2 du Code de la santé public, « L'homme et la femme formant le couple doivent être vivants, en âge de procréer », ainsi, « certains centres d'AMP déconseillent cette technique pour les

pas pour autant que, dans le contexte légal, la nature peut ou doit s'imposer au droit. Les droits des animaux ne pourraient donc refléter qu'accidentellement une quelconque « philosophie de l'animal », et cette dernière n'est effectivement pas nécessaire pour fonder la loi.

Droits sans fondement

Nous avons vu rapidement que le débat philosophique concernant les droits des animaux est très polarisé. Parmi ceux qui pensent que les animaux méritent un traitement plus humain, nous distinguons deux grandes écoles. D'un côté nous avons ceux pour qui le bien-être est la seule chose que l'on peut garantir aux animaux, d'un autre côté ceux qui, prônant un continuisme radical, accordent à l'animal l'ensemble des droits fondamentaux, à l'instar des droits de l'homme. Cette idée est notamment illustrée par des scenarii imaginaires (qui jouent un rôle important dans le débat dans son ensemble, comme nous le verrons plus loin). Quand Carl Cohen (adversaire des droits des animaux cité plus haut) imagine un monde dans lequel les animaux ont des droits, il a une conception très radicale de ce monde : « Si les animaux ont des droits quelconques, ils ont alors le droit à être respectés, le droit à ne pas être traités comme des outils servant à faire avancer les intérêts des hommes »[18].

Regan, qui s'attarde sur ce passage, le suit sur ce point ; ce qui distingue les deux hommes est bien évidemment le fait que l'un trouve un tel monde désirable, et l'autre comme annonçant une catastrophe. Tous deux partagent toutefois une conception très forte des droits, celle que nous avons esquissée dans la première partie de ce texte. Nous aimerions la mettre maintenant en cause. Ce faisant, nous reviendrons aux analyses juridiques des droits, et à la manière dont ceux-ci fonctionnent effectivement dans les textes de

femmes de plus de 38 ans ; d'autres sont plus flexibles et acceptent des femmes jusqu'à 42-43 ans, sous condition de bon bilan hormonal » (Ilana Löwy, « L'âge limite de la maternité : corps, biomédecine, et politique », *Mouvements*, 7 septembre 2009, http ://www.mouvements.info/L-age-limite-de-la-maternite-corps.html).

18. C. Cohen, manuscrit non publié, cité par Tom Regan, dans *Animal Rights, Human Wrongs : an Introduction to Moral Philosophy*, Lanham, Roman & Littlefield Publishers, 2003, p. 29.

la loi. À titre d'exemple, nous examinerons quelques droits dont jouissent les hommes pour regarder de plus près leur applicabilité et leur force effective.

Droits des humains

Les personnes humaines jouissent notamment du droit à la vie. Ce droit est-il absolu et inaliénable, fondé sur quelque chose qui va au-delà des contingences géographiques, historiques ou enfin de celles liées au parcours individuel de chacun ? Il semble qu'au moment de la guerre, en particulier si elle est « juste », le droit à la vie ne soit nullement inaliénable, créé très peu d'obligations à l'égard de quiconque, et sorte de l'ordre tout à fait particulier qui lui était accordé par les philosophes dont nous parlions au début[19]. D'autres situations de conflit d'intérêts peuvent provoquer la relativisation du droit à la vie, notamment dans le contexte de fin de vie où certains peuvent finalement défendre plutôt le droit à la mort[20], en tenant compte d'une notion comme celle de « dignité ».

Du point de vue du droit à ne pas souffrir, celui-ci ne doit pas non plus être considéré comme plus menaçant pour notre système juridique quand il s'applique à l'homme que quand il s'applique à l'animal non humain. Ce qui est consacré chez l'homme c'est le caractère illicite de la torture. Cela n'entraîne pas pour autant l'idée que tout doit être fait pour prévenir toutes les occurrences de la souffrance humaine. Qui plus est, la torture sentimentale par exemple n'est pas un délit. Dans le contexte des animaux, il sera sans doute nécessaire d'ajouter des droits supplémentaires qui n'ont pas été explicitement prévus pour les hommes, notamment les interdictions détaillées des traitements douloureux.

19. Et ainsi « [l]a différence entre le droit à la vie là où des violations extensives sont facilement permissives et ne pas avoir le droit à la vie du tout est, en pratique, très minime », note Frederik Kaufman (« Just War Theory and Killing the Innocent », dans Michael W. Brough, John W. Lango, Harry Van Der Linden [éds], *Rethinking the Just War Tradition,* New York, SUNY Press, 2007, p. 102). Voir également un ouvrage plus récent d'Elizabeth Wicks, *The Right to Life and Conflicting Interests,* Oxford, Oxford University Press, 2010.

20. L'expression est de Georges Canguilhem, notamment dans son « Qualité de la vie, dignité de la mort », *Actes du Colloque mondial, Biologie et devenir de l'Homme,* Paris, Université de Paris, 1976.

Quand nous pensons au droit d'aller et venir, celui-ci n'est pas non plus absolu chez les hommes, il n'est donc pas nécessaire de craindre la pente glissante dans le contexte animal. Autoriser la libre circulation n'implique pas l'autorisation de toute action dans l'espace public. Si l'on craint que, par exemple, les vaches n'aient d'un coup le droit de faire leurs besoins au milieu de la cour de la Sorbonne, ce qui n'est évidemment pas souhaitable, il faut en même temps garder à l'esprit que l'homme n'a pas cette possibilité, malgré les droits dont il jouit. En accordant des droits minimaux aux vaches, on pourra toujours les contraindre en gardant en vue l'horizon de l'ordre public.

Diversité des sujets des droits

Une objection évidente à l'argument d'un éventuel risque ou d'une impossibilité de reconnaître des droits différents pour les animaux et pour les êtres humains est que les êtres humains ne sont pas eux-mêmes traités de la même manière par le droit. La diversité juridique n'est pas simplement entre animaux et humains, mais aussi entre êtres humains. Le droit concerne toutes les entités humaines mais le traitement juridique des embryons, des bébés qui viennent de naître, des mineurs, des majeurs protégés, des majeurs, du pape, du *serial killer* récidiviste, etc., est un traitement différent, varié, distinct. Prenons l'exemple d'un fœtus de huit mois et demi : le législateur ne veut pas reconnaître ce fœtus comme une personne car cela entraînerait une situation complexe pour l'IVG et l'IMG. La conséquence en est l'impossibilité, affirmée à plusieurs reprises par la Cour de cassation, de qualifier d'homicide par imprudence le fait de provoquer un accident de voiture entraînant la mort de l'enfant encore dans le ventre de sa mère. Mais le législateur pourrait tout à fait, sans qualifier le fœtus de « personne », prévoir une infraction pénale spécifique dans un tel cas. On remarquera d'ailleurs que sur le plan du droit civil, la vieille règle *infans conceptus pro jam nato habetur quoties de commodis ejus agitur*[21] est reprise par l'article 725 du Code civil, qui permet donc à celui qui n'est pas encore un sujet de droit d'être ainsi considéré quand il y va de son intérêt financier. On peut

21. « L'enfant conçu est réputé né toute les fois qu'il y va de son intérêt » ; *cf.* les articles 725, 906 ou 961 du Code civil.

aussi évoquer l'ancienne distinction, contemporaine de la *Déclaration* de 1789, entre citoyens actifs et citoyens passifs, avec une série de droits fondamentaux en commun et d'autres droits n'appartenant qu'aux premiers (droit de vote en particulier) : aujourd'hui, un certain nombre d'entités humaines présentes sur le territoire français peuvent être considérées comme des citoyens passifs (étrangers hors Union européenne, enfants, personnes déchues de leurs droits civiques, etc.). L'argument que nous avançons est que cette diversité dans le traitement juridique ne fait ni obstacle à la reconnaissance de certains droits communs à tous et d'autres droits spécifiques, ni n'engage une définition implicite ou explicite de ce qu'est une entité humaine, d'un point de vue philosophique ou biologique. Ces deux questions sont indifférentes au problème qui nous occupe et on peut donc, par analogie, imaginer que l'extension de certains droits à des animaux non-humains ne signifierait ni la fin de droits spécifiques pour les entités humaines ni la consécration d'une certaine conception de l'animal, commune ou distincte de la condition humaine.

Ajoutons à cela, comme on le voit avec l'exemple du fumier humain ou non-humain dans la cour de la Sorbonne, que la consécration d'un droit n'est jamais la ratification d'un absolu inconditionné. Songeons à la liberté d'expression : elle ne signifie pas que, littéralement, tout puisse être dit. Car ce « tout » est un fait. Oui, on peut « tout » dire. Les négationnistes par exemple racontent leurs affreuses histoires folles à leurs amis, cela sort de leur bouche et de leur plume, ils le peuvent. Mais ce n'est pas ce qui concerne le droit. Le droit s'occupe des effets sociaux de ce qui est dit. La liberté d'expression est donc toujours encadrée car même si elle varie d'un pays à un autre, elle ne va jamais jusqu'à accepter par exemple l'expression d'un appel au meurtre, pour une personne spécifique, dont on donnerait publiquement l'adresse, le code de la porte de son immeuble, et les heures de présence. Cette « expression » serait sanctionnée, sans que cela porte atteinte à la liberté d'expression ; de même que la prohibition du fumier en Sorbonne est compatible avec la liberté d'aller et venir. Autrement dit, toute consécration d'un droit porte en lui une quantification et une limitation, qui est opérée par la pratique et par la jurisprudence : il ne faut pas brandir l'argument de la « pente glissante » à propos d'éventuels droits des animaux alors qu'on pourrait le brandir tout aussi bien pour tous les droits humains.

Dans le contexte de l'égalité, le droit au traitement égal peut s'installer en comparaison entre les animaux eux-mêmes, et non nécessairement entre l'homme et l'animal. Il n'y a rien de dramatique, en un sens, et comme le note Steven Wise : « Un animal pourrait avoir des droits basiques à l'égalité de traitement, même s'il n'a pas de droit à liberté, car il *est comme* quelqu'un avec les droits fondamentaux à la liberté »[22]. Il n'y a alors aucune raison de considérer que les droits à quoi que ce soit exigent l'existence de tous les droits fondamentaux. Les droits ne forment pas un arbre qui doit avoir des racines pour constituer une forme organique complète et parfaite. La question que nous envisageons ici n'est pas « les animaux doivent-ils jouir de tous les droits dont jouissent les humains ? », mais « les animaux peuvent-ils avoir des droits ? ». La réponse à cette question est trivialement positive, même si le terme « droits » n'aura pas ici de sens philosophique profond, et devrait être considéré comme un outil juridique avant tout[23].

22. Steven M. Wise, « Animal Rights, One Step at a Time », dans C. Sunstein et M. Nussbaum (éds), *Animal Right, op. cit.*, p. 29.

23. Une crainte de ce type, mettant en avant le fait qu'accorder des droits aux animaux enlèverait le sens philosophiquement pertinent à la notion même de droit, a été exprimée par R. G. Frey dans son ouvrage controversé *Interests and Rights : The Case against Animals,* Oxford, Clarendon Press, 1980. Il y défend une conception des droits comme étant des reflets des intérêts des sujets, mais pense que pour garantir un sens à cette conception, les intérêts doivent être accompagnés par des désirs reconnus par le sujet. Et comme ces désirs ne sont pas constatables chez les animaux, ceux-ci ne peuvent pas être sujets de droits. De nouveau, à notre avis, cette crainte est fondée sur un oubli de l'idée qui nous accompagne au moins depuis J. Bentham : les droits sont avant tout des instruments du droit positif, et non pas les éléments apparents d'un arsenal philosophique sous-jacent.

CONCLUSION

Cass Sunstein a sans doute raison de dire que les droits des animaux non humains sont, et probablement resteront, limités, et cela pour deux raisons[24] : les poursuites publiques que ces droits nécessiteraient ne se feront que dans des cas exceptionnels (faute d'argent et de parties civiles qui voudraient s'y investir) et, dans l'état actuel des choses, on ne pourrait envisager que des mesures très restreintes : il ne serait pas question de droit à la vie, mais de droit au traitement sans cruauté, etc. Mais puisque les humains, eux non plus, n'ont pas, *in concreto*, tous les mêmes droits et que cela ne rend pas le système juridique incohérent pour autant, alors le problème des droits des animaux ne se pose pas : les bêtes peuvent avoir des droits, concrets, inscrits dans différents codes, lois et décrets, et même si la philosophie de l'animal et la philosophie morale peuvent éclairer toutes les questions soulevées ici, ces questions n'ont pas besoin d'être définitivement tranchées pour envisager une législation protectrice.

24. Voir son introduction à C. Sunstein et M. Nussbaum (éds), *Animal Rights*, *op. cit.*

Recherches sur la philosophie et le langage 32 (2016)
384 p., ISBN : 978-2-7116-8418-2, p. 337-352, Vrin.

L'autonomie du droit animalier

Jean-Pierre MARGUÉNAUD *

RÉSUMÉ

Pour pouvoir gagner en autonomie, le droit animalier doit être préalablement et précisément défini. Il importe donc de ne pas le réduire au droit de la protection des animaux et de faire ressortir sa vocation plus générale qui le porte à s'intéresser à la question souvent délaissée, aux enjeux mal identifiés, de la protection contre les animaux. D'un point de vue plus théorique, le droit animalier présente aussi l'intérêt de pousser le Droit en général dans ses derniers retranchements, comme lorsqu'il est confronté aux sujets les plus graves que sont la vie et la mort, la douleur et le bonheur, la servitude et la liberté, et de l'obliger à révéler les fondements masqués des règles qu'il forge. L'autonomie du droit animalier ainsi entendue est légitime pour vaincre les préjugés fortement ancrés, jusque dans la communauté scientifique, qui conduisent encore à

* Jean-Pierre MARGUENAUD, professeur à la Faculté de Droit et des Sciences économiques de Limoges, membre de l'Institut de Droit européen des Droits de l'Homme (EA 3976) à Montpellier, dirige la *Revue semestrielle de droit animalier* (*RSDA*). Spécialiste de droit européen des droits de l'Homme et de droit animalier, il a notamment publié *La Cour européenne des droits de l'Homme* (Paris, Dalloz, 2012, 6 e éd.), *L'animal en droit privé* (Paris, P.U.F., 1992), *L'expérimentation animale entre droit et liberté* (Paris, Quæ, 2012), « Les enjeux de la qualification juridique de l'animal », dans M. Baudrez, Th. Di Manno et V. Gomez-Bassac (dir.), *L'animal, un homme comme les autres ?* (Bruxelles, Bruylant, 2012), et contribué également à plusieurs numéros de la *RSDA*.

traiter par le mépris toute discussion sur le sort des animaux, et pour contourner le verrouillage technique opéré par une poignée de hauts fonctionnaires répartis entre trois ou quatre ministères qui empêchent, à la grande satisfaction de quelques lobbies puissamment organisés, toute évolution significative du statut des animaux. La modification du statut des animaux est d'ailleurs cruciale pour que l'autonomie du droit animalier devienne véritablement efficace puis se renforce par la mise en place de son enseignement, comme c'est le cas dans de très nombreuses *Law Schools* américaines.

Si j'ai l'honneur d'avoir été invité à Grenoble au mois de janvier 2012, c'est sans doute parce qu'au siècle dernier, j'ai soutenu une thèse de Doctorat en Droit intitulée « L'animal en droit privé »[1]. Il est inutile de souligner que, à l'époque, un sujet pareil était considéré comme hautement folklorique par la communauté juridique universitaire, dont les réflexes traditionnalistes sont bien connus. L'animal aurait donc dû m'interdire tout espoir de carrière universitaire. Or, il s'est trouvé une faille dans le système de recrutement des Professeurs de Droit et une carrière universitaire s'est offerte à moi. Au moment où elle commençait à tirer sur sa fin, j'ai activement travaillé à forger une deuxième justification à ma présence en Dauphiné pour participer au colloque que Jean-Yves Goffi et Marlène Jouan, vers qui vont tous mes remerciements, ont sobrement intitulé « L'animal ». Il s'agit de la création, en 2009, de la *Revue Semestrielle de Droit Animalier* (*RSDA*)[2] dont les rédacteurs en chef sont le Doyen Jacques Leroy et Florence Burgat, qu'il est inutile de présenter. L'objectif de cette revue, qui vit des efforts conjugués de juristes et de philosophes mais aussi d'historiens, d'économistes et de psychanalystes, est de faire émerger le droit animalier en tant que discipline juridique autonome, abordant frontalement et sérieusement des questions qui, d'ordinaire, sont étudiées incidemment et ironiquement.

Avant de plaider pour l'autonomie du droit animalier, il faut commencer par s'entendre sur l'appellation « droit animalier ».

Il ne faut pas la tenir pour synonyme de celle, plus répandue, de « droits des animaux ». Quand on s'intéresse aux droits des animaux, on se limite généralement à la protection des animaux considérés comme des êtres sensibles, et on tient pour acquis que la meilleure manière de les protéger est de leur conférer des droits dont ils doivent être les sujets ; ce qui revient à en faire, juridiquement, des personnes. Le droit animalier s'inscrit dans une démarche plus

1. Thèse soutenue à Limoges en 1987 et publiée aux P.U.F. en 1992.

2. Dont les huit premiers numéros, comprenant des chroniques d'actualité juridique et six dossiers thématiques successivement consacrés à l'expérimentation animale, à la corrida, aux animaux compagnons de solitude, à l'abattage rituel, au végétarisme et à l'abeille, aux animaux classés nuisibles et à l'animal sportif, sont en accès libre et gratuit sur le site de l'OMIJ (Observatoire des Mutations Institutionnelles et Juridiques) : www.unilim.fr/omij.

générale et davantage pluraliste. Certes, il se préoccupe aussi et principalement de la protection des animaux en tant qu'êtres sensibles mais il laisse ouverte la question de savoir si, pour mieux les protéger il faut leur donner des droits, ainsi que celle, complémentaire mais juridiquement cruciale, de déterminer si ces droits éventuels devraient être les mêmes que ceux dont les hommes sont titulaires ou s'il leur suffirait d'avoir des droits équivalents à ceux dont les personnes morales sont techniquement titulaires. Cependant, son champ d'application a vocation à s'étendre à des questions animalières qui ne concernent pas précisément la protection des animaux en tant qu'êtres sensibles mais celle de l'espèce menacée d'extinction à laquelle ils appartiennent, et surtout celle des hommes, des femmes et des enfants qui leur sont confrontés. C'est ainsi qu'il peut aborder la protection contre les tiers du lien d'affection susceptible d'unir un être humain à un animal ou, dans un sens radicalement opposé, la protection de l'homme contre les animaux, en faisant abstraction de leur sensibilité pour éradiquer les menaces que leur prolifération, leur agressivité et leur maladie fait peser sur tous. D'une manière plus générale encore, le droit animalier peut permettre aux juristes davantage interpellés par la question animale que passionnés par la cause animale de trouver un nouvel angle de vue pour mesurer l'influence, dans chacune de leur spécialité, des questions majeures auxquelles ce diable d'animal finit toujours par nous renvoyer : la vie et la mort, la servitude et la liberté, la solitude et la pitié, le vide et le trop-plein, la nature et la culture, l'être et le paraître. Dans ces conditions, il n'est peut-être pas une seule discipline juridique, du droit civil au droit pénal, du droit administratif au droit constitutionnel, du droit de l'environnement au droit des propriétés intellectuelles, du droit sanitaire et social au droit fiscal, du droit local au droit international et européen..., dont les perspectives et les points d'équilibre ne puissent être déplacés par une réflexion sur l'animal aussi approfondie que celle qu'il a inspirée à la plupart des sciences de l'homme. Ainsi délimité, le droit animalier doit aller vers l'autonomie pour mieux asseoir sa légitimité (1) et pour gagner en efficacité (2).

AUTONOMIE ET LÉGITIMITÉ DU DROIT ANIMALIER

Il n'est pas de tout repos de faire du droit animalier aujourd'hui en France. C'est s'exposer en permanence à des agressions, à des humiliations publiques, à des sourires condescendants, et à d'incessants procès en légitimité. Pour gagner ces procès, il faut commencer par assurer l'autonomie de ce droit consacré aux questions animalières, qui permettrait de vaincre les préjugés culturels et de surmonter les verrouillages techniques.

L'autonomie pour vaincre les préjugés culturels

Tout le monde connaît la célèbre formule d'Albert Einstein : « il est plus difficile de détruire un préjugé qu'un atome ». C'est sans doute à la matière animalière qu'elle est la mieux appropriée car il n'y a pas seulement, en ce domaine comme dans tous les autres, des préjugés de café du commerce : il y a aussi des montagnes de préjugés académiques et des torrents de préjugés des défenseurs radicaux de la cause animale.

Les amateurs de café du commerce ne manquent jamais une occasion de s'étonner que l'on dépense tant d'énergie pour protéger des animaux quand il y a tant et tant à faire pour sortir des millions et des millions d'enfants, de femmes et d'hommes des griffes de la maladie, de la misère et de la détresse. Le droit animalier, considéré comme une matière autonome, n'aurait aucun mal à faire litière de ces lieux communs en établissant que l'indifférence au sort des animaux n'a jamais été la garantie d'un engagement plus efficace dans la lutte contre le malheur des hommes ; que l'accoutumance au spectacle d'animaux cruellement traités peut au contraire rendre indifférent aux manifestations de la misère humaine ; que les animaux sont souvent les plus précieux et les seuls compagnons de la solitude des êtres humains[3]. Il peut surtout permettre de redécouvrir la profondeur de l'affirmation de l'illustre René Demogue, suivant laquelle « le droit apparaît comme un immense syndicat de

3. Voir le dossier thématique du n°1/2010 de la *RSDA*, consacré, sous la direction de Florence Burgat, aux « animaux compagnons de solitude ».

lutte contre toutes les souffrances, entre tous les êtres qui sont pitoyables parce qu'il peut leur être fait du mal, beaucoup de mal »[4].

Le droit animalier a surtout besoin d'autonomie pour trouver la force de balayer des préjugés d'autant plus vivaces que, paradoxalement, ce sont des préjugés académiques. Ils sont d'abord nourris par les scientifiques, grands pourvoyeurs de prix Nobel et de médailles Fields, qui sont donc portés à croire qu'ils sont les seuls véritables chercheurs. Quel juriste n'a jamais été victime des préjugés de ces aristocrates de la recherche en s'entendant poser la question hautaine et dédaigneuse : « Je voudrais que vous m'expliquiez enfin à quoi peut bien correspondre la recherche... en Droit ? ! ». À quoi il est permis de répondre : « À rien, Monseigneur, sinon à essayer de trouver les moyens de prévenir et de réparer les atteintes que les découvertes des autres peuvent massivement porter à la liberté, à l'égalité, à la santé et à la dignité ». Lorsque le droit – animalier, en l'occurrence – cherche à s'intéresser aux expérimentations que, dans la plus pure tradition instituée par François Magendie et Claude Bernard, ils ont longtemps pratiquées sur les bêtes, leurs préjugés redoublent d'intensité et se drapent dans un implacable syllogisme qui se présente de la façon suivante : le bonheur de l'humanité passe par les progrès de la science ; or, la science ne peut progresser qu'en élargissant les connaissances par des expériences sur des animaux ; donc la liberté d'expérimenter sur des animaux vivants est la condition nécessaire à l'amélioration de l'humanité, et ceux qui contestent l'expérimentation animale sont de dangereux ennemis du genre humain prêts à laisser mourir les enfants malades par excès de sensibilité envers les animaux[5]. Pourtant la réalité est plus contrastée car un certain nombre de scientifiques doutent sérieusement que toutes les expériences soient toujours utiles et pertinentes. En outre, la qualité d'êtres sensibles est désormais expressément reconnue même aux animaux de laboratoire par le Traité de Lisbonne, entré en vigueur le 1er décembre 2009, et la directive du 22 septembre 2010 relative à la protection

4. R. Demogue, « La notion de sujet de droit », *Revue trimestrielle de droit civil*, 1909, p. 620.

5. Voir J.-P. Marguénaud, *L'expérimentation animale entre droit et liberté*, Paris, Éditions, Quæ, 2011, p.15-16.

des animaux utilisés à des fins scientifiques. Dans ces conditions, le droit animalier a vocation à empêcher les scientifiques de se servir du paravent de l'éthique pour continuer à se murer dans leurs certitudes afin de décider seuls de graves questions animalières auxquelles tous sont intéressés.

La communauté des juristes contribue elle aussi à conforter les préjugés sur l'insignifiance prétendue des questions animalières. L'immense majorité d'entre eux se retrouve en effet dans les affirmations catégoriques du Doyen Jean Carbonnier, d'après lequel l'un des traits essentiels qui séparent notre civilisation juridique de celle de l'Orient consiste à refouler impitoyablement les animaux hors du droit[6]. Pour un exemple récent et presque caricatural de la vitalité de cette conception, il faut impérativement citer le Professeur J. Dupichot qui ose l'expression « psittacisme contemporain » pour caricaturer ceux qui préconisent d'accorder une certaine forme de droits aux animaux[7]. Pourtant de jeunes et talentueux juristes ont su montrer que l'on peut contribuer efficacement à l'émergence du droit animalier tout en s'inscrivant dans la filiation intellectuelle du Doyen Carbonnier. Tel est le cas de Sonia Desmoulin dont la thèse, intitulée « L'animal, entre Science et Droit »[8], a été justement récompensée par le premier Prix de thèse Jean Carbonnier…

Il reste encore à vaincre les préjugés des défenseurs radicaux de la cause animale. Ces derniers dénoncent en effet l'ineptie du droit comme moyen de protection des animaux. Convaincus que la question de la libération animale n'est pas une question juridique mais un devoir culturel et moral, ils n'ont pas de mots assez durs pour dénoncer ceux qui, se posant la question de savoir si les animaux ont des droits, donnent « l'illusion qu'appeler à des réformes par le haut changera quoi que ce soit ; il s'agit d'une démarche institutionnelle, d'une démarche opposée au développement populaire du mouvement vegan à la base, par le bas, de

6. Voir J. Carbonnier, *Droit civil*, t. III, « Les biens », Paris, P.U.F., 1983, 11e éd., p. 344.

7. J. Dupichot, « Épiphénomène de l'année Darwin : *Quid* de l'évolution des statuts juridiques de l'homme et de l'animal ? Qui descend de qui ? », dans N. Guimezanes (coord.), *Leçons de droit civil. Mélanges en l'honneur de F. Chabas*, Bruxelles, Éditions Bruylant, 2011, p. 285 *sq.*, spéc. p. 303.

8. Parue aux Presses Universitaires d'Aix-Marseille en 2006.

manière démocratique, et sur des fondements absolument sans compromis »[9]. Le droit animalier, c'est au contraire l'affirmation sereine et déterminée que le sort des animaux peut être plus durablement et plus sûrement amélioré par le droit que par la violence à laquelle il ne faut pas, bien entendu, assimiler les actions spectaculaires de militants pacifistes et courageux qui tentent de saboter les activités animalières les plus problématiques. D'une certaine manière, l'outrance des défenseurs radicaux de la cause animale constitue l'un des plus puissants facteurs de légitimation du droit animalier, et l'un des plus forts encouragements à la conquête de son autonomie qui se heurte encore à de redoutables obstacles techniques.

L'autonomie pour réaliser le déverrouillage technique

Depuis la célèbre loi Grammont du 2 juillet 1850, le droit français a beaucoup évolué pour affirmer les exigences et les modalités d'une meilleure protection des animaux. Le décret du 7 septembre 1959, parfois très justement appelé le décret Michelet en hommage au garde des Sceaux gaulliste qui l'a signé, marque d'ailleurs un tournant historique, puisque, en supprimant la condition de publicité des mauvais traitements envers les animaux domestiques, apprivoisés ou tenus en captivité, il a inauguré, en France, la protection de l'animal pour lui-même. Celle-ci sera bientôt amplifiée par la loi du 19 novembre 1963 qui a créé le délit d'actes de cruauté sans le subordonner davantage à la moindre condition de publicité, puis par la loi du 10 juillet 1976 dont l'article 9, aujourd'hui repris par l'article L 214-1 du code rural et de la pêche maritime, avait courageusement proclamé que « tout animal, étant un être sensible, doit être placé par son propriétaire dans des conditions compatibles avec les impératifs biologiques de son espèce ». La protection des animaux a incontestablement réalisé des progrès dans les textes dont l'énumération serait d'ailleurs fastidieuse. Il n'est pas du tout certain, en revanche, qu'elle se soit

9. Extrait du blog du mouvement d'écologie radicale et de libération animale *La terre d'abord !*, mis en ligne au lendemain de la publication le 15 juillet 2010 dans l'édition électronique du journal *Le Monde* d'un article de F. Burgat et J.-P. Marguénaud intitulé « Les animaux ont-ils des droits ? ».

beaucoup améliorée en pratique. L'échec de l'éradication du fléau des abandons saisonniers, le développement de l'élevage industriel, la banalisation de l'abattage rituel, le nombre toujours aussi impressionnant d'animaux de laboratoire sacrifiés, la soumission toujours plus implacable du transport d'animaux vivants aux exigences du marché concurrentiel, la faiblesse des moyens des associations de protection des animaux sont, parmi quelques autres, des signes difficilement discutables d'un décalage toujours plus criant entre les textes et la réalité. Ce constat, il est à peine besoin de le souligner, est un constat qui pourrait être dressé dans beaucoup d'autres domaines. Peut-être s'impose-t-il, cependant, avec une plus grande évidence en matière animalière. Ce phénomène a évidemment une multitude de causes. Il en est pourtant qui sont spécifiquement juridiques. Il semble, en effet, que les juges qui ont pour mission d'interpréter les textes, de déterminer leur sens, soient empêchés de dégager toutes les potentialités des textes de protection des animaux à cause d'un double verrouillage des qualifications juridiques et des sources du droit.

Il est plus que probable qu'une disposition protectrice des animaux ne sera pas interprétée de la même manière par le juge selon qu'elle s'inscrit dans un système juridique continuant à affirmer que les animaux sont des biens, des choses, ou bien dans un système juridique reconnaissant, comme en Suisse depuis l'entrée en vigueur le 1er avril 2003 du nouvel article 641a du Code civil, que les animaux ne sont pas des choses. Tant que les animaux seront considérés comme des biens ou des choses, les règles qui sont censées les protéger continueront à être frappées du sceau du dérisoire, et la prise en compte de leur sensibilité restera un vague objectif pour intellectuels distingués en mal de reconnaissance. Or, en France, du point de vue du Code civil dont le Doyen Carbonnier a affirmé qu'il était la constitution civile des Français, les animaux domestiques sont soit des immeubles par destination selon l'article 524, soit des meubles par leur nature suivant l'article 528, c'est-à-dire et de toute façon des biens puisque, d'après l'article 516, tous les biens sont meubles ou immeubles. Quant aux animaux sauvages, ce ne sont pas même des biens : ils relèvent de la catégorie des *res nullius*, c'est-à-dire, dans les termes de l'article 714, « des choses qui n'appartiennent à personne et dont l'usage est commun à tous », et dont le premier occupant peut devenir propriétaire en respectant les lois de police qui réglementent, notamment, la chasse et la pêche. L'autonomie donnerait au droit animalier la vigueur nécessaire pour réaliser ce déverrouillage des qualifications sans lequel les règles protectrices des animaux continueront, finalement, à relever de l'ordre de la *soft law*, du droit qui doit rester mou car il contrarie trop d'habitudes et expose trop évidemment les pouvoirs publics à de dures réactions de puissants lobbies économiques ou culturels.

Le poids des lobbies explique aussi largement le verrouillage des sources du droit national applicables aux animaux. Jamais, en effet, les propositions de lois relatives à la protection des animaux déposées par des députés ou des sénateurs ne sont discutées devant le Parlement. C'est ainsi, par exemple, que les propositions de Roland Nungesser tendant, au milieu des années 1980, à reconnaître la sensibilité des animaux sauvages et à les protéger en conséquence contre les actes de cruauté [10] ou celles, plus récemment déposées par Mesdames les députées Geneviève Gaillard et Muriel Marland-Militello visant à supprimer l'exception légale à l'abri de laquelle la tradition de la corrida se perpétue [11], n'ont pas eu la moindre suite parlementaire. Tout porte à croire que le même sort attend les propositions de loi relative au statut de l'animal déposées au mois de juin 2011 [12] par Monsieur le sénateur Roland Povinelli [13]. En réalité, l'évolution des règles relatives aux animaux ne dépend pas des parlementaires mais d'une poignée de hauts fonctionnaires répartis entre trois ou quatre ministères qui verrouillent les sources nationales au nom de leur noble mission, laquelle consiste à perpétuer la tradition cartésienne solidement arrimée aux intérêts de puissants groupes de pression scientifiques, agricoles, cynégétiques ou culturels [14]. Ils ont un savoir-faire admirable pour dissuader l'examen des propositions de loi, enterrer les rapports novateurs tels que l'important rapport

10. Propositions de loi n° 2553 déposée au cours de la session ordinaire de l'Assemblée nationale 1984-1985 et n° 667 déposée au cours de la session ordinaire de l'Assemblée nationale 1986-1987.

11. Propositions de loi n°1652 du 8 juin 2004 ; n° 2735 du 13 juillet 2010 et n° 3695 du 13 juillet 2011.

12. Propositions de loi n°575 du 7 juin 2011 et n° 670 du 24 juin 2011.

13. Voir J.-P. Marguénaud, « Les propositions de lois Povinelli relatives au statut de l'animal », *RSDA*, n° 2, 2011, p. 17.

14. *Ibid.*

sur le régime juridique de l'animal remis au Garde des Sceaux le 10 mai 2005 par Mme Suzanne Antoine, et pour prendre des décisions défavorables à la cause animale en dehors de tout débat public, démocratique et contradictoire. À leur brillant palmarès, ils ont récemment inscrit le décret n° 2010-603 du 4 juin 2010 ajoutant au code de l'environnement un article 428-12-1 qui institue, sous la menace d'une amende de 1500 euros et de 3000 euros en cas de récidive, une anachronique contravention d'obstruction à un acte de chasse[15] ; ainsi que la décision, rendue publique le 22 avril 2011, d'inscription de la corrida au patrimoine culturel immatériel français[16]. Or, ce verrouillage des sources d'évolution du droit n'est plus acceptable parce que, désormais, les questions se rapportant aux animaux considérés comme des êtres sensibles ne doivent plus être le domaine réservé des éleveurs, des chasseurs, des expérimentateurs, des *aficionados* ou des prescripteurs d'abattages rituels : elles regardent la société tout entière. L'autonomie du droit animalier permettrait donc de rendre à tous ce qui n'appartient plus seulement à quelques-uns.

Dans son numéro 2 publié en décembre 2011, la revue d'histoire naturelle *Espèces* estime que le droit peut trouver sa légitimité dans sa souhaitable intervention face à la place particulière que l'animal occupe dans la société contemporaine, et souligne l'intérêt du passage « de la protection animale au droit animalier »[17]. La légitimité d'un droit qui se consacrerait, d'abord, à rendre plus effectives les règles reconnaissant la qualité d'êtres sensibles des animaux commence donc à faire consensus. Or, la légitimité du droit animalier présuppose son autonomie, sans laquelle il ne saurait se développer ni même exister, afin de lever les préjugés culturels et de déverrouiller le débat juridique. L'autonomie est aussi, à l'évidence, la condition de l'efficacité du droit animalier.

15. En priant le lecteur de bien vouloir excuser cette série d'auto-citations qu'explique en partie le faible développement de la discipline, je renvoie à nouveau à J.-P. Marguénaud, « Chassé-croisé européen à propos de l'abolition de la chasse à courre en Grande-Bretagne et de l'instauration d'une contravention d'obstruction à un acte de chasse en France », *RSDA*, n° 1, 2010, p. 31.

16. Voir J.-P. Marguénaud, « La corrida aux portes du patrimoine culturel immatériel de l'humanité ? », *RSDA*, n° 1, 2011, p. 29.

17. *Espèces*, n°2, décembre 2011, p.18-19.

AUTONOMIE ET EFFICACITÉ DU DROIT ANIMALIER

Théoriquement, les relations entre l'autonomie et le droit animalier sont un peu du même ordre que celles de la poule et de l'œuf : ce droit doit-il d'abord exister pour pouvoir devenir autonome ou doit-il d'abord affirmer son autonomie pour pouvoir révéler son existence ? En tout cas pour pouvoir être efficace, il doit être autonome. Or, son autonomie ne pourra pas se conquérir tout à fait sans la reconnaissance d'un statut de l'animal. Elle ne pourra pas non plus se développer sans l'organisation d'un enseignement spécifique.

L'autonomie du droit animalier par la reconnaissance d'un statut de l'animal

Construire, en droit français, un véritable statut de l'animal consisterait, tout d'abord, à reconnaître plus systématiquement sa qualité d'être sensible. Certes, comme on l'a vu, il est admis que tout animal, étant un être sensible, doit être placé par son propriétaire dans des conditions compatibles avec les impératifs biologiques de son espèce. Seulement, cette affirmation n'est reprise que par le code rural et de la pêche maritime, qui est un code consacré aux conditions d'exercice de certaines professions qui exploitent les animaux, et elle exclut les animaux sauvages de son champ d'application puisque, par hypothèse, ceux-ci n'ont pas de propriétaire qui devrait les laisser dans des conditions compatibles avec les impératifs biologiques de leur espèce. Il est donc souhaitable que la reconnaissance de la qualité d'être sensible de l'animal devienne plus solennelle et plus générale.

Elle serait à la fois plus solennelle et plus générale si, au lieu d'être cantonnée dans le Code rural et de la pêche maritime, elle figurait dans le Code civil qui, conformément à sa première appellation officielle, est encore le Code civil des Français, c'est-à-dire de tous les Français et pas seulement de ceux qui exercent une profession animalière. La reconnaissance dans ce lieu de mémoire hautement symbolique[18], considéré on l'a rappelé comme la

18. Voir M. Fabre-Magnan, citant l'historien Pierre Nora dans son *Introduction au droit*, Paris, P.U.F., « Que sais-je ? », 2010, p. 30.

constitution civile des Français, serait d'autant plus utile que, à la différence des Constitutions de quelques pays voisins [19], la Constitution française du 4 octobre 1958 ne dit pas un mot de l'animal. Elle deviendrait plus générale si, conformément à la proposition de loi Povinelli du 24 juin 2011 [20], le Code de l'environnement reconnaissait enfin que les animaux sauvages sont eux aussi dotés de sensibilité. La symbolisation et la généralisation de la reconnaissance de la sensibilité de l'animal ne préjugeraient pas des conséquences que le droit animalier en tirerait, mais elles lui permettraient de les dégager en toute autonomie. Celle-ci cependant supposerait que le statut de l'animal soit complété par un second élément essentiel : l'extraction de l'animal hors de la catégorie des biens.

Cette révolution juridique, déjà réalisée en Suisse [21], est nécessaire pour traduire l'incompatibilité entre la qualité d'êtres sensibles et l'appartenance à la catégorie des biens. Cette incompatibilité est d'ailleurs si flagrante que le droit pénal a déjà dû l'admettre. Il l'a fait au moment de l'élaboration du nouveau code pénal entré en vigueur le 1er mars 1994. Dans un souci de cohérence, le législateur s'était en effet attelé à la tâche de répartir les infractions les plus graves, c'est-à-dire les crimes et les délits, en trois catégories : celle des crimes et délits contre la Nation, l'État et la paix publique, celle des crimes et délits contre les personnes et celle des crimes et délits contre les biens. Une seule infraction animalière était suffisamment grave pour être concernée par la classification : le délit d'acte de cruauté envers les animaux domestiques, apprivoisés ou tenus en captivité. Des siècles de tradition cartésienne invitaient à le ranger parmi les crimes et délits contre les biens. Cependant un sénateur qui avait été agriculteur, Bernard Laurent, fit remarquer que cette solution ne prendrait pas bien en compte les progrès de la protection de la sensibilité des animaux qui s'étaient accumulés depuis le décret Michelet de 1959. Aussi, deux amendements qui portent son nom ont-ils été adoptés pour créer une quatrième catégorie vaguement

19. Voir O. Le Bot, « La protection de l'animal en droit constitutionnel. Étude de droit comparé », *Revue de la recherche juridique*, n° 4, 2007, p. 1823-1869.

20. *Cf.* n. 12.

21. Voir P. Nahon et M. Collette, « La nouvelle législation fédérale sur la protection des animaux : respect de la dignité et du bien-être animal », *RSDA*, n° 1, 2009, p. 109.

intitulée « Des autres crimes et délits », à laquelle le délit d'acte de cruauté a été affecté. Symétriquement, les auteurs de la partie réglementaire du Code pénal ont créé la catégorie des « Autres contraventions », qui accueille les autres infractions destinées à protéger les animaux en raison de leur sensibilité[22]. Depuis le 1 er mars 1994, les animaux ne sont donc pas plus des biens en droit pénal français qu'ils ne le sont en droit civil suisse depuis le 1 er avril 2003. Il y a donc, en droit français, une grave incohérence qui ne pourra disparaître que par l'alignement du droit civil sur le droit pénal, alignement qui se réaliserait par l'extraction des animaux des sous-catégories des meubles et des immeubles. Il reviendrait alors au droit animalier de déterminer si les animaux devraient devenir des personnes, figurer dans une catégorie intermédiaire telle que celle des centres d'intérêts préconisée par le Professeur Gérard Farjat[23] ou si, en attendant l'élaboration de règles spécifiques, ils devraient continuer à être soumis aux règles prévues pour les choses, comme le décide prudemment le second alinéa de l'article 641a du Code civil suisse. L'éventuelle reconnaissance de la sensibilité des animaux sauvages devrait de son côté conduire à les extraire de la catégorie des *res nullius*, choses sans maîtres qui ne sont protégées contre personne, pour être au moins versées dans la catégorie plus protectrice des *res communis*, prévue par l'article 713 du Code civil[24].

L'élaboration d'un véritable statut de l'animal considéré comme un être sensible constituerait le socle du droit animalier, même si, il faut le rappeler, d'autres questions que la question cardinale de la protection des animaux ont vocation à relever de son domaine. Pour gagner une complète autonomie, il lui manquerait toutefois encore l'essentiel.

22. Sur l'ensemble de la question, voir J.-P. Marguénaud, « L'animal dans le nouveau code pénal », *Recueil Dalloz 25*, 1995, p.187-191, spéc. p. 190.

23. G. Farjat, « Entre les personnes et les choses, les centres d'intérêts. Prolégomènes pour une recherche », *Revue trimestrielle de droit civil,* avril-juin 2002, p. 233.

24. Voir M.-P. Camproux-Duffrene, « La protection de la biodiversité par le statut de *res communis* », *Revue Lamy Droit Civil,* janvier 2009, Perspectives, p. 68-74.

L'autonomie par l'enseignement du droit animalier

Pour que le droit animalier parvienne à s'imposer en tant que matière autonome, il faudra qu'il soit régulièrement enseigné au plus haut niveau pour que les acteurs et les décideurs de tout à l'heure, de demain et d'après-demain s'en imprègnent, afin de le faire vivre et d'apporter aux questions animalières des réponses à la hauteur des attentes de la société civile dans son ensemble.

Or, en France, si l'on met à part quelques heures de législation chichement dispensées dans les Écoles vétérinaires, pratiquement aucun enseignement juridique relatif aux animaux n'est dispensé dans les Universités sauf, peut-être, dans un ou deux Masters de droit de l'environnement. En revanche, les enseignements de droit animalier se multiplient à l'étranger. Celui-ci est en effet professé dans 110 Law Schools américaines, notamment la Princeton University par Peter Singer, la North Carolina States University de Raleigh par Tom Regan, la Rutgers University School du New Jersey par Gary Francione, la Harvard Law School par Steven Wise ; dans 9 universités australiennes dont l'Université de Wollongong par Elizabeth Ellis et l'Université nationale australienne par Alex Bruce ; 7 universités canadiennes dont l'Université Mc Gill par Ronald Sklar et l'Université du Québec à Montréal par Martine Lachance ; 3 universités néo-zélandaises dont l'Université d'Aukland ; 2 universités israëliennes, l'International Center Herzliva et le Rishon Levon College ; enfin dans 1 université chinoise, l'Université de Sciences et Techniques de Chine. En Europe, on ne relève cependant de traces d'enseignement de droit animalier que dans 6 universités britanniques dont à Liverpool, Leeds et Aberdeen, et 2 universités autrichiennes. Surtout, une seule université européenne semble délivrer un diplôme de droit animalier : l'Université autonome de Barcelone[25] grâce à Marita Candela. C'est peut-être de l'Université autonome d'une communauté autonome d'Espagne, qui a récemment aboli la corrida, que viendra la véritable autonomie du droit animalier, laquelle pourra aussi s'appuyer sur de récents travaux universitaires de très haut niveau tels que la thèse, publiée aux Presses Universitaires de Limoges, que Lucille Boisseau-Sowinski a consacrée à la désappropriation de l'animal, ou sur la

25. Voir le n° 2 de la revue *Espèces*, précité, p. 19.

récente mise à disposition des lecteurs français de l'ouvrage de référence de Tom Regan dans la traduction d'Enrique Utria, sous le titre *Droits des animaux*.

Recherches sur la philosophie et le langage 32 (2016)
384 p., ISBN : 978-2-7116-8418-2, p. 353-366, Vrin.

La dignité de l'animal dans l'ordre juridique suisse : heurs et malheurs

Marinette UMMEL *

RÉSUMÉ

La très discutée « dignité de la créature » a été introduite dans la Constitution suisse en 1992, suite à une votation populaire. L'analyse de cette notion porte sur son évolution au gré des changements législatifs et sa mise en œuvre dans les législations d'application. Deux problématiques en ressortent. D'une part, les difficultés sont apparues pour « rendre » la notion de dignité de la créature et de l'animal dans les trois langues officielles d'égale valeur que la Suisse a adoptées. D'autre part, la mise en œuvre de la notion de dignité de la créature dans la législation d'application, tout en reconnaissant la valeur intrinsèque de certains organismes vivants non humains (animaux et plantes), a établi une hiérarchie entre eux et une pesée d'intérêts permettant de justifier l'atteinte à leur dignité.

* Marinette UMMEL, docteur en médecine et licenciée en droit, est chargée d'enseignement à l'Institut d'éthique biomédicale de l'Université de Genève, et secrétaire juriste dans le cadre du Centre universitaire romand de médecine légale. Elle a publié de nombreux articles en bioéthique, dont « La réglementation des progrès de la médecine et de la biologie : quelle articulation entre bioéthique et droits de l'homme ? », dans Y. Rheinharz Hazan *et al.* (dir.), *Santé et droits de l'homme. Nouvelles insécurités* (Genève, éditions Médecine et Hygiène, 2006), et « Éléments du consentement éclairé dans l'avant-projet d'article constitutionnel et de Loi fédérale relatifs à la recherche sur l'être humain : est-ce suffisant ? » (*Bioetica Forum*, n° 49, 2006).

INTRODUCTION

Trois particularités de l'ordre juridique suisse sont importantes pour comprendre comment la notion de *dignité de la créature* et celle de *dignité de l'animal* sont apparues dans le droit suisse et comment elles y ont évolué.

1. La Constitution suisse (ci-après Cst) fait référence explicite au Dieu Tout-Puissant[1] et depuis 1999, date de la dernière version adoptée par le peuple, à la responsabilité du peuple et des cantons envers la Création.
2. La Suisse est une démocratie directe. Ainsi, selon les art. 139ss Cst, la Constitution suisse peut être modifiée partiellement en récoltant, dans un délai de dix-huit mois, 100 000 signatures de citoyens ayant le droit de vote.
3. La Suisse a trois langues officielles : le français, l'allemand, l'italien, selon l'art. 70 Cst[2]. Les textes législatifs sont publiés dans ces trois langues qui sont d'égale valeur[3]. En cas de non

1. « *Préambule*

Au nom de Dieu Tout-Puissant !

Le peuple et les cantons suisses,

Conscients de leur responsabilité envers la Création,

Résolus à renouveler leur alliance pour renforcer la liberté, la démocratie, l'indépendance et la paix dans un esprit de solidarité et d'ouverture au monde,

Déterminés à vivre ensemble leurs diversités dans le respect de l'autre et l'équité,

Conscients des acquis communs et de leur devoir d'assumer leurs responsabilités envers les générations futures,

Sachant que seul est libre qui use de sa liberté et que la force de la communauté se mesure au bien-être du plus faible de ses membres, *Arrêtent la Constitution que voici* : … ».

(http ://www.admin.ch/ch/f/rs/1/101.fr.pdf)

2. « Le romanche est aussi langue officielle pour les rapports que la Confédération entretient avec les personnes de langue romanche », art. 70 al. 1 Cst.

3. Voir A. Papaux et A. Brandi, « "Würde der Kreatur" ou "Intégrité des organismes vivants" : le biocentrisme est-il légal ? Bref historique d'une question mal résolue », dans A. Papaux et A. Brandi (éd.), *Biosphère et droit fondamentaux*, Genève, Schulthess, 2011, p. 118 ; et P.-H. Steinauer, « Das Gericht, le juge, il

concordance des textes légaux, la jurisprudence a établi qu'il fallait déterminer celui qui « traduit son véritable sens, soit celui qui correspond le mieux au but de la norme, soit celui qui exprime au plus près la volonté de son auteur »[4].

LA DIGNITÉ DE LA CRÉATURE

La notion de *dignité* est apparue pour la première fois dans la Constitution suisse avec l'art. 24 noviès adopté en votation populaire le 17 mai 1992. Cette disposition comprenait les deux notions de *dignité humaine* et de *dignité de la créature.* La genèse de cette disposition débute en 1985 par le lancement d'une initiative populaire « contre l'application abusive des techniques de reproduction et de manipulation génétique à l'espèce humaine », dite du *Beobachter*[5], dont le but est de réglementer les manipulations du patrimoine reproducteur et génétique humain afin de protéger la dignité humaine et la famille. 100 000 signatures ont été récoltées et elle est

giudice ? Le principe de l'équivalence des textes légaux dans les trois langues », dans C. Chappuis *et al.*, *Le législateur et le droit privé. Colloque en l'honneur du professeur Gilles Petitpierre*, Genève, Schulthess, 2006, p. 70.

4. Voir A. Auer, G. Malinverni et M. Hotelier, *Droit constitutionnel suisse*, vol. II : *Les droits fondamentaux*, Genève, Staempfli, 2006, p. 313-314.

5. *Art. 28 octiès nouveau*

> 1 La Confédération édicte des prescriptions sur les manipulations du patrimoine reproducteur et génétique humain.
>
> 2 Elle veille par là à assurer le respect de la dignité humaine et la protection de la famille.
>
> 3 Il est notamment interdit de
>
> a. Cacher aux intéressés l'identité des géniteurs, sauf si la loi le prévoit expressément ;
>
> b. Constituer par métier des réserves d'embryons et les remettre à des tiers ;
>
> c. Proposer par métier des personnes susceptibles de concevoir ou d'engendrer des enfants pour des tiers ;
>
> d. Procéder au développement de fœtus hors du corps de la mère ;
>
> e. Procéder au développement soit de plusieurs embryons humains de même génotype, soit d'embryons qu'on a obtenus en utilisant du matériel germinal ou génétique humain artificiellement modifié ou animal ;
>
> f. Manipuler des embryons ou des fœtus humains dont le développement a été interrompu ou commercialiser le produit de telles manipulations.

(http ://www.admin.ch/ch/f//porc/vi/vis182.html)

déposée en 1987. Elle prévoit notamment l'interdiction des mères porteuses et le clonage ainsi que le fait de cacher l'identité des géniteurs sauf si la loi le prévoit expressément.

Dans son Message explicatif[6], le Conseil fédéral estime que

> L'initiative fait surtout état de la médecine humaine de la reproduction ; or, celle-ci revêt certes une grande importance, mais elle n'englobe malgré tout qu'une petite partie des techniques de reproduction et de génie génétique, qui se développent actuellement avec une très grande rapidité. On rappellera à ce propos les méthodes de génie génétique appliquées aux organismes, aux animaux et aux plantes pour la production de médicaments et de denrées alimentaires, ainsi que pour la production agricole. La protection de l'être humain, mais également celle de la nature, revêt tout autant d'importance dans ce domaine que dans celui de la médecine de la reproduction. (...) C'est pourquoi le Conseil fédéral propose l'adoption d'un nouvel article constitutionnel (...) sous forme d'un contre-projet direct à l'initiative, englobant l'ensemble de la médecine de la reproduction et du génie génétique.

Ce contre-projet direct[7] élargit le champ d'application de la norme en prévoyant une protection de l'homme et de son milieu naturel contre l'utilisation abusive des techniques de procréation et de génie génétique. Pour le Conseil fédéral,

6. Feuille fédérale FF 1989 II 946-7.

7.

> 1 La Confédération et les cantons veillent, dans le cadre de leurs attributions, à la protection de l'homme et de son milieu naturel contre l'utilisation abusive des techniques de procréation et de génie génétique.
>
> 2 La Confédération édicte des prescriptions concernant l'utilisation du patrimoine génétique et germinal à des fins scientifiques, médicales et économiques.
>
> 3 Elle règle notamment
>
> a. Le don, la culture, la modification, la conservation et l'exploitation du patrimoine génétique et germinal humain ;
>
> b. La fécondation d'ovules humains et le développement d'embryons et de foetus humains en dehors du corps maternel ainsi que la maternité de substitution ;
>
> c. L'accès aux données relatives à l'ascendance d'une personne. (Message du Conseil fédéral du 18.9.1989 dans FF 1989 II 969)

> Cette solution se justifie pour les raisons suivantes : le génie génétique et la médecine de la reproduction constituent un tout. Des problèmes se posent aussi en dehors de la génétique humaine, notamment dans l'agriculture, dans la production de denrées alimentaires et de médicaments et dans la production et la modification de micro-organismes [8].

Le Parlement fédéral va largement modifier le contre-projet du Conseil fédéral [9]. Ainsi, l'art. 24 noviès comprendra un premier

8. Feuille fédérale FF 1989 II 971.
9. Voir FF 1991 II 1433-1434 :

   L'Assemblée fédérale propose d'introduire dans la constitution fédérale un nouvel article 24 octiès dont la teneur est la suivante :
   Art. 24 noviès
   1 L'homme et son environnement sont protégés contre les abus en matière de techniques de procréation et de génie génétique.
   2 La Confédération édicte des prescriptions concernant l'utilisation du patrimoine germinal et génétique humain. Elle veille par là à assurer la protection de la dignité humaine, de la personnalité et de la famille et se conformera notamment aux principes suivants :
   a. Les interventions dans le patrimoine génétique de gamètes et d'embryons humains ne sont pas admissibles ;
   b. Le patrimoine germinal et génétique non humain ne peut être ni transféré dans le patrimoine germinal humain ni fusionné avec celui-ci ;
   c. Le recours aux méthodes de procréation assistée n'est autorisé que lorsque la stérilité ou le danger de transmission d'une grave maladie ne peuvent être écartés d'une autre manière, et non pour développer chez l'enfant certaines qualités ou pour faire de la recherche. La fécondation d'ovules humains hors du corps de la femme n'est autorisée qu'aux conditions prévues par la loi. Ne peuvent être développés hors du corps de la femme jusqu'au stade d'embryon que le nombre d'ovules humains pouvant être immédiatement implantés ;
   d. Le don d'embryons et toutes les formes de maternité de substitution sont interdits ;
   e. Il ne peut être fait commerce du patrimoine germinal humain et des produits résultant d'embryons ;
   f. Le patrimoine génétique d'une personne ne peut être analysé, enregistré et révélé qu'avec le consentement de celle-ci ou sur la base d'une prescription légale ;
   g. L'accès d'une personne aux données relatives à son ascendance est garanti.
   3 La Confédération édicte des prescriptions sur l'utilisation du patrimoine germinal et génétique d'animaux, de plantes et d'autres organismes. Ce

alinéa général qui prévoit que « l'homme et son environnement sont protégés contre les abus en matière de techniques de procréation et de génie génétique ». Puis l'alinéa 2 définit les conditions de l'utilisation du patrimoine germinal et génétique *humain* et notamment de la protection de la *dignité humaine*, alors que l'alinéa 3 règle l'utilisation du patrimoine germinal et génétique *non humain* – c'est-à-dire d'animaux, de plantes et d'autres organismes – qui doit tenir compte notamment de la *dignité de la créature*.

L'initiative populaire « contre l'application abusive des techniques de reproduction et de manipulation génétique à l'espèce humaine » sera retirée le 14 août 1991[10] et le contre-projet du Parlement sera accepté en votation populaire, le 17 mai 1992, avec une large majorité[11] (73.8% de oui et 26.2% de non).

Le 18 avril 1999, une révision totale de Cst suisse sera acceptée par le peuple. L'art. 24 noviès a été scindé en deux dispositions, l'une relative au génie génétique dans le domaine humain (art. 119) et l'autre relative au génie génétique dans le domaine non humain (art. 120). Toutefois, dans le texte français de la Constitution, la notion de *dignité de la créature* est devenue *l'intégrité des organismes vivants*, alors qu'en allemand la notion de *Würde der Kreatur* et en italien la notion de *dignità della creatura* resteront inchangées. Ce changement apparaît déjà dans le projet de nouvelle Cst et il est intéressant de noter que le Message du Conseil fédéral relatif à une nouvelle constitution fédérale du 20.11.1996 précise que le projet de nouvelle disposition relative au Génie génétique dans le domaine non humain « (…) reprend mot à mot la disposition de l'article 24 noviès, 3e alinéa, cst., qui se rapporte au génie génétique en dehors du domaine humain »[12].

faisant, elle tient compte de la dignité de la créature et de la sécurité de l'homme, de l'animal et de l'environnement ; elle protège aussi la multiplicité génétique des espèces animale et végétale.

10. Voir http ://www.admin.ch/ch/f/pore/vi/vis182.html.

11. Voir http ://www.admin.ch/ch/f//pore/va/19920517/index.html.

12. Voir FF 1997 340 et A. Papaux et A. Brandi, « "Würde der Kreatur" ou "Intégrité des organismes vivants" : le biocentrisme est-il légal ? Bref historique d'une question mal résolue », art. cité, p. 120.

Selon l'explication donnée par M. Luzius Mader, vice directeur de l'Office fédéral de la justice, la version française aurait pour but d'éviter toute confusion avec la notion de dignité humaine sans modifier le sens ; la notion de dignité de la créature laisserait entendre une continuité entre l'homme et les autres créatures [13].

En mars 2000, la Commission fédérale d'éthique pour la biotechnologie dans le domaine non humain (ci-après CENH), nommée par le Conseil fédéral en 1998 et qui a été chargée de concrétiser la notion de *dignité de la créature*, indique que

> (…) la notion d'intégrité des organismes vivants n'est pas identique à la notion de dignité de la créature : une atteinte à l'intégrité ne repose pas toujours sur une atteinte à la dignité. La notion d'intégrité elle-même est par ailleurs très ambivalente. Il peut s'agir d'une intégrité d'ordre physico-biologique, d'ordre génétique ou encore d'ordre moral ou métaphysique, ce qui n'est pas spécifié. (…) il serait donc extrêmement souhaitable que la modification apportée à la version française [de la Cst] soit annulée au plus vite [14].

La mise en œuvre de la disposition constitutionnelle sur le génie génétique non humain se fera au travers du Projet Gen-Lex [15] puis essentiellement par deux législations fédérales : la Loi sur le génie génétique LGG du 21 mars 2003 (RS 814.91) et des modifications

13. Voir G. Hess, « Le biocentrisme est-il applicable ? Remarques philosophiques-juridiques sur l'article 120 alinéa 2 de la constitution fédérale », dans A. Papaux et A. Brandi (éd.), *Biosphère et droit fondamentaux*, *op. cit.*, p. 91 ; et A. Papaux et A. Brandi, « "Würde der Kreatur" ou "Intégrité des organismes vivants" », art. cité, p. 128.

14. Voir CENH, Avis relatif à l'art 120, alinéa 2, de la version française de la constitution fédérale, de mars 2000 : http ://www.ekah.admin.ch/fr/la-commission /index.html.

15. Le projet Gen-Lex est un projet de modification de la Loi fédérale sur la protection de l'environnement LPE (voir Message du Conseil fédéral relatif à une modification de la loi sur la protection de l'environnement du 1 er mars 2000, ci-après Message LPE, dans FF 2000 2283) qui fait suite à la motion Gen Lex (*cf.* http ://www.parlament.ch/F/Suche/Pages/geschaefte.aspx ?gesch_*id*=199633 63). Le Parlement décidera par la suite de créer une loi spécifique : « la Loi fédérale sur l'application du génie génétique au domaine non humain (Loi sur le génie génétique, LGG) du 21 mars 2003 ; voir Bulletin officiel Conseil national – Session d'automne 2002 – Douzième séance – 01.10.02 00.008, Gen-lex, Loi sur la protection de l'environnement, Modification.

de la Loi sur la protection des animaux LPA, dont la première est entrée en vigueur en même temps que la LGG, le 1er janvier 2004.

Dans le Message du Conseil fédéral relatif au projet Gen-Lex, une simple note de bas de page indique que « la notion de "Würde der Kreatur" est rendue par "dignité de la créature". La version française de la nouvelle Constitution, art. 120, parle à ce sujet d'"intégrité des organismes vivants" »[16].

Il est intéressant de remarquer que la LGG et la modification de la LPA adoptée par le Parlement le 21 mars 2003 n'utilisent pas la même terminologie. La LGG reprend dans sa version française la notion d'*intégrité des êtres vivants* alors que la modification de la Loi sur la protection des animaux du 21 mars 2003 introduit la notion de respect de la *dignité des animaux*[17]. En ce qui concerne la LGG, les travaux parlementaires montrent que c'est tardivement et pour être en conformité avec la formulation française de la Constitution que la notion de *dignité de la créature* sera remplacée par celle d'*intégrité des êtres vivants*. Si les parlementaires reconnaissent que la traduction est erronée, ils n'admettent pas que les deux formulations puissent générer des interprétations différentes[18]. Quant à la modification de la LPA adoptée en même temps que la LGG, personne ne semble avoir pensé à remplacer la notion de *dignité* par celle d'*intégrité* pour être conforme à la Constitution.

LA DIGNITÉ DE L'ANIMAL

Après l'introduction de la notion de *dignité de l'animal* dans la LPA en 2003, la nouvelle loi sur la protection des animaux du 16.12.2005

16. Message LPE dans FF 2000, n. 3, p. 2285.

17. Message LPE = Message du Conseil fédéral relatif à une modification de la loi fédérale sur la protection de l'environnement du 1er mars 2000, FF 2000 2313 ; Message LPA = Message du Conseil fédéral concernant la révision de la loi sur la protection des animaux du 9 décembre 2002, FF 2003 601.

18. Voir A. Papaux et A. Brandi, « "Würde der Kreatur" ou "Intégrité des organismes vivants" », art. cité, p 130-132, et les références qu'ils citent.

(RS 455), entrée en vigueur le 1er septembre 2008[19], est beaucoup plus détaillée quant à cette notion. Elle la définit à l'art. 3 comme

> la valeur propre de l'animal, qui doit être respectée par les personnes qui s'en occupent ; il y a atteinte à la dignité de l'animal lorsque la contrainte qui lui est imposée ne peut être justifiée par des intérêts prépondérants ; il y a contrainte notamment lorsque des douleurs, des maux ou des dommages sont causés à l'animal, lorsqu'il est mis dans un état d'anxiété ou avili, lorsqu'on lui fait subir des interventions modifiant profondément son phénotype ou ses capacités, ou encore lorsqu'il est instrumentalisé de manière excessive[20].

À titre d'exemple de mise en œuvre, on peut citer la pratique de l'expérimentation animale. Pour qu'une expérimentation animale soit justifiée et que la dignité de l'animal soit respectée, la législation suisse prévoit qu'une pesée des intérêts doit être effectuée et que les bénéfices « en terme de connaissances » doivent être plus importants que les contraintes infligées aux animaux »[21]. La législation établit des degrés de contrainte (art. 24 de l'Ordonnance sur l'expérimentation animale du 12 avril 2010 RS 455.163) et l'Office vétérinaire fédéral recommande pour la pesée d'intérêts – que prévoient les art. 19 al. 4 LPA et 26 de l'Ordonnance sur l'expérimentation animale – de se référer au « modèle servant d'examen autocritique » pour la « pesée éthique des intérêts lors d'expérimentations animales »[22].

19. On pourra se référer à l'ouvrage R. Jedelhauser, *Das Tier unter dem Schutz des Rechts*, Helbing Lichtenhahn Verlan, 2011.

20. Selon le Message LPA (FF 2003 613), cette définition se fonde sur une proposition de la CENH (*cf.* Avis relatif à la concrétisation de la notion de dignité de la créature dans le cadre du projet de révision de la loi sur la protection des animaux, du 17 novembre 1999).

21. Voir à ce titre les deux décisions du Tribunal fédéral du 7 octobre 2009, ATF 135 II 384 et ATF 135 II 405, relatives à des expérimentations avec des primates interdites ainsi que le commentaire de S. Hurst et A. Mauron, « Expérimentation animale : une pesée en déséquilibre », *Bioethica Forum*, vol. 5, n° 1, 2012, p. 20-22.

22. Voir Office vétérinaire fédéral : http ://www.bvet.admin.ch/themen/tierschutz/00777/03579/index.html ?lang=fr. On lira aussi la prise de position critique de la commission d'éthique pour l'expérimentation animale des Académies suisses des sciences intitulée « La dignité de l'animal et la pesée des intérêts dans la

LE STATUT JURIDIQUE DES ANIMAUX

Le Parlement fédéral a adopté, le 4 octobre 2002, une modification législative qui améliore le statut juridique des animaux[23] ; elle est entrée en vigueur le 1er avril 2003. Cette modification, qui ne fait pas référence aux notions de dignité de la créature ou d'intégrité des êtres vivants[24], « ne traitera plus les animaux de choses, mais tiendra compte de leur qualité d'êtres vivants, capables de ressentir et de souffrir »[25]. Ainsi, l'art. 641a al. 1 du Code civil (CC) suisse stipule que « Les animaux ne sont pas des choses », l'alinéa 2 de cette même disposition prévoit néanmoins que « sauf disposition contraire, les dispositions s'appliquant aux choses sont également valables pour les animaux ». Les changements de statut sont notamment les suivants :

– « Lorsqu'un testament comprend une disposition pour cause de mort en faveur d'un animal, cette disposition sera réputée être une charge imposant aux héritiers ou aux légataires de prendre soin de l'animal de manière appropriée » (482 al. 4 CC).
– « En cas de litige, le juge accordera la propriété exclusive d'un animal vivant en milieu domestique, et qui n'est pas gardé dans un but patrimonial ou de gain (animal de compagnie), à la partie qui représente la meilleure solution pour l'animal » (art. 651a CC).
– « Lorsqu'un animal est tué ou blessé, le juge pourra tenir compte de la valeur affective que l'animal avait pour son

loi fédérale sur la protection des animaux » du 27 août 2010 : http ://www.akademien-schweiz.ch/fr/index/Portrait/Kommissionen-AG/Ethikkommission-fuer-Tierversuche.html.

23. Voir le site de l'Office fédéral de la Justice sur le « Statut juridique des animaux » : http ://www.bj.admin.ch/bj/fr/home/themen/gesellschaft/gesetzgebung/abgeschlossene_projekte0/tiere.html ainsi que O. De Porte, *Le statut de l'animal en droit civil*, Genève, Schulthess, 2006.

24. L'avis du Conseil fédéral du 27 février 2002 (FF 2002 5421) se référant au rapport de la Commission des affaires juridiques du Conseil des États du 25 janvier 2002 (FF 2002 3895) déclare que les modifications législatives sont conformes à la Constitution, notamment à l'art. 120 al. 2 qui protège l'intégrité des êtres vivants.

25. Voir le communiqué de presse du Département fédéral de Justice et police du 21 février 2003 : http ://www.bfm.admin.ch/content/bj/fr/home/themen/gesellschaft/gesetzgebung/abgeschlossene_projekte0/tiere.html.

détenteur ou pour les proches de celui-ci » (art. 43 al. 1bis Code des obligations CO).
– « Les animaux domestiques ne pourront pas être saisis » (art. 92 al. 1 chap. 1a de la loi sur la poursuite pour dettes et la faillite LP du 11 avril 1889 RS 281.1)[26].
– « Les cantons désigneront l'autorité auprès de laquelle devront être signalés les animaux trouvés. Cette mesure augmentera la probabilité, pour un animal perdu, de retrouver son maître. La propriété d'un animal dont le propriétaire n'a pas pu être identifié sera désormais acquise à la personne qui l'a trouvé, au bout de deux mois seulement, au lieu de cinq ans actuellement. Le raccourcissement de ce délai permettra aux refuges pour animaux de placer plus facilement les animaux qu'ils recueillent » (art. 720a et 722 al. 1bis CC).

Il faut noter encore que le 7 mars 2010, une initiative populaire pour l'institution d'un avocat pour la protection des animaux a été refusée par le peuple suisse[27]. Cette initiative, proposant une modification de l'art. 80 de la Constitution par l'ajout de deux alinéas, avait la teneur suivante :

> 4. La Confédération édicte des dispositions sur la protection des animaux en tant qu'êtres vivants doués de sensations.
> 5. En cas de procédures pénales motivées par des mauvais traitements envers des animaux ou pour d'autres violations de la législation sur la protection des animaux, un avocat de la protection des animaux défendra les intérêts des animaux maltraités.
> Plusieurs cantons peuvent désigner un avocat de la protection des animaux commun.

26. À ce propos voir l'arrêt du Tribunal fédéral du 26 septembre 2008, ATF 134 I 293 : « Une disposition de droit cantonal qui prévoit la confiscation et le placement d'un chien comme moyen de contraindre le propriétaire à respecter ses obligations financières de détenteur d'animal ne constitue pas une mesure directement destinée à assurer le recouvrement d'une somme d'argent contraire au droit fédéral de la poursuite, mais uniquement un désavantage juridique de nature administrative ayant un effet incitatif indirect (consid. 3 et 4.1) ; elle ne contrevient pas l'interdiction de droit fédéral de saisir les animaux de compagnie (consid. 4.2) ».

27. Voir http ://www.admin.ch/ch/f/pore/va/20100307/index.html.

Le canton de Zurich avait institué dans sa Loi sur la protection des animaux un « avocat chargé de défendre les intérêts des animaux en matière pénale »; ce dernier avait le statut de partie au procès avec tous les droits qui en découlent. Le canton de Berne prévoyait dans sa législation que l'organisation faîtière cantonale des organisations de protection des animaux avait la qualité de partie en procédure pénale dans le cadre d'infractions à la protection des animaux sauf en matière d'expérimentation animale[28]. Toutefois, avec l'entrée en vigueur, le 1er janvier 2011, du nouveau Code de procédure pénale suisse du 5 octobre 2007 (RS 312), la possibilité d'un défenseur privé des animaux a été rejetée. Seul un défenseur public (intégré à une autorité) pourra être chargé de défendre non pas les seuls « intérêts de l'animal concerné » mais également la sauvegarde « de l'intérêt public que représente la poursuite d'infractions à la loi sur la protection des animaux ». De même, la qualité de partie aux associations n'est pas reconnue dans la nouvelle procédure pénale suisse[29]. Ainsi les cantons de Zurich et Berne ont modifié leur législation et il n'y a plus d'avocat chargé de la défense des animaux ni d'association de protection des animaux ayant la qualité de partie en procédure pénale[30].

28. Voir le Message du Conseil fédéral relatif à l'initiative populaire « contre les mauvais traitements envers les animaux et pour une meilleure protection juridique de ces derniers (initiative pour l'institution d'un avocat de la protection des animaux) » du 14 mai 2008, FF 2008 3888.

29. Voir le Message du Conseil fédéral relatif à l'initiative populaire pour l'institution d'un avocat pour la protection des animaux, FF 2008 3890, et le Message du Conseil fédéral relatif à l'unification du droit de la procédure pénale, FF 2006 1087-1088, concernant l'avocat chargé de défendre les animaux, et 1141-1142, concernant les parties à la procédure.

30. Voir, pour le canton de Zurich, la législation *Gesetz über die Anpassung der kantonalen Behördenorganisation und des kantonalen Prozessrechtsin Zivil- und Strafsachen an die neuen Prozessgesetze des Bundes,* du 10 mai 2010 : http ://www2.zhlex.zh.ch/Appl/zhlex_r.nsf/0/1FB1850DADC16DB0C12577E30036D7FC/$file/554.1_2.6.91_71.pdf ; et pour le canton de Berne, l'art. 13 de la Loi cantonale sur l'agriculture, du 16 juin 1997 (910.1) : http ://www.sta.be.ch/belex/f/9/910_1.html.

CONCLUSION

Les propos ci-dessus montrent que la législation suisse utilise, en les considérant comme identiques, les deux notions d'*intégrité des êtres vivants* et de *dignité de la créature* concernant les êtres vivants non humains alors qu'elles font référence à des représentations différentes. En effet, la notion d'*intégrité des êtres vivants* renvoie à une conception *anthropocentriste* alors que la notion de *dignité de la créature* fait référence à une conception *biocentriste*[31].

La coexistence de ces deux notions, et le fait que leur mise en œuvre en pratique soit identique, peut s'expliquer d'une part par le recours à une conception instrumentale de la langue[32] et, d'autre part, par les aménagements apportés, en droit suisse, à la conception biocentrique[33].

L'équivalence des langues prévue par le droit suisse implique à la fois que chaque langue puisse s'exprimer en fonction de son « génie propre » et qu'un même contenu soit exprimé[34]. Ainsi, en ce qui concerne notre problématique, on peut dire que les travaux du Parlement se sont fait essentiellement en allemand et c'est à cette langue – et donc à la notion de *Würde der Kreatur* – que le législateur semble s'être toujours référé ; la notion d'*intégrité des organismes vivants* étant considérée soit comme identique soit comme un simple problème de traduction.

À cela s'ajoute le fait que si la notion de *dignité de la créature* ou *de l'animal* fait référence au biocentrisme, des aménagements ont été apportés quant à sa mise en œuvre en pratique. Ceci est bien illustré par le Message du Conseil fédéral relatif au projet Gen-Lex. Le respect de la dignité de la créature

31. Voir A. Papaux et A. Brandi, « "Würde der Kreatur" ou "Intégrité des organismes vivants" », art. cité, p. 133. À noter que la CENH définit l'*anthropocentrisme* comme octroyant « à l'être humain une position privilégiée : il compte au nom de sa valeur morale et c'est lui qui décide d'attribuer ou non une valeur morale aux organismes vivants non humains ». Quant au *biocentrisme*, la CENH estime que « parce que ce sont des êtres vivants, les organismes sont à respecter au nom de leur valeur morale ». Voir le document « La dignité de la créature dans le règne végétal », avril 2008 : http ://www.ekah.admin.ch/fr/themes/dignite-de-la-creature/index.html.

32. *Ibid.*, p. 131 et 135.

33. Voir G. Hess, « Le biocentrisme est-il applicable ? », art. cité, p. 95.

34. Voir P.-H. Steinauer, « Das Gericht, le juge, il giudice ? », art. cité, p. 71.

> doit se restreindre aux animaux et aux plantes même si une approche moins anthropocentrique pourrait étendre cette protection à d'autres groupes d'organismes (p. ex. aux champignons), voire à tous les types d'organismes. (...) la notion de dignité de la créature (...) englobe la prise en considération d'une valeur intrinsèque qui est propre à l'être vivant non humain et qui interdit de le considérer simplement comme un moyen. S'agissant des êtres vivants doués de sensibilité, il y a lieu de tenir compte de leur bien-être subjectif. Respecter la dignité de la créature signifie veiller à ce que l'animal ou la plante utilisée puisse exercer les fonctions et les aptitudes que les êtres de son espèce exercent en principe (notamment la croissance, la reproduction, le mouvement, les aptitudes sociales). (...) La disposition exige dès lors que l'on procède à une pondération des intérêts avant de modifier le patrimoine génétique des animaux et des plantes. À cet égard, le bien que constitue la dignité de la créature doit être opposé aux autres biens (p. ex. augmentation des connaissances, création d'un nouvel agent thérapeutique). Ces biens doivent être d'autant plus importants que l'atteinte relevant du génie génétique sera prononcée et que l'organisme à modifier sera proche de l'homme. Le texte de la loi précise expressément que la différence entre les animaux et les plantes doit être prise en compte pour la pondération des intérêts (...)[35].

Ainsi, le respect de la dignité des êtres vivants non-humains comprend la reconnaissance de la valeur intrinsèque d'organismes vivants non-humains mais ne s'applique actuellement qu'à certains d'entre eux (les animaux et les plantes) et à certains domaines d'activité particuliers tels que les biotechnologies ou l'élevage des animaux. De plus, il implique une pesée des intérêts et une hiérarchie entre les êtres vivants[36]. Cette conception paraît alors moins éloignée de l'anthropocentrisme contenu dans la notion d'*intégrité des organismes vivants*.

35. Message LPE p. 2297, FF 2000 2297.

36. Voir G. Hess, « Le biocentrisme est-il applicable ? », art. cité, p. 95 et p. 114-116.

Table des matières

DEUXIÈME PARTIE
ÉTHIQUE ET DROIT

Numéros déjà publiés

Cahier n° 1

Septembre 1981 – 148 pages (épuisé)

Présentation du Groupe de Recherches, par Janine Chêne. *Lecture, lecteurs, lettrés, littérature*, par Pierre Bourdieu. *Les origines frégéennes de la distinction entre ce qui « se dit » et ce qui « se voit » dans le* Tractatus Logico-Philosophicus *de Wittgenstein*, par Jacques Bouveresse. *Valéry, Wittgenstein et la philosophie*, par Régine Piétra. *Essai sur la rationalité et la pensée mythique grecques*, par Henri Joly. *Le « Récit scientifique » à l'âge baroque : l'exemple du récit de la découverte de la circulation du sang*, par Jacques Lambert.

Cahier n° 2

Juin 1982 – 180 pages

Entre temps et récit : Concorde/Discorde, par Paul Ricœur. *Le temps du conte et le non-temps de l'inconscient*, par Monique Schneider. *Le rôle du récit dans l'avance en âge*, par M. Philibert. *La notion du sujet parlant*, par Oswald Ducrot. *La peinture tirée du tombeau*, par C. Stanislas. *L'Être (et le Néant) dans sa lettre*, par François Heidsieck. *Le corps-langage – Inscription, parole, phantasme dans l'hystérie de conversion*, par Janine Chêne. *Le corps-langage – le corps anagrammatique*, par Monique Broc-Lapeyre.

Cahier n° 3 – La Philosophie dans sa langue

Juin 1983 – 177 pages

Vices et vertus des cercles (pour introduire aux problèmes de l'auto-référence), par Daniel Bougnoux. *La langue et le discours de la méthode*, par Jacques Derrida. *Rêver de ses plaisirs. Sur l'onirocritique d'Artémidore*, par Michel Foucault. *La philosophie entre le clair et l'obscur ou Kant et Hegel devant l'« Aufklarung »*, par Henri Joly. *L'archipel et le signe (sur la pensée kantienne de l'historico-politique)*, par Jean-François Lyotard. *Secret, dissimulation et art de persuader chez Pascal*, par Louis Marin. L'Aufklarung *et la problématique de la langue : enjeux culturels et université scientifique*, par Marianne Schaub.

Cahier n° 4 – Langage et philosophie des sciences

Juillet 1985 – 219 pages (épuisé)

Les formes fondamentales de la prédication : un essai de classification, par Jules Vuillemin. *Connaissance des mots, connaissance des choses : théorie du signe et épistémologie à l'âge classique*, par Ukich Ricken. *Le synthétique* a priori *et la science moderne*, par G. Granger. *Platon, Aristote, Descartes, sur l'espace*, par Jean Largeault. *Logique médicale*, par Anne Fagot. *Lecture et identification dans l'histoire naturelle : Cuvier et le déchiffrement des organismes*, par Jacques Lambert. *La recherche contemporaine sur le mythe : une révolution pas encore conçue*, par Kurt Hubner. *Wittgenstein critique de Frazer*, par Jacques Bouveresse. *Identité, désignation et matérialisme*, par Pascal Engel.

Cahier n° 5 – Pratique de langage dans l'antiquité

2 e trimestre 1985 – 175 pages (épuisé)

La sophistique dans l'Antiquité : Grèce, Inde, Chine, par Régine Piétra. *L'égalité du droit à la parole dans la démocratie grecque – la notion d'*isegoria, par Janine Chêne. *Pourquoi Baubô a-t-elle fait rire Déméter ?*, par Monique Broc-Lapeure. *Épicure : un langage pour la sagesse*, par François Heidsieck. *Remarques sur la logique du changement*, par Frédéric Nef. *Le mot, la phrase, le roman et l'existence chez Flaubert*, par Claude Boyard. *Le langage des droits de l'homme*, par Jean-François de Raymond

Cahiers n° 6 et 7 – Philosophie du langage et grammaire dans l'Antiquité

Avril 1987 – 464 pages – Actes du Colloque du 3 au 6 septembre 1985

Avant-Propos, par Henri Joly. *Les mots et les choses : la philosophie du langage chez Démocrite*, par Aldo Brancacci. *Dire et savoir* (legein – eidenai) *chez Xénophane et Parménide*, par Anna Kelessidou. *Observations concernant* legein *et* logos *chez Héraclite*, par François Heidsieck. *Théorie et langage. Le langage comme* logos théorètikos, par Georges Antonopoulos. *Comment faire des choses avec des mots grecs. Les actes de langage dans la langue grecque*, par Françoise Letoublon. *Les mots et les formes dans le* Cratyle *de Platon*, par Charles Kain. *Platon entre le maître d'École et le fabriquant de mots. Remarques sur les* grammata, par Henri Joly. *Discours des vieillards et discours sur la vieillesse chez Platon et aujourd'hui*, par Michel Philibert. *Isocrate et le langage de la culture*, par Jean-François de Raymond. Logos*-phrase et* logos*-texte chez Platon et Aristote*, par Anna Maria Thornton. *Structure sémantique et forme logique d'après l'analyse aristotélicienne des phrases d'action*, par Pascal Engel. *Symbole et signe dans le* De Interpretatione, par Curzio Chiesa. Legomenon *et* Kategoroumenon *chez Aristote*, par Lambros Couloubaritsis. *Paradoxes linguistiques. À propos de* lexis *chez Aristote*, par Denis Zaslawsky. *Pour une réinterprétation des catégories stoïciennes*, par Claude Imbert. *Remarques sur la classification des propositions simples dans les logiques hellénistiques*, par Jacques Brunschwig. *Le problème de l'expression et de la communication dans le scepticisme grec*, par Françoise Caujolle-Zaslawsky. *Critique de la théorie du signe et langage chez Sextus Empiricus*, par Venant Cauchy. Elementa. *Remarques sur le rôle de l'écriture dans la linguistique antique*, par Francoise Desbordes. Peculspecunia, *un acte de parole*, par Claire

Feuvrier-Prévotat. *La sémantique de St Augustin est-elle vraiment mentaliste ?*, par Frédéric Nef. *L'électisme et le développement de la grammaire hellénistique et romaine : les unités du discours*, par François Charpin. *L'ordre de la langue. Observations sur la théorie grammaticale d'Apollonius Dyscole*, par Jean Lallot. *The Treatment of the Greek Middle Voice by the Ancient Grammarians*, par A. Rijksbaron. *Donat ou Priscien : syntaxe et figure de construction dans la grammaire latine au XVIe siècle*, par Bernard Colombat.

Cahier n° 8 – Le Langage et le mental

Année 1987 – 145 pages

Épistémologie du sommeil paradoxal, par Claude Debru. *Peirce, lecteur de Berkeley : l'esprit et les signes*, par Claudine Engel-Tiercelin. *L'individuation des états psychologiques et le statut de la psychologie populaire*, par Daniel Laurier. *La linguistique aux frontières de l'anthropologie et de la phénoménologie*, par Françoise Letoublon. *La notion de système en philosophie*, par Daniel Parrochia. *Retour aux Grecs : Réflexions sur les « pratiques de soi », dans l'usage des plaisirs*, par Henri Joly.

Cahier n° 9 – La Métaphore

Année 1989 – 338 pages

Henri Joly (1927-1988). *La philosophie comme métaphore*, par Henri Joly. *Métaphores sporadiques et linéarité du signifiant chez Gorgias de Léontinoi*, par Alonso Tordesillas. Métaphora : *le fonctionnement sémiotique de la métaphore selon Aristote*, par Jean Lallot. *Métaphore et* methesis *dans la* Rhétorique *d'Aristote*, par Alain Petit. *L'euphorie de la langue*, par Pierre Rodrigo. *La question du sens figuré dans l'interprétation de l'écriture*, par François Heidsieck. *Métaphore et théorie des classes de noms chez Hobbes*, par Martine Pecharman. *Le problème de la métaphore et la controverse sur l'imagination à l'âge classique*, par Ulrich Richken. *La métaphore chez Nietzsche*, par Monique Broc-Lapeyre. *Nietzsche et le métaphorique : des métaphores, des concepts et des catégories*, par Monique Dixsaut. *La métaphore et les philosophes : quelques réflexions sur l'invention philosophique de la métaphore*, par Silvana Borutti. *Symbole et métaphore*, par Lambros Couloubaritsis. *La métaphore vive dans les langues mortes*, par Françoise Letoublon. *Le sens littéral des métaphores*, par Pascal Engel. *Les conditions d'acquisition de la métaphore chez l'enfant*, par Joëlle Gardes-Tamine. *Images et métaphores poétiques*, par Régine Pietra. *Dialogue de la musique et de la métaphore chez Michel Butor*, par Jean Sgard. *Comique et jeu métaphorique*, par Michel Gilot. *Le transfert à l'idiolecte : sur Paul Celan et l'antagonisme des langages*, par Jean Bollack.

Cahier n° 10 – Sémantique formelle et philosophie du langage

Année 1989 – 332 pages

Introduction : la sémantique formelle a-t-elle un intérêt philosophique ?, par Pascal Engel. *La sémantique kripkéenne et les doctrines logiques de Leibniz*, par Maurice

Boudot. *Peirce ou la version sémantique-sémiotique de la logique formelle*, par Claudine Engel-Tiercelin. *Comparabilité et incomparabilité des théories physiques*, par Jules Vuillemin. *Can there be a Substantive Account of Truth?*, par Thomas Baldwin. *The Sorites Paradox and its Significance for the Interpretation of Semantic Theory*, par Crispin Wright. *Adverbial modification and perception reports*, par Martin Davies. *States of affairs, Bedeutung and the Contingent* a priori, par Graeme Forbes. *Sémantique et psychologie : la sémantique des attributions de croyance*, par Pierre Jacob. *The Onogenesis of Conceptual Roles*, par Andrew Woodfield. *Représentation du sens ou représentation des connaissances*, par Daniel Kayser. *Quelques propriétés formelles élémentaires des fantômes*, par J. Jayez. *Événements et propositions : quelques aspects de la référence anaphorique en allemand*, par R. Bauerle. *Conclusion sur la table ronde*, par Frédéric Nef.

Cahier n° 11 – Valéry : la philosophie, les arts, le langage

Année 1989 – 281 pages

In Memoriam Henri Joly, par Régine Piétra. *Avant-propos*, par Régine Piétra. *Paul Valéry devant les paradoxes de la philosophie*, par Simon Lantiéri. *« Penser ce qui n'existe pas »*, par Ned Bastet. *Un système éclaté*, par Florence de Lussy. *Croisée de perspectives : Paul Valéry et Ortega y Gasset*, par Monique Allain-Castrillo. *Le chef d'orchestre dénubien furibond et Monsir Follerie*, par Monique Broc-Lapeyre. *Alain et Valéry*, par Judith Robinson-Valéry. *Valéry, William James et le problème de « l'Expérience Mystique »*, par Paul Gifford. *Suivre Léonard ou la Question du récit*, par Jeannine Jallat. *Teste et l'Impossible réel*, par Jean Levaillant. *« Plus je pense, plus je pense » ou concerto pour cerveau seul*, par Nicole Celeyrette-Piétri. *Valéry et le Socrate de son* Eupalinos : *écrire ou ne pas écrire*, par Silvio Yeschua. *Valéry et le cratylisme*, par Robert Pickering. *Langage et inspiration poétique : le témoignage valéryen*, par E. A. Moutsopoulos. *Le fonctionnement théâtral du dialogue philosophique chez Valéry :* L'Idée fixe, par Huguette Laurenti. *L'autre, l'obscur, du discours*, par Shushi Kao. *Le Modèle valéryen de l'esprit à la lumière des sciences naturelles de nos jours*, par Ulrike Heetfel. *L'art de l'ingénieur et la pensée valéryenne*, par A. Kaufmann. *Construire, connaître, douter*, par Vittorio Ugo. *Le fort et le ban : Valéry ou la récusation de l'art moderne*, par Jean-Charles Gateau. *Valéry et l'esthétique du cinéma*, par K. A. Bluher. *Langage musical/ langage poétique : Valéry à la recherche de son chinois poétique*, par Brian Stimpson. *« Océan sonore » : la genèse du* Cimetière marin, par M. T. Giaveri.

Cahier n° 12 – Hommage à Henri JOLY

Année 1990 – 470 pages

Avant-propos, par J. C. Pariente, F. Letoublon, R. Piétra. *Bibliographie d'Henri Joly. La construction sociale du sexe*, par Pierre Bourdieu. *De la vertu « rapetissante » d'une grande biographie. Mais comment les plus petits détails de la vie originaire font extraordinaire le destin de Nietzsche*, par Monique Broc-Lapeyre.

Le titre des Indalmoi *de Timon : d'Ulysse à Pyrrhon*, par Jacques Brunschwig. *La grande illusion : pour servir à une mise en scène de l'*Hélène *d'Euripide*, par Barbara Cassin. *La forme éponyme. Participation et éponymie chez Platon*, par Curzio Chiesa. *Prolégomènes à la cosmologie de Pléthon*, par L. Couloubaritsis. *L'enfant, le cru et le philosophe. Orthopédie et sauvagerie dans les dialogues de Platon*, par Éric Debardieux. *La voix de l'ami*, par Jacques Derrida. *Thalès ou Socrate, qui commence ? ou : De l'ironie*, par Monique Dixsaut. *La philosophie du langage entre le clair et l'obscur*, par Pascal Engel. *L'argent dans les* Topiques *de Cicéron*, par Claire Feuvrier-Prévotat. *L'idée de forme logique dans les Six* Essais d'un art des signes *de J. H. Lambert*, par Gilles-Gaston Granger. *Le naturel et l'institué. Réflexion sur deux héros-types*, par Stéphan Imhoof. *Plato as a Socratis*, par Charles Kahn. *Le renversement platonicien :* logos, épistémé, polis, par Anna Kelessidou. *Poésie, Philosophie, Politique*, par Philippe Lacoue-Labarthe. *Quelques remarques à propos des notions de l'espace*, par Jean Largeault. *Le Temps s'en va*, par Françoise Letoublon. *« C'est moi que je peins… ». De la figuration du langage à la figuration du moi chez Montaigne*, par Louis Marin. *Les états généraux de la philosophie : l'École d'Athènes de Raphaël*, par Régine Piétra. *Prélude à une brève rencontre : la correspondance de Descartes avec la reine Christine de Suède*, par Jean-François de Raymond. *Du sens, de la méthode*, par Dominique Sainte-Rose. *Autour de l'*Aufklärung, par Marianne Schaub. *Lieux de parole, temps du discours dans « Sur* les sophistes *d'Alcidamas »*, par Alfonso Tordesillas. *Le comique comme idée. De la toquade à l'extravagance et au rire déchaîné : comparaison entre Racine et Aristophane*, par Jules Vuillemin. *Henri Joly, professeur*, par J. P. Carlet, D. Falcy, J. P. Falcy, A. Ribaud, A. Rubino, E. Buissière, V. Blanchard, I. Poulain, V. Coussedière.

Cahier n° 13 – Simone Weil et les langues

Année 1991 – 305 pages

Simone Weil et le refus de la langue de bois, par Monique Broc-Lapeyre. *Langage et réflexion politique chez Simone Weil : les années de formation (1926-1931)*, par Domenico Canciani. *« Ma solution, si j'avais pu… : L'analogie », ou l'analectique entrevue*, par Robert Chenavier. *Les rapports entre la science et la politique chez Simone Weil. Le problème de la forme*, par Francis Chiappone. *La langue des* Upanisad *chez Simone Weil. Une herméneutique retrouvée selon l'expérience intérieure*, par Alyette Degraces-Fahd. *Simone Weil : le langage d'une écriture*, par Gabriella Fiori. *Quelques oppositions de termes obéissance/révolte, malheur/bonheur chez Simone Weil. Une démarche linguistique à rapprocher de certains principes de méthode weiliens*, par Patricia Fogarty. *Simone Weil, traductrice de l'*Iliade, par Simone Fraisse. *Sur quelques problèmes de traduction et d'interprétation du* Timée, par François Heidsieck. *La critique de l'algèbre à la lumière des idées de Simone Weil*, par Pierre Kaplan. *Grandeur et misère du langage chez Simone Weil*, par Patricia Little. *Le problème du « nous » entre l'individu et le collectif*, par Florence de Lussy. *Pensée poétisante, poésie méditante*, par Adriano

Marchetti. *Simone Weil et la cité platonicienne*, par Michel Narcy. *Langage de la place publique – langage de la chambre nuptiale. Quelques remarques sur le sens théologique d'une distinction philosophique chez Simone Weil*, par Heinz Robert Schlette. *Le langage des mathématiques chez Simone Weil*, par Michel Sourisse. *Des paroles à la parole. Ressources weiliennes pour un nouvel humanisme chrétien*, par Eric O. Springsted. *La recherche de l'homme par Dieu. Le sens mystique du folklore dans les écrits des derniers jours chez Simone Weil*, par Mayumi Tomihara.

Cahier n° 14 – Du Dialogue

Novembre 1992 – 352 pages

Prologue, par Denis Vernant. *La fonction des prologues dans les* Dialogues *de Platon. Faire l'histoire de Socrate*, par Marie-Laurence Desclos. *Idéal du dialogue ou idéal de la science ? Un débat entre Ugo Spirito et Guido Calogero*, par Évelyne Buissière. *Heidegger, philosophe du dialogue*, par Alain Boutot. *Le dialogue et l'apprentissage du langage*, par Sandra Laugier. *Signification et fonctions du dialogue chez Galilée*, par Jacques Lambert. *Le « dialogue » homme-nature*, par Marie-Dominique Popelard. *Dialogicité et subjectivité*, par Pierre Million. *Peut-on et doit-on définir un* a priori *communicationnel ?*, par Francis Jacques. *La volonté de s'entendre : dialogue et intentionnalité*, par Éric Grillo. *La violence dans le débat philosophique. La controverse Derrida/Searle*, par Mathieu Potte-Bonneville. *La logique dialogique par Gerhardt Heinzmann. Le sens dans l'interaction*, par Daniel Luzzati. *Modèle projectif et structure actionnelle du dialogue informatif*, par Denis Vernant. *Attitudes cognitives et actes de langage en situation de communication homme-machine*, par Jean Caelen et Anne-Lise Fréchet.

Cahier n° 15 – Merleau-Ponty, le philosophe et son langage

Année 1993 – 464 pages

Avant-propos, par François Heidsieck. *Ouverture du Colloque*, par Jacques Merleau-Ponty. *Le langage entre chair* [Leib] *et corps* [Korper], par Bernard Andrieu. *De la parole à l'être : le problème de l'expression comme voie d'accès à l'ontologie*, par Renaud Barbaras. *La dicibilité du monde, la période intermédiaire de la pensée de Merleau-Ponty à partir de Saussure*, par Mauro Carbone. *Faire parler les événements*, par Janine Chêne. *Le processus dialectique ouvert de la chair et le problème du chiasme comme accession à l'intro-ontologie*, par Roger Decriem. *Culture et mémoire dans* Le visible et l'invisible, par Jean Deprun. *L'institution de l'œuvre chez Merleau-Ponty*, par Koji Hirose. *Merleau-Ponty et Machiavel*, par Giovanni Invitto. *Merleau-Ponty, entre Husserl et Heidegger, de la phénoménologie à la « topologie de l'être »*, par Arion Kelkel. *Langage et signification*, par Jésus Martinez-Velasco. *La dette symbolique de la phénoménologie de la perception*, par Kasuo Masuda. *L'ambiguité de la liberté, « La liberté, en particulier chez Leibniz » de Merleau-Ponty*, par Shoishi Matsuba. *Topologie phénoménale : sur l'actualité scientifique de la phusis phénoménologique de Merleau-Ponty*, par Jean Petitot. *L'histoire de la philosophie dans la philosophie de Merleau-Ponty*, par André

Robinet. *La possibilité de la réflexion philosophique*, par Urs Schällibaum. *La genèse de la peinture et/ou la constitution du monde esthétique*, par Makato Shimizu. *La démarche ontologique de Merleau-Ponty*, par Xavier Tilliette. *La fibre poétique de la pensée de Merleau-Ponty*, par Anne-Marie Vidal. *Le soi incarné, Merleau-Ponty et la question du sujet*, par Maria Villela-Petit.

Cahier n° 16 – Stanislaw Lesniewski aujourd'hui
Année 1995 – 336 pages

Prologue, par Denis Miéville et Denis Vernant. *Remembering Stanislaw Lesniewski*, par Czeslaw Lejewski. *Lesniewski and Ontological Commitment*, par Peter Simons. *Les démonstrations de la non-existence des objets généraux chez Lesniewski*, par Georges Kalinowski. *Sémantique et ontologie : réflexions sur la théorie des objets et les propriétés*, par Frédéric Nef. *Stanislas Lesniewski et l'importance d'une logique développementale*, par Denis Miéville. *Logique et pragmatique : la genèse du concept d'assertion*, par Denis Vernant. *Une descendance des systèmes de Lesniewski. Le calcul de Lambek (de la grammaire logique aux grammaires de logiques des types)*, par Alain Lecomte. *Représentations centrées objets, formalisation en linguistique et systèmes de Lesniewski*, par Jacques Rouault. *Implémentation des principes méréologiques*, par Mounia Fredj. *Anaphore associative et méréologie*, par Alain Berrendonner. *Le « langage méréologique » ajoute-t-il quelque chose aux descriptions psychologiques ?*, par Olivier Houdé.

Cahier n° 17 – Max Weber et le destin des sociétés modernes
Année 1995 – 292 pages

Prologue, par Pierre Million. *Regard sur les rationalités wébériennes*, par Pierre Million. *Max Weber d'après la tradition « formiste »*, par Michel Maffesoli. *Les ambiguïtés de la sociologie compréhensive et ses conséquences sur la pratique sociologique*, par Monique Hirschhorn. *Les valeurs de l'homme Weber*, par Henri Leroux. *Max Weber et les contradictions de la modernité*, par Carlo Mongardini. *Max Weber, le prophète de la modernité*, par Robert Motta. *La discipline de soi comme base de la personnalité moderne. Différenciation, processus de civilisation, religion : aspects d'une théorie de la modernité*, par Aloïx Hahn. *La conception wébérienne de la discipline et le thème de la* Lebensführung, par Pierangelo Schiera. *L'Image de l'Europe chez Husserl et Weber. Le processus de rationalité chez Weber et l'appel à la raison chez Husserl*, par Elisabeth Suzanne Kassab. *L'éthique de la responsabilité et le décisionisme*, par Philippe Raynaud. *L'Entreprise politique de la société de masse : l'approche wébérienne du mode occidental de différenciation du politique*, par Patrick Lecomte. *Max Weber et les problèmes actuels du religieux*, par Jean-Pierre Sironneau.

Cahier n° 18 – Réflexions contemporaines sur l'Antiquité classique
Année 1996 – 288 pages – Journées Henri Joly

La Stasis *dans la démocratie par Lucio Bertelli. La notion de* φθόνος *chez Platon*, par Luc Brisson. *La déconstruction du « Connais-toi toi-même » dans* *l'*Alcibiade Majeur, par Jacques Brunschwig. *Le mythe, une catégorie hellène?*, par Claude Calame. *Écrire dans l'âme* (Philèbe, *38b-39c*), par Curzio Chiésa. *Socrate, poète et rhapsode. Quelques remarques sur l'*Ion, par Marie-Laurence Desclos. *Hérodote, les fleuves et l'histoire*, par Gian Franco Gianotti. *Philosophie ou science? La question des mondes multiples chez Anaximandre*, par Ada Neschke. *Le « cornu »: notes sur un problème de logique éristico-stoïcienne*, par Daniel Schulthess. *Le* logos *dans le* Phèdre *de Platon* (*265d, 266a et 270c*), par Michel Fattal. *L'entrelacs et la bigarrure dans la pensée grecque antique*, par Anne Gabrielle Wersinger.

Cahier n° 19 – Religiosité, religions et identités religieuses

Année 1998 – 376 pages

Religion et politique en Europe, par Pierre Brechon. *L'Identité catholique dans les conflits actuels d'appartenance en France*, par Mrg Gérard Defoix. *La catégorisation religieuse*, par Francis Jacques. *Le noyau identitaire du religieux face à l'analyse compariste*, par Yves Lambert. *De l'identité de Dieu*, par Pierre Magnard. *L'Influence des auto-compréhensions religieuses sur le droit étatique*, par Francis Messner. *Peut-on penser un Dieu? Réflexions sur quelques stratifications du langage religieux*, par Pierre Million. Homo religiosus *et expérience du sacré*, par Julien Ries. *L'Héritage d'Héra. Réflexions sur l'identité de la cité grecque et sur les syncrétismes antiques*, par Pierre Sauzeau. *Identité et religions séculières*, par Jean-Pierre Sironneau. *La mise en cause de la validité intellectuelle de la religion dans la France de Louis XIV* (*1661-1685*), par Jacques Solé. *L'oscillation de l'intention dans les métaphores religieuses : déisme ou foi chrétienne*, par Antoine Vergote. *Quel est le sujet de la religion?*, par Jean-Louis Vieillard-Baron. *Traditions, traditionalité, traditionalisme. Diversité confessionnelle des représentations et des modes de gestion de « la » tradition*, par Gilbert Vincent.

Cahier n° 20 – Esthétique : des goûts et des couleurs

Décembre 1998 – 293 pages

Présentation, par Régine Piétra. *Pourquoi « des couleurs »*, par Dominique Chateau. *De la possibilité d'une révolution copernicienne en esthétique*, par Alain Roger. *Pour une Critique impure de l'esthétique*, par Régine Piétra. *Fin et renaissance de l'esthétique*, par Bernard Lafargue. *Le goût à rien*, par Monique Broc-Lapeyre. *Esthétique épidermique, critique viscérale*, par Michel Philippon. *Art, plaisir, esthétique*, par Jacques Morizot. *Propriétés esthétiques, force évaluative, et différences de sensibilité*, par Jerrold Levinson. *Réalisme et anti-esthétique dans l'attribution des propriétés esthétiques*, par Roger Pouivet. *Description ou évaluation. Sur les définitions de l'art*, par Jean-Pierre Cometti. *Hume, De la norme du goût : la voie moyenne de l'expertise*, par Carole Talon-Hugon. *Adorno, un certain goût pour la rumeur*, par Jean-Louis Déotte. *La guerre des nomades. Controverse esthétique et rivalité des œuvres selon Adorno*, par Daniel Payot. *Au théâtre* (*juger selon le goût?*), par Maryvonne Saison. *La poésie relève-t-elle de l'esthétique?*, par

Françoise Armengaud. *Le cas de l'émotion esthétique en architecture*, par Jean-Maurice Monnoyer. *Pourquoi j'aime Lipatti*, par Christian Doumet.

Cahier n° 21 – Biographie des hommes, biographie des dieux

Année 2000 – 274 pages

Avant-propos, par Marie-Laurence Desclos. *La forge d'Héphaïstos ou le malheur d'être dieu*, par Silvia Milanezi. *Une blessure d'Athéna*, par Renée Piettre. *« Biographie divine » et aspirations de l'aède. Une lecture de l'*Hymne homérique IV *à Hermès*, par Maria Vamvouri. *Sappho sans sa vie*, par Martin Steinrueck. *Vie et portrait d'Ésope*, par François Lissarague. *Raconter la vie du héros ou la biographie entre mythe et histoire*, par Colette Annequin. *Biographie historique ou roman héroïque : la* Vie de Pyrrhos *de Plutarque*, par Claude Mossé. *Sur la notion de « vies parallèle » dans Plutarque*, par Catherine Darbo-Peschanski. *Biographie et stèle funéraire attique*, par Geneviève Hoffmann. *Écrire la vie de Socrate : analyse de quelques biographèmes*, par Marie-Laurence Desclos. *Un processus de mythisation à partir de la Vie d'Apollonios de Tyane*, par Philippe Hanus.

Cahier n° 22 – Fichte : Idéalisme, Politique et Histoire

Année 2003 – 190 pages

Avant-propos, par Jean-Marie Lardic. *Fichte et la querelle des interprétations*, par Jean-Marie Lardic. *La grammaire de l'effectuation*, par Isabelle Thomas-Fogiel. *Fichte, lecteur de Kant*, par Jean-Michel Buée. *L'unité originairement synthétique de l'aperception chez Kant, Reinhold, Maïmon, Schulze et Fichte*, par Martin Bondeli. *L'éthique fichtéenne : autonomie ou autodétermination*, par Myriam Bienenstock. *Fichte et la liberté de penser*, par Jean-François Goubet. *Droit et nature : le droit naturel chez Fichte*, par Ives Radrizzani. *Le droit pénal chez Fichte*, par Jean-Christophe Merle. *Peuples, État, Histoire universelle*, par Claudio Cesa.

Cahier n° 23 – Hare et la philosophie morale

Année 2004 – 252 pages

Avant-propos, Hare en perspective, par Jean-Yves Goffi. *Hare et l'ontologie*, par Jean-Pierre Clero. *Les deux niveaux de la réflexion morale : J. S. Mill et R. Hare*, par Catherine Audard. *L'autre versant de la philosophie morale britannique : genèse et enseignements du sentimentalisme*, par Philippe Saltel. *Hare : principes, situations et éducation morale*, par Brenda Almond. *Le prescriptivisme universel, l'identité personnelle et les valeurs qui ne « peuvent dire leur nom »*, par Alan Montefiore. *Hare et la métaéthique contemporaine*, par Stélios Virvidakis. *Prescription, motivation et rationalité*, par François Clementz. *Survenance : le moral et le mental*, par Ruwen Ogien. *Trois remarques sur le langage et la morale ou l'apport de la pragmatique à la métaéthique*, par Denis Vernant. *Prescriptivisme et internalisme chez Hare*, par Christine Tappolet. *Du bon usage de la Règle d'Or : R. Hare et la question de l'avortement*, par Bernard Baertschi. *La philosophie morale de Hare et les limites de son application : la question de l'esclavage*, par Helena Kalokairinou. *Le principe des actions à double effet*, par Jean-Yves Goffi. R. *Hare, Une bibliographie.*

Cahier n° 24 – Du nouveau dans les sciences

Année 2006 – 574 pages

Introduction, par Sarah Carvallo et Sophie Roux. *La Nouveauté comme valeur culturelle : lieux, formes et norms des revendications de nouveauté chez les érudits des sociétés islamiques*, par Sonja Brentjes. *Histoire du tonus : ruptures ou continuité ?*, par Sarah Carvallo. *Les Origines d'un nouvel élément chimique : l'affaire du chlore*, par Hugues Chabot. *Qu'y a-t-il de nouveau dans l'œuvre scientifique de D'Alembert ?*, par Pierre Crépel. *La Psychologie : une nouvelle science entre sens commun, physiologie et métaphysique ?*, par Michel Dufour. *Comment naît un instrument ? Étude de l'invention de l'actinomètre*, par Jérôme Fatet. *Découvertes multiples en chimie pharmaceutique et analytique*, par Philippe Jaussaud. *Les nouveautés de Stahl et Lavoisier vues par Kant*, par Mai Lequan. *Poincaré, précurseur du chaos ?*, par Loïc Petitgirard. *Découvrir le principe d'inertie*, par Sophie Roux. *Les contributions de Clausius et Boltzmann à l'élaboration de la signification physique de l'entropie à partie du travail de Carnot*, par Jérôme Viard.

Cahier n° 25 – La logique et les normes. Hommage à Jean-Louis Gardies

Année 2008 – 172 pages

In memoriam Jean-Louis Gardies, par Jean-Marie Lardic. *L'héritage frégéen dans l'œuvre de Gardies*, par François Schmitz. *Prolégomènes au principe d'identité. Gardies, critique de Leibniz et de Frege*, par Ion Vezeanu. *Le raisonnement par l'absurde*, par Denis Vernant. *La philosophie mathématique de Jean-Louis Gardies*, par Jean-Claude Dumoncel. *La « grammaire pure » : une grammaire des normes*, par Alain Lecomte. *Nature et fonction de l'intuition phénoménologique dans la philosophie du droit de Jean-Louis Gardies*, par Pol Boucher. *Bibliographie de Jean-Louis Gardies.*

Cahier n° 26 – L'invention philosophique humienne

Année 2009 – 300 pages

Avant-propos, par Philippe Saltel, *L'intérêt de lire Hume aujourd'hui* par Jean-Pierre Cléro, *Les naturalismes de Hume* par Cédric Brun, *Le problème de la substance corporelle dans le* Traité de la nature humaine *de David Hume* par Richard Glauser, *L'invention humienne du concept de* croyance naturelle par Claire Etchegaray, *Hume, Realism or Quasi-Realism* ? par P. J. E. Kail, *Scepticisme cartésien et scepticisme humien* par Pascal Engel, *Hume et la fiction de l'identité* par Ion Vezeanu, *Peut-on échapper de façon kantienne au problème humien de l'identité personnelle* ? par Wayne Waxman, *De la sympathie à l'interaction, la dette de la sociologie américaine à l'égard de David Hume* par Céline Bonicco, *Hume and the Concept of Convention* par John Latsis, *L'invention des conventions de justice chez Hume et sa* skepsis *envers la rétribution* par Ignace Haaz, Happiness and Dignity : *remarques sur la théorie de l'obligation chez Hume* par Philippe Saltel.

Cahier n° 27 – Figures de la rupture, figures de la continuité chez les anciens.

Année 2011 – 256 pages

Avant-propos, par Marie-Laurence Desclos. *Ruptures et continuités généalogiques dans l'Iliade : le parthénios entre temps des dieux et temps des hommes*, par David Bouvier. *Le discours d'en dessous. Rupture et continuité dans l'épopée*, par Catherine Darbo-Peschanski. *Un élan infini : Sappho, Tithon et Aurore. À propos de « Sapho and the Crack of Dawn » (1990) de John J. Winkler*, par Sandra Boehringer. *D'Hésiode à Eschyle : Prométhée, un mythe de souveraineté entre rupture et continuité*, par Marie-Laurence Desclos. *Ruptures et continuités dans l'image de Sparte d'Hérodote à Plutarque*, par Claude Mosse. *La figure de rupture dans les* Vies de philosophes et de rhéteurs *d'Eunape*, par Martin Steinrück. *Ethologie du couple « rupture/continuité » en stoïcisme : fondation d'un système d'estimation*, par Sandrine Alexandre. *La phantasia chez Aristote : un exemple de généalogie du concept*, par Marie-Laure Binzoni. *Rupture et continuité : les divisions du Sophiste de Platon*, par Annick Jaulin. *Polyphonie et dialogisme. Rupture par et pour la continuité et continuité de la rupture chez Platon*, par Isabelle Milliat-Pilot. *Penser, raconter et représenter la violence : encore une leçon des Grecs ?*, par Anna Beltrametti.

Cahier n° 28 – Histoires et définitions de la philosophie sociale

Année 2012 – 282 pages

Présentation. Histoires et définitions de la philosophie sociale, par Éric Dufour, Franck Fischbach et Emmanuel Renault. *Le déni du social. Deux exemples contemporains : Abensour et Rancière*, par Franck Fischbach. *Après Winch. La philosophie sociale et le tournant pragmatique*, par Robin Celikates. *Aux limites de la philosophie sociale : la question de la technique*, par Jean-Yves Goffi. *La tradition sociologique à son origine. Thèse, antithèse, synthèse, hypothèse. Sociologie et philosophie sociale*, par Jacques Guilhaumou. *Individu et société dans* L'Entraide *de Pierre Kropotkine*, par Jean-Christophe Angaut. *Politique et critique sociale. Sur la lecture kantienne de Rousseau par Cassirer*, par Géraldine Lepan. *La notion de philosophie sociale chez Natorp*, par Éric Dufour. *Économie et politique dans la pédagogie sociale de Paul Natorp*, par Julien Servois. *John Dewey (1859-1952) : philosophie sociale, droit et éducation*, par Lucie Chataigné-Pouteyo. *Raison et déraison du social chez Hegel et Marcuse*, par Mohamed Fayçal Touati. *Sartre, Marcuse, et la philosophie sociale au prisme du marxisme*, par Emmanuel Barot. *Adorno : de la philosophie sociale à la théorie sociale*, par Emmanuel Renault.

Cahier n° 29 – Repenser les relations entre sciences et philosophie

Année 2013 – 192 pages

Avant-propos, par Anna C. Zielinska. *Will scientific philosophy still be philosophy ?*, par Don Ross. *L'esprit n'est plus un objet philosophique ou comment les sciences cognitives nous aident à penser les rapports entre science et philosophie*, par Delphine Blitman. *Des collaborations possibles entre Intelligence Artificielle et philosophie de l'esprit*, par Robin Lamarche-Perrin. *L'interaction entre science et philosophie en psychopathologie cognitive : expliquer et décrire l'expérience délirante*, par Sarah Troubé. *Rapports entre éthique et science dans la pensée de James Rachels*, par Florian Couturier. *Contributions de la philosophie morale aux recherches sur la qualité de vie liée à la santé*, par Julien Blanc. *La mathématisation au cœur d'un différend entre science et philosophie*, par Raphaël Sandoz. *Philosophie, mathématiques et faits scientifiques chez Wittgenstein*, par Pierre Fasula.

Cahier n° 30 – L'explication de l'action. Analyses contemporaines

Année 2014 – 294 pages

Présentation, par Rémi Clot-Goudart. *Wittgenstein sur l'explication de l'action*, par Séverin Schroeder. *L'autorité des agents : en quoi la connaissance pratique est-elle sans observation ?*, par Valérie Aucouturier. *Intention et action*, par Bruno Gnassounou. *Quand vouloir, c'est faire*, par Olivier Massin. *Les actes mentaux comme espèce naturelle*, par Joëlle Proust. *Prolégomènes à une investigation cartographique des causes et des raisons*, par Julia Tanney. *De la distinction entre actions et événements*, par Giuseppina d'Oro. *Les aspects causaux de l'explication de l'action*, par Calos J. Moya. *La pluralité des explications d'action*, par Constantine Sandis. *Le naturalisme présomptueux : une invitation à la prudence*, par Daniel D. Hutto.

Cahier n° 31 – Langage comme action. Action par le langage

Année 2015 – 200 pages

Présentation, par Anna Krol. *L'usage, une détermination de la monstration dans le* Tractatus *de Wittgenstein*, par Guillaume Decauwert. *La conception austinienne de la parole comme acte : les différents sens en lesquels la parole agit et leurs conditions*, par Bruno Ambroise. *Le renversement praxéologique, ou l'intelligence du Renard*, par Denis Vernant. *L'intervention conversationnelle à l'épreuve du handicap schizophrénique*, par Maxime Amblard, Michel Musiol, Manuel Rebuschi. *Langage, action et formation professionnelle : la mise en action du discours analogique*, par Laurent Filliettaz. *Objectivation narrative de l'espérience discriminatoire*, par Bartlomiej Barcik, Ewa Bogalska-Martin. *Langage et histoire dans la perspective de Reinhart Koselleck*, par Anna Krol. *Agir sur la langue pour agir sur le monde : Micropolitiques linguistiques autogérées du genre dans les brochures libertaires*, par Julie Abbou. *La pluralité des explications d'action*, par Constantine Sandis. *Ordre du discours philosophique et expressions théoriques anarchistes*, par Vivien García.

Hors-série – La structure du monde : Objets, Propriétés, États de choses

Année 2004 – 664 pages – sous la direction de Jean-Maurice Monnoyer

Combinatorialism, par David Arsmtrong. *« Sur ce qu'il y a » : la question et la réponse selon Boltzmann*, par Jacques Bouveresse. *Still Here : in Defense of Primitive Identities*, par John Bigelow. *The Place of Relations in a Trope Philosophy*, par Keuth Campbell. *Why There are no Tropes*, par Jerrold Levinson. *Worldmakking made hard*, par Michael Devitt. *Modal Problems for Australian Metaphysics*, par Chris Daly. *Le problème des universaux : aspects historiques et perspectives contemporaines*, par Claudine Tiercelin. *The State of the Laws*, par Stephen Mumford. *The Causal Efficacy of Mental States*, par Peter Menzies. *Rightness and Right-makers*, par Jonathan Dancy. *Fictionalism about Universals*, par Graham Oppy. *The Space of Perceptual Objects*, par Brian O'Shaughnessy. *Geography of the Reality*, par Barry Smith. *Individualiser les propriétés*, par Frédéric Nef. *Relations, dispositions et propriétés causales*, par François Clémentz. *Apologie du particulier*, par Roger Pouivet. *Why Nearly – but not Quite – Everything is an Object*, par Peter Simons. *Des premiers compas : l'origine de la théorie symplectique des groupes*, par Jean-Marie Souriau. *Reply to Michael Devit*, par Paul Boghossian. *Truth and Truth-makers*, par Paul Horwich. *Reply to Paul Horwich*, par David Armstrong. *Reply to Jonathan Dancy*, par Franck Jackson.

Hors-série – Lambertiana. Hommage à Jacques Lambert

Année 2010 – 470 pages – sous la direction de Pierre Édouard Bour et Sophie Roux

Hommage à Jacques Lambert, par Michel Meulders. *« Comment l'anatomie a trouvé le cœur… » : la métaphore anatomique chez les moralistes classiques*, par Bernard Roukhomovsky. *Les fausses évidences : dire et représenter la mort à l'âge classique*, par Sarah Carvallo. *Les pharmaciens français dans les grandes institutions scientifiques*, par Philipe Jaussaud. *Georges Canguilhem : la connaissance de la vie*, par Claude Debru. *L'Un et les figures de la rationalité chez Jérôme Cardan*, par Jean-Marie Lardic. *Un miroir des Princes Florentins : la lettre de Coluccio Salutati à Charles de Duras, roi de Naples*, par Jean-Yves Goffi. L'Essai de logique *de Mariotte : une naturalisation de la méthode ?*, par Sophie Roux. *Les tentations bibliothécaires du conseil, Montesquieu entre Machon et Lamy*, par Robert Damien. L'Encyclopédie *sans Lumières ? Perspectives sur la mémoire industrielle à la lumi.re de Jacques Lambert*, par Jean-Claude Beaune. *La philosophie du* comme si : *Hans Vaihinger et Henri Poincaré*, par Christophe Bouriau. *Vailati et Mach*, par Jacques Lambert. *La légende des faits objectifs*, par Christiane Chauviré. *Peirce, épistémologue de la vertu ?*, par Pierre Édouard Bour. *L'espace et le problème corps-esprit chez Riehl et Schlick*, par Michael Heidelberger. *Ce que peut nous apprendre le pragmatisme en philosophie de la perception : la réponse de Hilary Putnam*, par

Yannick Chin. La théorie de l'espace Poincaré, par Philippe Nabonnand. *L'idée d'une théorie générale des classifications*, par Daniel Parrochia. *Explication scientifique et explication non-scientifique*, par Michel Dufour. *Biologie moderne et science des matériaux : éléments pour une approche comparative*, par Yves Brechet et Franck Bruckert. *L'effet de serre : un dialogue exemplaire entre citoyens et spécialistes*, par Jacques Villain.

Achevé d'imprimer par Corlet Numérique - 14110 Condé-sur-Noireau
N° d'Imprimeur : 128420 - Dépôt légal : avril 2016 - *Imprimé en France*